国家出版基金项目
NATIONAL PUBLICATION FOUNDATION

欧亚历史文化文库

总策划 张余胜

兰州大学出版社

塞 外 文 论

——马曼丽内陆欧亚研究自选集

丛书主编 余太山

马曼丽 著

图书在版编目（ＣＩＰ）数据

塞外文论：马曼丽内陆欧亚研究自选集 / 马曼丽著
. -- 兰州：兰州大学出版社，2014.5
（欧亚历史文化文库 / 余太山主编）
ISBN 978-7-311-04462-6

Ⅰ．①塞… Ⅱ．①马… Ⅲ．①民族学－文集②民族文
化－文集 Ⅳ．①C95-53②G03-53

中国版本图书馆CIP数据核字(2014)第096614号

总　策　划　张余胜
策划编辑　施援平
责任编辑　马继萌　施援平
装帧设计　张友乾

书　　　名　塞外文论——马曼丽内陆欧亚研究自选集
丛书主编　余太山
作　　　者　马曼丽　著
出版发行　兰州大学出版社　（地址:兰州市天水南路222号　730000）
电　　　话　0931-8912613(总编办公室)　0931-8617156(营销中心)
　　　　　　0931-8914298(读者服务部)
网　　　址　http://www.onbook.com.cn
电子信箱　press@lzu.edu.cn
印　　　刷　天水新华印刷厂
开　　　本　700 mm×1000 mm　1/16
印　　　张　33
字　　　数　442千
版　　　次　2014年5月第1版
印　　　次　2014年5月第1次印刷
书　　　号　ISBN 978-7-311-04462-6
定　　　价　98.00元

（图书若有破损、缺页、掉页可随时与本社联系）
淘宝网邮购地址:http://lzup.taobao.com

出版说明

　　随着 20 世纪以来联系地、整体地看待世界和事物的系统科学理念的深入人心，人文社会学科也出现了整合的趋势，熔东北亚、北亚、中亚和中、东欧历史文化研究于一炉的内陆欧亚学于是应运而生。时至今日，内陆欧亚学研究取得的成果已成为人类不可多得的宝贵财富。

　　当下，日益高涨的全球化和区域化呼声，既要求世界范围内的广泛合作，也强调区域内的协调发展。我国作为内陆欧亚的大国之一，加之 20 世纪末欧亚大陆桥再度开通，深入开展内陆欧亚历史文化的研究已是责无旁贷；而为改革开放的深入和中国特色社会主义建设创造有利周边环境的需要，亦使得内陆欧亚历史文化研究的现实意义更为突出和迫切。因此，将针对古代活动于内陆欧亚这一广泛区域的诸民族的历史文化研究成果呈现给广大的读者，不仅是实现当今该地区各国共赢的历史基础，也是这一地区各族人民共同进步与发展的需求。

　　甘肃作为古代西北丝绸之路的必经之地与重要组

成部分,历史上曾经是草原文明与农耕文明交汇的锋面,是多民族历史文化交融的历史舞台,世界几大文明(希腊—罗马文明、阿拉伯—波斯文明、印度文明和中华文明)在此交汇、碰撞,域内多民族文化在此融合。同时,甘肃也是现代欧亚大陆桥的必经之地与重要组成部分,是现代内陆欧亚商贸流通、文化交流的主要通道。

基于上述考虑,甘肃省新闻出版局将这套《欧亚历史文化文库》确定为2009—2012年重点出版项目,依此展开甘版图书的品牌建设,确实是既有眼光,亦有气魄的。

丛书主编余太山先生出于对自己耕耘了大半辈子的学科的热爱与执著,联络、组织这个领域国内外的知名专家和学者,把他们的研究成果呈现给了各位读者,其兢兢业业、如临如履的工作态度,令人感动。谨在此表示我们的谢意。

出版《欧亚历史文化文库》这样一套书,对于我们这样一个立足学术与教育出版的出版社来说,既是机遇,也是挑战。我们本着重点图书重点做的原则,严格于每一个环节和过程,力争不负作者、对得起读者。

我们更希望通过这套丛书的出版,使我们的学术出版在这个领域里与学界的发展相偕相伴,这是我们的理想,是我们的不懈追求。当然,我们最根本的目的,是向读者提交一份出色的答卷。

我们期待着读者的回声。

总序

　　本文库所称"欧亚"(Eurasia)是指内陆欧亚,这是一个地理概念。其范围大致东起黑龙江、松花江流域,西抵多瑙河、伏尔加河流域,具体而言除中欧和东欧外,主要包括我国东三省、内蒙古自治区、新疆维吾尔自治区,以及蒙古高原、西伯利亚、哈萨克斯坦、乌兹别克斯坦、吉尔吉斯斯坦、土库曼斯坦、塔吉克斯坦、阿富汗斯坦、巴基斯坦和西北印度。其核心地带即所谓欧亚草原(Eurasian Steppes)。

　　内陆欧亚历史文化研究的对象主要是历史上活动于欧亚草原及其周邻地区(我国甘肃、宁夏、青海、西藏,以及小亚、伊朗、阿拉伯、印度、日本、朝鲜乃至西欧、北非等地)的诸民族本身,及其与世界其他地区在经济、政治、文化各方面的交流和交涉。由于内陆欧亚自然地理环境的特殊性,其历史文化呈现出鲜明的特色。

　　内陆欧亚历史文化研究是世界历史文化研究中不可或缺的组成部分,东亚、西亚、南亚以及欧洲、美洲历史文化上的许多疑难问题,都必须通过加强内陆欧亚历史文化的研究,特别是将内陆欧亚历史文化视做一个整体加以研究，才能获得确解。

中国作为内陆欧亚的大国，其历史进程从一开始就和内陆欧亚有千丝万缕的联系。我们只要注意到历代王朝的创建者中有一半以上有内陆欧亚渊源就不难理解这一点了。可以说，今后中国史研究要有大的突破，在很大程度上有待于内陆欧亚史研究的进展。

古代内陆欧亚对于古代中外关系史的发展具有不同寻常的意义。古代中国与位于它东北、西北和北方，乃至西北次大陆的国家和地区的关系，无疑是古代中外关系史最主要的篇章，而只有通过研究内陆欧亚史，才能真正把握之。

内陆欧亚历史文化研究既饶有学术趣味，也是加深睦邻关系，为改革开放和建设有中国特色的社会主义创造有利周边环境的需要，因而亦具有重要的现实政治意义。由此可见，我国深入开展内陆欧亚历史文化的研究责无旁贷。

为了联合全国内陆欧亚学的研究力量，更好地建设和发展内陆欧亚学这一新学科，繁荣社会主义文化，适应打造学术精品的战略要求，在深思熟虑和广泛征求意见后，我们决定编辑出版这套《欧亚历史文化文库》。

本文库所收大别为三类：一，研究专著；二，译著；三，知识性丛书。其中，研究专著旨在收辑有关诸课题的各种研究成果；译著旨在介绍国外学术界高质量的研究专著；知识性丛书收辑有关的通俗读物。不言而喻，这三类著作对于一个学科的发展都是不可或缺的。

构建和发展中国的内陆欧亚学，任重道远。衷心希望全国各族学者共同努力，一起推进内陆欧亚研究的发展。愿本文库有蓬勃的生命力，拥有越来越多的作者和读者。

最后，甘肃省新闻出版局支持这一文库编辑出版，确实需要眼光和魄力，特此致敬、致谢。

余太山

2010 年 6 月 30 日

目录

学术路上的一些人生感悟
（代序）

　　80 岁出版这本文集，是受一些爱我、关心我的人们的鼓励，主要是我早年的有些书，市场上已经买不到了，或者像刊登在《西北史地》（当年被国外定为 30 种国际知名刊物之一，现已停刊）这类老杂志上的文章，当时没有电子版，比较难查找，至今还有国内外爱好者来向我或我们单位查问，所以希望出这个文集，或能帮助他们提供一些研究资料或查找线索。

　　另外，80 岁的人生之书，那毕竟是几十年治学堆出来的活生生的书，也会有其珍贵之处。我是一个"草根小学者"，由于除了写作，其他能力很差，一生没有官位和权力的光环，做学问的道路也比较坎坷，是"自我奋斗和挣扎"型的。扫视一下我这种草根小人物几十年的治学道路，或许对比我年轻的人们，尤其对那些想走学术道路的后人来说，是能提供点经验教训的，这样，就权且结合我的治学过程简单写点儿体会，作为自序吧。

一、环境与提升人生定位问题

　　年轻人常常会埋怨自己的工作不好、环境不好、专业不好……

　　这些我都体会过。我大学攻读的是俄语师范翻译专业。不同的人活着，有不同的人生目标。我们大学毕业时，不少女同学都在北京快速确定对象，争取留在北京工作，好过舒适的生活。我当时受苏联抗战文学的影响，是个有理想的少女，立志自己要与众不同，报的分配志愿就是新疆、云南这些地区，要像苏联电影里的乡村女教师和小草那样，到艰苦的地方去开创艰苦的但能扬名后世的有意义的人生。我们这代人的不幸是都共同浪费了"文革"那十年光阴，我还因为香港大学毕业的父亲，又恰恰在 1949 年新中国成立前夕才从台湾回来，有特务嫌疑，更身不由己地被卷入了"黑五类"子女的漩涡。但那时我总能记起年轻时的人生志向：哪怕像小草一样被人践踏，也要有春风吹又生的顽强人生。当时我这个学俄语出身的人，还遇到了中苏关系紧张，国家规定停学俄语，将俄语教师统统转行的政策折腾，同事们纷纷转学英语，我因为在家里和教会女子中学都学过英语，就转学了德语，以便多掌握一种外语。但在刚刚有机会给陕西一个航空工厂的技术人员教德语两年之后，就又因外交部组织西北五省编写沙俄侵华史的需要，被调到该编写组搜集沙俄侵华的外文资料。这样，1974 年又被转到了"五省联合编写组"做外语资料员似的工作。我的人生就这样折腾到了 40 岁。

我的学术研究就是从发掘《准噶尔汗国史》《长城外的中国西部》等记载有沙俄侵华内容的史书开始的。我们兰大小组当时刻字油印发送给其他 4 省的，还包括北京发来的很多外文资料。1979 年商务印书馆因反修斗争的需要，约我翻译出版《准噶尔汗国史》，他们给我一年时间要赶紧翻译出版这本三十多万字的书。当年这个编写组是外交部领导，条件极好，我不但请了专门的抄写员，翻译到书中引的中文资料时，组长杨建新老师还会立即亲自从汉文古书中查出原文给我。面对这个机遇，我鞭策自己：人生只有一个这样好的少壮时期，要抓紧奋斗！奋斗！这样，我规定自己每天必须翻译约两千字。那时我们整个西北史地教研室团队，像一部生产著作的机器，日日夜夜协调地转动，效率极高。我边查历史书，边翻译，以半年多的时间提前翻译完了这本 35 万字的书。商务印书馆对翻译质量表示满意，立即又签下了另一本沙俄间谍颠覆我国乌梁海地方的书：《秘而不宣的使命》。在团队配合下，我也很快就拼命完成了，1982 年这本译著出版。需要插一句，《准噶尔汗国史》的翻译，也为我今年最终用几年工夫啃下《17 世纪俄蒙关系历史档案》这上下两册古俄文档案打下了基础，这两本档案是后人学习翻译古俄文和查找档案的珍贵参考书。结合 20 世纪 80 年代自己发掘的俄国新资料，我不断思考问题，写了几篇卫拉特蒙古和沙俄侵华的的文章，在卫拉特研究中还发现了外国学者的错误，并进行了更正。凭着我们"五省编写组"同仁团结协作结下的友情互助和后来马大正老师领导的《准噶尔史略》编写组的帮助，以及其对《准噶尔汗国史》的广泛引用传播，我竟然有了点小声誉，慢慢跻身于国内开拓卫拉特研究热潮的"三马"（马大正、马汝珩和我）的行列中。那是我一生最顺利的黄金时代。

我鼓励自己"无限风光在险峰"，开始钻研西北史地和汉文民族史书，向民族史领域扩大研究。1981年我给河南出版社写了《一代天骄》一书，发行量很好，连续三版。他们又约我再写书，我们西北史地研究室决定写《外国考察家在中国西北》，因为这种写作任务，除了对西北史地的考证，外文资料能懂大意就可以胜任。这样我的外语资料与杨建新老师的西北史地研究结合，也很快出版，并脱销。因为这本书搜集了俄、英、日3种文字的资料，我也随着这本书的热销，获得了懂几国外语的假声誉，其实，除了俄语，其他外语我仅能看懂个大意而已，是个"假洋鬼子"。不过这也掀起了以后的同类著述的热潮，不久就看到了像《丝绸之路上的魔影》和更多考察家类研究著作的出版，可以说起了引领这一学科的作用，而我自己也扩展到了以蒙古族为主，涉及乌孙、鲜卑、吐谷浑、柯尔克孜等西北民族研究的阶段。

我虽曾怀疑自己本应是个俄文教师或翻译人员，40岁转向研究历史，怕不能在新的领域研究做出一点名堂，但少壮年代我的写作热情和这些著作、论文的连续出版发表使我相信，人只要勤奋笔耕，是可以提升自己的人生定位的，包括选择学术人生。

但编写组解散后，我被转到历史系当教师，进入了我治学的逆境。没有机会正规学习历史专业，要讲课又要研究，只能自学，啃书本，反复背教案。因为历史学的功底很薄，面对那些正规历史专业本科或研究生毕业的老师们，我在单位被看作"半瓶醋"，那是一种屈辱的感觉。尽管我科研成果多，讲课和做学问反映也不错，但每次提讲师、副教授，我总是相近年龄组中的最后一个。这样，当我含泪拿上那张屈辱的教授批准书时，已经是1993年了，那一年我59岁。由于迟迟提不上教授，我常常失去了这、失去了那，失去了很多机遇，至于什么分房子、提工资、享受老博导待遇等等，也都因为差一年或两年，在我的人生里都留下了"擦肩而过"几个字。我就是在这样的环境里一直拼搏到退休的。

不过，在早年开始研究玄奘法师及其开拓丝绸之路的西北史地历史时，我已经从他的人生中悟到了"人是可以改变人生定位的"这个道理。玄奘与他哥哥一样原为一个普通和尚，但他却选择了通过艰苦卓绝的求经道路，成为一个佛学大师。他晚年没有选择皇帝要赐给他的享乐生活，而是选择了闭门翻译经书，进而成为中国古翻译学的奠基人。他的人生最终完全区别于他的和尚兄长，而定位在了给后人留下诸多闪光文化遗产的佛学大师、古代探险家、翻译家这个位置上，名垂千古。[1]

我还曾经想写郑和下西洋与海上丝路，可是因为搜集研究资料不足，没有能把这位从一个太监进而成为世界伟大航海家的传奇人物研究清楚。这是一个何其伟大的、提升了自己人生定位的人物！这类人物一直是我坚持要一步步提升自己人生定位的动力和人生抱负。

为此，我也要真正创造一个令人信服的学术人生，我相信，只要不断求知、求索，总可以变"不知"为"知之"；只要勤于思索，潜心研究，总会有"求索"的结果。古人都能改变人生定位，我们为什么不行？！

二、追求研究成果质量的问题

我以为，治学的成果得须重视质量与价值。国际上对学术研究的质量有规范的要求，如美国的社会科学评价机制规定：学术价值需要追求科学性，而"科学性的基础主要取决于是否能把握真理性标准

---

[1] 参见本书第一部分欧亚探险家与中国西北史地研究的《震惊东南亚的佛门千里驹——中国玄奘法师》。

和价值标准的结合"[1]。具体来说，真理性要求理论看法确实在某种程度上反映了实际现象的本质或在原有研究基础上有所创新，因此我要求自己的论著不是资料的堆积，必须有新意，至少能揭示现象本质；而价值标准方面，我国常要求社会价值和经济价值，我更重视社会价值中的启迪性和探索性，能推动社会的某种发展。我的论文《论西域文化的重大变异及其对建设中华文化的启迪》2000年在《民族研究》发表后，引起社会关注，被香港推荐为国际优秀论文，应该说，那的确是自己苦苦思索和求知的结果。有的学者写了整整一本书，我发现他们说的就是我简单归纳的西域文化的三大变异，即宗教信仰、人种、语言都发生了变异，但是可惜以前这类著作就是没有回答为什么会变异这个问题。我因此专门思考这个答案，并为思索的问题查阅了很多资料。如在《巴托尔德文集》等书中发现，当时信仰伊斯兰教是可以免税的，而且其教徒当时在商业经济农业灌溉方面是先进的这类记载，我就开始用马克思的经济基础理论来思考和找寻文化变异的原因；又进而思考文化变异以后的后果，前人也未有人论述。我发现特别是当时蒙古族人改信了伊斯兰教后，蒙古铁骑时代那种独特的蒙古族就慢慢退出了历史舞台，即文化会影响民族消亡；蒙古族建立的一个个汗国也接着退出了历史舞台；中国北庭、安西等都护府和强大的汉唐文化和西域取经等曾经大力弘扬的佛教文化也退出了西域舞台。这样一步步研究西域文化得出的结论是："军事占领、政治管辖无非是一定时期起作用的因素（当然某些时期也有决定性作用），但是必须充分认识，文化却往往是久远地最终决定民族与国家权力能否千秋万代长存的内在因素。"[2] 这个理论观点被广泛接受和引用。另外，至少在我们单位，自从这篇文章发表后，很多民族学过去只研究民族史的硕士、博士生，开始选择民族文化的研究课题——其实民族学是不能不研究文化的，这就推动了学科发展。我

---

〔1〕《美国人文社会科学研究成果的评价机制》，载裴长洪主编：《美国人文社会科学现状与发展》，社会科学文献出版社，2001年版。
〔2〕参见本书文化部分该论文。

想，一个小学者的一生，也应该是求知、求索、推动某种发展的一生。我欣赏自己生活中永远伴随着思考和追求自己的论著要有某些方面的引领作用，那就是我追求的治学的价值和治学的幸福感。

当然，价值也不是很快能被人们认可的，甚至会被否定，但我相信，只要是真理，就是到今后也会被后人发掘出来，年轻人就需要坚持按正确的理念研究下去。本文集的第四部分跨国民族研究，算是我的一个有点影响的研究领域。当年提出跨国民族概念就与跨界民族分歧很大，后者还是一些权威学者的观点。但是，全球化决定了跨国流动是必然的、越来越广泛的现象，跨界民族也在越来越多地跨居多国，这符合真理性和现实本质。跨国民族研究的意义，绝不在几个概念，它是将来影响人类未来世界发展的决定性的领域。我相信马克思说过的"人的最大发展"的有关名言，他说："每个人都可以在任何部门工作"，"随自己的心愿"选择工作，但这种发展是需要"以生产力的普遍发展和与此有关的世界交往的普遍发展为前提的"[1]。试想，既然人类和社会生产力的发展都需要依靠"普遍的交往"，那跨国民族和跨国族群现象肯定是代表未来的自然民族生态现象，因此这个学科的生命力就是不可忽视的。而且，跨国族群在普遍交往中发挥怎样的作用，是"和平跨居"地交往，还是被利用来制造动乱和颠覆别国的反对派，也无疑事关人类世界的发展。中国又是世界最大的跨国民族国家，素以亿计的华人跨居世界各国，这对未来中国在世界上发挥怎样的作用是影响巨大的。我们能把跨国民族引向哪个方向，是决定和谐世界还是动乱世界的关键，所以这个研究是需要后人继续的重大学科。它又是一个跨人类学、安全学、国际关系学等等的交叉学科，前景广阔。

三、治学与寻找动力问题

不同的人活着，有不同的人生动力。做学问的人，日日夜夜苦作舟，没有动力，很难持之以恒。这需要寻找各种动力来鼓励自己。

---

[1]《马克思恩格斯选集》第1卷，人民出版社，1995年版，86-87页。

我常常心态不好时鼓励自己不能气馁，牢记座右铭"无限风光在险峰"，要咬着牙继续攀登。但人也总有心灰意冷、缺乏动力的时候。比如我在20世纪80年代初，1980到1983年，是年年连续出书出文章的，但1983年，因为《外国考察家在中国西北》出版后，虽然销路很好，但在本单位的小会上有批评说这书把外国那些掠夺祖国文物的侵略者美化为考察家了，是精神污染。其实，那些外国考察家，虽然他们的确是为他们的政府掠夺了我国的文物，但是平心而论，就他们个人来说，九死一生地探险考察，发掘并研究了许多出土文物，都颇有成就，就应该承认他们本身是考察家，何况我们在书中只是致力于研究西北史地和宣扬我国的丰富文化。这时，联想到自己的委屈境遇，那种委屈和怕担政治风险的压力使我消极了两三年。然后思想斗争，问自己搞研究是为什么？觉得不能太注重个人遭遇，得增强为国家为人类做学问的意识，就慢慢克服了个人狭隘情绪，然后把压力变动力，培养在压力面前有"寒梅傲雪见精神"的压不倒的顽强气质。同时决定选择更好的选题来研究西北史地，所以接着选了《古代开拓家西行足迹》这个题目，就是要大大发扬历史上中国探险家艰苦卓绝的精神和贡献。

这样，我在参加注释古代《大唐西域记》《法显传》《西域番国志》等《古西行记选注》的基础上，写出了一批前仆后继、藐视万里艰险、冒死西行的古代开拓家，宣扬他们把当年白骨引路、生死难测的险途，开发成了名震遐迩、沟通世界文明的丝绸之路的功绩。我爱这些中国脊梁人物，中华文明中将永远闪耀着他们生命的光辉。我也从他们艰难的人生经历中吸取了自己人生和治学的动力。回顾80年人生路我体会到，有时，艰难坎坷和有压力的环境可以比顺境更能催人进取，所以人只要学会应对逆境，它就会给我们难得的动力。

另外，从人们的爱中寻找治学动力、调整心态、获得宽慰。我爱年轻人，只要他们需要我的帮助，我总会尽力。我帮助过的人有的几十年如一日地关心着我；也有一些求知的年轻人给我来信或来访，问些问题，要些指点。有次开学术会，一堆年轻学者给我敬酒时说，他

·欧·亚·历·史·文·化·文·库·

们是我的学生，研究跨国民族是从读我的书开始的，虽然未曾谋面，但早认我是他们的老师了。我虽然因为1995年提博导时已经61岁了，一边刚开始招博士，一边就安排退休了，只利用交接和拖延的返聘过程让我招过6名博士生，没能多培养一些博士，更没能留下一个博士在本单位继承我的研究，但私下找我指导的，比我正式招的多，全国都有，特别是我单位现在已任民族学学院副院长的徐黎丽，她在民族学、边疆学研究已颇有成就的基础上，为继承跨国民族学科已经开始招收这个方向的博士。她是我的学生，但不在我带的博士名下，但她愿成就我的未竟之志，想弥补我未能在本单位传承跨国民族学科点的遗憾，我真的很感动，也为终于有这样一个本单位的学科继承人而欣慰。所以有时想想，虽然自己当年被有些制度和环境耽误了，那些提职制度、强制的工作调动制度以及退休制度等等，使我这辈子过得比较苦，但我还是有伸展的地方，那就是在民间，常有真心的、伯乐式的学术朋友相助，有各类学术知音。[1]学术友情在人生中是最美好的，也能给人前进的动力和软弱时的慰藉，我的长寿和心态好也与此有关。比如，在有次学术会上，一小群爱我、欣赏我的"私认"学生围着我说，他们是爱读我的书的"粉丝"，这让我好安慰！那我可算是一个有大众粉丝的"草根学者"啦!？有这样的新老学术知音，我也从他们身上吸收了做学问的动力。其实，一个人研究成果的质量有民间粉丝认可，治学就蛮幸福了，这也是我在退休之后仍然能坚持写作到现在80岁的动力来源之一。所以，每当自己有点成就，心里是很感谢爱我、帮我的新老朋友的。回报就是继续笔耕吧，我的

---

〔1〕像清史编委会副主任马大正先生，他当学术单位领导后，总记得把项目分给西北边远地区当年和他一起治学的老朋友们共同发展，我也是其中之一。我有幸在治学的每个阶段都留有他帮助出的成果。民族史阶段，他主编"西北民族史入门丛书"时，帮我的《甘肃民族史入门》列入选题出版了；他转边疆研究后，我承担了《中国西北边疆发展史研究》；直到现在出版的古俄文档案，也是他邀我做的国家清史编委会项目。我以自己研究的领域与他如此相近为幸事。再如现任中国社科院院长助理的郝时远先生，曾以其敏锐的学术视野，在我刚刚起步研究跨国民族时，就为我写序支持；而我所在研究基地的主任杨建新先生可以说是我进入历史学和西北史地学研究的启蒙老师。这本文集能够出版，也是早年互相赏识的余太山先生和深爱我的施援平博士给力相助的结果。

跨国民族研究著作是在退休后的 1995 年才开始出版的。虽然我的学生和一些后起的研究者，在这个领域某些方面有的已经超越了我，后来居上是必然的规律，但这个学科本身还很年轻，需要合力助推。我还希望保持身体健康，希望还能为年轻人和后人再做点什么铺垫工作，再留点什么有用的东西，这就很欣慰了。

最后就以我的一首感谢新老学界知音的诗结束这篇自序吧：

江南弱女巾帼情，苦守边疆度人生，坎坷荆棘总伴随，所幸处处有知音。

苦短人生何所求，告别享乐选笔耕，学术友情代代传，草著留给后人品。

马曼丽于兰州居室自慰斋
2014 年 4 月

·欧·亚·历·史·文·化·文·库·

欧亚探险家与中国西北史地研究

1 公元前的丝绸之路开拓家
——中国张骞

在我国的历史记载中,张骞是第一位由长安出发、西行到中亚广大地区的旅行家和开拓者,而他派出的使节在那个时代艰苦跋涉的探险地已不仅到达中亚,而且到过印度、伊朗,远达阿拉伯半岛和里海之滨,他们是最早沟通丝绸之路的中国使节。所以张骞一直被称为丝绸之路著名的最早开辟者,他的活动开阔了古代中国人的眼界,加深了历史上中国对世界的认识。他的开拓和进取精神曾鼓舞过历史上无数仁人志士沿着他的足迹不顾生死去涉渡白骨引路的沙漠,去翻越冰天雪地的峻岭,为祖国开疆辟土、为中西方经济文化的互相交流、为中外人民友谊的象征——丝绸之路的畅通,向西挺进。这个西进的洪流,对我们祖国历史和疆域的发展,对世界文明的相互交流渗透,产生过极其深远的影响。

1.1 张骞出使西域的历史背景

张骞是西汉汉中郡城固(今陕西汉中城固县)人。汉武帝即位初,他只是一名郎官(宫廷侍卫)。建元二年(前 139 年)[1],他受汉武帝的派遣前往中亚地区联络月氏,共抗匈奴。

匈奴是历史上我国北部的一个游牧民族。秦末,匈奴在其首领冒顿单于领导下,建立起了强大的游牧政权。汉朝初年,匈奴击败东部的

---

[1]见桑原骘藏著:《张骞西征考》,杨炼译本,商务印书馆(台湾),1963 年版,22 页。也有人认为他出使是在公元前 138 年,如安作璋:《两汉与西域关系史》,齐鲁书社,1979 年版。

东胡部落联盟,向西击走了游牧于河西地区的月氏[1],又征服了鄂尔多斯高原的楼烦、白羊河南王,占有了今蒙古高原、河套以及河西走廊的广大地区,而与汉朝西部和北部领土交界,并不断侵袭汉朝边境。公元前201年匈奴在汉朝降将的勾引下率兵南下,曾进至晋阳(今山西太原南)。公元前200年汉高祖决定亲自率兵北上,抵抗匈奴入侵,结果反中冒顿单于诱兵之计,高祖刘邦被匈奴40万骑围困于平成的白登(今山西大同东北马铺山)。刘邦最后虽然逃回长安,但汉军锐气丧尽,汉朝政府被迫"奉宗室女翁主为单于阏氏,岁奉匈奴絮缯酒食物各有数"[2]。此后,历惠帝、吕后、文帝各代,汉朝政府对匈奴均采取"和亲""纳币"的忍让妥协政策。但是这种政策并未使匈奴停止对汉边的侵扰。在东起辽东,西至北地(郡治马岭,今甘肃庆阳西北马岭镇)、陇西的广大地区,几十年中,吏民经常受到杀戮,物产不断受到劫掠,特别是文帝前元十四年(前166年)匈奴老上单于率骑14万南侵,攻克朝那(今甘肃平凉西北)、萧关(今宁夏固原东南),东至彭阳(今甘肃镇原东),又派一支小部队突然东袭,烧毁秦汉两朝皇帝修建于回中(今陕西陇县西北、陇山东麓)的避暑行宫——回中宫,匈奴的小股侦察部队甚至到达甘泉(陕西咸阳市淳化县)、雍(今陕西凤翔)一带,直接威胁到长安的安全。文帝后元六年(前158年),匈奴6万骑分别从上郡(今陕西西北部)、云中(今内蒙古托克托县一带)大肆入侵,"烽火通于甘泉、长安数月"[3]。至景帝时,由于匈奴贵族统治集团内部争夺权力的内讧加剧,而景帝亦更加殷勤地奉行"与匈奴和亲、通关市,给遗单于遣翁主"[4]的政策,匈奴对汉地的侵扰才有所减少,汉匈之间的冲突有所缓和,但并未完全终止。公元前149年、前144年、前142年都还发生过一些匈奴骚扰边境地区的事件,如公元前144年掠去了汉政府在北方御苑中所养的军马,杀死汉军官兵2000余人。当时的有识之士

---

[1]关于月氏被匈奴赶出河西的时间,中外史家说法很多,本书同意汉朝初年一说。参见杨建新:《关于汉代乌孙的几个问题》,载《新疆大学学报》1980年第1期。

[2]《汉书·匈奴传》。

[3]见《汉书·匈奴传》。

[4]见《汉书·匈奴传》。

都意识到,只有彻底反击匈奴,才能使汉朝边境地区免受摧残。

汉武帝刘彻是一位具有雄才大略的政治家。公元前141年汉景帝死,刘彻即位称帝,第二年,当他得知被匈奴赶到西域的月氏也想找匈奴报仇时,便招募志士去联络月氏,共抗匈奴。张骞毅然决定应召前往。这也是一般史书关于张骞西行原因的记载。

但是,我们认为,如果对当时汉朝社会的情况进行一些具体研究,就可以看出,自景帝执政到武帝即位的十四五年中,汉匈之间的小冲突虽然仍有发生,但双方和亲、互市,基本保持了和平状况。而且当时的汉朝国势日益强盛,单独也可以抵抗匈奴,派人万里迢迢去联络月氏,似乎并不是最迫切、最需要首先解决的问题。因此,应该说,汉武帝派张骞西行,除了反击匈奴这个因素以外,还应该有其更深刻的社会经济原因。

汉朝自建立以来,虽然受到匈奴的不断侵袭,但毕竟主要限于边境地区,而在广大内地,汉朝政府则从刘邦起,就实行"与民休息"的政策,采取"什伍税一"的田赋制度。文、景时期,更是出现了所谓"文景之治"的"盛世"。到景帝、武帝之交,中原地区的老百姓,"人给家足,都鄙廪庾皆满","府库余货财,京师之钱累百钜万,贯朽而不可校。太仓之粟,陈陈相因,充溢露积于外,至腐败不可食。众庶街巷有马,阡陌之间成群"。[1] 这段记载,虽不无溢美之词,但当时社会经济有很大发展,社会财富有了巨大增长,显然还是实有其事的。在当时社会经济的发展中,商业经济的发展占有显著的地位。汉初,商人的社会地位很低下,可是随着商业经济的发展,"富商大贾周流天下"[2],"素封"之家,比比皆是,而且随着商业经济的发展,"宗室有士公卿大夫以下,争于奢侈"[3]。当时出现的这种社会经济发展的形势,一方面为反击匈奴提供了物质基础;另一方面,这种商业经济的发展,又要求向西方开拓商业活动场所和搜集新奇物品。正因为如此,武帝在派张骞通西域的

---

〔1〕《史记·平准传》。
〔2〕《史记·货殖列传》。
〔3〕《史记·平准传》。

同时,又派兵出闽越(前 135 年),通西南夷(前 130 年)。这些活动都是在汉代商业经济长足发展、统治阶级生活需要日益增多的基础上采取的对外政策,与张骞通西域一样,都具有"通货羌狄""远徕与国"的意义。上述两个方面的因素,应该是汉武帝派遣张骞通西域的主要目的和原因。

1.2 第一次出使西域

公元前 139 年张骞与其随行人员一百多人第一次出使西域。他们从长安到达汉朝的边郡陇西(郡治在今甘肃临洮),继续西行,在河西走廊就为匈奴巡逻骑兵所抓获,被送到匈奴单于庭。关于这时的匈奴单于庭有的认为是在今呼和浩特一带,有的则认为在今蒙古人民共和国鄂尔浑河一带。[1] 匈奴单于将张骞一行长期扣押于匈奴,为了使他安心,还给他娶了一位匈奴妻子。张骞在匈奴过了十多年半囚犯似的生活。可他无日不想着自己的使命,无时不在伺机逃跑,无奈处在广漠的草原和茫茫荒漠中,匈奴骑兵看守又严,毫无办法。直到张骞的匈奴妻子生子以后,看守才较前放松,他得以同他的侍从胡人堂邑氏之奴甘父[2] 一起逃出匈奴,又西行数十日到达大宛(今乌兹别克斯坦费尔干纳盆地一带)。

关于张骞去大宛的路线,史书无明确记载,所以学者们说法很不一致:有的说他是取丝绸之路南道,有的说去时是走北道,回来才走南道[3],有的没有明确阐述,只提到张骞被送到单于庭十年后,西逃越葱岭,入大宛[4]。我们认为,首先,张骞并非从匈奴单于庭逃出。据

---

〔1〕参看安作璋:《两汉与西域关系史》,22 页;黄文弼:《西北史地论丛》,1981 年版,上海,73 页。

〔2〕关于此人身份,有不同说法。服虔说,此人是姓堂邑的汉人的奴仆,名甘父;刘攽则说,奴甘父是此胡人之名,姓堂邑。

〔3〕见桑原骘藏著:《张骞西征考》,杨炼译本,24 - 25 页。德国学者海尔曼据《史记·大宛传》提到的于阗、楼兰、扜罙、姑师四国,认为是走南道,而日本桑原骘藏则认为,姑师属北道,恰证明张骞去时,是过了车师走北道的。

〔4〕安作璋:《两汉与西域关系史》,22 页。

《汉书·匈奴传》载，张骞被送往匈奴单于庭之后，是"居匈奴西"，即在他娶匈奴女为妻之后，被送到匈奴西边居住，正因为他的幽禁地远离匈奴中心地区，"骞因与其属亡乡月氏"。这里的记载相当清楚：张骞不是从单于庭，而是从"匈奴西"逃出的，因此也就不是必须经过车师、焉耆、葱岭等地的。而如果他是从今呼和浩特一带逃出，则"数十日"是根本不可能越过天山、翻过葱岭到达中亚费尔干纳一带的。其次，张骞所居住的"匈奴西"是什么地方，我们分析，从他经过"数十日"就能到大宛，而且途中常常靠其随从射猎充饥等情况来看，很可能在今新疆与蒙古高原交界的阿尔泰山一带。因为当时匈奴"西接乌孙"[1]，所以他似应从邻近乌孙外沿的天山北出乌孙南至大宛。如果由阿尔泰一带西南行，经塔尔巴哈台，西过伊犁河，沿广大的荒原到大宛，道路比较平坦，路程也比较短，在"数十日"之内就有可能到达大宛。再次，这一线匈奴控制较松，虽然可能有一些乌孙沿边的少量牧民，但不会像焉耆、龟兹等北道城邦那样，受匈奴控制较严。而且在这样广袤的荒原上，通过两个人而不被发现，那是比较容易的。再从以后的历史看，这一条路大致正是人们前往费尔干纳盆地的捷径。著名的长春真人丘处机、耶律楚材等人基本上，或者说大部分是通过这条路到达中亚的。而张骞在胡人甘父的引导下，很可能正是大致沿这条捷径逃到大宛的。

张骞到达大宛后，受到热烈欢迎，大宛王并派向导、译者先送他到康居（今锡尔河以北、楚河下游一带），康居又派向导送他到月氏。

月氏在冒顿单于时（前 209—前 174 年）被匈奴赶到伊犁河流域。因为原来月氏曾击破过乌孙，与乌孙有仇。以后乌孙在匈奴的扶植下，逐渐强大起来，大约在匈奴老上单于时（前 173—前 160 年），凭借匈奴的支持，乌孙反过来西击月氏[2]，月氏被迫南迁，后来进入阿姆河以北。此时阿姆河以北亦为大夏所占，不过大夏的主要领土在阿姆河以南，所以月氏当时南下占领大夏的阿姆河以北的领土时，并未消灭大

---

〔1〕黄文弼：《西北史地论丛》，1981 年版，73 页。
〔2〕关于乌孙西击月氏、月氏南迁的时间，研究者说法甚多：有认为在张骞被俘期间；也有认为在老上单于时，本文从后者。

7

夏,最后消灭大夏应是后来的事。《汉书·张骞传》在这一问题的记载上有些含糊。

这里土地肥沃,又没有强大的国家和部落威胁月氏的安全,离匈奴亦较远,月氏人经过长期流徙,找到这样一个地区也就很知足了,因此对汉朝联络他们抗击匈奴的倡议没有响应。张骞便越过阿姆河进入大夏,其都城在巴尔赫(今阿富汗中北部巴尔赫省),然后启程返回中原。张骞从匈奴之西逃出后,约一年时间,游历了大宛、康居、月氏、大夏等当时中亚主要大国。

张骞返回的路线,《史记·大宛传》和《汉书·张骞传》都说他"并南山欲从羌中归"。关于南山,有人说是昆仑山,有人说是祁连山。其实这两座山都曾被称为南山,但在具体提到这两座山时,其位置通常情况下是不会因其同名而混淆的。一般把昆仑山称为西域南山,把祁连山称为河西南山,《汉书·西域传》又称"汉南山"。《史记》《汉书》中所说张骞欲"并南山"归的南山是指哪座山呢?我们认为,张骞从大夏返回,必然越葱岭沿昆仑山麓东行,这里所说"南山"是指昆仑山无疑。关于羌中,一般认为是指青海,因为当时这里是羌族活动的地区,但是也应注意到,根据《汉书·西域传》记载,从葱岭东部的无雷、依耐、蒲犁、西夜以及诸羌等昆仑山北麓、塔克拉玛干大沙漠北缘的许多地区,也是"羌氏行国"。可见,丝绸之路南道及青海都有许多羌族居住,把这一整个地区都称为羌中,也并非不可能。总之,张骞返回的路线,是由大夏越葱岭沿昆仑山北麓东行的。结果又为匈奴俘获。这次俘获的地点,很可能是在昆仑山北麓的某地,因为青海地区的羌族虽与匈奴有联系,但匈奴尚未直接控制这里,在这里被扣的可能性很小。而昆仑山北麓诸国,则都在匈奴控制下,甚至有匈奴监守官员,张骞通过这里,也就比较容易被发现。

张骞这次被匈奴抓获后,又被送到匈奴西边,并与他在匈奴的妻、子相聚。这次他先后只被扣押了一年。公元前126年匈奴军臣单于死,其弟左谷王伊稚斜自立为单于,引起国内统治阶级之间的内伐,军臣单于之子于单战败,投降汉朝。匈奴国内的战乱,给张骞提供了逃跑

8

的大好时机,他带着妻儿和甘父逃回中原。

这样,张骞的第一次出使西域,前后计 13 年(前 139—前 126 年),出去时一百多人,回来时只剩了张骞和胡人堂邑氏甘父两人,他联络月氏共抗匈奴的目的虽然没有达到,但却考察了大宛、康居、月氏、大夏和其他许多地区,了解了西域和匈奴的许多情况,并把这些情况向汉朝政府做了详细的报告。特别是张骞在大夏时,看到当地有人使用邛(今四川荥经西南)[1]的竹杖和蜀布,据说是商人从身毒国(今印度河恒河流域)贩来的。身毒在大夏东南,据张骞推测,身毒必然与四川相近。他认为从四川经身毒是到达大夏去的一条既可以避开匈奴而又较近的路线。后来他回长安后,曾建议开通这一通道以通往西方。武帝听了这位探险家的一番海外奇谈,决定接受张骞的建议,并曾于公元前 122 年起,陆续派出过十余个使团(初期张骞也曾参加)由四川、云南南下,想要打开由"西南夷"经身毒通大夏等地的通道,但终因地理、气候条件恶劣,当地少数民族政权林立,虽先后经过四年的努力,均未成功。不过,这次尝试对开拓我国西南边疆仍有积极意义。对天山南北的西域地方,张骞更是汇报了大量准确和有用的情况,为汉朝制定开拓西域的政策,提供了可靠的基础。

1.3 第二次出使西域

张骞回到长安后,受到武帝的赞扬,封他为太中大夫[2],堂邑奴甘父因助张骞出使有功,加号奉使君。

在张骞回到长安的这个时期,汉匈之间的关系已经发生了重大变化。公元前 133 年武帝在马邑(今山西朔州市朔城区)伏兵 30 万准备聚歼匈奴单于及其主力,但由于边境一小吏被俘后叛变泄密,匈奴单

────────────

〔1〕据《汉书补注》,以为邛乃西汉严道县之邛崃山;但《史记正义》以为邛即邛山,在西汉邛都(今四川西昌东南)境。

〔2〕太中大夫为掌宫殿掖门户的皇帝左右亲信官员——郎中令的属官,秩比千石,掌议论,即有关这方面的顾问、参谋。有著作说是皇帝的顾问,那是不确切的。

于急速退军,武帝计划落空。此举引起匈奴的报复,多次出兵侵袭汉边。武帝亦组织大规模的反击,汉匈之间的战争发展到了一个新的阶段。

公元前127年,即张骞由西域返回长安的前一年,汉朝政府收回了河南地(河套地区),在这里设置了朔方郡,使匈奴受到一次沉重的打击。

公元前126年张骞返回后,由于他在匈奴地区待过十多年,熟知游牧地区的情况,武帝命他以校尉身份随卫青北击匈奴。他负责为军队选择道路,寻找水源。由于他善于按照少数民族的心理和习俗开展和平外交,因此多次立功,公元前123年武帝封他为博望侯。博望侯在西域少数民族中德高望重,甚至他死后,当地人民仍把这一封号作为对汉使的美称,表现了对张骞的爱戴。[1]

公元前121年张骞随霍去病出击匈奴,霍去病自己率部西击,命张骞由另一道策应李广之军,结果李广军被匈奴左贤王所率4万骑兵包围,张骞却不能按时赶到接应,虽然最后在李广军最危急的时候,张骞带兵赶到击走了匈奴军,但汉军已死亡过半,败回境内。按汉朝军律,张骞本应处斩,但武帝惜才,特赦免他死罪,罢免他的一切官职,贬为庶民。不过西进的霍去病却在河西一带打了一个大胜仗。就在这一年,匈奴单于派驻河西的浑邪王、休屠王率部降汉,河西走廊从此归于汉朝统辖。汉朝政府陆续在河西建立了武威、张掖、酒泉、敦煌四郡。

公元前119年武帝又命卫青、霍去病分别率大军北击匈奴,双双大获全胜。从此"漠南无王庭",匈奴单于及王庭退入大漠以北,匈奴势力遭到严重削弱。

在匈奴势力衰落、汉朝边境威胁得到解除的情况下,武帝又想到了幅员辽阔的广大西域地区。于是他多次召见已成为"庶人"的张骞,又问起西域的情况。张骞提出招抚乌孙的建议。他在匈奴时听说乌孙

---

[1]《汉书·张骞传》:"然[张]骞凿空,诸后使者,皆称博望侯,以为质于外国,外国由是信之。"

原来游牧于河西,被月氏击破。后来乌孙在匈奴协助下,收拢被击散的部落,在势力逐渐恢复后,遂西击月氏,把月氏挤出伊犁河流域。月氏南下进入阿姆河以北,乌孙则占领伊犁河流域并留居于这里。后来乌孙想要摆脱匈奴的控制,与匈奴之间的关系紧张起来。张骞主张:"厚赂乌孙,招以东居故地,汉遣公主为夫人,结昆弟,其势宜听,则是断匈奴右臂也。既连乌孙,自其西大夏之属,皆可招来而为外臣。"[1]张骞的这一建议深合武帝心意,于是武帝又起用张骞为中郎将,率领一个300人组成的使团,携带成千上万的金银、绸缎和牛羊出使西域。使团主要任务是劝说乌孙东归,与汉朝结成联盟共抗匈奴,同时使团中还任命了许多副使,他们分赴大宛、康居等西域各国,与各国正式建立联系。

公元前119—前118年,张骞率使团向西域进发。张骞这次出使西域,与前一次的情况大不相同。这时河西已完全归入汉朝版图,自河西至罗布泊已无匈奴部落。西域各国虽仍然受匈奴的控制,但开始对匈奴采取阳奉阴违或公开反抗的态度。特别是天山以北的大国乌孙,更是与匈奴直接对抗,从而使匈奴在西域的势力受到很大削弱。这就便利了张骞的西域之行。张骞一行顺利到达乌孙。乌孙王名叫腊骄靡,已经是一位耆耄老人,其长子为王位继承人,不幸病死,他准备将王位传于长子的儿子岑陬,次子大录不服,阴谋攻杀岑陬。年老的腊骄靡昆莫无法控制大录,只好拨给岑陬一万骑部队,令他远离大录驻守一方,他自己则率一部分部队驻守王庭,以防备次子大录的叛乱。这样,乌孙实际上割据为三。张骞到达乌孙的时候,正赶上乌孙的这个局面。当张骞向腊骄靡转达汉朝政府请乌孙东返河西、联合抗击匈奴的主张后,老昆莫不仅无法决断,而且也并不感兴趣。但是这位乌孙王热情地派了向导和译者帮助张骞的其他副使到西域各国去。这次汉朝与乌孙虽然没有正式建立起联盟,但是腊骄靡派出使者数十人,携带数十匹乌孙骏马于公元前115年随张骞一起到达长安,向武帝回礼,汉朝与

---

〔1〕《汉书·张骞传》。

11

乌孙的外交关系从此开始。

张骞回到长安后,武帝任命他为大行,负责汉朝接待外宾和处理外国事务。但张骞回长安后一年多就去世了。

张骞虽然死了,但他开通西域的事业却得到了迅速、持续的发展。在他死后一年多,他派往大宛、大夏、大月氏、康居、安息、身毒、于阗等国的副使陆续返回长安,并且带来各国的使节和大量礼品,从此打开了汉朝政府和西域诸国正式交往的渠道。汉朝每年都要派五六起到十多起使团前往西域各地,而西域各地来长安的使团数量更多,双方来往的使节、商人"相望于道",这些使者、商人都带有丝绸等大量商品、礼物,他们结伴而行。每一起人数少的有百余人,多的达数百人。这实际已是丝绸之路十分繁荣的景象!著名的丝绸之路在张骞两通西域的基础上,不仅得到了实际的开通,而且日益繁荣畅通,使东西方政治、经济和文化交流得到进一步的发展,而张骞"凿空"[1]丝绸之路的功绩,也就永垂于青史。

1.4 张骞与丝绸之路

"丝绸之路"这一名称正式出现是在19世纪70年代,是由德国著名地理学家李希特霍芬提出的。他形象地把"从公元前114年到公元127年间,中国与中亚河中地区(指中亚阿姆河与锡尔河两河间地区——引者)以及中国与印度之间,以丝绸贸易为媒介的这条西域交通路线"称为丝绸之路(Seidenstrasen)[2]。1910年德国东方学家艾伯特·赫尔曼主张把这一名称的含义延伸到遥远的叙利亚[3],得到学术界普遍赞同。此后,随着中外学者的考古发掘和丝绸出土地区的日益扩大,随着对丝绸之路研究的日益发展,丝绸之路的概念从时间范围

---

〔1〕关于"凿空",《史记·大宛列传》说"于是西北国始通于汉矣,然张骞凿空",司马贞解释为:"案谓西域险厄,本无道路,今凿空而通之也。"

〔2〕李希特霍芬:《中国》,第1卷,柏林,1877年版,454页。

〔3〕赫尔曼:《中国和叙利亚之间的古代丝绸之路》,柏林,1910年版,10页。

到地域范围都越来越扩大。目前丝绸之路这一雅称实际上已经从狭义发展为广义。日本学者多主张丝绸之路除陆上绿洲路以外，还应包括草原路与南海路，其中有的甚至认为，丝绸之路是"人类自古使用的远距离贸易路的总称"[1]。我们认为，初期的狭义的丝绸之路，是指汉武帝年间以张骞"凿空"为标志，以丝绸为媒介进行中西交往的陆路交通线。具体的路线一般是指东起中国古都长安，经甘肃、新疆，西通罗马、印度等文明古国的陆路交通线。而广义丝绸之路的概念，是指自古以来中国与亚洲其他地区，与欧洲、非洲相互间进行的与丝绸的交换、赠送为特征而扩大到有关的政治、经济、文化交流各领域的绿洲道、草原道、海上丝路等几条路线之总称。它的具体路线，除了古代中国与西方的陆路交通线——绿洲路以外，至少还包括横贯欧亚大陆北方草原的通道——草原路和南方海上的航路——南海路（海上丝路）。

丝绸之路是世界文明的先驱，它像一座桥梁，联结着中国、印度、埃及、巴比伦等文明古国；丝绸之路是世界文化的摇篮，至今仍影响着亿万人精神世界的佛教、基督教和伊斯兰教，以及古代具有划时代意义的一些伟大的创造发明和思想流派，就诞生在丝绸之路的要冲地带，而且最先正是通过这条东西古道传播到了全世界。丝绸之路也是古代一些叱咤风云的人物（从亚历山大到成吉思汗与帖木儿）及其帝国震撼欧亚的活动舞台，丝绸之路上曾发生过众多民族的大迁徙、大融合，造成了世界历史的大变化、大发展，人们对丝绸之路的作用给予了极高的评价，长泽和俊先生甚至认为，"即使说全世界的历史都与之有关，也不为过分"[2]。而这样一条对世界文明与历史有着重大影响的古道的开通，正是与中国张骞的名字紧密不可分的。

当然，应该承认，早在张骞之前，民间的丝绸之路这条通道实际已经存在，它的开辟，无疑是广大人民群众艰辛跋涉的一种结果，只不过他们的名字都于史无载罢了。关于公元前 3 世纪西方已称中国为"赛

---

〔1〕参看长泽和俊：《东西文化交流史》，第一章《丝绸之路与东西文化交流》，白水社，1979年版，引自《西北史地》1984 年第 3 期。

〔2〕引自《西北史地》1984 年第 3 期。

里斯"之国,周穆王赠丝绸给西域酋长之说以及阿尔泰地区出土了战国初期的丝绸等等事实[1],都说明这条丝绸传播之路在公元前5世纪时已经存在。但毕竟在张骞之前,对于这条中西交通线的具体路线没人进行过专门的实地考察与记载,也没有使之成为公开的、畅通的道路。也就是说,丝绸之路在世界上、在史籍中成为有方向、有路线记载的道路,那则是张骞通西域后的结果,即张骞"凿空"的成果。

首先,张骞通过亲身的探险和外交活动,两次通西域,沟通和考察了被匈奴阻塞的中西通道,成为举世公认的伟大探险家。他两次通西域的实际活动证明,他是中国与西方建立和平外交关系的启蒙者,是主张和平外交并取得成就的古代杰出外交家。他向武帝提出的几项建议,都体现了他试图以和平结盟来牵制匈奴的思想。张骞正是怀着探求世界和平与稳定的抱负,冒死西行。也正是这种远见卓识使他派出副使和其他使节,陆续到达印度、伊朗、阿拉伯半岛和里海之滨,才使以前只有民间零星贸易和断断续续交往的这条东西通道上,开始呈现了空前繁荣的景象。张骞揭开了中西官方使团和商队大规模地频繁交往的序幕,开创了汉朝和中亚、西亚、南亚一些国家正式建立外交关系的新纪元。据文献记载,自张骞通西域后,赴西域的使者"相望于道",使团"大者数百,少者百余人"。一年之中,使团"多者十余,少者五六辈","远者八九岁,近者数岁而返"[2]。他们携带了一批批礼品、物资,包括价值万金的丝绸等来往在这条古道上。还有大量假借"贡献"为名的商人,经常往返于丝绸之路,终于使丝绸之路成为一条畅通的贸易之路。可见,张骞为丝绸之路的畅通所立下的丰功伟绩,首先在于他意欲开辟的是一条友谊之路、和平之路。

其次,张骞以其亲身的经历订正和充实了过去对西域各国的传说和零星记载,使人们大大增长了对丝绸之路及其有关地区的认识。张骞西使前,西汉对西域、对河西走廊地区以及原住这里的月氏、乌孙等

---

[1]详见杨建新、卢苇:《丝绸之路》,4-7页。
[2]《史记·大宛列传》。

民族的情况,所知很少。张骞第一次出使西域,"身所至者大宛、大月氏、大夏、康居,而传闻其旁大国五、六"[1]。他首次把西域介绍给了中原。他第二次出使西域又到了乌孙,并派出副使,与更多地区和国家建立了联系,了解了他们的情况。根据他的报告,在大宛东北有乌孙,是西域的一个游牧大国,当时只与匈奴保持一般的隶属关系,并且已经拒绝往匈奴"朝会"。在大宛西北以游牧为生的康居,国势较弱,当时不得不南属月氏,东朝于匈奴,以保持其存在。在康居西北,还有游牧国奄蔡,也是一个较大的国家,其国临大泽,张骞称它为北海,从地望来看,很可能是指现在哈萨克斯坦边境与乌兹别克斯坦的卡拉卡尔帕克交界处的咸海。月氏是张骞这次出使的主要目的地,他曾明确指出,大月氏在妫水(今阿姆河)北。而在大月氏以南,即阿姆河以南是大夏,又称巴克特利亚。在大月氏西边是安息,又称帕提亚,当时正值这个国家的阿萨息斯王朝,张骞译称安息,即阿萨息斯的音译,安息是西亚大国,当时它占有伊朗高原及两河流域。再西,张骞还打听到条支(今叙利亚等地)的情况。《史记·大宛列传》和《汉书·西域传》就是根据张骞向武帝报告的内容,详细记下了早期丝绸之路的具体路线和行经地点。至今,这些记载对有关地区的研究仍是极为珍贵的。以后,陆上丝绸之路的扩大也大体是在张骞所发现的主要交通干线和他所提供的资料的基础上变动和发展的。

第三,张骞通西域使丝绸之路这条东西方人民共同开辟的友谊之路变为东西大规模往来的交通要道。而丝绸之路的正式开辟加强了中西经济文化的频繁交流。张骞及其副使们在所到之处宣传了汉朝的富强,加深了与西域各国及各民族的友谊,大大促进了东西方从使节到商人、从贵族子弟到宗教人士、从杂技演员到各类民间艺人的交往。在源源不断的东西交往洪流中,汉朝使节从大宛引进了葡萄和苜蓿,其他如胡桃、石榴、胡麻(芝麻)、胡豆(蚕豆)、胡瓜(黄瓜)、胡蒜(大蒜)、胡萝卜等也被移植到中原地区,成为我国人民的生活必需品。

---

[1]《史记·大宛列传》。

西方的毛皮、毛织品和异兽珍禽成为内地的名贵商品及奇珍。西方的音乐、舞蹈、绘画、雕塑、杂技等,也对我国古代文化艺术产生了积极影响。而我国绚丽精致的丝绸和其他工艺品,肉桂、大黄、黄连等各类中药材,还有内地先进的生产技术,如养蚕缫丝术、冶炼术、制漆品术、井渠法、造纸术等等,也经由西域传向西方。中西双方在相互交流、相互学习中得到了共同的发展,使各自的经济文化生活更加丰富多彩。而每当我们提到这条友谊之路时,就总会情不自禁地想起这位冒死跋涉在丝路古道上的博望侯张骞!

(原载《古代开拓家西行足迹》,陕西人民出版社,1987 年版)

2 中国古代西行求法与 海洋探险家

——法显高僧

在古代西域流沙茫茫、雪山皑皑的荒原上曾留下过许多高僧的足迹。他们怀着坚定的信念与抱负,藐视万里艰险,不顾生死存亡,立志西行去求法取经。其中多数人,或被劳疾和雪山所吞噬,或因种种原因中途折回。所以,去者无数,成功而返回者寥寥。[1] 在我国历史上这一艰苦卓绝、前仆后继的探险洪流中,得以远达中天竺佛邦,并通过海洋探险而成功返回的第一个光辉历史人物,就是法显。

法显俗姓龚,山西平阳(今临汾一带)人士[2]。原有兄长3人,都不幸夭亡,其父恐灾及法显,3岁时便度其为沙弥。法显10岁前后,父母相继丧亡,叔父逼他还俗,但他奉佛的信念毫不动摇,坚决拒绝还俗。他20岁受大戒,素来志行明敏,仪轨整肃。他博览群经,常以律藏残缺为憾,誓志前往天竺求法。东晋安帝隆安三年[3](后秦姚兴弘始元年,399年)三月,正当春风吹度玉门关的季节,法显与同学慧景、道整、慧应、慧嵬等人从长安出发,西行求经。当时法显的年龄没有直接记载

---

[1]《洛阳伽蓝记》卷5:惠生和宋云经过捍魔城(今新疆且末县境)南大寺时,见到西行的人们"悬彩幡盖亦有万计,魏国之幡过半矣"。这说明西行者数以万计,而能留名史册或可考的人不过万分之几。

[2]据僧佑《出三藏记集》卷15《高僧传》卷3载,法显是平阳郡武阳人。慧皎《高僧传》、《开元录》等均据此说。日本足立喜六先生及我国贺昌群先生认为,该地当今山西襄垣;而费长房《历代三宝记》卷7、道宣《大唐内典录》卷3等则称他为"平阳沙门"。因据《晋书·地理志》及《临汾县志》,晋及十六国时平阳郡所辖无武阳县,只有平阳县,武阳或为平阳之误,现一般认为平阳应在今山西临汾一带。

[3]据《高僧传》及岑仲勉《法显西行年谱》。而《佛国记》作弘始二年。

17

可查,目前学术界多认为法显当时已是 60 多岁的老人[1]。但岑仲勉认为:"如此风烛,而犹经历多险,殊不可信……非高僧传享龄之不实,即迁化一语之有误。"[2]这分析是有道理的。我们认为,一则 60 开外的人当时要越葱岭、渡流沙,的确难以想象,而且据载,法显在印度迅速学会梵文梵语,回来就会翻译佛经,这也不是一般老年人的记忆力所能及的。再则,他的同辈求法者中有可靠记载的宝云,西行时,年仅 26 岁左右[3],从这些情况分析,当时法显最多似也应在壮年。

法显一行 5 人,怀着中古时代对一种新文化的强烈追求,抱着虽死无憾的决心,从长安向佛教发源地进发,沿途又遇到智严、慧简、宝云、僧景、僧绍、慧达等 6 人,共 11 人结伴西行,但最后能够贯彻始终、遂其初志而回归中华的,仅法显 1 人。正如慧皎所说:"发迹则结旅成群,还至则顾影唯一。"西行求法之不易,由此可见一斑。

2.1 法显西行时期的"佛教热"与中西交通之状况

在我国魏晋以前,西来的僧人已络绎不绝[4],但我国中原汉人西行求法的历史记录则基本上始于西晋,即使包括魏末甘露五年(260年)从雍州出发的朱士行在内,西晋 52 年间可考的西行求法者也仅有 2 人。东晋到宋初 103 年中,可考的西行求法者猛增至 46 人,其中佚名的 25 人。[5] 前已提到,从彩幡发现而无法考证的西行求法者竟达到数以万计。

频繁西行求法的事件为什么始于这一时期呢?这是与魏晋时期

---

〔1〕贺昌群:《古代西域交通与法显印度巡礼》,湖北人民出版社,1956 年版,34 页;王季深编:《中国历代旅行家小传》,知识出版社,1983 年版,27 页。

〔2〕岑仲勉:《法显西行年谱》。

〔3〕岑仲勉:《法显西行年谱》,据宝云元嘉二十六年卒时,为 76 岁的记载推算。

〔4〕诸葛麒《法显玄奘西行之比较》:"时至衰晋,西境中外之交通已繁。中僧西出者自朱士行而后,不下十人。况石虎、姚秦竞倡佛道,西僧之来者尤众。隋书经籍志曰,姚苌时胡僧至长安者数十辈。犹第就秦都一隅言之。"载《史地学报》第 3 卷第 3 期,商务印书馆发行。

〔5〕冯承钧:《历代求法翻经录》,商务印书馆,9 页。

的"佛教热"以及当时西域和中原连成一片的政治形势分不开的。

公元 2 世纪末,东汉政权在黄巾起义等农民武装的冲击下,土崩瓦解,群雄纷起,各据一方。接着国内演成三国鼎立之势,互相兼并。公元 266 年之后,虽有晋武帝开创的短暂统一局面,但不久又有所谓的"八王祸晋""五胡乱华"。元帝避乱南迁,偏安江左,是为东晋。东晋初年,全国更是一片混乱,中原难民大量迁入西域,西域一些民族又不断南下争夺政权,以后遂酿成连续争战的十六国分裂更迭时期。由于这样长期的战乱,不仅被统治的阶级,民不聊生、苦难深重[1],统治阶级的前途也难以预料,今日高踞宝座,明日也可能刀下丧生。这样,不同阶级的人,从不同的情况出发,都乐于接受佛教宣扬的精神不灭、因果报应和极乐世界等教义,追求超脱苦海的精神寄托。这种社会情况就为佛教的发展创造了条件。尤其是乱世的祸福不定与生死无常,使佛教受到名门贵族和大小君主的崇信。汉魏时认为佛教乃戎狄之教,名士帝王多不与之接触。只有西域人可立寺、祭神,而且禁止汉人出家。[2]魏末的汉人朱士行出家西行,明显已破此禁。晋代丞相世家的竺法深等出家之后,佛教与王室的联系日益紧密,他死时,孝武帝特下诏哀悼。后赵君主石勒、石虎在佛图澄教化下,亦好佛法。石虎时,澄出则乘雕花车辇,衣则披锦绣僧袍,朝会之日,太子诸公均阖坐起立。而且当时百姓出家可免各种劳役,王度因此担心影响国库收入,上疏说佛是戎狄之教,汉人不应信奉。但石虎仍下书提倡:"佛是戎神,正应所奉。"东晋诸帝大都奉佛,明帝还曾亲画如来佛像,"哀帝后佛法、清言并盛于朝"[3]。甚至前秦苻坚派吕光西征的一个重要目的,就是

---

〔1〕新疆民族研究所 1963 年编译的《新疆出土佉卢文残卷译文集》中,有许多简书反映了劳动人民卖儿、卖女、卖地的悲惨情况,如 437 号、589 号、648 号简书等。《晋书·张轨传》等书也记载当时的高利贷剥削惨重,春贷一石,秋收三倍征之。可见,西域劳动人民与中原人民一样,都处在水深火热之中。

〔2〕《高僧传·佛图澄传》记载,石虎时著作郎王度称:"汉明感梦,初传其道,唯听西域人得立寺都邑,以奉其神,其汉人不得出家。"

〔3〕以上均见汤用彤:《汉魏两晋南北朝佛教史》第 7 章,中华书局,1963 年版。

欲得名僧鸠摩罗什。[1] 由于王公贵族的热衷,营造寺院,竞相出家的风气日盛,朝臣亦事佛起大塔,《高僧传》记载佛图澄时"立寺八百九十三所",这个数字虽不尽可信,但也足可说明佛教兴盛之势。

而在当时西域也发生了相应的变化,西晋中期之后,中原战事频仍,唯凉州刺史张轨却能保境安民,民谣唱:"秦川中,血没腕,惟有凉州倚柱观。"[2]所以中原秦陇的百姓大量涌向河西[3],逐渐无法容纳,进而迁往西域。佉卢文简书证实西域各地都有汉族移民[4],他们不仅把中原的生产技术带入西域,而且从文书中出现的"佃户"、"地租"、土地买卖等内容看,也把封建生产关系传到了西域,使西域大部分地区发生了从奴隶制向封建制的飞跃。西域新兴僧侣封建主也利用封建生产关系迅速兴起的时机,大力发展佛教,于是寺院剧增,佛教得到巨大发展。那时的西域,几乎是佛国世界,到处有佛寺、塔龛,经常有佛会,"晨夜礼佛"。紧连西域的河西一带很快受到感染,史载:"凉州自张轨后,世信佛法。敦煌地接西域,道俗交得其旧式,村坞相属,多有佛法。"[5]于是,民间与王室,名僧与名士,西域与中原,相互影响,汇成兴盛一时的"佛教热"。

在这种情况下,大量兴建的寺院与剧增的僧人,都需要有戒律、经论来作为行动的规范。佛教的经、律、论三藏本是十分丰富的,但当时总的说来翻译成汉文的,却还是其中的极少数,尤以戒律更少。距法显西行前14年逝世的道安等名僧都深感戒律传来太少,曾自制三科。与法显同时代名僧鸠摩罗什也说"汉境经律未备"。由于律藏未备,影响僧伽制度的建立,造成佛教界的混乱。这方面情况有关史书多有记载,如《弘明集·释驳论》说道:"今观诸沙门……或垦殖田园,与农夫齐

---

[1]冯承钧:《历代求法翻经录》,商务印书馆,15页。又,该书3页中说:"昔苻坚遣苻丕以十万之师取襄阳。谓唯得道安一人,习凿齿半人而已。又遣吕光将前部车师王率兵十万西伐龟兹,以迎童寿。

[2]《晋书·张轨传》。

[3]如《晋书·张轨传》载,南阳王保被杀后,"其众奔凉州万余人";又如《晋书·凉武昭王李玄盛传》说,前秦时期"苻坚建元之末徙江汉之万余户于敦煌"。

[4]《新疆考古三十年》,新疆人民出版社,1983年版,195页。

[5]《魏书·释老志》。

流;或商旅博易,与众人竞利;或矜持医道,轻作寒暑;或占相孤虚,妄论凶吉;或诡道假权,要射时意;或聚蓄委积,颐养有余;或指掌空谈,坐食百姓。斯多皆不称服,行多违法。"所以当时佛教界有识之士,纷纷西行求法,企图求取和传译天竺戒律,以矫正时弊。

另外,中西交通在这一时期并未因战乱和割据而完全断绝,十六国时,河西一带的前秦、后秦和五凉等割据政权充分发挥了他们经营管理西域的作用。其中,有的在西域地区设官置署;有的屯田驻军;有的征讨叛逆;有的派员慰抚各地。这些措施都有力地保障了丝路的安全[1],为中国高僧西行求法提供了条件和可能。也正是在这股"佛教热"兴起,戒律缺乏,与中西交往频繁无阻的情况下,掀开了我国内地僧人西行求法的历史序幕。而法显,就是在这一开创性的事业中留下的一个光辉的名字。

2.2 西行足迹与当时的西域诸国

法显西行的动机自然也是由当时佛教兴隆而戒律奇缺的历史情况决定的。《佛国记》指明"法显本求戒律","本心欲令戒律流通汉地",则法显的主要动机与他的同时代的求法者基本是一样的。但法显超越其同时代人的地方,是他不仅没有因路途艰险而中途折回,而且也不像道整那样,虽然"西来意本亦在戒律",可是后来因在天竺受到很好的接待便流连忘返了[2]。古代我国到中印度的往返道路,实在是太艰险了,法显如果没有坚决"欲令戒律流通汉地"的深邃动机和超越一般人的决意振兴汉地佛教文化的深厚感情,他在国内并无家小、父母,是难以仍然冒死返回的。《佛国记》中有一段记载正反映了法显对祖国的感情:"法显去汉地积年,所与交接悉异域人,山川草木,举目无旧,又同行分披,或流或亡,顾影惟己,心常怀悲,忽于此(无畏山)玉像边,见商人以晋地一白绢扇供养,不觉凄然泪下满面。"这里表现出

---

〔1〕杨建新、卢苇:《丝绸之路》,甘肃人民出版社,1981年版,30页。
〔2〕汤用彤:《汉魏两晋南北朝佛教史》,383页。

小小一柄白绢扇勾起了旅游异邦12年的法显对祖国的无限眷恋之情。

法显的西行路线,由长安出发经敦煌,穿过戈壁,翻越葱岭,周游五天竺,然后航海南到师子国,渡印度洋、南海,经我国东海、黄海,在山东半岛登陆,于公元413年到达建康(南京)。为了到印度寻求戒律和三藏(经、律、论)经典,行程4万余里,所经地区,包括我国大西北、阿富汗、克什米尔、巴基斯坦、印度、尼泊尔、斯里兰卡、印度尼西亚和我国东南沿海,在中古时代敢于开拓这样一次横贯中亚、南亚,泛过印度洋等诸海的漫长旅行,其毅力之顽强怎不令人敬佩!

法显西行的起点是当时作为后秦国都的长安。公元399年三月中旬,法显从长安出发,西行1月,到西秦乞伏乾归所据苑川(今甘肃榆中一带[1]),开始"夏坐"。"夏坐"也称"坐腊""安居",是佛教徒奉行的一种习俗,即按释迦遗教在印度雨季的3个月中不外出,静修梵行。印度的佛教徒"安居"的时间多为五六月中旬开始,但也无定论。中国僧众多从四月十六日起开始。法显夏坐毕,七月再前行到张掖镇(今甘肃张掖)。据法显记载,当时张掖大乱,道路一度不通,所以留住张掖。到隆安四年七月才前往敦煌。

敦煌是汉武帝时所辟河西四郡(武威、酒泉、张掖及敦煌)之一。早从汉代起,它就是东西交通的要地和出入西域的门户。丝绸之路的南北两道都由敦煌这个枢纽站分叉过阳关或玉门关通往西域。李广利伐大宛,率数万人也是出敦煌而西征,第一次汉兵失败,回驻敦煌。李广利在敦煌屯兵近一年,汉王朝又在敦煌集兵6万及数万牛马骆驼。二次出征,终于取得伐大宛的胜利。汉宣帝时出征乌孙的辛武贤也屯重兵于敦煌以备进兵。可见从汉代起,敦煌已经是规模很大的军事、政治重镇。东晋法显路过时,"敦煌有塞(按指城墙),东西可八十里,南北四十里"。这一记载也证明了晋代时,它的规模仍不小。法显一行在这里停留一月余,有敦煌太守李浩(李暠)"供给渡沙河"。可见敦煌

---

〔1〕据《辞海》(1979年版),作今甘肃榆中县大营川地区,以汉置牧师苑于川内,故名。东晋初乞伏鲜卑部迁居于此,后乞伏国仁称大单于,在川内筑勇士城居之,并置苑川郡;乞伏乾旧称西秦王,自金城(今兰州市西)迁还苑川,都于西城,即西苑城。贺昌群误作靖远。

当时仍是出西域必须准备各种"供给"的基地。20世纪初,在敦煌北部疏勒河下游的河床旁,曾发现古代堡砦和长城遗址。遗址中出土的木简也证明了上述情况。直到安史之乱以后,敦煌才逐渐衰微。

法显一行出敦煌向鄯善进发,途经沙河。沙河又称流沙。《法显行传》载:"沙河中多有恶鬼热风,遇则皆死,无一全者。上无飞鸟,下无走兽,遍望极目,欲求度处,则莫知所拟。唯以死人枯骨为标帜耳。"法显在这片沙河中走了17天。法显所经过的这沙河(或称流沙)应是指白龙堆沙漠[1]。因为晋代鄯善王城位置尽管有争论,但在敦煌之西是无疑的,详见后述。所以法显是从敦煌西渡流沙"一千五百里"到鄯善的。这正合唐代颜师古所说,敦煌"正西关外有白龙堆沙"[2]。其名称的来源是因为沙漠呈东北—西南走向,沟谷里有流沙堆积,弯曲如龙,所以古人因"象形以名其沙"[3]。

法显过鄯善时,曾记载说:"行十七日,计可千五百里,得至鄯善国,其地崎岖薄齐。俗人衣服,粗与汉地同,但以毡褐为异。其国王奉法,可有四千余僧,悉小乘。诸国俗人及沙门尽行天竺法,但有精粗。"[4]说到国国胡语不同,然出家人皆习天竺法、天竺语。当时鄯善共有8000余家[5],而奉小乘佛教的僧人有4000余人,其王也奉法,足见当时佛教的盛况。我们从法显对鄯善的记载,可知当时该地社会文化、人民习俗方面的基本情况:两晋时鄯善的舆服与中原相似。黄文弼等在罗布泊一带发现从中原运去的丝织品残片[6]和外国考察家发掘出的各种语言写本,已使法显的有关记载得到了日益增多的印证。从

---

〔1〕岑仲勉先生在《法显西行年谱》中认为:"法显所渡流沙者,今噶顺大沙漠及白龙堆。"我们认为此处有误,因为噶顺沙漠(又名哈顺沙漠)在哈密盆地东南,在白龙堆沙漠之北的库鲁克塔克山以北。而法显是"西"渡沙河,不可能经白龙堆又北绕噶顺沙漠,而且也没有越库鲁克塔克山的记载。

〔2〕《汉书》卷28下《地理志》"敦煌郡"条注。

〔3〕《西域图志》卷8。

〔4〕《佛国记》。

〔5〕冯承钧参合《魏书》卷102《且末传》与《宋书·且渠传》语,见冯承钧《鄯善事辑》,载《西域南海史地考证论著汇辑》,中华书局,1956年版。

〔6〕黄文弼:《罗布淖尔考古记》,71页。

·欧·亚·历·史·文·化·文·库·

法显关于"习天竺书、天竺语"等记载,也可见当地当时受印度文化影响之深,这与鄯善位于中西交通要道的位置有关。

法显记述鄯善所提供的里程及概况,对解决至今意见纷纭的鄯善国都的有关争论,有重要参考价值。史学界一般都认为鄯善的国都是伊循城,黄文弼先生说:"因此,则鄯善国都之伊循城,在南道;楼兰国都扜泥城,在北道,似无可疑。"[1]而冯承钧先生则说:"唐人所修的史书,《周书·异域传》同《北史·西域传》皆云:鄯善国都扜泥城,古楼兰国也。"又说:"扜泥为王都,改其方位与都护治所(今布古尔)、山国(今星格尔)、车师(今雅尔)之距离,只有今之卡克里克足以当之。"我们认为,从法显记载看,与后一说比较吻合。因为史书只见"王治扜泥城"之记载,从未见伊循为王都之记载。后人主要根据尉屠耆为鄯善王以后要求汉屯田置官于肥美之依循城而推测的。而我们据法显对鄯善的实地所见"国王奉法……有四千余僧"的鄯善,却是"其地崎岖薄齐"的。文化繁荣但土地薄而贫瘠的这条记载,对否定土地肥美之伊循为鄯善国都之说是非常有力的证据。而且斯坦因所得《沙州都督府图经》载"鄯善东一百八十里有屯城,即汉亡伊循",则显然鄯善治所与伊循并非一城。王都扜泥(应为扜泥)即当卡克里克(今若羌附近);而鄯善伊循在扜泥东,当今米兰之地,为屯田之所。当时法显所过鄯善王所住治所显然非土地肥美之伊循,而是扜泥。[2]这样,与法显接着往乌彝(焉耆)是"西北行",也正合。

有关鄯善的争议还很复杂,正如足立喜六先生在其《法显传考释》中所说:"其国现既没于沙漠中,所在不明。关于其遗迹,异说纷纭,未有定论。……总之,凡此皆足以证明鄯善国的遗迹,在罗布淖尔之西南,当今若羌县一带地方。"

法显在鄯善住1个月后,"西北行"至今焉耆,得符公孙供给后直

---

〔1〕黄文弼:《西北史地论丛》,184页。今黄盛璋先生也认为,楼兰"更名鄯善国都亦迁至伊循……由后更置尉于此地,更确证为国都无疑"(《回鹘译本〈玄奘传〉残卷五玄奘回程之地望与对音研究》,载《西北史地》1984年第3期)。

〔2〕冯承钧:《鄯善事辑》,载《西域南海史地考证论著汇辑》。

进"西南",斜穿塔克拉玛干大沙漠,在沙漠中行走 30 余日(35 日左右),不见居民,终于到达于阗。1895 年,斯文·赫定由南向北也走过这一条道。据他记载,在塔克拉玛干大沙漠中,每走一步都要付出很大代价。白天烈日似火,热度极高;夜里则寒气彻骨。到处是沙山,没有一根草。最后他们的骆驼一峰峰死去,一行 4 人,渴死 2 人,斯文·赫定正濒临死亡之时,幸见一只水鸟飞过,才挣扎着向水鸟起飞的地方爬行,发现一个水池,终于死里逃生。而法显只用寥寥十几个字记载了这一段旅程:"行路无居民,涉行艰险,所经之苦,人理莫比。"虽然他没有指明当时这里是否已经完全成了大沙漠,但是在"无居民"的荒漠走 1 个月零 5 天,还是在旅行条件远不如斯文·赫定时期的古代,这种"人理莫比"之苦是可想而知了!

发现来到于阗,当时这里已是大乘佛教的盛行之地。"其国丰乐,尽皆奉法,以法乐相娱。众僧乃数万人,多大乘学,皆有众食。"于阗城西有娑摩若寺,法显称作王新寺。这座寺庙由于阗王三代王室经 80 年才建成,工程宏伟华丽之极,法显记载他所住的瞿摩帝伽蓝,有大乘僧人三千[1]可见于阗当时从国王到民众对佛教之热衷。

法显在于阗停留了 3 个月,为了等待当地流行的行像仪式。想必他对这种从印度传来的行像风俗有特殊兴趣。行像仪式中的像,是雕塑精美的造像,是自公元 2 世纪以来,于阗受犍陀罗或迦湿弥罗希腊艺术风格影响的产物。正是对犍陀罗艺术表现生动多姿的人体美的欣赏,糅合宗教崇拜的感情,产生了于阗人一年一度庄严的行像仪式。据法显《佛国记》记载,四月一日起,城里便扫洒道路,庄严巷陌。其城门上张大帷幕,事事严饰,王及夫人采女皆住其中,观看行像活动。离城三四里处,作高三丈余的四轮像车,点缀着丝绸幡盖,像立其中,二菩萨侍,作诸天侍从,都由金银瑰宝雕饰。佛像近城门百步时,于阗王脱去天冠,换上新衣,赤脚持香花出城迎像,并施西藏喇嘛拜佛时最尊敬的"头面礼足"之礼。像入城时,门楼上的夫人、采女都散花烧香,于是众

---

〔1〕以上均见《佛国记》。

·欧·亚·历·史·文·化·文·库·

花纷纷飘下。场面十分壮观。于阗有 14 个大僧伽蓝（寺院），每座伽蓝都要举行一日行像礼，所以，从四月一日起到十四日行像礼始毕。

观行像仪式后，法显与宝云、僧进继续西行 25 日到子合国（哈尔噶里克，今新疆叶城），子合在汉至唐的史书中又称悉居半、斫句迦、朱俱波等。在子合住 15 天"南"行 4 日入葱岭（今帕米尔）中的于麾国，又作于麾（今新疆叶城西南奇灵卡地）[1]。法显进入帕米尔，在这里进行第三次"夏坐"，时值隆安五年（401 年）。古称葱岭的帕米尔高原，是天山、昆仑山、喀喇昆仑山和兴都库什山脉错综交汇的山结，具有山脊与平原交错相间的特有形态。而由于集结于帕米尔高原的山脉多为东西走向，因此两座高山之间往往有自然通道。但凡经过葱岭的古代旅行家，都认为葱岭之道艰难之极。如法显说："其道险阻，崖岸险绝。其山唯石，壁立千仞，临之目眩，欲进则投足无所。"何况还有飞沙砾石的烈风。虽然帕米尔地势险峻而高寒，当年历史上随着我国与中亚、西亚，以至地中海沿岸及印度的频繁交往，这里却成了丝绸之路的要道。其中主要通道有 3 条：北部一道由喀什沿阿克苏河西行经阿赖谷地到中亚；中部一道从喀什西南行越乌孜别里山口或萨里塔什山口西行；南部通道则从塔什库尔干西南行溯木尔加布河上游进入瓦汉谷地出帕米尔。帕米尔的显要，使众多中外旅行家对它的山川、地名多有记载，但现在年代久远，人地变迁，很多古地名对近代人也就成了难以确证的历史之谜。对法显所经帕米尔各地及路线的研究也同样存在争议与分歧。

在于麾"安居"毕，法显等南行 25 日到竭叉国，与慧景等 3 人重逢，因等待"般遮越师"大会（多在春季），在此停留时间较长。次年才从竭叉越葱岭入北天竺。关于竭叉是什么地方，法显由何路过葱岭，史学家们说法不一，尚无定论。

冯承钧先生认为竭叉即疏勒国，今喀什噶尔，他在《历代求法翻经

---

〔1〕参看丁谦《佛国记地理考证》。据《北史》："权于麾国，故乌秅国也……在悉居半西南。"而冯承钧先生在《历代求法翻经录》中作塔什库尔干。

录》中认为法显是从喀什噶尔"复还于麾度葱岭"的。岑仲勉先生认为此说与《佛国记》不合处有三：如按冯先生说，法显则是西入葱岭后，又出葱岭复东，与地望不合，是其一；按冯说，则于阗至叶尔羌南之子合国，走 25 日，由叶尔羌南境至喀什噶尔共走 29 日，而由喀什噶尔至天竺西北境，仅走 1 个月，末段行程未免太远，是其二；离开子合后，《佛国记》明言"南"入葱岭于麾，又说竭叉在"葱岭中"，若按冯说，于麾为塔什库尔干，竭叉是喀什噶尔，则是向"西北"行，而且也未入葱岭，是其三。我们认为，岑仲勉先生对冯承钧的论断所提出的三条异议，是言之成理的。但他认为竭叉是渠莎国等说法也没有充分论据。[1] 竭叉一地，据丁谦的考证认为应是今塔什库尔干，即竭盘陀。[2]我们可为补证的是，塔什库尔干一词，今塔吉克语称"基兹库尔干"，"基兹"与"竭叉"音同，而且由此到法显所记下一站陀历（今克什米尔达丽尔 Darel，在吉尔吉特附近），走 1 个月路程也相当。但法显从于麾是南行"二十五日"到竭叉，则塔什库尔干似失之过远。所以，竭叉的这两个常被引用的说法也尚待研究。

2.3 佛国巡礼及南海归航

法显一行出葱岭到陀历，然后渡印度河，便到达北印度的乌苌国（今阿富汗芒克阿），也作乌仗那。法显说那里"尽作中天竺语"，衣服、饮食也同中印度，当时乌苌国还盛行小乘教，有 500 僧伽蓝。因为释迦牟尼曾行化到此，所以这里有许多关于释迦牟尼的传说。最著名的有释迦牟尼降服恶龙、制止恶龙大兴洪水伤害五谷的传说。

法显一行 7 人中，慧景、道整和慧达三人先从乌苌到那竭国（约当今阿富汗的迦拉拉巴德），而法显等留到"夏坐"毕，南下到宿阿多国（今斯瓦特地方）。这里盛传割肉贸鸽的故事。我国敦煌莫高窟及库

---

〔1〕参看岑仲勉：《法显西行年谱》及《佛游天竺记考释》。

〔2〕丁谦：《佛国记地理考证》："竭叉居葱岭中，即汉书依耐，魏书渴槃陀。伽蓝记作汉盘陀。今塔什库尔干城地。"

27

车赫色尔千佛洞的壁画中也有这一传说。它是说释迦为尸毗迦王时，一只恶鹰追捕白鸽，鸽投向他求救，王悯鸽，遂割自己身上的全部肉饲鹰救鸽，于是天地震动。这是佛教宣传的舍己救人之教义。

由此南下5日到犍陀卫国，又作犍陀罗国。因这里曾先后被波斯人、希腊人、斯基泰人、安息人、大月氏人所占领，地下文物极为丰富。尤其是公元2世纪，大月氏贵霜王朝迦腻色迦当政时，犍陀罗的佛教达于鼎盛时期，以希腊美术为形式、印度佛教为内容的犍陀罗艺术成为东西文化交流史上的一颗明珠。随着佛教的传入，我国许多佛教石窟艺术中也都留有犍陀罗佛教艺术风格的烙印。犍陀罗既当西北印度的门户，一向为中亚各强大民族争夺之地。法显路过时，正当嚈哒势力南下的前后。北魏的嚈哒与蠕蠕（柔然）族相结合，广泛活动于阿尔泰山脉以西，并越过妫水（今阿姆河）侵入当时日益衰弱的贵霜王朝。原为游牧民的嚈哒，在扩张其势力于妫水南，定都于拔底延城（今阿富汗巴尔赫，原大夏都城巴克特里亚）后，转入城居生活。"其盛时所领有之地从伊犁、粟特、大夏为中心的吐火罗斯坦越过兴都库什山扩展到犍陀罗和哈孜那地方，西方到达注入里海的库尔干河地方，东方包括葱岭到天山南路的一部分。"[1]

犍陀罗的竺刹尸罗和弗楼沙是迦腻色迦王一世和二世时的两座名城。这里有释迦牟尼成佛的传说。法显记有释迦牟尼以双眼施盲者及其化身小王子摩诃萨埵以身体饲连产七子的饿虎等传说。在竺刹尸罗还保留有佛投身饲虎的地方。这几个故事在敦煌、库车、喀喇沙尔及高昌等地的石窟壁画中都有反映。龙门宾阳洞浮雕石刻也有投身饲虎图。法显笔下的弗楼沙（当今巴基斯坦的白沙瓦），是佛教北支东传要镇，法显在这里看了著名的佛钵，并记叙了迦腻色迦王起佛塔和企图夺取此地佛钵未成的故事。

法显一行先后共11人，有的在高昌之后或已经折回，或不知所终，到弗楼沙时尚有7人。在弗楼沙佛钵寺道应病故，宝云、僧景及慧达回

---

〔1〕羽田亨:《西域文化史》第8章《嚈哒、突厥之活动》。

国。继续旅行的已仅余3人。

法显离开犍陀罗国那竭国到醯罗城(今阿富汗迦拉拉巴德),参看佛影、佛齿及佛顶骨。法显记下了那里国王、居士、长老每日隆重礼拜佛顶骨的情况,还说佛影宛如真形,宋云到此地后,也记载说"炳然如在",但到玄奘时,佛影已不大能看见。原来佛影是在一个瀑布飞流的岩壁石洞中,门径狭小,洞穴昏暗,随光线强弱可见石洞中石壁上的"佛影",因壁上滴水,这现象以后逐渐模糊消失。

法显一行在那竭国会合时,总共只剩下3人。他们在这里过了冬,公元403年春向中印度方向进发,过小雪山时慧景"不堪复进,口出白沫而死"。法显、道整2人越小雪山到达罗夷国(今巴基斯坦白沙瓦南之拉基),法显在此第五次"夏坐",七月后南下,约经半月过跋那国(今巴基斯坦西北之哈拉姆)、毗荼国等地进入中印度,到摩头罗(今印度马士腊西南之马霍里)。

法显到中印度时,正值著名的超日王旃陀罗笈多二世(380—414年)当政,是笈多王朝帝国的全盛时期。当时笈多王朝处在奴隶制崩溃封建制产生的崛起阶段,不仅建设了阿育王以来版图最大的帝国,而且工农商各业及文化艺术均很发达。当时印度以棉花等各种农作物传入相邻各国,能开采金、铜、铁、宝石等矿;能制作各种象牙制品、首饰和香料等;能织出蛛网般的精细薄布,这种薄布面纱(萨里),竟能薄到很容易将整块面纱从婚约戒指中穿过去;并与我国及罗马、波斯、大夏、阿富汗等地均有贸易往来。[1] 但是笈多王朝的历史情况,尤其是超日王时代的事,除了石刻与货币外,缺乏史料记载,现在几乎只有法显的《佛国记》是直接的史料。法显当时遍游佛迹,亲眼看见了许多石柱石刻等各种古迹。例如,法显于公元404年在僧伽施国龙精舍第六次"夏坐"后,曾到佛陀当年住了25年的拘萨罗国舍卫城南的祇洹精舍,当时那里还"池流清净,林木尚茂",门户石柱尚存。法显作为一个僧人,一见此舍,联想自己经历了千难万险,才得亲自见到佛当日生活、

---

〔1〕苏联科学院编:《世界通史》第3卷上,第4章。

安居、说法之地,初遂多年志愿,不由百感交集,他写道:"法显、道整初到祇洹精舍,念昔世尊住此二十五年,自伤生在边城,共诸同志游历诸国,而或有还者,或无常(死去)者,今日乃见佛空处,怅然心悲。彼众僧出,问显等,言:汝从何国来?答云,从汉地来。彼众僧叹曰:奇哉!边地之人,乃能求法至此。自相谓言,我等诸师、和上,相函以来,未见汉人来到此也。"[1]可见,法显、道整是我国有史可考到达中印度的第一批僧人。

舍卫城东50里有论民园,是释迦牟尼诞生地,亦名蓝毗尼(今尼泊尔罗美德)。法显曾到释迦之母摩耶夫人手攀阿输迦树(亦译无忧树)诞生释迦处,亲眼见到阿育王所立石碑及诏文。不过当时这一带已很荒凉,常有白象、狮子出入。

以后法显以笈多王朝首都摩揭陀国的巴弗连邑(今印度巴特那)为中心,往返参访附近各种佛迹。如他所参观鹿野苑地方,即传说的九色鹿出处。说的是释迦牟尼前世为鹿王时,王妃求此九色鹿王皮毛为衣,重赏求获鹿王。一个被鹿王所救的溺水人"受恩图逆",出卖鹿王,终得恶果。法显有关摩揭陀国一带社会情况的记载,最为珍贵。《佛国记》的"中国"(指中印度摩揭陀国)条说:"从是(摩头罗国)以南名为中国,中国寒暑调和,人民殷乐,无户籍、法官。惟耕王地者,乃输地利。欲去便去,欲住便住……自佛般泥洹后,诸国王、长老、居士,为众僧起精舍,供养田宅、园圃、民户、牛犊,铁卷书录。……众僧住止房舍、床褥、饮食、衣服,都无竭乏,处处皆尔。"当时种王地,交地利即可,来去已有自由,足见封建关系已确立。也说明当时生产发达,人民安乐,也才有许多田舍供给僧人。国中可以无户籍法官,法显也从未提及当时有盗贼,足见当时确为印度古代史上之黄金时代。道整也满足于那里僧人的安逸生涯,不愿返回。

法显在巴连弗邑住了3年,学梵文,记录律藏,因当时佛典都凭记诵,师师口传,法显夜以继日写得《摩诃僧祇众律》一部,和《萨婆多律》

---

〔1〕《佛国记》。

《杂阿毗昙心》等经典。然后又沿恒河东下到瞻波国(今印度巴加尔普尔),再南下到多摩梨帝国(约当今恒河流域印度之泰姆鲁克地方),在这里住了2年(408—409年),写经、画像。大约义熙五年(409年)冬,他独自一人从海路踏上归途。航海14昼夜,到达师子国(今斯里兰卡,旧称锡兰岛)。

师子国一名,来源于一个传说:从前南印度有一女王,被一雄狮弄到深山同居,以后生下一男孩,貌似人,性情如兽。男孩长大,力能斗过猛兽。一天母亲告诉他真情,母子逃离回国。狮子不见母子,到处寻找,伤害许多人命。国王发兵数万不能擒获,便重赏擒狮。其子为获赏前去应招。千人万马围住狮子,但不敢靠近,其子走到父狮跟前,猛狮见子忘怒,其子便剖狮之腹,狮子始终怀慈爱之情忍苦而死。国王考虑此子残酷无道,又觉他除害有功,便将他发配到一个宝岛上。以后商人来岛采宝,此子杀商人而留其女为妻,于是子孙繁衍立国,因祖先擒过狮子,而称师子国。

此师子国即斯里兰卡,是位于印巴次大陆南端的一个岛国。根据斯里兰卡的古《岛史》记载,公元前543年一个名叫维伽耶的印度婆罗门来此即王位,是为开国始祖。阿育王时代佛教始入师子国。其王深信佛教,早有大伽蓝,名无畏山寺。

法显于410年经东印度海口乘船渡印度洋,到达了师子国。法显《佛国记》"师子"条说:"其国本无人民,正(止)有鬼神及龙居之,诸国商人共易市。……因商人来往、住故,诸国人闻其土乐,悉亦复来,于是遂成大国。"法显把这里立国繁荣归功于商人,是值得重视的,因这里地处东西海路要冲,法显此说已为历史证实。据公元初罗马人白里内的《博物志》记,由斯皇帝时(后汉光武时),已常有外国人来此岛经商。法显在这里18个月求得《弥沙塞律藏本》《长阿含经》《杂阿含经》《杂藏经》等4部。这几部经本法显均未来得及译出。

因为该岛盛产明珠珍宝,素有"印度洋上的明珠"之称。商人船舶云集。一日法显在无畏山玉像边见商人以晋代汉地白绢扇供养,想到离开祖国12年,不觉"凄然泪下"。于是当年八月等到了"好信风"(季

·欧·亚·历·史·文·化·文·库·

风),便乘商船东归。下海才2日,便遇大风,船底漏水,全船人命在旦夕,大家只好把沉重货物投入海中,法显只保存了经书佛像。最后他们在"大海弥漫无边,不识东西,唯望日月星辰而进"的情况下,漂流数月才到耶婆提[1](爪哇一带或美洲大陆,争论未定),时为义熙七年(411年)冬,在此停留5个月后向广州开航,但在暴风与海浪中又迷航,70多日后,粮水断绝,大家以海水勉强作食,最后在义熙八年(412年)九月间幸运漂到了山东牢山登陆。[2]法显本想去长安,因得知,其同志宝云等均受长安僧界排斥而在建康(南京),他便也到了南京道场寺。义熙十年(414年)他把游历天竺的情形写成《法显传》,即《佛国记》,并译出《摩诃僧祇众律》《大般泥恒经》等6部63卷。在建康约住了5年,然后到荆州(江陵),死于辛寺,结束了他为追求古代新文化而动荡不安的一生。

2.4 《佛国记》及法显西行的历史作用

法显自隆安三年(399年)三月从长安出发,义熙八年(412年)七月十四日在青州登陆,总共为13年4个月,如果以义熙九年(413年)七月抵建康计算,则西行往返总共近15个年头,所经大小各国30左右。[3] 除了他以后所译的佛教经典以外,《佛国记》是他经历中印度之行的漫长历程后,留下的最珍贵的成果。此书于公元414年写成。由于书中记有很多佛事佛迹,一向作为内典收入《大藏经》,历为佛教徒

---

〔1〕参见拙文《弘扬华夏文明,恢复民族自信力》,载《团结报》2013年8月1日。争论是由法国学者引发的。1961年法国史学家提出《中国人沿美洲海岸航行和居住》的论文,认为法显早在哥伦布发现新大陆前一千年,就发现了美洲。法显《佛国记》中所说漂到的"耶提婆国"可能是危地马拉到巴拿马大弯道处的美洲西海岸。

〔2〕足立喜六先生说"法显与义熙八年七月十四日漂抵牢山之南岸,先至长广郡治之不其侯国(今即墨县),然后回船返扬州"(《法显传考证》,何建民译本,291页),其附图标明从牢山下海去建康。贺昌群认为,海陆两路"皆未可知"(《古代西域交通与法显印度巡礼》,71页)。而汤用彤据《水经注·泗水篇》等记载,认为法显东还时过过龙华寺、彭城,是走陆路,非海路。

〔3〕法显经历的国度,沙河以西27国,所谓"减三十国"。如将罽饶夷城、迦维罗卫城、拘夷那竭等3国计算,则为30国。又沙河以东4国,合计34国(参看贺昌群:《古代西域交通与法显印度巡礼》,72页)。

传诵引用,明代胡震亭以后,才收入丛书。《佛国记》最早的版本收于《宋碛砂藏经》通字函,全文约 14000 字。《佛国记》不仅是佛教史的珍贵资料,也是研究中亚和南亚各地的古代史地和中西交通史的重要文献。

《佛国记》以其极高的学术价值被中外学术界推崇为世界名著。尤其是 19 世纪以后,随着各资本主义国家向东方的扩张以及欧洲东方学热潮的兴起,《佛国记》日益成为研究东方史地和中西交通的极为珍贵的原始文献。1816 年,德国人克拉普罗脱到北京弄到此书带回欧洲。1836 年,法国人雷穆沙的法文译本《法显:佛国记》在巴黎问世,顿时传布于欧洲。以后各种外文译本陆续出版。译本之多,校订研究之频繁,使日本东方学家石田干之助感慨地说,此书"大有独为泰西学界宠儿之概"。他认为,法显高僧"所叙中亚、印度与南海之地理、风俗及信仰等,历历如指诸掌,不独为今日汉学及佛学之重要资料,其见重于世界学术界,更不待言也"。研究《佛国记》成就卓著的日本学者足立喜六评述《佛国记》是西域旅行家及印度佛迹调查者的指南。他还说:"《佛国记》为一千五百年前之实地考察的记录,凡关于中央亚细亚、印度、南海诸地之地理、风俗及宗教等,实以本书为根本的资料,故其价值早为学界所公认;至于其年代与事实之正确及记述之简洁与明快,亦远在《大唐西域记》之上。"[1] 也就是说,他认为《佛国记》的价值及写作之成功还在《大唐西域记》之上。足见这两本书不愧为可以相互媲美的世界名著。

在我国国内从古代开始,许多文史著作都引用《佛国记》中的记载来研究或论证有关问题。如北魏郦道元的名著《水经注》,清代魏源的《海国图志》直到正史的一些《西域传》《西戎传》的有关章节、段落等,都离不开法显《佛国记》所提供的史料记载。不过国内真正专门研究《佛国记》,那还是民国初期才开始的。丁谦的《佛国记地理考证》等,是我们所见的早期研究与著作。但水平较高的要数以后岑仲勉先生

---

[1] 见足立喜六:《法显传考证》著者序。

的有关研究了。他在民国二十一年（1932 年）发表于《圣心》杂志上的《法显西行年谱》和以后的《佛游天竺记考释》对《佛国记》做了较全面的考据，对外国学者的研究也有所补订。岑先生对法显评为："涉绝幕，渡重洋，在外十五年，学成而归，就所经行，别出传记，克保于今者，群贤中首推法显。"[1] 新中国成立后，至今尚只见贺昌群先生的《古代西域交通与法显印度巡礼》一书。贺先生认为《佛国记》"是一部完整的记录，也是古代记录中亚、印度、南海的地理、风俗、历史的第一部最原始的书，同玄奘的《大唐西域记》是两部先后媲美的伟大旅行撰述……法显传中提供了很多宝贵的资料，如法显当时所见阿育王建立的石柱，那些石柱上所刻的敕文和雕刻艺术，都是研究阿育王时代极珍贵的资料"[2]。法显在《佛国记》中对旅行所经各地的行程、山川河流的地理地貌特点、航海情况等均有具体记载。他航海的"信风"记叙是我国古籍中关于信风的最早的记录。

虽然《佛国记》自问世以来，在国内也受到一些非议，怀疑它的记叙的可靠性。最典型的看法有如《四库全书总目》卷 71 中的《法显传》提要所总括的："又于阗即今和阗，自古以来崇回回教法。钦定《西域图志》考证甚明，而此书载其有十四僧伽蓝，众僧数万人，则所记亦未必尽实。然六朝旧籍，流传颇久，其叙述古雅，亦非后来行记所及。存广异闻，亦无不可也。"但是我们认为，这类评价不过反映清朝一些官员夜郎自大、闭目塞听、拒绝实地考察新知识的迂腐态度。其实《佛国记》的种种记载，包括对印度、斯里兰卡等地的记载，已被历史一一逐步证实，法显所记于阗当时佛教状况共 400 多字，都是他亲眼看见的事实。而且近代考古发现也是有力旁证，如和田发现的东汉丝织品残片上所绣佛像，足可证明汉晋间于阗佛教已经盛行其实情可信，以后的敦煌石窟也是这一时期的佛教艺术结晶。而伊斯兰教是穆罕默德在 7世纪才创立的，传入新疆是后来的事。可见恰恰是《四库全书总目》上

---

〔1〕岑仲勉：《佛游天竺记考释·序》，商务印书馆，民国二十三年（1934 年）版。贺昌群：《古代西域交通与法显印度巡礼》。

〔2〕贺昌群：《古代西域交通与法显印度巡礼·序》，湖北人民出版社，1956 年版。

述条目说法没有以史实为依据，而错误地评介了《佛国记》，做出了不公正的评价，应予否定。

　　法显的历史功勋不仅在于他的《佛国记》和所释佛教的经典，充实了世界文化宝库，还在于他的旅行是一次使人感奋的开拓性的旅行，虽然他是否早于哥伦布千年前就漂到了美洲，还是个谜团，但他漂洋过海学习外国文化的精神和许多实地记载使他的《佛国记》已经成了震世名著。在1500多年前的中古时代，既无指南针，又无现代交通工具，只要我们想一想，他横渡"上无飞鸟，下无走兽"的茫茫戈壁、翻越海拔4000米以上那"毒风雨雪，飞沙砾石"的世界屋脊时的艰险情景，历经我国西北、阿富汗、克什米尔、巴基斯坦、印度、尼泊尔、斯里兰卡、印度尼西亚和我国东南沿海这样一次穿越中亚和南亚、泛过印度洋等海洋的漫长旅行，就会感叹这是多么艰苦卓绝的事情！法显追求新文化的精神与毅力，他的开拓精神是留给我国以及世界上勇于追求新事物的人们的巨大精神财富。法显越过葱岭后，曾感慨地说："九译所绝，汉之张骞、甘英皆不至。"

　　的确，有文献记载的人物中，法显可以说是我国至少到过中印度、斯里兰卡及印度尼西亚等地的"第一人"[1]。从此中国旅行家的地理视野由中亚、西亚扩展到了南亚，由陆路扩展到了海路，更促进了国际友好与中西文化交流。中斯两国的友好往来虽可溯源到公元1世纪初，例如，《汉书·地理志》载，王莽时曾遣使到黄支国和已不程这两地。这两地均在今斯里兰卡境内。但当时，使者的名字与具体情况，均不见于史书。当时，师子国也已派有使者携带僧诃罗族国王的礼物访问中国。公元406年师子国使臣沙门昙摩，曾携带玉佛一尊，经过10年的长途跋涉，来我国进行了友好访问。那尊玉佛高4尺2寸，造型特殊，玉色洁润。一直存放在江宁瓦官寺中。然而在斯里兰卡，最象征中斯人民传统友谊的，就是与法显联系的古迹。斯里兰卡政府1981年已对有关法显的文物古迹进行修复，把他当年居住的村子命名"法显石

_____

〔1〕参看《锡兰简明史·绪论》及《觉醒周刊》1956年第35期等。

村"（距科伦坡约 50 多英里），村中有法显庙，斯里兰卡总理亲自立了一块纪念碑。法显住过的石洞叫法显洞。1981 年 6 月，法显石村又加立了一块碑，上面用中斯两国文字刻写着"斯里兰卡—中华人民共和国友谊村"。

法显西行对佛教史方面的作用自然更不待言。法显所取回的佛教经典，大都是中国当时没有的重要戒律，如《摩诃僧祇众律》为佛教戒律五大部之一。尤其是在法显之前，我国流传的经典大都是从西域各种文字转译的，有不少错误。法显亲到印度后，学习梵书梵语，把许多口传经典一一记录，正本清源，携归中国，而且由于天竺梵典当时盛行口传，文字经典即使在佛国之乡保留的也寥寥无几，因此法显所录梵文经典，对中印文化交流与世界佛教史研究均有珍贵价值。

法显作为我国第一个远渡印度洋、遍游中天竺佛迹并留下著作的古代旅行家，他的历史功绩与开拓精神将为全世界所铭记。正如《法显传》（《佛国记》）后所附跋文说的："于是感叹斯人，以为古今罕有。自大教东流，未有忘身求法如法显之比"者。

（原载《古代开拓家西行足迹》，陕西人民出版社，1987 年版）

3　震惊东南亚的佛门千里驹

——中国玄奘法师

公元 642 年(唐贞观十六年)冬,羯若鞠的首都曲女城(今印度北方邦坎诺吉)内,曾举行过一次千载难逢的佛学辩论大会。这次大会由强盛一时的乌苌王朝国王戒日王亲自召集,到场的人有五印度 18 个国家的国王、精通佛典的大小乘佛教名流和婆罗门等其他外道宗教人士,共 6000 余人,真是盛况空前,规模非凡。至于无法统计的听众则充塞好几十里,一片人山人海。

主持辩论大会的论坛主人是一位眉清目秀的中年僧人,他主讲《制恶见论》等大乘教义,破一切异见,连续 18 天,无一人能就某一问题驳倒他。其学识之渊博,见解之精辟,万众赞叹,各学派人士无不敬服。

大会结束时,伴随着群情悦服的欢呼声,大小乘两派分别授予他"大乘天"和"解脱天"的荣誉称号。接着,论主被拥上大象,进行巡礼,由达官贵人陪送,而两旁人群烧香散花,前簇后拥,以争见这位论主一面为荣。

这位誉满五印度的论主就是历尽了人间艰辛,终于攀登上世界佛学顶峰的中国高僧——玄奘法师。世界上仰望学术顶峰并叹其高巍的人,何止千千万万,但是能不畏丧生之险而登上玄奘这样万里探险求经学而走上顶峰的,又能有几人!玄奘称得上是其中杰出的一个。为了争邀玄奘,古印度强大的戒日王与迦摩缕波国鸠摩罗王差点儿交战;为了挽留玄奘在古印度研究佛学,鸠摩罗王愿为他建造 100 所大寺院。由于不舍得放玄奘回国,这两位国王和当地人民一直伴送玄奘几十里,才不得不挥泪而别……我国这位古代的杰出人才是如何成长

·欧·亚·历·史·文·化·文·库·

的呢？

3.1　佛门千里驹

——中国玄奘法师的成才之路

　　玄奘被誉为佛门的千里驹，这绝不过分，实际上，他的贡献远远超出了佛教的范围。他不仅是一位杰出的佛学家，而且是世界公认的伟大探险家和我国最早的翻译家。

　　玄奘诞生于隋开皇十六年（596 年）[1]，俗名祎，洛州缑氏县（今河南偃师县东南）人士。其父陈惠曾任江陵（在今湖北）县令，"早通经术"。玄奘是他四子中的幼子，自幼敏慧超群，在父亲的熏陶下幼小好学，而且一懂便做，身体力行。例如，有一天其父口授《孝经》至"曾子避席"一段，玄奘忽然整襟而起。父亲问他为何起立，他回答说："曾子闻师命避席，某今奉慈训，岂宜安坐？"由于有这种认真治学的态度，以后自然就"备通经典"了。[2]

　　玄奘的幼年时代，正值隋王朝统一南北朝不久，魏晋南北朝时，由于战事频仍，人民生活痛苦，祸福无常，因此佛教的发展有着深厚广泛的社会基础。于是僧徒激增，寺院纷立，佛教石窟西起新疆，东到辽宁，佛学盛极一时。虽然佛教在北朝时曾一度为北魏太武帝拓跋焘和北周武帝宇文邕所禁，但时间较短，而且隋王朝灭陈统一中国后[3]，下令复兴佛法，由于有魏晋南北朝以来打下的基础，佛教理论的研究又很快发展起来，佛教各宗派也纷纷复兴。在整个社会崇尚佛法的条件下，玄奘的二哥陈素早已出家（法名长捷），他经常将玄奘带到自己出家的东都（洛阳）净土寺听讲佛经，这对玄奘幼年的志趣形成也有很大

---

〔1〕刘轲《大遍觉法师塔铭》据玄奘卒年 69 岁推算。另外，玄奘生卒年代还有两种较普遍的说法：一说据冥详《玄奘法师行状》说玄奘卒时 63 岁（卒于公元 664 年，唐麟德元年），所以主张生于公元 602 年（隋仁寿二年）；另一说据道宣《续高僧传》卷 4，说玄奘卒年 65 岁，则应生于 600 年（开皇十二年）。

〔2〕以上均见慧立：《大慈恩寺三藏法师传》卷 1。

〔3〕隋灭陈统一中国是 589 年，当玄奘诞生前 7 年。

影响。

玄奘 12 岁时[1]，正遇隋朝大业年间唯一的一次明诏度僧之机。开始因洛阳只度僧 27 名，而报名的"业优者数百"，加之玄奘年龄过小，不在考虑之列。这个挫折使他心情忧郁，常常徘徊在"公门之侧"。一天，负责度僧的大理卿郑善果见玄奘状貌非凡，询问之下，玄奘对答如流。郑善果深嘉玄奘小小年龄却有"意欲远绍如来、近光遗法"的大志，认为这样的"风骨难得"，认定玄奘能成为伟才，于是给予破格录取。[2]应当说，玄奘遇到郑善果这样识才的伯乐，才获得了从少年时代起便接受佛门特殊训练的机遇，这对他成为佛门千里驹自然是重要的条件。古今中外，识才之士的助力和机遇，从来是人们成才的重要因素。

时势造英雄。玄奘少年时代正临隋代提倡佛学、下敕培养佛学人才的盛世，因此当时佛学界可以说是人才辈出，有成就的大师、权威相当多。但是为什么唯玄奘能如此出类拔萃而扬名天下？这还取决于他个人的才能、个性和宏大的志向。玄奘刚入佛门，便不仅能听懂《涅槃经》《摄大乘论》等综合大乘要义的名著，而且都能一遍而尽其旨。他达到此种程度还不满足，总是反复钻研，常至废寝忘食，直到能上台复讲，使大家都为之震惊。于是，当时这位 13 岁的小沙弥就已轰动了佛学界。

玄奘 16 岁那年（隋大业七年，611 年），爆发了反隋的农民大起义，到公元 618 年隋炀帝被宇文化及所杀，隋朝灭亡，李渊乘机建唐。在这些动乱的年代，东都洛阳破败，僧侣的供应断绝，既无香火，又无供应，僧侣也多有死亡，或者流落街头，处境艰难，早已无法讲学，大师们也渐渐星散。玄奘在这种条件下，仍一心想寻找得以继续深造的地方。于是他与二哥陈素漂泊到长安，因唐朝初创，长安当时还根本顾不上提

---

[1]《佛祖统记》卷 39："［大业］三年正月，诏天下州郡七日行道，总度千僧，上亲制愿文……"到大业五年，隋炀帝下诏"罢道"，"拆毁"寺院。所以按 65 岁及 63 岁卒之说，玄奘十一二岁时均在大业六至八年，不可能剃度出家。而按 69 岁说，则大业三年正好为 12 岁。

[2]慧立：《大慈恩寺三藏法师传》卷 1。

·欧·亚·历·史·文·化·文·库·

倡学术,他们又离开长安越秦岭到汉川,最后终于找到了各地佛学大师云集的成都,在空慧寺听道基、宝暹等法师讲学。经过乱世,玄奘更加珍惜每一寸光阴,专心致志学了两三年,便精通了当地的所有经论。当时来成都学习佛经的数百僧人,没有一个人能超过玄奘,玄奘之名,便传扬在关、蜀、荆、楚各地。

但是玄奘并不自满,精进不息。他 27 岁那年(唐武德五年,622年),受过“具足戒”之后,就向他二哥表示了要去各地遍访名师、再求深造的愿望。其兄陈素虽与玄奘经历的客观环境基本相同,但他却没有玄奘那种“廓宇宙以为志,继圣达而为心”[1]的气魄与宏大志向,所以他留恋富庶而安静的成都,满足于已经成了颇受蜀中人士敬重的僧人的地位,不想再流浪奔波,也不愿放玄奘出行。玄奘不顾兄长的阻拦,毅然只身经过峨眉,独穿三峡,辗转到湖北、河南、河北等地,一面讲经,一面遍寻高僧,踏遍了祖国半壁江山,终于贯通了各家学说,最后再入长安。当时长安已经是高僧荟萃,佛学研究逐渐恢复起来,除了研究东晋时鸠摩罗什所译大乘“中观”系佛经外,还研究梁、陈间由西印度真谛法师所传译的“瑜伽”系“摄论宗”。这是当时的佛学尖端。长安就有法常、僧辩两位号称佛学权威的大师传授“摄论宗”。跟随这两位大师学习的僧人不计其数,但唯有玄奘能对两位大师的深造之处质疑问难,寻根究底地“一拾斯尽”,两位大师惊讶不已,赞誉玄奘为“释门千里之驹”,将来必为光大圣教的伟人。至此,年轻的玄奘法师脱颖而出,成为通达国内各宗学说的佛学后起之秀,“誉满京邑”[2]。但是玄奘学问愈渊博,疑问也愈多,他也就自然要到佛教发源地去求得解决。

唐朝建国之初,李渊父子基本上实行的是崇道抑佛的政策,佛教比起魏晋南北朝时期长期受推崇的情况,所处地位一落千丈。因为魏晋南北朝分裂时期,政权频繁更迭,统治者要利用佛教为自己扬威壮势,佛教各派也因政权势力而各为不同阶级奉为上宾。在这种基础上

---

〔1〕慧立:《大慈恩寺三藏法师传》卷1。
〔2〕慧立:《大慈恩寺三藏法师传》卷1。

发展的中国佛教教派林立,争论不休。玄奘时,瑜伽学派方兴未艾,对教理解释更是意见分歧。而唐初需要建立一个多民族的统一国家,统治者欢迎思想统一的宗教意识形态,所以武德七年(624年)太史令傅奕请求"除去释教"[1],得到李渊支持,他亲自到国子监宣布道为首,儒为次,佛最后。以玄奘为代表的佛学界有识之士,已感到当时的佛学必须从教义上改旧立新,统一派别。据彦悰记叙,玄奘对众大师之说"详考其义各擅宗途,验之圣典亦隐显有异,莫知适从。乃誓游西方以问所惑,并取十七地论以释众疑,即今之瑜伽师地论也。又言昔法显、智严亦一时之士,皆能求法导利群生,岂使高迹无追,清风绝后,大丈夫会当继之"[2]。也就是根据这段话,一般认为玄奘西行的动机、目的在于"得瑜伽地论"[3]。这当然可以说是玄奘公开的动机、目的。不过,如果进一步深入思考一下我们前述的政治背景与佛教界当时种种内外因素,不难看出这段话的重点在于说明,玄奘西行志在克服"隐显有异,莫知适从"的状况,以"导利群生",统一各宗,恢复佛教受敬崇的地位。因此,在唐朝宣布佛教名列道儒之后不久,自幼立志要光大佛学的玄奘,显然不甘心于佛教的这种受压抑的地位,更加决意冒死西行。

3.2 艰难西行

唐太宗贞观三年(629年)春[4],玄奘由长安经秦州(今甘肃天水)、瓜州(今甘肃安西县东)等地,出瓠𬖄(胡芦)河上的玉门关[5],沿丝绸之路向佛教之源的古天竺进发,开始了长达17年、行程5万里的

〔1〕《唐书·傅奕传》。

〔2〕慧立:《大慈恩寺三藏法师传》卷1。

〔3〕参看诸葛麒:《法显、玄奘西行之比较》,载《史地学报》第3卷第3期;以及杨非:《玄奘》等书。

〔4〕玄奘西行年代一般作元年和三年说,我们主张贞观三年起程说,详见周连宽:《大唐西域记史地研究丛稿》,中华书局,1984年版,1－14页。

〔5〕唐代玉门关已东移到甘肃安西的双塔堡附近,其具体地望阎文儒先生1945年实地调查后,在《敦煌史地杂考》一文中说:"今胡芦河至双塔城北,西北流入疏勒河,沿河南行三里余入乱山。山中有双塔……塔下为河,两岸俱山,河由山中流出,形成隘口,唐时玉门关之设,此处或近之。"(该文载《文物参考资料》1957年第5期)

·欧·亚·历·史·文·化·文·库·

佛学长征。他几次遇到九死一生的险情而不回头,历尽艰险,周游110国,成为中国古代驰名于世的探险家。

玄奘西行时,我国西北边疆正值突厥强盛,屡扰边境,因此唐朝政府严守边关,无特许证,禁止出玉门关西行。并在玉门关外相间设有五烽,偷越边关,很可能被烽台守兵的乱箭射死。在出玉门关后的荒原上休息时,原拜玄奘为师并许诺陪伴他同行的胡人石槃陀,此时怕途险不能生还,想加害玄奘,以便逃回,所以他突然拔刀而起,但被玄奘识破。玄奘送石槃陀一匹马,让他回家,自己孑然独行,在沙漠中摸索前进。玄奘在沙漠里见到种种鬼怪般的形象。按现在的科学解释,这是沙漠远处的景物倒影,由于气流的变化而往往瞬息万变,显出各种可怕的形象。而玄奘其时还没有这种科学观念,他克制着恐惧感,走了80多里,才到第一烽(今白墩子)。玄奘在烽前险些被飞箭射中。幸亏他大喊自己是和尚,因为守烽校尉王祥信佛,热情接待。王祥让玄奘避开二、三两烽径直持他的亲笔信去王伯龙校尉守卫的第四烽。又告诉他绕过第五烽(今星星峡)径向野马泉的捷路。玄奘遵嘱前行。他进入茫茫莫贺延碛后,迷失了方向,不幸又失手倒翻盛水袋,四夜五天无水可喝,终因干渴疲惫而昏倒。在他濒临死亡的时刻,他那匹曾多次经过这一带的老马,突然辨明了方向,把玄奘神奇地驮到了青草甘泉边,从而得以九死一生,到达伊吾(今哈密)。

高昌王麴文泰闻讯专门遣使来伊吾将玄奘请往高昌,玄奘经由高昌界的白力城[1],到达丝路要冲的高昌王城哈喇和卓。

麴文泰信佛,久闻玄奘大师之名,十分敬重。玄奘到高昌那天已是半夜,他和王妃都因等候大师一直不睡,前后列烛,连夜亲迎。他欲强留玄奘,终身供养,迟迟不肯放行。玄奘无奈,绝食相拒,才被允许离开高昌,麴文泰与玄奘结拜为兄弟,在请玄奘讲经一月之后,赠玄奘足够20年花费的金银财物,又让他携带给沿途各国国王的书信24封,才放

---

〔1〕白力即白棘,代表性的看法一是《辛卯侍行记》卷6所说"辟展汉车师前国东境,北魏以后为高昌之白棘城";另一种是《西域图志》所说,楚辉(在辟展西南20里)当北魏时的白棘城,即玄奘时的白力城。

他启程,玄奘答允返回时再到高昌相会。但后来,因麴文泰袭断丝绸之路,从中渔利,并与西突厥联合,阻拦、抢掠丝路古道上往返的商贾和使者[1],为此,贞观十四年(640年)唐朝政府派侯君集一举平定高昌,麴文泰惊恐病死。玄奘回来时,得知麴文泰已死,也就未到高昌停留。

　　玄奘带着麴文泰所赐人马离开高昌后,继续西行,到阿耆尼国(今新疆焉耆的梵化名称)[2]以及屈支国(龟兹,今新疆库车一带),玄奘到焉耆时,只有"伽蓝十余所,僧徒二千余人",可见佛教已经衰落。他说焉耆"文字取则印度,微有增损",而焉耆"王其国人也",对屈支国王则更明确说是"屈支种也",屈支国的"文字取则印度,粗有改变"。由此看来,唐代这一带使用的古文字虽受印度影响,但并非完全相同,而居民则为当地土著。再联系法显《佛国记》所说"国国胡语不同"来看,这里到唐代时比晋代受印欧语系文化影响更深了一些。但仍不是国外学者所说的情况:西域古代文字为雅利安语,民族为雅利安种。如德国勒柯克说"总之,北起库车,东至哈密,无不为雅利安人所盘据",并说由库车至吐鲁番所操语言"绝似雅利安语"。[3]我们认为西域古代居民的人种及语言问题比较复杂,目前尚无足够的资料,要做出肯定可靠的结论,为时尚早。1980年出版的《新疆简史》认为,当时那一带的土著居民"应该主要是操某种突厥语的民族"。所以后来"在回鹘大规模西迁以后,他们就比较容易地维吾尔化了"。根据上述国内外的说法,再考虑新疆出土的细石器文化与我国的东北北部、内蒙古和西北各省连成一片的情况,似应看到一种发展倾向,即古代当地土著民族与中国东北、西北民族均有密切联系,而后来西域因地处东西交通的中间地区,在人种及文化上受西方的影响才日益深重。到唐代,他们的文字和人种已经是东西方混合的产物了,特别是魏晋以来因佛教的影响,到唐代时与印欧语系民族、伊兰文化的融合,更日益显著。不过,

---

〔1〕以上见杨建新、卢苇:《丝绸之路》。

〔2〕黄文弼先生1957年9月考察后,认为玄奘时代焉耆都城位于今明屋东北40里城子的旧城。

〔3〕勒柯克:《新疆之文化宝库》第5章导言之(一)。

这并不排斥处在东西文化通道上的西域文化,在某些方面可能吸收东西文化之精华而形成自己的特色。龟兹乐便是一例。[1]近代的研究成果和出土文物已经表明,龟兹固有的乐器有七八种,而源于中原的也有笛、笙、箫、贝、铜鼓[2]等数种,至于天竺固有的乐器,则主要是一种凤首箜篌,国外学者也已开始怀疑毛员鼓等乐器发源于印度的说法。[3]实际上,"计龟兹有、而天竺无之乐器多达九种"[4]。周游过五天竺的玄奘指出屈支国"管弦伎乐,特善诸国"[5],证实龟兹乐在唐代已是世界音乐中名列前茅的一种音乐了。

玄奘一行离开屈支国后,到跋禄迦国(今新疆阿克苏与拜城间的哈喇玉尔衮)。然后,"西北行三百余里,度石碛,至凌山,此则葱岭北原,水多东流矣。山谷积雪,春夏合冻,虽时消泮,寻复结冰。径途险阻,寒风惨烈。多暴龙,难凌犯,行人由此路者,不得赭衣特瓠,大声叫唤。微有违犯,灾祸目睹,暴风奋发,飞沙雨石,遇者丧没,难以全生。山行四百余里至大清池(或名热海,又谓咸海)"[6]。

玄奘所谓凌山指何处? 以前,影响较大的主要有两种说法:一种认为指木素尔岭,另一种认为指拔达岭。近年多认为木素尔岭在跋禄迦国北,方位不对,不合玄奘所说"西北行",由木素尔岭到热海(伊塞克湖)必须绕道特克斯河,全程约1000华里以上,远不止400多里。第二说之拔达岭在跋禄迦国正西,方位也不是"西北",另外从拔达岭至伊塞克湖,中间过朱库巧克山隘,此道只125公里左右,里程似比玄奘所说"山行四百余里"短得太多。所以,近年不少学者逐渐趋向于认为,凌山可能是拔达岭与木素尔岭之间的其他山岭。而最可能是指汗腾格里山西南的粟克托尔山隘(cayктор лер)。据苏联版地图,在拔达岭

---

〔1〕向达在《龟兹苏祇婆琵琶七调考源》(载《唐代长安与西域文明》)中认为,龟兹乐源于天竺乐,龟兹本国固无文化,这值得商榷。

〔2〕参看《文物》1980年第9期。

〔3〕岸边成雄:《唐代音乐史研究》下册,中华书局,515页。

〔4〕周连宽:《大唐西域记史地研究丛稿》,66页。

〔5〕《大唐西域记》。

〔6〕《大唐西域记》。

与木素尔岭之间确有通热海的商路,它越阿克苏河西支发源处的粟克托尔山隘可达伊塞克湖。粟克托尔岭正在喀喇玉尔衮的西北,按《大唐西域记》方位看,玄奘所谓"葱岭北原"是指汗腾格里山以西诸山而言,凌山泛指汗腾格里山。粟克托尔岭在汗腾格里西南隅,被玄奘统称为凌山是可以理解的。[1] 如果玄奘从到达汗腾格里山西麓起便算"山行",则"山行四百余里"也比较恰当。这样,玄奘所说"至凌山,此则葱岭北原",更确切些说,是泛指他由"西北"方向度"石碛"之后,到汗腾格里以西的冰天雪地的山麓,经粟克托尔山隘,而后才越拔达岭到热海的。

　　玄奘一行经凌山冰天雪地的一段行程之后,高昌带来的人马死亡十有三四。他们出凌山经热海(今吉尔吉斯共和国的伊塞克湖)穿越今乌兹别克斯坦共和国的撒马尔罕一带,渡过乌浒水(今阿姆河),到达当时西突厥的要塞——铁门(今乌兹别克的杰尔宾特)。铁门左右是山,山势奇险,悬崖峭壁。玄奘说:"其色如铁……遂以为名。"玄奘曾由此到达霍尔姆、巴尔赫,在巴尔赫瞻仰了努巴哈尔寺,在寺中见到了佛陀用过的金脸盆、佛牙和佛祖雕像。由此南经兴都库什山,玄奘写下此山"涂路艰危,倍于凌碛之地,凝云飞雪,曾不蹔霁"的壮观景象。玄奘还在巴米安观看了城北岩壁上的佛窟,那里有两尊巨大佛像,至今仍是游览胜地。然后玄奘离迦毕试国(都城在今阿富汗贝格拉姆)进入当时的北印度,到达今巴基斯坦境内。其中他重点在那揭罗喝国、犍陀罗国等地巡礼佛钵宝台和菩提树等佛教胜迹,在犍陀罗国有贵霜王朝迦腻色迦王时期修建的许多庄严华丽的寺院、佛塔和雕塑的佛像。玄奘把麹文泰送给他的金银、绫绢等财物分送给各寺院。他从犍陀罗东南行,经咀叉始罗国(今巴基斯坦旁遮普省境内)等几个小国到罽宾国(今克什米尔)。这里是小乘教发源地之一,收藏有佛教史上著名的五百教徒第四次结集后编纂的三十万颂的经论。玄奘在此如饥似渴地刻苦习诵两年之后,才开始新的旅程。

---

〔1〕周连宽:《大唐西域记史地研究丛稿》,86页。

玄奘一行在进入今印度旁遮普省契那布河中游一带时,在波罗奢大森林突然遇到山林大盗50多人,他们的金银财物被抢劫一空,并被强盗赶入涸池准备集体加以屠杀。幸好玄奘及一小和尚乘池中纷乱拥挤的时候,沿长满蓬蒿蔓草的一个水穴逃出,叫来农民,救出了受难者。当众人为财物悲泣时,玄奘却毫不难过,认为只要大家活着,区区资财何必计较。

玄奘在北印度跋涉数千里,游历十几国,然后进入当时的佛教学术中心中印度。他在中印度时间最长,沿恒河巡礼佛迹,遍访高僧,共游历30多国。中印度有佛陀释迦牟尼的诞生地迦毗罗卫城;有每五年召开一次"无遮大会"[1]的曲女城(今印度坎诺吉城);有印度当时学术中心的所在地、全印度最大的壮丽佛教寺院——那烂陀寺。玄奘留学于那烂陀寺,求学于年逾百岁的印度名僧戒贤法师。该寺几乎每天有100多个讲座,国王拨出100多个城市的收入供养这一寺院,这里钻研学术的空气极为浓厚。玄奘在这里学习5年,几乎遍学全部经典,当时全印度能通晓全部佛教经典的也仅戒贤法师一人。玄奘学完寺中佛教藏经后,仍不满足,进而到东印变、南印度、西印度遍学佛经藏书,然后又返回那烂陀寺主持讲座。玄奘的才华曾引起戒贤法师的大弟子师子光的嫉妒,他主讲"中观论",并对"瑜伽"学说存有偏见。玄奘为此用梵文著会宗论三千颂(可惜已失传),说明"瑜伽"与"中观"并不相悖的道理,受到一致赞扬。此后玄奘誉满五印度,并被称雄一时的戒日王奉为上宾。公元643年,在曲女城大会之后,他拒绝一切荣华富贵,坚决启程,载誉回国,决定把全部知识奉献祖国。

3.3 中国翻译学的奠基人

回国后,唐太宗接见玄奘于洛阳,他劝玄奘还俗辅政,玄奘回答说:"玄奘从西域所得梵本六百余部,一言未译。今知此嵩岳之南少室山

---

[1]"无遮大会"是不分贵贱上下,不论宗教信仰,允许一切人参加的讲法并施舍财物的盛大集会。

北有少林寺……玄奘望为国就彼翻译,伏听敕旨。"[1]唐太宗无法改变法师自幼形成的信念,只好留他就近在弘福寺译经。从此玄奘开始组织大规模的译场翻译。他通过房玄龄从全国征选高僧20余人参加证义、缀文等工作。玄奘经常工作到深夜,三更暂眠,五更又起,夜以继日地连续译经19年,直到死前一个月感到实在无力持笔时才停止工作。他叫嘉尚法师具录所翻经论,共存75部,总1335卷。足见玄奘19年的工作量是多么惊人!他还把中国古代的哲学名著《老子》和印度已经失传的佛经《大乘起信论》译成梵文,介绍给印度人民。玄奘法师所译佛经,卷帙之浩繁,数量之惊人,内容之广博,称得上是我国古代史上沟通中印文化交流的伟大翻译家。

一般认为,我国的翻译事业是从东汉初期天竺人摄摩腾、竺法兰等译《四十二章经》开始的,直到隋末,属于我国翻译史上的"旧译"时期。这一时期也出现过一些著名的佛学译者,如西晋的竺法护(音译作竺昙摩罗刹)、东晋的鸠摩罗什和隋代的彦琮等。法护原籍大月氏,生于敦煌,后随高僧竺高座"至西域,游历诸国,外国异言三十六种,书亦如之,护皆遍学"。他共译佛经175部、354卷,人们评价他传译佛经的贡献说"经法所以广流中华者,护之力也"[2]。除法护外,玄奘前的译师中,以鸠摩罗什(344—413年)成就最为卓著。鸠摩罗什的父亲是天竺人,母亲是龟兹王妹。在长安逍遥园译场任主译,有800余人为襄译。罗什10年间译经300多卷。他的翻译文体成熟,重意译,如译《智论》时,"梵文委曲,师以秦人好简,裁而略之"。"受、想、行、识"四名词,亦到罗什时始定。他所译《维摩诘》《法华》《阿弥陀》诸经,词藻华妙,文笔优雅,充满了音乐感,被誉为"佛典文学中的上品"[3]。20世纪初期,日本大谷光瑞考察团收集到写有公元411年按语的罗什译《法华经》和西晋元康六年(296年)写有跋文的法护所译《诸佛要集经》等

---

[1]《大慈恩寺三藏法师传》卷6。
[2]慧皎:《高僧传·法护(竺昙摩罗刹)传》。
[3]参看苏渊雷:《玄奘》,黑龙江,1983年版。

译文,都是稀世珍本。[1]

隋代设置翻译馆及译经博士。当时的高僧彦琮尤精译事,他译经23部100余卷,晚年著《辩正论》,提出八备的译经准则。不过八备主要还是从翻译的态度及译者应具备的条件这方面总结的,还不是直接探讨翻译学说本身。他的八备主要精神是提倡译者要有恒心;遵守戒规;通晓经律;博览经史;虚怀若谷;不求名利与好高立异;应精通梵文,使不失经义;需具备古辞文等基础,使文从字顺等等。[2]

看来,这个"旧译"时期,我国的翻译学有两大特征,一是译者多数是天竺(印度)人和出身西域的人士,他们大都对汉语不够精通;二是在翻译经验方面多属初创阶段,或者过于直译,使人难于理解,或者过于意译,容易有损原文。罗什便是意译的典型,虽文笔优美,但忠实原意则较不足。法护是直译式,译文又过于死板。"旧译"时期,主张直译方面较有影响的人物,是南朝佛学大师道安。道安坚决反对意译佛经,认为"昔来出经者,多嫌梵言方质,改适今俗,此所不取……经之巧质,有自来矣,唯传事不尽,乃译人之咎耳"。他讽刺损言游字的翻译"皆葡萄酒之被水者也"。又提倡译梵为汉,应按"五失本,三不易"的译律,多为后世所称引。[3]

玄奘由于既精梵文,又有较高汉文水平,所以他的译文比起罗什那种流畅的文体,更为确切而畅达,比起法护那种朴素直译的笔法,却大为灵活而有文采,从而开创了我国翻译史上划时代的新时期——"新译"时期。玄奘被认为是"新译"的"创始人和翻译史上的巨星"[4]。玄奘的"新译"最大的特点是译者具有梵汉两种文字的较高水平,在翻译技巧上,既能译义正确易懂,还能文采斐然,是直译与意译两者结合的创造。大家知道,我国近代大翻译家严复提出了"信、达、

---

〔1〕杨建新、马曼丽:《外国考察家在中国西北·大谷光瑞考察队》。

〔2〕参看钱歌川:《翻译的基本知识》中的《佛经的翻译方式》一节。

〔3〕参看《大品般若经序》。

〔4〕见杨非:《玄奘》中的《光辉的翻译事业》一节,上海,1957年版。

雅"的翻译理论[1],成为我国至今公认的翻译准则。如果我们研究一下玄奘的译文和翻译实践,不难看出他的新译最早为我们提供了"信、达、雅"结合的翻译实践经验。例如,为了既不损原文,又用汉语的习惯表达清楚,玄奘常把原文反复读熟、推敲琢磨,然后用流畅的句子表达,或在一节结尾加一注释般的简明结语,"每有难文"必找证义助手道因等"同加参酌"。为了文字优雅,到显庆元年,译场中又应玄奘的要求,增加了"润文官",给新译佛经"时为看阅,有不稳便处,即随事润色"[2]。

玄奘时译场已发展到有 10 项分工(译主、证义、证文、书字、笔受、缀文、参译、刊定、润文、梵呗),其中实际上已包含了"信、达、雅"方面的基本要求。尤其是证义(译主的辅助者,审查译文意义与梵文有否出入,与译主商议到更为确切)、缀文(因中外文语法结构不同,需整理得符合中文语法要求)、参译(校勘原文是否有错,再将译文回证原文是否有歧义之处)、刊定(去芜存精,使每句、每节简要明确)、润文(对译好的文字润色,使之优雅)、梵呗(译完后朗诵译文,修改音词不够和谐之处)等项[3],明显地体现了"信、达、雅"的精神。不过玄奘因他本人精通两国文字,并按这些精神要求自己,往往出口成章,落笔即是,虽有 20 来位助手,能改动的却很少。他晚年译出的 600 卷《大般若》,化长篇教理的文字为诗一般的文字,多为四言,间或五言六言一顿,生动可诵,使人非卷终不能释手。吕澂评价玄奘的译文说:"他还运用了六代以来那种偶正奇变的文体,参酌梵文钩锁连环的方式,创成一种精严凝重的风格,用来表达特别着重结构的瑜伽学说,恰到好处。"[4]

总之,玄奘的翻译工作蕴藏着我国古代翻译学的丰富经验,值得重视。现在有的学者主张认真发扬古代译佛经的方式,来克服近代译

[1]所谓"信",指对原文忠实,正确无误;"达"就是译文要明白晓畅,甚至微妙奥义也能表达;"雅"则要求译文优美流利,甚至声调和谐。
[2]参看曹仕邦:《关于佛教的译场》,载《现代杂志》3 卷,第 2、3 期,转引自钱歌川:《翻译的基本知识》。
[3]杨非:《玄奘》。
[4]吕澂:《唐代佛家六宗学说略述》。

·欧·亚·历·史·文·化·文·库·

书中粗制滥造的流弊。这种主张不是没有道理的。玄奘法师当年进行译经的目的本在佛教,可是他所创立的法相宗虽盛行一时,也不过流行三四十年,以后便一蹶不振了。而玄奘在译经中留下的丰富翻译学经验和文采焕发的译作,却在千年之后的今天,仍有值得认真研究发掘的价值,在翻译学方面仍闪烁着中华古国文明的光辉。

3.4 《大唐西域记》的历史贡献

《大唐西域记》是玄奘口述,其弟子辩机笔录的游记,完稿于公元646年。书中记述了玄奘历经的110个国家和传闻的28个国家的见闻内容,包括民族风俗、宗教、文化、历史、地理、山川河流、气候水文等各方面的资料。记叙真实,文笔生动,是研究印度、尼泊尔、巴基斯坦、中亚及我国西北等古代历史地理的重要文献。现已被世界各国译成多种文字,成为广泛流传的世界名著。

经过长期历史及实践的考验,玄奘这部书无疑是研究中印历史、地理、宗教、哲学等问题的珍贵文献。中外学者研究有关问题时都大量引用此书,不管是唯心主义者,还是唯物主义者,因为大量资料,特别是当时印度情况的资料是其他书中找不到的。正如著名印度史学家马宗达在《古代印度》一书中评玄奘的记载说:我们记述的有关曷利沙·伐弹那的绝大部分事实都来自一个游方僧的惊人的记载,此外,这些记载还给我们描绘了一幅印度当时情况的图画,这种图画是任何地方都找不到的。的确,目前有关印度7世纪左右的情况只能依靠《大唐西域记》。更早些的有亚历山大侵入时期或到过印度的希腊人的著作,如阿里安的《印度记》等。玄奘以后的有马可·波罗的游记。但玄奘以前的著作所记都很简略,玄奘以后的书虽较详尽,却不能反映和代替玄奘时代的记叙。中外学者都认为,在古代印度没有年代的一片黑暗中,只有一根闪光的柱子,那是释迦牟尼的生卒年代。玄奘此书对确定这一年代也起过作用。此外,它对印度古代和中世纪的许多历史大事件都有所记述,如毗卢择迦王伐诸释的事件,阿育王与太子的故事等等。并且四五处记有现在世界史学家们热衷的迦腻色迦王的资料。而且对于当时印度的政治、经济、宗教、文化、古迹、民族等内容都有非常翔实的记叙。近代考古学者,依靠玄奘的记载对中亚和印度的文化遗迹进行发掘和研究,结果已发掘出王舍城旧址、鹿野苑的古刹、阿旃陀的石窟和那烂陀寺的遗迹等等古迹,便是最好的证明。至于佛教方面的材料当然更多一些,这类描述难免染有一些神话色彩,但并不影响史地记叙方面的真实性,也不能淹没《大唐西域记》的价值。

早在新中国成立前,易君左先生在翻译日本足立喜六名著《大唐西域记之研究》时说:"《大唐西域记》为世界不朽之名著,东西学者莫不珍视此书为旷代瑰宝,穷探精研,费一生之力,至死而无已。……"当时国立兰州大学校长辛树帜在辛序中也说:"三藏法师所述《大唐西域记》文采飞动,记叙详赡,乃研究中印文化交通及中亚沿革地理之瑰宝。自《皇华四达记》、《西域里程记》、《中天竺行记》散佚后,遂为不二之珍。"[1]

在近年出版的《大唐西域记》校点本前言中郦隶彬先生说:"玄奘西行已成千古美谈,他的《西域记》又一向为世人所重视。这部书今天仍不失为我国新疆和中亚、南亚以及西亚历史的重要文献,对于我国与中亚、南亚以及西亚人民友好往来的历史,更是一个明证。"[2]

《大唐西域记》的历史作用,还应该和此书问世时的政治背景联系起来考察。应该说,这本书在相当大的程度上是服务于当时客观形势需要的。由于隋朝末年统治者滥用民力,国力亏虚,突厥乘机威胁中原,直到唐初的李渊,也不得不屈从于突厥。唐太宗这位有雄才大略的皇帝自然要彻底雪耻,他决心消灭西突厥割据势力,统一西域并发展与中亚、南亚和西亚各国的交往,为此必须了解西域一带的地理、人情,所以对玄奘10多年的西游见闻特别感兴趣。他一见玄奘便劝法师"宜修一传,以示未闻"。正因为玄奘领会了唐太宗的意图,所以他的

〔1〕易君左:《大唐西域记之研究》,载《西北论坛》1卷6期,民国三十七年(1948年)十月。
〔2〕郦隶彬:《大唐西域记·前言》,载辛巽校点本,上海,1977年版。

《大唐西域记》虽对佛教传说之类也有记载,着重叙述的却是各国的政治、历史、山川、地理和风土人情的状况,使唐太宗很为重视:"新撰《西域记》者,当自披阅。"《大唐西域记》的价值与历史作用,正在于它绝不仅限于以佛教徒的目光来观察世界,而是着意更为深远的。

此外,玄奘留学印度回来,继承和发扬了当时印度佛学界权威那烂陀"寺学"的传统,把各家佛学做全面介绍。尤其是他先后阐明《唯识》,传习《因明》,不分门户,各任发挥,都体现了那烂陀"寺学"自由讨论的学风。这对玄奘造就出一批富有创造精神的门生,起了积极作用。其中,尤以被论敌诬攻为"三车法师"(说他出门要带酒、肉、妇人三车)的窥基最为才气横溢,慈恩一宗的规模就是他所创建的。再如辩机和写成《大慈恩寺三藏法师传》的慧立、彦琮等也都是难得的人才。

至于玄奘那追求真理一丝不苟的精神以及他的高尚情怀与德操,都是值得后代学习的,正如唐太宗在《三藏圣教序》中所说:"松风水月,未足比其清华;仙露明珠,讵能方其朗润。"

玄奘法师在中国人民心中的印象,应该说是空前深刻的。由于人民崇拜他冒死西行的精神,千百年来,这个历史上真实的人物随着岁月飞逝而逐渐被神化了。到元明时,唐僧的事迹演变为流传极广的民间传说。明朝吴承恩根据传说写成唐僧去西天取经的小说《西游记》,成为我国古典小说中的伟大作品之一。它当然已经脱离了历史事实,但这些与玄奘有关的传说与神话小说的出现,正说明玄奘西行在我国的影响之深远,唐僧玄奘是我国家喻户晓的人物。

今天,在玄奘游历过的印度、阿富汗等国,玄奘的名字也为人们所怀念。20世纪50年代,印度政府在那烂陀寺附近修建了一座玄奘纪念堂。这座建筑造型模仿北京故宫大殿,有中国式大柱和红漆门窗,庄严雄伟,表现了印度人民怀念这位为中印人民友谊和文化交流做出过巨大贡献的巨人。

(原载《古代开拓家西行足迹》,陕西人民出版社,1987年版)

4 中国著名少数民族
旅行家与政治家
——耶律楚材

> 别来十年五岁,依旧一模一样。
> 须髯垂到腰间,眉毛俨然眼上。
> 龟毛锥子画虚空,写破湛然闲伎俩。

> 美髯中书,白衣居士。
> 从他抹施朱,一任安名立字。
> 手中玉尘震雷音,说尽人间无限事。

《湛然居士文集》中的这两首《自赞》小诗,读来使人如见其人,这位被人称为"身长八尺,美髯当胸,声如洪钟,仪表非常"[1]的人,就是耶律楚材。

耶律楚材,字晋卿,法号湛然居士。他生于1190年,卒于1244年,出身于契丹辽朝宗室,世居燕京(今北京香山),为辽东丹王突欲八世孙。其父耶律履"以学行事金世宗,特见亲任,终尚书右丞",称宰相。

楚材幼而习儒,长而学佛,天文地理、律历术数、医卜佛经以及中原王朝的典章制度,无不通晓。他辅佐蒙古太祖、太宗,官至中书令,治绩卓著,是一位著名的政治家。作诗弹琴,著书立说,他才气横溢。著有《西游录》《皇极经世义》《西征庚午元历》《五星秘语》《先知大数》《辨

---

〔1〕陈致平著:《中华通史》(六),台北黎明文化事业公司。

邪论》《湛然居士文集》等[1],实为一代博学多识的学者。

4.1 成才

史载耶律履花甲之年生楚材,"私谓所亲曰:此子吾家千里驹也,他日必成伟器。且当为异国用。因取左氏之楚虽有材,晋实用之。以为名字"[2]。字曰晋卿,当然也是这个意思。这里且先不必追究此条史料是否为杜撰之"谈辞",还是确有其事之预言,证之于楚材一生的历史,倒也十分相符。

说他是"千里驹",名副其实。说他是楚材晋用,也是事实。楚材3岁丧父,在母亲的谆谆教诲下,"笃于好学,不舍昼夜",从13岁开始攻读儒家典籍,到17岁已相当博学了。"二十应制策"[3],楚材已入仕途,任金尚书省省掾、开州同知、燕京左右司员外郎等官职。楚材本打算凭自己的渊博学识,参加进士考试。金章宗未予批准,诏令仍按金旧制办理。金国制度,宰相之子做宫,不必参加科试,可以通过例试直接补入朝廷官员。楚材在例试时,主考者提问几桩疑难案或冤狱,一同参加例试的17人中,唯独楚材对答优异,见识出众,遂被授以尚书省省掾官职。

有人会问,楚材一出生,耶律履怎么就能预知儿子"他日必成伟器,且当为异国用"呢?如果根据耶律履"通六经百家之书,尤邃于易、太玄。至于阴阳方技之说,历象推步之术,无不通究"[4]而说成"以数推之"[5],用今天科学眼光看来,自然是不可信的。如果说他面对客观现实,冷静分析当时中国形势,已经预感到金政权必将衰亡,故取《左传》楚材晋用之语以为名,预知儿子长大成才后,当为异国所用,倒是合情合理的。

---

〔1〕参见钱大昕著:《补元史艺文志》,商务印书馆,丛书集成本。
〔2〕《元朝名臣事略》卷5《中书耶律文正传》。
〔3〕《湛然居士文集》卷12《为子铸作诗三十韵》。
〔4〕《元文类》卷57《故金尚书右丞耶律公神道碑》。
〔5〕《蒙兀儿史记》卷48《耶律楚材传》。

13 世纪初,蒙古勃然崛起,中国北方的政治形势发生了巨大变化。女真贵族建立的金政权日益腐朽,已成摇摇欲坠之势。女真贵族历来对蒙古实行残酷的民族压迫政策,每年出兵蒙古地区恣意杀戮,谓之"减丁"。12 世纪中叶以后,蒙古部在成吉思汗曾祖父合不勒合罕统领下,强大起来。金国此时已是"无可奈何花落去",武力征服,"连年不能克"。于是,一方面采取离间政策,挑起蒙古内部相互间的内战,一方面动用大量人力物力,东起嫩江左举的布西城,西南接庆州北境,沿阴山直达河套西曲,修筑了一条长达 3000 多公里的军事壕堑,防止蒙古南下。

　　成吉思汗反金,在开始是带有反抗民族压迫、争取独立解放的正义性质的。这一斗争反映了蒙古人民的强烈愿望,代表了蒙古各部的共同利益,因而得到蒙古人民的拥护和支持。

　　正因为如此,成吉思汗的攻金战争才能不断取得胜利。1211 年,成吉思汗率领术赤、察合台、窝阔台、拖雷等四子以及哲别、速不合、木华黎等将领,自漠北克鲁伦河畔出兵,发起了攻金战争。出发前,成吉思汗登上一座高山,对天祈祷道:"长生之天啊!金朝皇帝辱杀了我祖先,如若您允许我去复仇,请助我一臂之力,并让九泉下列祖以及诸路神仙一起联合帮助我吧!"蒙古军队在复仇主义情绪鼓动下,越过大漠直奔长城边外。金朝守将纳合买住奔告朝廷,那位昏庸愚蠢的完颜永济皇帝说:"彼于我无衅,汝何言此?"不仅不听其紧急报告,还恐他擅生边隙,囚禁了起来。直到蒙古大军压境,金帝才遣使求和,但被成吉思汗拒绝了。后来浍河堡一战,成吉思汗以精骑 3000 击败金兵 30 万,金将胡沙虎仅以只身逃。1212 年,蒙古军攻破宣德、兴德诸要塞。1213 年,蒙金激战于怀来,金将高琪大败。蒙古军乘胜破紫荆关,夺长城,占领南口和居庸关,进围金中都燕京。此时金廷发生内讧,先是完颜永济罪责胡沙虎,接着,胡沙虎罢官又起用,又杀完颜永济。金宣宗完颜珣立,高琪杀胡沙虎。当时金兵投降蒙古的很多,成吉思汗将其改编为四十六都统,合于蒙古军一起,分道进取黄河以北诸州,只留下部分兵力继续围困中都。蒙古军右翼攻山西;左翼攻直隶沿海之地,掠辽西;中路取直隶、山东以至江苏北部。三路"凡破金九十余城"。1214年春,成吉思汗回军至中都城下,遣使告金宣宗说:"汝山东、河北郡县悉为我有,汝所守惟燕京耳,天既弱汝,我复迫汝于险,天其谓我何? 我今还军,汝不能犒师以弭我诸将之怒耶?"金宣宗以完颜永济之女为公主,金帛童男女各500,马匹3000,奉献于成吉思汗。蒙古军满载战利品北还。

蒙古军走后,金宣宗惶恐不安,决定迁都汴京。成吉思汗闻讯,以金缺乏诚意为借口,命三木哈领兵攻中都。1215年,蒙古军占领中都。至此,成吉思汗的攻金战争,以反抗女真贵族统治阶级的民族压迫开始,又以掠人夺地而告终。

当蒙古军攻占中都燕京的时候,耶律楚材正从其师禅宗高僧万松长老钻研佛经。但是他并未像一般士大夫那样,在政治动乱中,消极颓废,或在禅理中寻求精神寄托,而是要掌握自己的命运,凭借自己的治国才能,努力把干戈乱世变成太平盛世。就在燕京失守的第二年,他在《贫乐庵记》一文中写道:"夫君子之学道也,非为己也。吾君尧舜之君,吾民尧舜之民,此其志也。"[1]他的处世哲学及宏图大志,清楚可见。所以,他于1218年欣然接受了成吉思汗的召见和垂询,开始了他轰轰烈烈的政治生涯。

此后30年的实践证明,楚材在历史转折关头,对前进道路的选择是完全正确的。他顺应了历史发展趋势,也反映了当时全国各族人民要求统一的共同愿望,不愧是一位有远见的政治家。13世纪初,当成吉思汗登上中国历史舞台、大展宏图之际,国内正是四五个民族政权四分五裂、山河破碎的时期,谁能完成多民族国家的统一,谁就为中国历史的发展做出了贡献。在当时能够担当这一历史使命的,只有雄才大略、朝气蓬勃的成吉思汗,其他金国、南宋、西夏等政权的领袖人物,都或昏庸腐朽,或无统一国家之雄才。所以,蒙古兴而金亡,可以说是历史的必然。耶律楚材的远见卓识,正是看到了这一点,毅然选定了自

---

〔1〕《湛然居士文集》卷8《贫乐庵记》。

己新的前进道路,从而使他的宏图大志得以实现,使他的治国才能得以施展。就此而言,楚材这个"伟器",着实"为异国用"了。套左氏"楚虽有材,晋实用之"之语,我们说"金虽有材,蒙古用之"也是颇有意思的。

4.2 楚材的身世

耶律楚材的家族,从他八世祖辽东丹王突欲时候起,已经是一个藏书达万卷,好学汉文化的少数民族封建士大夫家庭。耶律突欲能用汉文写诗作文,熟悉音律,擅长绘画,精通医术,具有相当高的文化修养。这个契丹族士人世家,传至楚材父亲耶律履,其汉文化水平已是相当高了。楚材的母亲杨氏,也是一位琴棋书画无不精通,尤工于诗文的不栉进士,既为慈母,又是"挑灯教子哦新句"[1]的良师。由于有利的家学条件,楚材从小就受到了儒学的濡染和熏陶。

家学渊源对楚材的思想形成,产生了直接的影响。比如他爱好弹琴、擅长诗文的艺术修养,首先与他母亲的培养分不开。他的天文地理、律历术数、释老医卜知识,也无一不是家学的继承。他"以儒治国"的政治主张和"致君泽民"的宏大抱负,又何尝不是他那"东丹八叶孙"的阶级烙印呢? 就连遁入佛门,深究禅理这件事,也是与他父亲有密切关系的。耶律履就曾通佛法,并撰有《天竺三藏咓哈啰悉利幢记》一书[2]。难怪楚材说他自己"余幼而喜佛,盖天性也。壮而涉猎佛书,稍有所得,颇自矜大"[3]。

不过,他受其父亲影响,从小喜佛教读佛书,也只是一种爱好而已。至于正式参禅奉佛之事,如他自己所述,先受教于圣安澄公和尚,后拜万松老人为师,"杜绝人迹,屏斥家务,虽祁寒大暑,无日不参,焚膏继

〔1〕《湛然居士文集》卷6《思亲用旧韵二首》其二。
〔2〕见《佛祖历代通载》卷20。
〔3〕《湛然居士文集》卷12《琴道喻五十韵以示忘忧进道》并序。

·欧·亚·历·史·文·化·文·库·

暑,废寝忘餐者三年"[1]。他的老师万松也说他学佛"大会其心,精究入神,尽弃宿学,冒寒暑无昼夜者三年,尽得其道"[2]。此三年佛门生活,对楚材的思想形成,又发生了重大影响,在前述"儒记"烙印上又加上了一重"释记"烙印。

这种"释记"烙印之深,在他以后的言论和行动中,是看得很清楚的。诸如他的诗文中,就多有佛教思想之流露:

> 历代兴亡数张纸,千年胜负一盘棋。
>
> 因而识破人间梦,始信空门一著奇。[3]
>
> ……
>
> 何如打坐蒲团上,参透升平本无象。一瓶一钵更无余,
>
> 容膝禅庵仅方丈。从教人笑彻骨穷,生涯元与千圣同。
>
> 鸟道虽玄功尚在,不如行取无功功。[4]

可见其字里行间充满了"诸法皆空""无念真如"的禅宗宣教。特别是在《西游录·序》中,他以正统的禅宗门徒自居,以当年孟子批杨、墨自况,大辟糠禅和邱处机(按,糠禅是禅宗之一流派,邱处机为全真道"七真人"之一)。同时也对佛教中的其他派别及道教的诸派,一概斥之为"释氏之邪也"或"老氏之邪也"。

那么,打有儒、释两颗印记,出入儒、释两大宗门的耶律楚材,到底是什么观点?有何特色?要回答这个问题,首先需要分析以下几条资料:

> 三教根源本相同,愚人迷执强西东。[5]
>
> 三圣人教皆有益于世者。[6]
>
> 若夫吾夫子之道治天下,老氏之道养性,释氏之道修心。此古

---

[1]《湛然居士文集》卷8《万松老人评唱天童觉和尚颂古从容庵录序》。

[2]《湛然居士文集》卷首《领中书省湛然居士文集序》。

[3]《湛然居士文集》卷12《示忘忧》并序。

[4]《湛然居士文集》卷2《复用前韵唱玄》。

[5]《湛然居士文集》卷6《过太原南阳镇题紫薇观壁三首》其三。

[6]《西游录》下。

今之通议也。舍此以往,皆异端耳[1]。

在耶律楚材看来,儒、释、道三教是"根源本相同"的,三教各有所长、各有可取。可以儒治国,以道养性,以佛修心。这正是金、元之际,在中国北方士大夫中间普遍流行的"三教同源"观点。

尽管如此,楚材的根本立场,却似乎是站在儒家一边的。他的基本思想,仍是封建正统的儒家思想。其特点,可以概括成为以儒为主,儒、释结合的观点。他自己也"常谓以吾夫子之道治天下,以吾佛之教治一心,天下之能事毕矣"[2]。

楚材的这种思想类型,似可溯源于隋代王通(字仲淹)的"三教合一"论。例如王通在《文中子》中云:"诗书盛而秦世灭,非仲尼之罪也,虚玄长而晋乱,非老庄之罪也;斋戒修而梁国亡,非释伽之罪也。"[3]说明儒、道、释三教的创立,是无可非议的,是各有可取的。至于流弊之发生,其咎不在于各教教旨的本身。[4]楚材除三教同源和三教各有所长等诗文外,他还在《题西庵归一堂》中云:"三圣真元本自同,随时应物立宗风。道儒表里明坟典,佛祖权宜透色空。曲士寡闻能异议,达人大观解相融。"在《辨邪论序》中说:"夫圣人设教立化,虽权实不同,会归其极,莫不得中。"在《屏山居士鸣道集序》中说:"鸣道诸儒,力排释老,拼陷韩欧之隘党。孰如屏山尊孔圣,与释老鼎峙耶。"这些言论,较之王通"三教合一"论,是相近似的。王通说:"如有用我者,吾其为周公所为乎。"[5]楚材说:"用我则行宣尼之常道,舍我则乐释氏之真如,何为不可也。"[6]两相比较,何其相似!都是以"继周公""绍宣尼"的道统自期。另从"清风千古独王通"[7]的诗句,也可看出楚材对其人之钦敬。

---

[1]《湛然居士文集》卷8《寄赵元帅书》。
[2]《西游录》下。
[3]见王通《文中子》一书《周公》篇。
[4]见王通《文中子》一书《问易》篇。
[5]见王通《文中子》一书《天地》篇。
[6]《湛然居士文集》卷6《寄用之侍郎》。
[7]《湛然居士文集》卷2《复用前韵唱玄》。

·欧·亚·历·史·文·化·文·库·

就认识论而言,耶律楚材是一名佛教徒,自然是唯心主义的。他既谈"以吾佛之教治一心",也称"禅理穷毕竟"[1]。我们知道,凡是唯心主义者,不论客观唯心主义也好,主观唯心主义也好,都是把"心"说成是世界的本原,是第一性的东西。唯心主义和宗教有着密切的关系,楚材之所谓"治心",也无非是要使道心处于支配的地位,使人心服从于道心。还有楚材的所谓穷理,也似效法于当时理学家的"居敬穷理",是要彻底精通禅宗深妙之理的意思。从而看出,耶律楚材受程朱理学影响是不浅的。尽管他当年与李屏山"同为省掾"[2],后又"通家相与"[3],关系密切。并为李屏山的《鸣道集说》作序,力赞李屏山对"江左道学"的批驳。但是,作为一种学说或理论,并不会因"江左""中原"之限而互相封锁,不得流传。更不会因个人恩怨、情绪对立而拒不研究对方的东西。只有傻子才取这种充耳不闻、视而不见的盲目排斥态度。所以说,耶律楚材在一定程度上研究和吸收程朱理学,是完全可能的。

至于楚材的"以儒治国,以佛治心"说,也并非他自己的新创造,似从宋代名僧智圆那里学来的。智圆是天台宗山外一派的义学名僧,也是该派中著述最宏富的一位学者。他于行禅讲道之外,好读儒书,又喜为诗文。楚材可能由于个人爱好与他颇相近,潜移默化,自然而然地由钦佩其人到接受他"修身以儒,治心以释"[4]的主张,当然,这也只不过是提法相似而已,实际上两人的人生观及生活道路还是不一样的。智圆"以习释氏为本务",其志"始以般若真空荡系于前,终以净土行门求往生于后"[5]。楚材则"以唐虞吾君为远图,以成康吾民为己任"[6],宦途沉浮 30 年。

就政治思想而言,耶律楚材始终是以"三纲五常"作为道德准则和执政指南,以儒家传统的理论来解释历史和改造社会的。他希望早日

---

〔1〕《湛然居士文集》卷 12《为子铸作诗三十韵》。
〔2〕《湛然居士文集》卷 13《屏山居士金刚经别解序》。
〔3〕《湛然居士文集》卷 13《楞严外解序》。
〔4〕《闲居篇》卷 19《中庸子传》上。
〔5〕中国佛教协会编:《中国佛教》第 2 辑。
〔6〕《湛然居士文集》卷首《襄山孟攀鳞序》。

结束战争,安定社会,把干戈乱世恢复成礼乐之邦,在中原重建尧舜规模:

　　殷周礼乐真予事,唐舜规模本素心。[1] 衣冠异域真余志,礼乐中原乃我荣。[2]

　　楚材的历史观和社会政治思想,与孔、孟有着直接的渊源关系。既把"仁"视为一切封建道德的最高原则,又把"三纲五常"视为人与人之间唯一的道德标准。宣扬德治和教化,反对苛政和峻法。这种政治主张,在他的言论和诗文中都表现得很明白:

　　三纲五常,圣人之明教。有国家者,莫不由之,如天之有日月也。[3]

　　三皇崇道德,五帝重仁慈。礼废三王谢,权兴五伯漓。焚书嫌孔孟,峻法用高斯,政出人思乱,身亡国亦随。[4]

　　楚材的儒家正统封建思想,是他帮助窝阔台汗建立政治、经济、军事等各项制度和条令的指导思想,也是他处理汗国各项政事的是非标准。这可从他所上奏的《便宜一十八事》和《时务十策》[5]中看得很清楚。如《便宜一十八事》略云:"郡宜置长吏牧民,设万户总军,使势均力敌,以遏骄横。中原之地,财用所出,宜存恤其民,州县非奉上命,敢擅行科差者罪之。贸易借贷官物者罪之。蒙古、回鹘、河西诸人(按,此指蒙古、维吾尔、西夏等少数民族人民),种地不纳税者死。监主自盗官物者死。应犯死罪者,具由申奏待报,然后行刑。贡献礼物,为害非轻,深宜禁断。"这些政策措施,当时对于恢复社会生产,抑制地方豪强的混乱统治,以及加强中央集权,保证国家税收等,都是有积极意义的。

　　耶律楚材历事太祖、太宗,在蒙古汗国供职30年。他的儒家思想和法先王、行仁政主张,是始终如一的。尽管在那戎马倥偬、随驾西征

---

〔1〕《湛然居士文集》卷10《李庭训和予诗见寄复用元韵以谢之》。

〔2〕《湛然居士文集》卷4《和武川严亚之见寄》。

〔3〕《元史》卷146《耶律楚材传》。

〔4〕《湛然居士文集》卷12《怀古一首韵寄张敏之》。

〔5〕《元史》卷146《耶律楚材传》。

·欧·亚·历·史·文·化·文·库·

的年月里,他"徒旷蓍龟"和掌管文书,治国才能无由施展、心情不胜苦恼,但是,他终未自沮其志而消沉,仍然"诗书犹不废,忠信未能忘。"[1]

楚材不仅深通儒学和禅理,而且能取其精华,互相贯通。将佛教"慈悲"宗旨,融合于儒家"重民"思想和"仁政"主张之中,并用"以儒治国,以佛治心"之说统一起来,作为他帮助蒙古统治者经邦安民的指导思想。这种思想,不仅在当时具有积极意义,而且对 20 年后忽必烈的"鼎新革故",也具有重大影响。

4.3 奉诏西行数万里

公元 1218 年春,耶律楚材应召北上,谒见成吉思汗于漠北行宫。此段北上路线及地名,据《西游录》所记,大略是从北京故居永安(今北京香山)出发,经过居庸关,"历武川"(唐及后晋称武州,辽改归化州,金改宣德州,今为河北宣德),"出云中之右"(今山西大同市西),"抵天山之北"(越过今大青山),再经净州、沙井二城(今内蒙古四子王旗西北净州古城和达尔罕茂明安旗东北萨其庙附近古城),然后进入沙漠地带。此后所行路线,据说与后来宋理宗时,奉使蒙古的彭大雅、徐霆所记行径同。到达今蒙古人民共和国肯特省的克鲁伦河畔,谒见成吉思汗于行宫(也称大斡耳朵,其时尚未建立和林城)。遂被留在身边,"以备咨访"。

1219 年,成吉思汗因中亚花剌子模国杀蒙古商队,又辱斩来使,遂亲统 20 万大军西征。楚材也奉命扈从,一道西行。1224 年,成吉思汗班师,楚材也随之东归。此番西行,约计行程 6 万里,留居西域时间达 6 年之久。其西行路线,据《西游录》云,大致是:蒙古高原—金山—别石把—不剌城—阿里马城—亦列河—虎司窝鲁朵—塔剌思城—苦盏城—讹打剌城—寻思干—蒲华城—阿谋河—玉里犍城—班城—黑色印度城。

---

[1]《湛然居士文集》卷 9《和张敏之诗七十韵三首》。

以上地名的异名、今名及其方位,略注于此。"金山"指阿尔泰山,古称金微山,绵亘于新疆东部和北部,为新疆和蒙古的界山。故蒙古军西征,须越此山。"别石把"亦作别失八里,为突厥语"五城"之意。唐代北庭都护府治所设于此,故一名庭州,又名金满县。清代在此置孚远县。其地在今新疆吉木萨尔县治北。"不剌城"亦作孛罗城、普剌城,为波斯语"钢"之意。其地在今新疆艾比湖西之博乐市境内。"阿里马城"亦作阿里麻里、阿力麻里。其城遗址在今新疆霍城县东之13公里处。"亦列河"亦称尹列水、伊丽河、帝帝河,即今伊犁河。"虎司窝鲁朵"亦作虎思斡耳朵、骨斯讹鲁朵、谷则斡儿朵等不同译写。西域史家称此为八喇沙衮,西辽曾都于此,故又称大石林牙。据苏联考古发掘判断,其地似在今托克玛克城东南10公里的布拉纳废墟。"塔剌思城"亦作怛逻斯城、塔剌寺城、塔拉什城等。因位于塔剌思河旁而得名。公元751年唐朝高仙芝与大食,即战于此。其地即今中亚之江布尔城。"苦盏城"亦作忽毡、俱战提等。共地在今中亚费尔干纳盆地,今名为列宁纳巴德。"讹打剌城"亦作讹答剌、兀答剌儿、斡脱罗儿等。其遗址在锡尔河右岸,阿里斯河注入锡尔河之附近处。"寻思干"亦作邪米思干、薛米思坚、飒秣建、撒马尔罕、撒麻耳干、薛米则干等。《新唐书》作康国,以其地为康居都护府,《辽史》作寻思干,以其地为河中府。寻思、邪米思、薛米思等不同音译,源出突厥语,意为肥沃,干字在波斯文中意为城。其地今属乌兹别克斯坦共和国,今名撒马尔罕。"蒲华城"亦作不花剌、卜哈儿、布豁、捕喝等。其地在今乌兹别克斯坦共和国,今名布哈拉。"阿谋河"亦作阿母没辇、阿梅河、阿母河、暗木河、阿木河等不同音译。中国史籍中也有妫水、乌浒水、博叉、缚刍、缚叉等名称。今作阿姆河。"玉里犍城"亦作兀笼格赤、玉龙杰赤、乌尔根齐等,今名乌尔坚奇。"班城"亦作班勒纥、巴里黑、板勒纥、班里城等,其地在阿富汗境内,今名巴尔克。"黑色印度城"可能是指今印度和巴基斯坦北部一带。当时成吉思汗亲领大军追击花剌子模国的王子札兰丁至申河(印度河)畔,欲生擒之。札兰丁突围不得,遂脱甲负盾执纛,从20尺高崖上跃马投河逃走。蒙古军继续歼灭残敌,略地置官镇守。成吉思汗遂决定班师。

此 6 年期间,耶律楚材是一直跟着成吉思汗御驾行动的。所以说,他的西行路线,基本上是成吉思汗的进军路线。

耶律楚材的东归路线,没有扈从成吉思汗同归漠北,而是另走阿里马城—不剌城—轮台—北庭—高昌—伊州—肃州。"轮台"当在今新疆乌鲁木齐以东的阜康市。"北庭"即前已注过之"别石把"。"高昌"历有西州、和州、合剌火者、哈剌霍州、火州诸称,在今新疆吐鲁番东。"伊州"历有伊吾卢、伊吾、哈密力、合迷里、哈梅里诸称,即今新疆哈密市。"肃州"即今甘肃酒泉。

何以说他没有扈驾同归呢?因为1224年夏季,成吉思汗已回至额尔齐斯河驻夏,且止且行。而同年秋天,楚材尚在阿里马城撰写《万松老人评唱天童觉和尚颂古从容庵录序》。1225年成吉思汗已回归漠北行宫,而同年冬,楚材尚在高昌撰写《辨邪论序》。1226年成吉思汗再率师亲征西夏时,楚材可能才归至驾前,以备顾问。例如这时有人给成吉思汗出坏主意说,虽得汉人亦无所用,不若尽杀之,使草木茂盛,以为牧地。楚材即驳斥曰:"夫以天下之广,四海之富,何求而不得?但不为耳。诚均定中原地税商税,酒醋盐铁山泽之利,周岁可得银五十万两,绢八万匹,粟四十余万石,何为无用哉?"成吉思汗命其试为之。[1]"丙戌冬,从下灵武,诸将争取子女金帛,楚材独收遗书及大黄药材。"[2]也证明这年冬天楚材在成吉思汗驾前。

在西域 6 年,耶律楚材主要为成吉思汗掌管占卜星相、汉文文书等工作。军国大事,他似无资格参与机谋。因此,楚材在西域期间的心情是不舒畅的。流落异域,光阴虚度,触物感怀,思绪万千。他当时的诗作中,有不少伤时感世、侘傺浮沉之作:

> 生遇干戈我不辰,十年甘分作俘臣。
> 施仁发政非无据,论道经邦自有人。[3]

---

〔1〕《多桑蒙古史》第 1 卷第 9 章。
〔2〕《元史》卷 146《耶律楚材传》。
〔3〕《湛然居士文集》卷 3《和移剌子春见寄》其二。

致君泽民本不难,言轻无用愧偷安。

　　十年潦倒功何在,三径荒凉盟已寒。[1]

　　这里对他自己致君泽民的政治抱负,无有机会实现,对他自己施仁发政、论道经邦的治国才能,无法施展的时运,无限忧戚,感慨万端。此外,还有不少厌恶战争,游子思归的情绪流露:

　　山水景中君适意,兵戈堆里我销魂。[2]

　　酷思诗酒闲中乐,见说干戈梦里惊。[3]

　　天涯惟伏梦魂归,破梦春风透客帷。

　　灯下几时哦丽句,筵前何日舞斑衣。[4]

　　秉性文静、习惯于作诗弹琴的耶律楚材,不但对流血的战争表示反感,而且就连蒙古皇帝作为游戏娱乐的围猎,也表示毫无兴趣。如他1233年一次扈从窝阔台汗去冬猎,在那"长围不知几千里,蛰龙震栗山神惊""千群野马杂山羊,赤熊白鹿奔青獐。壮士弯弓损奇兽,更驱虎豹逐贪狼"的无比壮观场合和热闹异常的气氛中,那位"美髯中书,白衣居士"却是与众不同,别有一番兴趣,"独有中书倦游客,放下毡帘诵周易"[5]。

　　世间事物无不祸福相依,坏事中孕育着好事。楚材流落西域6年,光阴虚度,功名无成,干着一些占卜吉凶、起草公文、解释天象以及管理屯田等琐碎事务,军国大事无资格出谋划策。使他这位"治天下匠"无用武之地,不能轰轰烈烈地建功立业。这对他来说,可以说是不幸运、不得志。但是,这个无大作为中又孕育着他的幸运,使他这位历史伟人少犯错误,少负历史罪责。毋庸讳言,成吉思汗西征给中亚各国人民带来了深重的灾难,对中亚各国人民犯有不可推卸的历史罪责。当然,中国各族人民也是西征的受害者。正因为耶律楚材在这场侵略战争中,未被真正重用,未能充分发挥作用,所以,至今谁也没有评说过,当时不

---

〔1〕《湛然居士文集》卷3《过云中和张仲先韵》。

〔2〕《湛然居士文集》卷4《过清源赠法云禅师》。

〔3〕《湛然居士文集》卷2《用李德恒韵寄景贤》。

〔4〕《湛然居士文集》卷6《思亲用旧韵二首》其二。

〔5〕《湛然居士文集》卷10《扈从冬猎》。

花剌城(今中亚布哈拉)被付之一炬,化为一片火海;呼罗珊城(今伊朗东北部之霍腊散地方)被引水灌城,变成一片汪洋,要由耶律楚材承担多少责任。

流落西域的耶律楚材,尽管在政治上无大作为,但是,对西域风光的生动描述,对西域历史的真实记录,都是研究当时西域历史的重要资料。其文字也生动优美,斐然成章。曾有赞颂云:"或吟哦数句,或挥扫百张,皆信手拈来,非积习而成之。盖出胸中之颖悟,流于笔端敏捷。味此言言语语,其温雅平淡,文以润金石,其飘逸雄挞,又以薄云天,如宝鉴无尘,寒水绝翳,其照物也莹然。"[1]

西域风光本秀丽,诗人佳句更清奇。这里以天山及果子沟为例,看诗人妙笔下的一段生动描述:

> 阴山千里横东西,秋声浩浩鸣秋溪。猿猱鸿鹄不能过,天兵百万驰霜蹄。万顷松风落松子,郁郁苍苍映流水。天丁何事夸神威,天台罗浮移到此。云霞掩翳山重重,峰峦突兀何雄雄。古来天险阻西域,人烟不与中原通。细路萦纡斜复直,山角摩天不盈尺。溪风萧萧溪水寒,花落山空人影寂。四十八桥横雁行,胜游奇观真非常。临高俯视千万仞,令人凛凛生恐惶。百里镜湖山顶上,旦暮云烟浮气象。山南山北多幽绝,几派飞泉练千丈。大河西注波无穷,千溪万壑皆会同。君成绮语壮奇诞,造物缩手神无功。山高四更才吐月,八月山峰半埋雪。遥思山外屯边兵,西风冷彻征衣铁。[2]

这里所称的"阴山",向达先生在《西游录》中注释说:"这里的阴山指的是新疆天山山脉西部婆罗科努山的一部分。"[3]诗中所谓的"百里镜湖山顶上",是指今新疆伊宁县北面山中之赛里木湖,他在《西游录》中称为"圆池"。《长春真人西游记》称此湖为"天池",吉尔吉斯人又称之为"乳海"。所谓"四十八桥横雁行",则有一段佳话流传:当时成吉思汗率军到此,人马南下须穿过一条70公里长的峡沟。此峡沟就是

---

〔1〕《湛然居士文集》序二,平水冰岩老人王邻序,丛书集成初编本。

〔2〕《湛然居士文集》卷2《过阴山和人韵》。

〔3〕向达校注:《西游录》上册之注17,中华书局,1981年版。

有名的果子沟,也称塔勒奇山峡,是以果木树多而得名。果子沟形势险要,风景如画,山顶积雪未化,山腰已果实累累,山坡上又是山花烂漫,桃红柳绿。果子以野苹果最多,随处可见;野杏大如鸡蛋,色味俱佳;野樱桃、野核桃、野山楂,漫山遍野,一望无际。这个风景如画的峡沟,却无道路可通行,成吉思汗遂命次子察合台前面开道。察合台指挥众将士凿山修路,砍木为桥,在这"树荫蓊翳,不露天日"[1]的原始森林里,硬是开辟出了一条栈道,蒙古大军借此方才川流而过。这种在悬崖绝壁上凿孔架桥而成的栈道,即当时所谓的"四十八桥"。据说,现在尚有 32 桥存在。

　　楚材在中亚游踪所及,主要是楚河、塔拉斯河、锡尔河、阿姆河一带地区,《西游录》中所提到的虎司窝鲁朵、塔剌思、苦盏、八普、可伞、芭榄、讹打剌、寻思干、蒲华、玉里犍、班城、抟城等城市,都是他的足迹所到之地。而且,有的地方逗留较长,如"昔徙河中之豪民子弟四百余人屯田于塔剌思城,奉朝命委予权统之"[2],在此管理过小规模屯田。其在寻思干(撒马尔罕)居住的时间最久,所以说他的文集和《西游录》中,对这里山川物产、风土人情的记叙最详细,而且真实可信。

　　苦盏(忽毡)不仅盛产石榴,而且"其大如拱,甘而差酸,凡三五枚,绞汁得孟许,渴中之尤物也"。芭榄城(在锡尔河右岸)是以盛产芭榄而得名,芭榄一词是波斯一种杏子名称音译,义译为扁桃。"芭榄花如杏而微淡,叶如桃而小。每冬季而华,夏盛而实,状类扁桃,肉不堪食,唯取其核。"八普城(在今中亚费尔干纳地方)的西瓜,大者重达 50 斤,"长耳[3]仅负二枚,其味甘凉可爱"。显而易见,对于中亚这些瓜果特产,楚材不单亲眼见过,而且也都是亲口尝过的。由于在寻思干居住最久,其感受之深,记述之详自然是不言而喻的。除《西游录》中的详细记述外,他的文集里描述西域河中(撒马尔罕)的诗,就有 30 余首,都写得亲切而自然,生动而清新。聊录《西域河中十咏》几首于此以见

---

〔1〕《西游录》上。

〔2〕《西游录》下。

〔3〕据王国维考,长耳即驴也。此处可能指小毛驴。

究竟：

其一

寂真河中府，连甍及万家。葡萄亲酿酒，杷榄看开花。饱啖鸡舌肉，分餐马首瓜。人生唯口腹，何碍过流沙。

其六

寂寞河中府，西流绿水倾。冲风磨旧麦，悬碓杵新粳。春月花浑谢，冬天草再生。优游聊卒岁，更不望归程。

其七

寂寞河中府，清欢且自寻。麻笺聊写字，苇笔亦供吟。伞柄学钻笛，宫门自斫琴。临风时适意，不负昔年心。

其八

寂寞河中府，西来亦偶然。每春忘旧闰，随月出新年。强策浑心竹，难穿无眼钱。异同无定据，俯仰且随缘。

其十

寂寞河中府，遗民自足粮。黄橙调蜜煎，白饼糁糖霜。潄旱河为雨，无衣垄种羊。一从西到此，更不忆吾乡。

诗中描述的"马首瓜"，是指当地所产的瓜，其大如马首。"冲风磨旧麦"是说当地人磨面粉，用一种借助风力带动机轴旋转的磨，不靠人力或畜力推动，似同水磨、电磨原理。"悬碓杵新粳"是说将杵悬挂在支架上进行舂米，似运用杠杆原理。"宫门自斫琴"特指他获得原故宫门上的一块三尺多长竖木，砍削为琴，声音清脆。"每春忘旧岁，随月出新年"是说当地风俗习惯无有闰年闰月，足十二个月即过新年。"浑心竹"可能是当地特产的实心竹。"无眼钱"是指当地使用的金铜芽钱（或称麻钱），中间无孔，无法用绳穿起来。"垄种羊"可能指木棉。此十咏与《西游录》中所记寻思干一段互相印证，互相补充，可使人对撒马尔罕当时的经济和文化情况，有进一步的了解。同时，也可说明其实地资料之翔实。

4.4　著述《西游录》

公元 1219 年，耶律楚材扈从西征，跟随成吉思汗在西域转战 6 年之久。1224 年成吉思汗班师,楚材随后也东归。1227 年成吉思汗去世,拖雷监国。楚材奉命"搜索经籍,驰传来京"[1]。自 1218 年他离京北上,从入事成吉思汗算起,到这时重归故里,已有 10 个年头。

楚材回到燕京,亲朋好友久别相逢,纷纷登门造访:"居士之西游也,不知其几千里邪。西游之事,可得闻乎?"[2]楚材遂将自己从燕京到漠北,从漠北到西域,"天涯海角,人所不到"[3]之地的奇异见闻,做了大略的介绍。第二年(1228 年),楚材又奉命来燕京,负责查办重大抢劫案件。[4] 仍是"里人问异域事,虑烦应对,遂著《西游录》以见予志。其间颇涉三圣人教正邪之辨"[5]。由此可知,1228 年来京,客人造访的内容与前次有所不同,除西域见闻以外,涉及了长春真人邱处机的好多事情。

在这种情况下,应该如何分析和解说耶律楚材作书动机?清人李文田在《湛然居士文集》卷 7《跋》中识曰:"晋卿《西游录·序》、《辨邪论序》等篇,皆专为攻击邱处机而作者也。"[6]向达先生进一步指出:"其实此书主要是为攻击长春而作。"[7]这里所引,分明可见,李文田是专指那 297 个字的《序》而言,向达先生则是指《西游录》全书而言。

人所公认,《西游录》一书的价值在于 13 世纪对于西域诸地道里、山川、物产、民俗的记述,是研究当时西域历史的可贵资料。谁也不会把它当成一本宗教斗争的书来看待。虽然书中一大半文字,是谈邱处机的事,但这不应看作是"全书重心"。文字多少和篇幅长短,那只是回答的提问多少不同、记事的详略有差别而已,说明不了作书的重心何在。若说此书是为攻击长春而作,势必降低此书的宝贵价值,同时也不尽符事实。其次,综观楚材之为人,比较忠诚正直,似乎不会干出

---

〔1〕《湛然居士文集》卷 8《燕京崇寿禅院故圆通大师朗公碑铭》。
〔2〕《西游录》上。
〔3〕《西游录》上。
〔4〕《元史》卷 146《耶律楚材传》。
〔5〕《西游录·序》。
〔6〕《湛然居士文集》卷 7《附李若农侍郎湛然居士文集卷七跋》,从书集成初编本。
〔7〕向达校注:《西游录·前言》,中华书局,1981 年版。

"挂羊头卖狗肉"的事情。题名《西游录》,顾名思义就是西游之记录,无须遮遮掩掩。若要专门攻击邱处机,那么定名"什么论"或"辟某某",不是比"西游录"一名更确切更了然吗。就楚材当时的地位和声望、学识和胆略诸方面考虑,似乎毫无避讳或隐瞒之必要,完全可以旗帜鲜明地大批特批。更何况邱处机已经死了呢。从楚材《寄赵元帅书》《糠孽教民十无益论序》《辨邪论序》等文中,也可看出在教派争论上,他一向是"敢以区区忠告","从傍仗义,辨而证之,何为不可乎"以及"有谤者予自当之"的,并不示弱或推诿。另就楚材之博学多识,更是不可能写出文不对题的著作来的。

那么,《西游录》是怎样成书的?楚材作书的用意到底是什么?我以为《西游录》上下两册的内容,是在1227、1228年两次来京答客问的"谈话纪要"基础上写成的。《序》是在1229年写的。楚材第一次来京,亲朋好友最感兴趣的、极想知道的必然是西域的奇闻,所以全部谈话只有一问一答,而且是追忆性的情况介绍。对照书中文字,正是如此。以"居士之西游也,不知其几千里邪。西游之事,可得闻乎"问起,以"予之西游也,所见大略如此"答完。记述了作者从燕京应诏北上成吉思汗行宫,从漠北随西征大军经今新疆到中亚的沿途见闻,特别是中亚诸地的山川形势、物产气候、风土人情。此即《西游录》上册之构成。楚材第二次来京,答客问的内容则"颇涉三圣人教正邪之辨"。提问者喋喋不休,回答者亦滔滔不绝,一问一答约计14对,其中13对就涉及宗教问题,此13对中,除1对是佛教中派别问题,即所谓"释氏之邪"外,12对都是抨击丘处机和全真教。此即《西游录》下册之构成。全书末尾所云:"寻以问答之辞录诸简册,以为铭盘之诫云。"也可证明《西游录》一书,是在"谈话纪要"基础上写成的。

《西游录·序》对丘处机之攻击,是不难理解的。楚材1229年作序时,正是佛、道两派斗争激烈之时。在这"万马战犹酣"的时刻,以正统禅宗门下弟子自居的耶律楚材,自然要愤然挥毫,口诛笔伐。所以序言带有很强的"火药味",炮轰"敌阵",肃清"内奸",大"黜糠、丘",就是自然而然的事了。关于佛、道斗争,王国维曾有评论:

自金贞礼(1213—1217年)以来,河朔为墟,巨刹精蓝,鞠为茂草。缁衣杖锡,百不一存。乱定之后,革律为禅者不可胜数。全真之徒亦遂因而芊之,以居其人,坐以寇攘,未免过当。长春晚节以后,颇凭借世权以张其教。尹、李承之,颇乖重阳创教之旨。然视当世僧徒如杨琏真伽辈,则有间矣。然则祥迈所记亦仇敌诬谤之言,安可尽信哉。[1]

楚材攻击丘处机,正可看作是当时宗教派别斗争的反映。楚材与丘处机虽然道不同不相为谋,但起初并不至于破裂为敌。丘处机初到中亚,楚材"以宾主礼待之",并"联句和诗,焚香煮茗,春游邃圃,夜话寒斋",似无多大隔阂。交游既久,由"面待而心轻之"发展到"予不许丘公之事,凡有十焉",两人关系一步步恶化了。对此一桩公案,秉公而论,耶律楚材确实多有意气用事之嫌,书中不仅出现"何异鼠窃狗盗""岂非神明震怒而促丘之寿乎"等谩骂、诅咒字眼,就连丘处机"据厕而卒"也作为个人攻击的资料,真是不遗余力了。丘处机自成吉思汗赐号"神仙",封为"大宗师",掌管天下道教以后,同其弟子们的作为也未免太霸道太骄横了。对此,陈垣先生曾云:

1227年楚材奉命回燕京,正值道教极盛之时,好些佛寺都被改为道观。楚材见了,更为不悦。他经过太原南阳镇紫薇观,曾有题壁诗道:"三教根源本自同,愚人迷执强西东。南阳笑倒知音士,反改莲官作道官。"当时丘处机弟子尹志平有和他的诗道:"三教虽同人不同,既言西是必非东。目前便是分明处,了一真通不二宫。"(《葆光集》卷上)可见当时道教气焰之盛矣。[2]

尽管如此,楚材著《西游录》的主要用意,还应是他自己"虑烦应对"。可以想象的是,楚材当时的显赫地位及其不寻常的数万里西行,会有多少亲朋好友登门庆贺,也会有多少中原官僚地主前来攀附钻营。这种门庭若市,询长问短,特别是对那人所不到闻所未闻的西域情

〔1〕王国维:《长春真人西游记校注·前言》,见《王国维遗书》第13册。
〔2〕陈垣撰《耶律楚材父子之异趣》,载《燕京学报》1929年6期。

况,定会喋喋不休地问个没完没了。楚材纵有分身法也将是应接不暇的。所以,著《西游录》以省应对之烦,正是个唯一的好办法。楚材作书的用意,也正在于此。

4.5 《西游录》述评

《西游录》有原本和节录本 2 种。原本连《序》在内共分 3 部分,5000 余字。《序》仅 297 个字,主要为辨"三圣人教正邪"而作,突出抨击了佛教中的糠禅和全真道的丘处机。书的上册约 1000 字,记述自燕京出发北上、西行所经各地的情形。下册也不及 4000 字,主要攻击丘处机。节录本是元代盛如梓著《庶斋老学丛谈》时,节录了《西游录》的西游地理一部分,仅 800 余字。并于书首说明:"中书令国初时扈从西征,行五六万里,留西域者六七年,有西游录述其事,人所罕见,因节略于此"。关于"人所罕见"问题,陈垣先生认为与其子耶律铸有关。[1]楚材信佛,排斥道教。而耶律铸是很喜欢道教的,楚材去世后,此书自然不会再印行了,成为人所罕见之书。正因为如此,清末治西北史地的学者如李文田、范金寿、丁谦等人,只好主要根据《庶斋老学丛谈》中之节录本,对《西游录》进行注释或考证。

关于《西游录》之研究,20 世纪以来有很大的发展。主要表现在一方面湮沉六七百年之久的《西游录》元刊厚本复显于世[2],打破了以前那种研究《西游录》唯赖盛节本的限制。

另一方面,开始利用外文的有关史料,打破了以前那种仅以中文史料,对异域地理辨其所在,略定方位的限制。目前,向达先生的《西游录》校注本,可以代表国内较高的水平。此本一个突出特点是,不仅校注精审,而且又将陈得芝、张广达同志根据其掌握的中外文资料对书稿所做的补充意见一并纳入书中,从而增强了这本书的学术价值。《西游录》之重要价值,向达先生曾做了较全面的评价,有必要抄录

---

〔1〕陈垣:《耶律楚材文字之异趣》,载《燕京学报》1929 年 6 期。
〔2〕详见向达校注:《西游录·前言》。

于此：

> 《西游录》、《西游记》二书之成，先后不过一年之差，都是 13
> 世纪记述天山以北和楚河、锡尔河、阿姆河之间历史地理最早最
> 重要的书。8 世纪中叶以后，关于天山以北以至于葱岭以西楚河、
> 锡尔河、阿姆河一带，游历其地归而以汉书记载游踪的，绝无其人
> 其书。《宋史·高昌传》只凭王延德所记，略及北庭，如大食、拂菻
> 诸传不过得之传闻而已。到了 13 世纪《西游录》、《西游记》二书，
> 始首先对于上述诸地目识亲览所得，著成文字，公之于世。13 世
> 纪以后，西域地方的文献损失甚多，《西游录》、《西游记》二书也是
> 研究 13 世纪楚河、锡尔河以及阿姆河地区历史的重要资料。尤其
> 耶律楚材的著作，他在楚河以至阿姆河一带住过五六年，他的《文
> 集》里也有很多记述西域地方见闻之作，都可以供研究者的
> 参考。[1]

耶律楚材书中所记，除个别地方得之传闻外，绝大部分都是他足
迹所至、亲眼见过的。而且，有的地方他居住的时间还很长。经数年实
地观察，"入境问俗"，其所得自然为第一手材料。如此见闻之作，也无
疑是十分真实可信的了。例如他对撒马尔罕的记述："寻思干（撒马尔
罕）者西人云肥也，以地土肥饶故名之。西辽称此城曰河中府，以濒河
故也。寻思干甚富庶。用金铜钱，无孔郭。百物皆以权平之。环郭教
十里皆园林也。家必有园，园必成趣，率飞渠走泉，方池圆沼，柏柳相
接，桃李连延，亦一时之胜概也。瓜大者如马首许，长可以容狐。八谷
中无黍糯大豆，余皆有之。盛夏无雨，引河以激。率二亩收钟许。酿以
蒲桃，味如中山九酘。颇有桑，鲜能蚕者，故丝茧绝难，皆服屈眴（棉
布）。土人以白衣为吉色，以青衣为丧服，故皆衣白。"对其城名的读
音、词义以及当地的社会经济、风景物产、生活习俗等，都记载得既准确
又详细。另外，他的文集中有关河中地区的诗篇也较多，诸如《壬午西
域河中游春十首》《西域河中十咏》《河中春游五首》《西域元日》等，都

---

〔1〕向达校注：《西游录·前言》。

可作为上述记载的补充资料。同样对研究 13 世纪初期河中历史,有参考价值。

也有人批评《西游录》"只在研究全真教对于元代的影响时,或有若干参考价值,其所包括的地理学记录甚少。同时就写作方法说,《西游录》也不是严格记行的游记,而只是事后的一种追忆记"[1]。说它记地理部分少,说它是事后追忆记,这都是事实。但评价全书只在研究全真教对于元代的影响时,或有若干参考价值,则未免太偏见了。实际上,西游地理和攻击全真教两部分,都很重要,尤其西游地理价值更重要。

4.6 中华民族的一位少数民族历史名人

成吉思汗时代,耶律楚材的治国才能因客观形势所限,未能充分发挥。但是,成吉思汗生前已完全看出这位"千里驹"的王佐之才,故"指楚材谓太宗曰:'此人,天赐我家。尔后军国庶政,当悉委之。'"[2] 太宗窝阔台继位后,拜楚材为中书令,"事无巨细,皆先白之"[3]。遂使楚材有了用武之地,为我们统一的多民族国家的巩固和发展,做出了杰出贡献。

列宁指出:"在分析任何一个社会问题时,马克思主义理论的绝对要求,就是要把问题提到一定的历史范围之内。"[4] 十多年的无情战争给中国北方社会生产带来严重破坏,人口锐减,土地荒芜。就在这块蒙古军占领的土地上,政局也不稳定,社会相当混乱。特别是降附蒙古的汉族地主武装,兼领军民钱谷,成为各霸一方的土皇帝,他们"聚敛自私,砦至巨万",而蒙古汗国的府库里,却无斗粟尺帛。还有蒙古诸王诸将恣意妄为,虏人为"驱口",夺田为牧地,使中原的封建生产关系遭

---

〔1〕陈正祥著:《中国游记选注》第一集,商务印书馆香港分馆,54 页。

〔2〕《元史》卷 146《耶律楚材传》。

〔3〕《元史》卷 146《耶律楚材传》。

〔4〕《列宁全集》第 20 卷,人民出版社,1958 年,401 页。

到破坏。这就是楚材当时所面临的客观现实及要解决的严重问题。

1230年,楚材奏请设立燕京、宣德、西京、太原、平阳、真定、东平、北京、平州、济南等十路课税所,并任用故金士大夫充任各路征收课税使。次年秋,窝阔台汗至云中(今山西大同市),看到各路课税所征收的金银、布帛及谷物账目,完全符合楚材先年所说"岁可得银五十万两、帛八万匹、粟四十万石"的预计数字,高兴地说:"汝不去朕左右,而能使国用充足,南国之臣,复有如卿者乎?"1236年"遂定天下赋税,每二户出丝一斤,以给国用;五户出丝一斤,以给诸王功臣汤沐之资。地税,中田每亩二升又半,上田三升,下田二升,水田每亩五升;商税,三十分而一;盐价,银一两四十斤。"[1]此税制比金朝时减轻多了。为恢复生产,保证税收,楚材曾多次谏阻屠城、灭家、连坐等旧制,仅1232年汴梁城破时,就保全了100多万人的生命。还有检括户口,变"驱口"为"编民",得民户100多万。这些政策措施,不仅解决了汗国政府的经济困难,增加了国家收入,而且更重要的是恢复了中原的封建生产关系,避免了历史倒退。在一定程度上打击或限制了蒙古诸王贵族和汉族世侯的强取豪夺,以及西域商人的"扑买课税"和高利贷盘剥。[2]另外,对于那些"汉人无补于国"论者,也给予了一记响亮的耳光。

楚材制定和推行上述轻徭薄赋、休养生息的经济政策,同蒙古旧的剥削方式相比,无疑是一个历史的进步。对当时中国北方社会经济的恢复和发展起到了积极的促进作用。

为了加强中央集权和汗国内部统一,楚材制定颁布了《便宜一十八事》及《陈时务十策》,以作汗国的基本政策和行政准则。实行"长吏牧民,万户总军"的军民分治,实行"五户丝制"及确定财政权限等措施,在很大程度上限制了地方蒙古诸王、汉族世侯的权力,维护了国家权力的集中统一。为革除弊政,楚材还明确指出"裂土分民,易生嫌

---

〔1〕以上诸条引文见《元史》卷146《耶律楚材传》。

〔2〕扑买课税是一种苛刻的包税制,扑买者通过包税而占有大量人口,所征收来的赋税,除按定额交官外,余皆归己。扑买者又是奸商、贪官之流勾当,他们搜刮来的民脂民膏,远远超过了常税数额,欺上瞒下。为害甚大。另外,西域奸商放高利贷,"息累数倍,曰羊羔儿利"。借贷者常为此倾家荡产,以至"奴其妻子,犹不足偿"。

隙",力劝窝阔台打消"裂州县赐诸王功臣"的念头[1],而以岁赐制度来缓和中央与地方在财政方面的矛盾,从而防止了尾大不掉、国中生国的分裂割据大患。

耶律楚材是最早被蒙古统治者重用的一位知识分子。为改变蒙古统治者尚武轻文的偏见,为保护知识分子和中原文化,他不愧是一位封建知识分子利益的代表者。从他1230年费心良苦设十路课税使起,已以活生生的事实向窝阔台说明他"以儒治国"主张和"守成者必用儒臣"意见的正确性以及他立志改革的决心。借此,他又不断向窝阔台"进说周孔之教"[2],宣传儒家学说,首先说服和影响这位大汗端正对封建文化及知识分子的态度,这样才保证了他后来此项工作的顺利进行。1232年,他奏请窝阔台下诏访求孔子51代孙孔元措,袭封为衍圣公。1233年,他奏请选取汴梁儒士"散居河北,官为给赡"[3]。其后,蒙古军攻取淮、汉诸城时,也以此为例,继续选用儒士。1235年,访求南宋名儒数十名,收伊洛诸书。并在京立周子祠,建太极书院,"以赵复为师儒右"[4],公开讲学。1236年,楚材请设"编修所于燕京,经籍所于平阳"。并"召名儒梁陟、王万庆、赵著等,使直译九经,进讲东宫"[5]。从此,蒙古宫廷内学风渐盛,"文治兴焉"[6]。1237年,他建议窝阔台举行科举取士,"得士凡四千三十人,免为奴者四之一"[7]。这些中选者,有的不单脱于缧绁、解除奴隶身份,而且大都在治理国家上发挥了重要作用。另外,有关辽朝的文献资料,几经战乱,散失殆尽。由于楚材个人精心保藏了耶律俨《辽实录》,后来修《辽史》时才有了依据。以上可见楚材在恢复和发展中原文化方面,也是功绩卓著的。总之,一代政治家、学者耶律楚材对我们统一的多民族国家的巩固和发

---

〔1〕见《元史》卷146《耶律楚材传》。

〔2〕《元文类》卷57《中书令耶律公神道碑》。

〔3〕《元文类》卷57《中书令耶律公神道碑》。

〔4〕《国朝名臣事略》卷5《中书杨忠肃公》,引《周子祠堂记》。

〔5〕《元文类》卷57《中书令耶律公神道碑》。

〔6〕《元史》卷146《耶律楚材传》。

〔7〕《元史》卷146《耶律楚材传》。

展,是有杰出贡献的。称之为我们中华民族的一位少数民族历史名人,似应当之无愧!

历史公正无私,谁对人民做了好事,对祖国历史发展有过贡献,后世人就会追念他。耶律楚材逝世后,安葬在燕京玉泉山下瓮山泊之阳。1261年元世祖忽必烈派官为其重修陵墓,建置祠宇,并立石像于祠中,四时祭祀。1330年元文宗"赠经国议制寅亮佐运功臣、太师、上柱国,追封广宁王、谥文正。"[1]清乾隆皇帝修造清漪园时,将楚材祠与瓮山泊一同圈入园中。1984年7月7日《光明日报》载文《北京一批历史名人遗迹正在修复》,其中就有耶律楚材祠。

(原载《古代开拓家西行足迹》,陕西人民出版社,1987年版,与樊保良合著)

---

[1]《元史》卷146《耶律楚材传》。

5 瑞典探险家斯文·赫定与中国西北

5.1 走上探险之路

斯文·赫定(1865—1952 年)出生在瑞典斯德哥尔摩的一个中产阶级家庭。他从 12 岁起,由于受当时欧洲兴起的探险和环球旅行热潮的影响,立志长大后要当一个旅行家去从事探险活动。他用了很多时间阅读有关北极探险的图书,甚至画出了他所知的各探险队的路线图,并有意识地锻炼身体,等待着能有机会到北极去探险。

20 岁的斯文·赫定从中学毕业了。在离校的那天,校长突然把他叫了去,对他说,瑞典著名化学家诺贝尔开办在巴库的一座炼油厂,从瑞典聘请了一位总工程师。这位总工程师要请一位家庭教师,随他全家到巴库,教他们的小孩,任期半年。校长希望斯文·赫定能应聘前往。斯文·赫定听到了这个消息,感到这是实现自己旅行和探险的最好机会,于是一口答应了下来。

他说服了父母,随同总工程师的夫人和孩子踏上了去里海的路程。他们乘船渡过波罗的海和劳兰湾,又从彼得堡乘车南下,到达里海海滨的巴库。

斯文·赫定在这里除了给孩子授课外,还观察了这块伸入里海的阿普歇伦半岛上的亚洲风情。他利用晚上的时间,学会了鞑靼语和波斯语。这为他以后事业的发展提供了很大方便。

家庭教师的合同很快就到期了,他赚得了 300 卢布的薪金。他决心利用这为数不多的钱,深入亚洲,去实现渴望已久的旅行和探险。

1886 年 4 月,他乘船离开巴库南下,在巴列维港进入伊朗,游历了腊什特,然后越厄尔布尔士山脉的西端,到达加兹温。这里是古代波斯的重要城市,被伊斯兰教徒尊称为"天堂之门"。波斯王坦马土一世在 1548 年建都于此,当时称作达里萨尔坦内特("皇座"之意)。40 年后,波斯王大阿拔斯将京城迁至伊斯法罕,此地才逐渐萧条下来。在德黑兰,斯文·赫定得到任波斯皇宫御医的瑞典人海本涅特的帮助,使他得以饱餐德黑兰的名胜。

　　斯文·赫定在领略了波斯湾的风光后,又乘船西北溯底格里斯河,到达历史上和文学中的古代名城——巴格达。此城建于公元 762 年,当时称达·厄斯·塞兰姆(和平之地的意思);1258 年曾毁于蒙古军的西征;1401 年又为帖木耳劫掠一空。在斯文·赫定游历此城时,昔日宏伟的建筑和繁荣的市容,已经只能在想象中加以描绘了。

　　在巴格达,斯文·赫定的口袋里总共只剩了 150 克朗(瑞典货币的基本单位),当他到达伊朗的克尔曼沙赫(伊朗西部城市)时,已是身无分文,连买一块面包的钱也没有了。在他毫无办法的时候,忽然想起曾听人说,此城有一名叫亚加·穆罕默德·哈森的大商人,他的产业遍布欧亚,为人又极慷慨,经常对受困之人解囊相助。于是他登门求见。果然得到了此人的慷慨资助,使他得以回到斯德哥尔摩。

　　这次旅行,共费时 5 个月,游历了伊朗西部的名城、大刹和古代遗址,参观了两河流域古代巴比伦时期的遗址。初次的游历生活,对斯文·赫定以后的探险生涯,是一次实习。

　　1886 年年底,斯文·赫定返家后,先后进入瑞典乌普萨拉大学、斯德哥尔摩高等学校和德国柏林大学学习地理等专业。德国学者李希霍芬,当时正在柏林大学任教,斯文·赫定受教于他,对他今后专门从事中国沙漠高原的探险活动有很大的影响。

　　1890 年,瑞典政府派往伊朗、土耳其的使臣需要一位兼通波斯语和土耳其语的翻译官。掌握了波斯语和土耳其语的斯文·赫定被选中了。他欣喜若狂,决心充分利用这次机会,实现自己的愿望。

　　1890 年 4 月使团起程,先到达土耳其的首都君士坦丁堡——当年威震欧亚的拜占庭帝国的政治中心。受到土耳其皇帝阿卜都·哈米德二世的接待。然后到达德黑兰,受到伊朗国王那士勒登的接见。

出使任务很快就完成了,摆在斯文·赫定面前的问题却尖锐起来。通过这次出使,他完全可以跻身于瑞典外交官员的行列,但斯文·赫定却一直惦念着那对欧洲人、对地理学术界来说是神秘禁区的亚洲腹地。想要在地理学上做出贡献的理想和信念终于战胜了一切俗念的诱惑,他在使团回国之前,向瑞典国王打电报,要求允许他从波斯起程东行,到亚洲内地进行游历和探险活动。瑞典国王鄂斯加很快表示赞成,并供给了他所需要的全部费用。

从此,斯文·赫定就踏上了迈向中亚和神秘中国的探险之路。

斯文·赫定在我国西部沙漠高原地区的游历和探险共有 8 次,足迹遍及新疆、青海、甘肃、宁夏、西藏、内蒙古等地,特别是多次深入我国新疆、西藏等人迹罕到的沙漠、荒原地带,他的许多著作,对研究我国新疆、西藏等西北地区的地理、考古、历史等问题,是十分宝贵的资料。

他的第一次探险是在 1890 年 6 月到 1891 年春。这次探险的大部分时间是在俄国的中亚一带,在我国境内的时间很短。大约是 1890 年年底,他经过中亚费尔干纳盆地诸城到了伊尔克什坦木,沿克孜勒苏河进入我国乌恰县和喀什。在这里逗留几天后,从喀什向西北溯恰克马克河从乌恰县的托鲁加尔特山口出境,横穿察提尔库里湖,游历了伊塞克湖,于 1891 年春返回斯德哥尔摩。

斯文·赫定回到瑞典后,立即着手准备以我国沙漠高原为目标的第二次游历和探险活动。同时,他继续听完了李希霍芬有关中国和亚洲的地理课程,准备了 550 多张我国西北地区的地图。经过充分准备后,于 1893 年 10 月 16 日从斯德哥尔摩动身,经中亚来到帕米尔地区。他对帕米尔高原的许多湖泊进行了测量和考察以后,由哈克拜塔尔山口进入我国境内,并对慕士塔格山进行了考察。慕士塔格山又被称为冰山之父,在塔什库尔干塔吉克自治县和阿克陶县的交界处,是昆仑山的高峰之一,当地柯尔克孜人和塔吉克人把慕士塔格山看作圣山,关于它有许多神话传说。斯文·赫定曾三次试图登上它那 7700 多米的高峰,结果都失败了,但他考察了慕士塔格山的数条巨大冰川,登到了5000多米的高度,并在覆盖着万年积雪的山坡上,度过了一个难忘的高山之夜。以后他又来到叶尔羌河右岸的麦盖提县,从这里向东北横穿塔克拉玛干大沙漠到达和阗[1]河。在这次横穿沙漠的探险活动中,他损失了全部仪器,自己也只是很侥幸地保存了性命。

斯文·赫定对我国西北地区的第三次探险是1895年年底。在第二次探险中遭到损失后,他未曾回国,而是到俄国中亚地区继续进行探险考察活动,等候新的仪器的到来。1895年年底仪器运到后,他从喀什起程,考察了我国新疆许多地区,在地理学和考古学上,都有重大发现。

1896年5月斯文·赫定结束第三次考察,回到和阗,经过一个多月的准备,又开始了他的第四次考察活动。这次他由新疆到达青海,经甘肃武威北上,过贺兰山西,经内蒙古到北京。在北京曾受到当时主持清政府总理各国事务衙门的李鸿章的接见和宴请。然后经蒙古、西伯利亚取道俄国于1897年5月回国。

归国后,斯文·赫定受到瑞典国王的接见,并给予他崇高的荣誉。他很快成了闻名全欧洲的人物。

但是,沙漠高原和对欧洲人神秘莫测的我国西北名山大川吸引着他。在他回到斯德哥尔摩两年之后,于1899年6月再一次离开家乡,对我国西北进行第五次探险活动。这次他得到瑞典国王鄂斯加和著名的诺贝尔的经济支持。他这次探险活动主要是沿塔里木河到达罗布泊洼地,发现了楼兰遗址,并对罗布泊洼地进行了探察。然后又从新疆东南部,越阿尔金山入西藏,于1902年1月27日返回斯德哥尔摩。

斯文·赫定在家中度过了3年时间,整理他旅行和探险所得资料,写出了8卷本(包括2卷地图)的《中亚细亚的一个旅行家对科学的贡献》一书。同时积极准备着下一次的旅行。

1906年8月底,斯文·赫定第六次到我国进行考察活动。这次考

---

〔1〕今为和田,本书均用当时名称和阗。

察的目标主要是中国西藏。他在谈到这次考察的目的时说:直到"1906年皇家地理学会所出版的地理杂志上的最近的西藏地图中,那河流(雅鲁藏布江——引者)的北面的空白上只有'未经考察'几个字。我的志愿是要消灭西藏地图上那几个字,再补上山脉、湖泊、河流准确的名字,而且尽力从各方面经过那空白处"[1]。为了达到这个目的,他从克什米尔的列城出发,越过喀喇昆仑山,进入我国西藏北部,经藏北高原南下至日喀则,受到了九世班禅的接见,然后顺沿冈底斯山西行,于1907年7月返回拉达克。

斯文·赫定在西藏的探险和游历,在世界上又一次引起了极大的兴趣,有更多的国家邀请他讲演、访问,他曾成为日本明治天皇、英王爱德华、德国总统兴登堡、俄国沙皇尼古拉二世、意大利皇帝等的座上客。

这次探险之后,他的考察重点暂时离开了中国。1916年他又到俄国中亚、中东和小亚细亚等地进行了探险和考察。1917年他去意大利访古。1923年又到过美洲。

1926年斯文·赫定到达北京,希望中国政府同意他在我国西北继续进行考察。当时我国正处于军阀混战之时,北洋奉系军阀张作霖控制着北京的北洋政府,几经商谈后,当时的中国学术团体协会(成立于1927年)出面与他商定共同组成"西北科学考察团",对我国西北地区进行综合性科学考察。这个考察团由斯文·赫定和徐旭生共任团长,中方参加者10人,其中包括我国著名的地理学家袁复礼、考古学家黄文弼等人。瑞典方面参加4人,其他欧洲国家的人员10余人。[2] 考察团于1927年5月由北京出张家口,经内蒙古到额济纳河流域考察了居延遗址,于1928年到达乌鲁木齐。但由于我国当时军阀割据,考察经费又难于筹集,考察团无法继续活动。到1930年在各方的支持下,"西北科学考察团"的活动始得恢复。在1930年到1935年之间,他们走遍了我国新疆、甘肃、宁夏和内蒙古等地,进行了大规模的气象学、古

---

〔1〕斯文·赫定:《我的探险生涯》,孙中宽译,见《西北科学考察团丛刊之一》,1933年版,250-251页。

〔2〕徐旭生:《徐旭生西游日记》,大北印书局,1930年版。

生物学、考古学、地理学等方面的综合考察。

此后斯文·赫定把精力主要集中到整理自己的考察报告和写作方面。1952 年病逝。

斯文·赫定一生的很大部分时间是在探险考查中度过的,同时他一生也在不断写作。有关我国沙漠、高原的著作有:《中亚考察报告》《西藏南部》《西藏西部》《冈底斯山》《戈壁沙漠横渡记》《浪迹无定的湖泊》《丝绸之路》《中亚战迹》《中瑞科学考察报告》《我的探险生涯》《长征记》等等。

下面我们就斯文·赫定在我国沙漠、高原探险、考察的一些主要活动,简略地加以评介。

5.2　九死一生

1895 年年初,斯文·赫定第三次进入我国新疆,他决心深入塔克拉玛干大沙漠,进行一次探险活动。

塔克拉玛干(维吾尔语"进去出不来"之意)大沙漠是我国内陆最大盆地——塔里木盆地中部的一个沙漠,也称塔里木沙漠,位于今新疆维吾尔自治区天山以南,它的南北边缘地带是古代丝绸之路的主要通道。由南向北流入沙漠的和阗河、克里雅河、尼雅河、喀拉米兰河等河的沿岸,古代曾有不少绿洲,并兴建过城镇、堡寨。以后由于沙石的侵袭和战乱的影响,这些古代城镇被没于沙海之中。由于沙漠浩渺,水源难寻,暴风无常,塔克拉玛干沙漠一向被人们视为禁区,真有进去出不来的危险。公元 399 年,我国西晋高僧法显到印度求取佛经时,曾由焉耆西行,斜穿过塔克拉玛干沙漠。在沙漠中行走一个月零五天才到达于阗(今和田)。在这 30 多天中,据法显说,在沙漠中"涉行艰难,所经之苦,人理莫比"[1]。此后由于当地群众经常在沙漠中发现古代遗留下的各种器物、钱币,再加上行程艰险,所以附近居民对塔克拉玛干

---

[1]法显:《佛国记》。

·欧·亚·历·史·文·化·文·库·

沙漠有许多神秘的传说,从而给它围起了一幅使人望而生畏而又神秘莫测的帷幕。斯文·赫定在喀什逗留期间也听到了这些神奇的传说,他说,他当时听这些传说"比小孩子听神话还要聚精会神",这些传说不仅没有使他却步,反而使"穿到沙漠内部去的念头与日俱增。这种奇异的引诱,我竟不能遏止了","我决定牺牲一切去穿过它"。[1]

3月19日,斯文·赫定到达麦盖提(塔克拉玛干沙漠西端的一个县,县城就叫麦盖提,位于叶尔羌河以东几里处),在这里筹备进入沙漠的各种物资。4月10日,斯文·赫定向沙漠挺进。随同他进入沙漠的有他雇用的4个人,其中3人是当地的群众。他们用8峰骆驼驮着测量气候、地形的仪器、食品和饮水等物。这次探险的路线预定由麦盖提向东北,穿过塔克拉玛干大沙漠的西北角,目标是通过沙漠到达和阗河。早在1885年,英国人揆主和达尔格莱士以及俄国人普尔热瓦尔斯基都曾到达和阗河。他们向欧洲人介绍过和阗河的位置。根据这些人的介绍,斯文·赫定认为,由麦盖提东行,一定会到达和阗河。他还根据普尔热瓦尔斯基的报道,认为和阗河以西的麻札塔格山(在今墨玉县境内,"圣人墓之山"的意思)和叶尔羌河以西的麻札塔格山(在今巴楚县境内),是塔克拉玛干沙漠西北角的一条东西方向的山脉的两端。他这一次在塔克拉玛干沙漠探险的目的,一方面是亲自体察一下这个沙漠真实的面貌,另一方面就是要进一步证实和阗河的位置和他对两座麻札塔格山的推测。

斯文·赫定谨慎小心地沿叶尔羌河向东北进发。经过11天的行程,到达塔克拉玛干沙漠西部边沿的卓尔湖(又称沙湖,在今巴楚县境内),并终于发现,墨玉县境内的麻札塔格山与巴楚县境内的麻札塔格山虽然名称相同,却并不相连,墨玉县境内的麻札塔格山在沙漠中逐渐隐没,它并不伸延至叶尔羌河及其以西。4月23日,斯文·赫定从卓尔湖出发,一直东行,以实现其穿越沙漠直达和阗河的探险计划。

塔克拉玛干沙漠并不轻易让人撩开它的面纱,斯文·赫定等一行

---

[1]斯文·赫定:《我的探险生涯》,122页。

人每向东深入一步,都要付出很大的代价。在一望无垠的沙海中,他们看到的只是细粉似的黄沙,挡在他们面前的是一座接一座的沙山,白天骄阳似火,热浪炙人,连呼吸都感到窒息;夜里月光似冰,寒气彻骨,万籁无声,犹如进入了没有生命的世界;有时风和日暖,万里无云,有时狂风大作,飞沙走石,满天沙尘遮天蔽日,人畜难行。在他们进入沙漠四五天之后,斯文·赫定发现,由于他的粗心,饮水带少了。返回已不可能,他们不得不限制喝水,甚至卡断对牲畜的供水。每天每人也只能得到一小杯用水。由于缺水,骆驼一峰接一峰地死去。4月30日,即他们由卓尔湖深入沙漠的第10天,所带的水全部用完了。斯文·赫定后来回忆说:"那天夜间,我写了几行据我想大概是最末一次的日记,走上一个高沙山,我们用望远镜向东观察,各方都是沙山,没有一根草,也没有任何生物。"[1]他们在沙漠中挖了许多井,但力气都白费了,没有一口井有水,死亡的阴影笼罩着他们。求生的欲望使他们想了许多办法。他们杀了仅有的一只鸡和羊,想用它们的血解渴,但它们的血一流出来就凝结成块。有人喝骆驼尿,结果反而导致中毒,引起抽筋、呕吐,更加无力行走。

5月1日,2位雇工渴死在沙漠之中。斯文·赫定和另2位雇工带着5峰骆驼继续前进。到5月4日,另一位雇工昏迷倒地,无法行走,骆驼无一幸存。斯文·赫定和另一名叫卡西姆的雇工,在沙海中顽强地向东爬走。5月5日夜,只有斯文·赫定一人继续爬行了。在爬行中,突然他发现已爬到了一条河床中,这就是他冒着生命危险要寻找的和阗河!但是,这却是一条滴水皆无的干河床。他虽失望极了,但终于通过沙漠到了和阗河,这也算他濒临死亡前得到的最大安慰。他在半昏迷状态中,顽强地在干河床中爬行。在朦胧的月色中,他突然看见一只飞起的水鸟,竟然还听到水鸟飞起时翅膀拍水的声音。这个意外的发现使他欣喜若狂。他鼓起最后一点力气,拼命朝着水鸟飞起的方向爬行,一个有20多米长、5米宽的水池,终于出现在他的面前。斯

---

[1]斯文·赫定:《我的探险生涯》,137页。

文·赫定在死亡的边缘得救了。对这个时刻,他自己有一段描述。他说:"即使你是一个具有惊人天才的文学家,我想你也许不能描摹出我当时忐忑着的感情的激动! ……当我面对着那清凉新鲜的塘水,我怔住了,接着我用手摸着我的脉搏时,我清楚地记得,那时我的脉搏微弱到一分钟只有四十九下……此时此地的水,它的味道,没有过将要渴死经验的人,是无法想象的。"

在这个池边,斯文·赫定尽情地喝足水之后,用所能找到的唯一盛水的工具,即他穿在脚上的靴子,装了两靴子水,循原路在沙漠中找到了奄奄待毙的卡西姆,用两靴子水救活了他。不久,他们又在附近找到维吾尔族牧民和沿和阗河到阿克苏经商路过这里的商人,并在他们的帮助下,救活了另一名昏迷的雇工,再经阿克苏回到了喀什。

斯文·赫定这次从麦盖提出发到达和阗河,用了二十五六天的时间,行程大约300公里,他和2名雇工幸免于难,其他2位雇工和8峰骆驼以及全部物资,都为沙漠所吞噬。

斯文·赫定此行总算亲身触摸了神秘的塔克拉玛干大沙漠,考察了叶尔羌河和和阗河在大沙漠中的流向和地位。对和阗河的情况,有了更具体的了解。他从当地得知,和阗河的水源主要靠喀喇昆仑山和昆仑山的雪水,7月左右雪水融化后,和阗河的流量增大,这时它由南向北经塔克拉玛干大沙漠直泻而下,与阿克苏河、叶尔羌河汇合,流入塔里木河。但7月以前,流量甚少,加上河水渗入荒沙和太阳的蒸发,下游长期处于干涸状态,仅有少量水洼,形成大小不等的池塘。斯文·赫定此次探险,正值和阗河下游干涸之期,幸好偶然碰到不多见的一个水洼,遂得死而复生,真是不幸中的大幸。

5.3 沙漠中的骄子

当他回到喀什后,立即电告瑞典再为他送来一套测量仪器和经费,他决心再次深入塔克拉玛干沙漠,继续探索它的奥秘。他选择的探险地点在和阗河北的塔克拉玛干沙漠,目的是找寻那被沙掩埋了的古代于阗遗址,并经过沙漠到达塔里木河。

1896年年初,斯文·赫定由喀什经莎车到达我国新疆著名的城市和阗。

和阗在我国古代西域历史中,占有十分重要的地位。公元前2世纪时期的于阗国,就是以现在和阗县北部为中心而建立起来的。后汉时期,于阗十分强大,东起今民丰,西至葱岭,皆为所属[1],古代于阗是丝绸之路南道的咽喉要地,也是东西方文化交流的枢纽。公元4世纪时,这里已是佛教圣地,和尚达数万人,而且"家家门前皆起小塔,最小者可高二丈许"[2]。于阗城内有一座叫瞿摩帝的寺院,有僧众3000。在其都城以西七八里之处还有一座寺院,称王新寺,它历经3个国王长达80年的修建,方才完成,规模十分宏大。[3] 玄奘从印度回国时,也经过这里。他沿用印度人的称呼,称于阗为"瞿萨旦那"(为"地乳"之意)。当时匈奴人称于阗为"于遁",胡人,即突厥人称"豁丹"。[4] "于遁""豁丹"都是于阗的译音。13世纪时,马可·波罗也曾经过此地,他称这里为"忽炭",并说这里的"居民崇拜摩诃末",境内"百物丰饶,产棉甚富"。[5] 据考订,古代于阗都城在今和阗县城西边9公里处的约特干。斯文·赫定在约特干附近收买了不少古于阗时代的文物,其中有泥烧的弹琵琶的猴子、半狮半鹰的怪物、佛像以及欧洲古代钱币、十字架等物。[6] 他还从于阗人口中得知沙漠中保存着不少古代城镇的遗址。大量的古代文物和沙漠中的遗址吸引着斯文·赫定,使他又要冒着生命危险二进塔克拉玛干大沙漠。

在当地政府的帮助下,斯文·赫定的新探险队组成了。他又雇了4位工人和2位向导,带着骆驼和其他必需品,于1896年1月14日从和阗向北进发。他们最初沿着和阗河的东支流玉龙喀什河北进,不久,

---

〔1〕《后汉书》第118卷《西域传》"于阗"条。

〔2〕《佛国记》。

〔3〕《佛国记》。

〔4〕辩机:《大唐西域记》。

〔5〕冯承钧译:《马可·波罗游记》上册,中华书局,1954年版,154页。

〔6〕斯文·赫定:《我的探险生涯》,168页。

就离开玉龙喀什河向东北方向深入沙漠。他们在沙漠中艰难地行走了4天,找到了第一个遗址,当地人把这个遗址也叫"塔克拉玛干"。这个遗址已被沙埋了一半,遗址中有一些佛像,有的仍十分完好,残壁上留下了不少壁画。根据这些遗物推测,这是公元前古于阗的一座遗址。斯文·赫定在他的考察报告中说:"至今没有探险家发现过这个古城。我已经将一个长眠千年的古城唤醒。"他在这里没有进行大规模挖掘,但仅散布在沙漠表面的文物,其中包括古代珍贵文书,就够装满几大箱了。斯文·赫定发现的这个古代遗址,以后又有斯坦因在这里进行了系统的考察和挖掘,他称这个遗址为丹丹约里克,其具体位置在今克里雅河下游,于阗县与策勒县交界之处。

斯文·赫定在这个遗址只停留了一天,继续沿克里雅河(又称于阗河)北行。2月2日,他们顺利地在沙漠中找到了另一个遗址,这个遗址当地人称为喀喇当格(黑山之意)。在这里他们停留了2天,测量了被沙掩埋的房屋和其他建筑,又继续前进。

在这段行程中,他们第一次看到了沙漠中的骄子——野骆驼。对这种珍奇动物的情况,当时人们了解得很少。1877年,普尔热瓦尔斯基把一张野骆驼皮标本带回彼得堡,引起欧洲生物学界的极大兴趣。这种生物,至今仍只有在塔克拉玛干大沙漠中才能找到。它特耐干旱,夏天喝足一次水,整个冬天滴水不进亦不在乎。它们喜群居,一般总是三五成群,配偶季节,雄骆驼之间要展开激烈的争斗,胜者即可占有一群雌驼。野骆驼听觉差而嗅觉极灵敏,顺风可在20里外嗅到烟火和其他动物的气味,体形较家驼大,毛少而粗,奔跑十分迅速。猎取野骆驼都要逆风接近它。斯文·赫定一行曾打死数十只,他带走了野骆驼的皮和野骆驼的骨架,粮食缺乏时,也猎取野骆驼为食。

斯文·赫定探察喀拉当格遗址后,向东北又回到克里雅河,但这一段已是克里雅河的下游,河床干涸,而且逐渐隐没于沙漠之中。1894年2月19日,他们所带的水又用完了,塔里木河仍踪影未见,前一年"全军覆没"的惨景不断在他头脑中出现。但出乎意料,在断水2天之后,他们终于走到了塔里木河边,从结着厚冰的河面走过,进入沙雅县,最后又从沙雅绕道库尔勒、若羌、且末等地回到和阗,结束了对塔克拉玛干大沙漠的第二次探险。

斯文·赫定这次在塔克拉玛干沙漠中的行程较第一次远,将近400公里,但比第一次要顺利得多。他考察了2个古代遗址。这是欧洲人对人迹罕到的塔克拉玛干沙漠古城遗址的第一次考察,他的有关报道发表后,在欧洲引起很大震动,也刺激了一批冒险家对塔克拉玛干大沙漠的极大兴趣。

5.4　塔里木河初航

1899年6月,斯文·赫定到我国喀什准备进行第五次探险活动。这次的计划是,在塔里木河进行一次航行,以探察塔里木河是否适于航行及其沿途情况。

塔里木河是我国最大的内陆河。"塔里木",有人说是维吾尔语"田地、种田"之意,也有人说是脱缰野马之意。或许这两种意思兼而有之。因为塔里木河确实为南疆地区农业生产带来极大的灌溉之利,沿河是南疆最好的农业区。同时,这条河又像一匹脱缰的野马,奔腾千里,气势汹涌,不易驯服,人们对它十分敬畏。这条河位于塔克拉玛干大沙漠的北部边缘,上源有三河:一条是源出于天山的阿克苏河,另两条是源出喀喇昆仑山的叶尔羌河和和阗河。这三条河在阿瓦提县肖夹克附近汇合后,始称塔里木河,全长2100多公里。这条河在我国古代文献中就有记载。《汉书·西域传》在说到西域地理形势时说,南疆地区"南北有大山,中央有河","其河有两源,一出葱山,一出于阗"。所谓南北的大山,是指昆仑山和天山,中央有河即指塔里木河。由于当时地理知识的局限,该书以为塔里木河仅有两源。到西晋时,称塔里木河为北河。南北朝时,又被称为计戍水或计试水[1] 唐代称为赤河。梵语又称徙多水。清代官书称塔里木河,其下游为额尔勾河。[2] 我国

[1]《魏书·西域传》。
[2]《西域图志》第27卷。

89

一些典籍还以为塔里木河发源于葱岭,东流入罗布泊,然后潜流地下,至积石山而出,即为黄河。这一说法唐代人杜佑就曾提出过疑问。随着地理知识的扩大,此说早已不攻自破了。但塔里木河的流量究竟有多大,能否通航,最后流向哪里等问题,19世纪时还不清楚,特别是对于欧洲地理学界,塔里木河与塔克拉玛干沙漠一样,都是一个很大的谜。所以斯文·赫定决定乘船在塔里木河中航行一次,以探虚实。

1899年9月17日,斯文·赫定带着6个人,分乘1只长13米、宽2米的大船和1只长七八米、宽1米的小船,从麦盖提县城附近,顺叶尔羌河向北航行。据他当时测量,那时塔里木河上游的叶尔羌河最宽处160多米,3米多深,流速每秒1米多。

这是一次很有趣的航行,而且这种规模的航行,在塔里木河上,确实还是有记载的第一次。叶尔羌河有时水深,岸狭,奔腾直泻;有时水又十分浅,大船不易通过,他们只好将木船拖过浅滩。有的地方两岸芦苇、树丛茂密,野鹅、野鸭游弋飞翔,野猪、梅花鹿不时在岸上出没,一派生气;有的地方两岸却是一片碱滩,寸草不生。他们经过40天的航行,终于达到叶尔羌河与和阗河汇流处,下面一段河道,就是塔里木河了。塔里木河由于汇合了两条河,所以流量极大,水流也十分湍急。但由于天气渐冷,航行也愈来愈加艰难。11月14日,他们一觉醒来时,船身已被封冻在河里。此后他们不得不破冰航行。

经过两个月零十天的连续航行,12月7日斯文·赫定的船只到达塔里木河下游,在今尉犁县境内的英库勒(新湖之意)以北的河面停住,并把这里作为他的大本营,继续从陆地上进行考察。他的第一件事是准备从英库勒向南行,穿过塔克拉玛干大沙漠最东端的部分到且末。这部分沙漠又称为克拉克沙阿哩库姆沙漠,从英库勒经这段沙漠到且末,约310多公里,在此以前,没有任何人穿越的记载。12月20日,斯文·赫定带着4个人、7峰骆驼、1匹马,开始穿越克拉克沙阿哩库姆。这个沙漠是斯文·赫定所遇到的最难行走的沙漠。这段沙漠的沙层下,多是松灰土,骆驼经常在一尺多深的浮土中艰难地前进。特别在有风的时候,松土被风吹得遮天蔽日,细尘弥漫,连呼吸都感到困难。

这块沙漠的沙山也较西边更为高大、众多,一个接一个,好像没有尽头。这又是一次艰难危险的旅程。幸好是冬天,他们带了许多冰,人不致遭断饮之厄,但骆驼的饮水问题仍很严重。他们在这种松软的沙尘中走了20天,方才走过这段沙漠,到达了环绕塔克拉玛干大沙漠西南端的且末河(车尔臣河),又沿河到达且末。当时的且末只有500户人家。

到达且末后,斯文·赫定考察塔克拉玛干大沙漠最东端——克拉克沙阿俚库姆沙漠的愿望完全实现了。于是他又沿且末河返回塔里木河上的大本营——英库勒。

1900年3月5日,斯文·赫定又从英库勒出发,向北去考察由科兹洛夫发现的一条干河床。这条干河床当地人称库鲁克河(干河之意),据说这条河早在1500年之前就干涸了。这里需要说明,当时的库鲁克干河床就是现在孔雀河流过的河道,而当时的孔雀河则在现在的孔雀河之南,并与塔里木河相汇,向西南流去,孔雀河改道成为现在这个样子,那是20世纪20年代的事,这件事后面我们将要提到。这次斯文·赫定专程考察库鲁克干河床的目的,是想要查清楚古代库鲁克河曾经流向何处,它与罗布泊有无关系。

斯文·赫定从英库勒北行,越过当时的孔雀河,找到了库鲁克干河床,并沿干河床向东南进入若羌县境内一个大洼地的边缘。当时他并未从这个考察中得出什么结论,不过这个考察对他以后确定罗布泊的位置,提供了一定的根据。

3月底,在他继续考察库鲁克干河床的过程中,在沙丘中发现了几所房屋和佛塔的遗迹,并找到了几枚中国铜钱、几把铁斧和几块有雕像的木板,但他们在这里只待了一天。当他们离开这里,走到下一个宿营地准备挖井找水时,发现铁铲被遗忘在那个遗址中了。铁铲是探险队必不可少的工具,斯文·赫定不得不派工人科达·科拉去找寻。当科达·科拉带着铲子回来时,还带来了一个惊人的消息:他在遗落铁铲的附近,又发现了一个更大的古代遗址,那里有众多的雕刻着美丽花纹的木板和古钱。他还带回了几件样品。雕刻品之精美把斯文·赫定惊呆了,他预见到这是发现了一个极其重要的古代遗址。但是,他们的饮水已经不多,不可能再返回沙漠进行挖掘,只好先回大本营再做计较。这个由科达·科拉发现的遗址,对我国历史研究以及对国际考古学界和史学家了解我国西北地区的历史,都有重大意义。斯文·赫定曾说:"忘记了铲子是何等幸运呀!不然我决不能回到那古城,实现这好像命定的重要发现,使亚洲中部的古代史上得到了出乎意料的新光明。"[1]

自 1900 年 3 月斯文·赫定等发现了这个古代遗址后,他们又到阿尔金山以南及西藏北部进行了一次探察,绘制了那里的地图,耗时半年有余。1900 年年底,斯文·赫定经过充分准备,正式前往前一年来不及考察的古代遗址。这一次他以若羌为大本营,带着 9 个人、11 峰骆驼、11 匹马从若羌出发。但他的路线并不是一直向北到达遗址,而是有意地转了一个大圈,以考察遗址附近的地形。

他从若羌出发后,沿阿尔金山北麓东北穿行于人迹罕至的山岭之间,经一个星期,到了青海西北部的布仑·吉尔科尔湖(今称小苏干湖),然后他们向西北进入了一个沙漠。斯文·赫定在他的著作中说,这个沙漠是无人知晓的。实际并非如此。他所进入的沙漠就是我国历史上有名的白龙堆沙漠,现在称库穆塔格沙漠。唐代颜师古曾指出,敦煌"正西关外有白龙堆沙"[2]。其所以被称为白龙堆,是因为这里是西域沙漠的东头,且有龙像,故"象形以名其沙"[3]。三国西晋时称此沙漠为三龙沙。[4] 晋代高僧法显曾经过这里,他称此沙漠为"沙河",他说:"沙河中多有恶鬼、热风,遇则皆死,无一全者,上无飞鸟,下无走兽,遍望极目,欲求渡处则莫知所拟,唯以死人枯骨为标帜耳。"[5]这些描述都是非常实际的。斯文·赫定做好了准备,是有意要冲过这个沙漠的。据他说,这个沙漠不像克拉克沙阿哩库姆沙漠那样布满了大小不等的沙梁,它的大部分如湖泊一样平坦。斯文·赫定的考察也是正

〔1〕斯文·赫定:《我的探险生涯》,266 页。
〔2〕《汉书》第 28 卷下《地理志》"敦煌郡"条注。
〔3〕《西域图志》第 8 卷。
〔4〕《三国志·魏志》第 30 卷,引《魏略·西戎传》。
〔5〕《法显传》。

确的。白龙堆沙漠是我国羽毛状沙垄唯一的分布区,从它的形成和外形上,都与塔克拉玛干大沙漠有很大不同。斯文·赫定他们在这个沙漠中艰难地走了 20 多天,在最后的 12 天中,骆驼没有水喝,人也已有五六天滴水未进。在十分危急之时,他们幸运地找到了一口井,渡过了难关,走出了白龙堆沙漠。

5.5　古代楼兰和罗布泊

斯文·赫定走出白龙堆沙漠到了罗布泊以北 20 多公里处的阿尔特梅什布拉克(布拉克为泉的意思),在这里休息几天后,于 1901 年 3 月 3 日南行,不久他们就找到了一年以前遗忘铲子而由科达·科拉发现的那个古代遗址。

这个遗址位于罗布泊的西部靠北的地方,面积很大,但斯文·赫定不是一个考古学家,他在这里也没有进行系统的大规模的发掘,仅就驻地附近的十几所房屋和一些佛塔遗迹进行了测量和发掘。他所看到的房屋都是木结构,墙垣用柳条编成,或在柳条上再涂泥土。这里的庙宇雕梁画栋,富丽堂皇,庙堂内还残存不少直立或坐式的佛像。其中出土的古代文物极其丰富,有各种武器,仅弓箭就有猎箭、战箭、火箭等,有各种装饰品、日用品,还有西亚或欧洲运来的玻璃杯,以及印度波斯式的狮头碗碟,更有大量丝织品和中国古代钱币。特别重要的是,从这个遗址中发现了大量带有汉文、佉卢文和其他民族文字的木简和纸片。从带有年号的纸片上看,它们最早是后汉,最迟是 4 世纪初,即东晋初的遗物。这些木简和纸片上的文字都多少反映了这个地区政治、军事、行政、生产、生活、民族等方面的情况,对研究这个时期西域的历史,有极其重要的价值。

斯文·赫定所发掘的这个古代遗址是什么地方呢?它就是闻名于世的古楼兰遗址。

楼兰是公元前 2 世纪以前西域三十六国中的一个,居民以牧业为主,公元前 2 世纪以前即有铁制手工业。在西域诸国中,是文化比较先

·欧·亚·历·史·文·化·文·库·

进的地方。楼兰国的区域有多大,在何处?据《史记》记载:"楼兰、姑师邑有城郭,临盐泽。"[1] 盐泽即罗布泊,按《史记》的说法,楼兰国的城郭在罗布泊的边上。据《汉书》记载:"楼兰国最在东垂,近汉,当白龙堆,乏水草。"[2] 这个记载更加明确。白龙堆,我们前面已经提到,就是罗布泊东部的沙漠,楼兰国即应在白龙堆沙漠以西,罗布泊一带皆在楼兰国境内。以后据我国的西北史地专家冯承钧先生的考订,楼兰国界"东近阳关,南接婼羌,西尽巴什仕里,北边移民也曾到过哈密、辟展(今焉耆——引者)"[3]。自张骞通西域后,丝绸之路畅通,楼兰国正处于丝绸之路的要道,东西方使者、商人"相望于道",特别是汉朝的使者、商人路过时,楼兰还得派向导,供应食宿和用水,楼兰不胜其扰,遂"攻劫汉使"[4]。汉朝破奴将军乘用兵姑师之际,命王恢率兵七百,掳楼兰王,楼兰归服于汉朝,但也常贡献于匈奴。汉昭帝时,楼兰王受匈奴唆使,多次"遮杀汉使"[5]。元凤四年(前77年),汉朝政府派平乐监傅介子杀楼兰王,立王弟尉屠耆为王,并改楼兰国名为鄯善,建都于扞泥城。汉朝政府又派司马(后改为都尉)一人,吏士四十人屯田伊循城,镇抚该地。至北魏太平真君六年(445年),北魏遣万度归袭击鄯善,俘虏其王真达,并以交趾公韩拔为假节征西将军领护西域校尉、鄯善王,镇鄯善。[6] 不久其国又为吐谷浑所占,鄯善国遂灭亡。[7]

斯文·赫定在遗址中发现的文书,最迟也就是鄯善国灭亡的时期,这说明,这个遗址在鄯善国灭亡后,就完全废弃了。斯文·赫定等发现的这个遗址是楼兰国的什么城镇呢?斯文·赫定把从遗址中攫取的大批文物相继交德国汉学家喀尔亨利和孔拉特研究,他们从文书中发现有"楼兰"字样,于是确定此遗址为楼兰城,即楼兰国的都城。

---

〔1〕《史记》第123卷《大宛列传》。

〔2〕《汉书》第96卷《西域传》。

〔3〕冯承钧:《楼兰鄯善问题》,载《辅仁学报》3卷3期。

〔4〕《汉书》第96卷《西域传》。

〔5〕《汉书》第96卷《西域传》。

〔6〕《魏书》第4卷《世祖本纪》。

〔7〕《魏书》第7卷《高祖本纪》。

这一论断在欧洲学者中几乎已成定论,至今仍为大多数学者所沿用。但我国一些学者则提出了不同看法。

据王国维先生考订,这个遗址是《汉书·西域传》及《魏略·西域传》中所说的居庐仓,《水经注》所说的龙城。在南北朝时期,这里又称海头,为当时西域长史的驻地,是这时期西域地区的政治中心[1]。王国维先生此说虽有道理,但也有不到之处,最大的疏漏是他将斯文·赫定所发现的古城遗址的方位搞错了。在罗布泊沿岸曾发现古代遗址多处,斯文·赫定最早发现的被称为楼兰的古遗址,在罗布泊以西靠北的地方,而王国维先生却错将此遗址置于罗布泊东北,并着重从方位上考证其非,这就使他的考订不够完善。《水经注》中有一段记载说"河水又迳注宾城南,又东迳楼兰城南而东注"罗布泊。此处所说的河水,或指塔里木河,或指孔雀河,从其流经路线看,是先至楼兰城而后东流入罗布泊。这里所说的楼兰城,显然就在斯文·赫定所发现的遗址那块地方。因此说斯文·赫定发现的遗址就是古楼兰城遗址亦未尝不可。但到北魏时期,这个遗址诚如王国维先生考订的那样,已称作海头了[2]。那么楼兰改名为鄯善以后的都城扜泥城与这个古楼兰遗址有什么关系呢?据学者们考订,扜泥城在今若羌县卡克里克地方[3],在楼兰改称鄯善并将国都由楼兰迁至扜泥后,楼兰城仍在,但已不是鄯善国的中心了。

总之,斯文·赫定发现的这个古城遗址,是楼兰国改称鄯善国以前的都城,称作楼兰,以后称海头;是西域长史的驻地,曾一度是西域地区的政治、军事中心。自斯文·赫定考察此遗址并发掘出许多古代文物后,这里成为世界汉学家注目的地方。特别是斯坦因,曾三次来到这里,窃走大量文物,并在这里又发现了一些遗址。这些我们在介绍斯坦因时还要提到。

---

[1]《海宁王静安先生遗书·观堂集林》第17卷。

[2]黄文弼先生则认为,此城既非古楼兰国都,亦非海头。在此遗址以东百余里之地,尚有另一遗址,这才是海头。见黄文弼:《楼兰与汉代之关系》,载《地学杂志》1930年第4期。

[3]冯承钧:《楼兰鄯善问题》。

·欧·亚·历·史·文·化·文·库·

楼兰遗址的发现,可以说是斯文·赫定探险活动中最具有历史意义的一件事。与楼兰遗址的发现相联系,还有斯文·赫定对罗布泊的探察和研究,也是引起有关学术界巨大关注的一个问题。

在新疆若羌县北部,有一块东西约 300 公里,南北约 130 公里的荒原,由于这里地势较周围为低,所以被称为罗布洼地。历史上的罗布泊,就在这块洼地上。罗布泊是我国古西域地区的一个著名湖泊。它的名称很多,如《史记》称它为"盐泽",《汉书》称它为"蒲昌海",《水经注》称它为"渤泽",此外还有"牢兰海""辅日海""临海"等称呼。但由于历史上这里水道变迁很大,有一个时期,罗布泊实际上成为一片干涸的盐滩。而且还因为塔里木河、且末河不时泛滥,在罗布洼地还形成一些其他湖泊,于是历史上著名的罗布泊的具体位置究竟在哪里,我国历史古籍的记载中,就有一些不同之处。《汉书》说:"盐泽去玉门关、阳关三百余里。"[1] 又说:"敦煌郡正西关外有蒲昌海。"[2]《水经注》说蒲昌海在"鄯善之东北",这里所说鄯善,是指鄯善国的都城扞泥,即今卡克里克,这个记载与上述两个记载的位置基本相同,大约在今若羌县北部。但清代前期的记载,与上述记载却有很大不同。如《西域图志》说罗布泊"在博斯腾淖尔正南二百里,东南距噶斯淖尔二百里"[3]。根据这个记载,罗布泊的位置应在今尉犁县铁干里克一带。可见我国历史上对罗布泊的位置就有不同看法。

我们在介绍普尔热瓦尔斯基时将提到,他于 1876—1877 年以及 1883—1885 年到塔里木河下游进行了考察,并宣称台特马湖及其附近的小湖才是历史上的罗布泊。当时由于欧洲人对罗布泊并不了解,所以在普尔热瓦尔斯基宣布自己发现了真正的罗布泊之后,在欧洲引起很大震动。地理学家贝姆评价说:"笼罩在罗布淖尔周围的雾霾终于被驱散了。我们不久就可以在地图上看到以真正面目出现的罗布淖

---

[1]《汉书》第 96 卷上《西域传》。

[2]《汉书》第 28 卷下《地理志》。

[3]《西域图志》第 27 卷。《河源纪略》也置罗布泊于此地,并说:"淖尔东西二百余里,南北百余里。"

尔。"[1]但是不久,德国地理学家李希霍芬即对普尔热瓦尔斯基的这个所谓"发现"提出了质疑。他指出,普尔热瓦尔斯基发现的所谓"罗布泊",并不是中国历史上的罗布泊。中国历史上的罗布泊又称盐泽,这说明真正的罗布泊应是一个盐水湖,而普尔热瓦尔斯基"发现"的这个湖,却是一个淡水湖。他还根据中国文献的记载[2]认为,历史上的罗布泊应在塔里木河一直向东流的尽头,比普尔热瓦尔斯基所"发现"的湖要更靠东、靠北。李希霍芬还提出自己的解释说:"塔里木河经常变动它的流向和位置,它离开了它那旧的蓄水湖而流入目前的这个湖泊,如果是这样,(普尔热瓦尔斯基发现的湖)便是一个比较新的湖泊。"[3]普尔热瓦尔斯基对这个批评进行了反击。[4] 于是在欧洲地理学界就产生了一个关于新旧罗布泊的争论问题。此后不少欧洲地理学家、考古学家相继到罗布泊地区进行考察,如 1885 年的英国人卡莱和达尔格里夫,1890 年的本瓦罗特和奥尔兰的亨利亲王,1894 年的普热尔佐夫等。1893—1894 年俄国的科兹洛夫也到罗布泊进行考察,在库鲁克塔格山南麓发现了那条一直往东的干河床,他曾经极力为自己的恩师——普尔热瓦尔斯基的观点进行过辩护。

罗布泊问题的争论,曾引起青年时代的斯文·赫定的很大兴趣,他从事更多探险事业后,也从未忘记这个问题。1900 年 3 月,他专门就库鲁克干河床进行了考察,他认为原来的塔里木河和孔雀河,都很可能从这条干河床向东流入罗布泊,他又探察了楼兰遗址东南一带,发现这里是一个大洼地,在洼地中还保存着大量的芦草根和介壳。他确认这是一个干涸了的湖泊,并认为这就是历史上著名的罗布泊。

但是,斯文·赫定又认为,罗布泊是一个"游移湖"。他认为,从库鲁克塔格山到阿尔金山之间的沙漠地带,海拔很低,而且十分平坦,因此,地形的稍微变动,对河流的影响很大。他认为原来流入罗布泊的河

〔1〕引自斯文·赫定:《游移湖》,英译本,1940 年版。

〔2〕《汉书·西域传》记载,塔里木河"东注蒲昌海"。

〔3〕斯文·赫定:《游移湖》。

〔4〕《关于李希霍芬对〈从固勒札越过天山到罗布泊〉一文所提意见说几句话》,载《俄国地理学会通报》第 15 卷第 1 期第 2 分册,1880 年。

道就是库鲁克干河道,由于这个河道和罗布泊长年的淤积和其他的原因,河道和湖底逐渐增高,于是迫使河水南流,并在南流之后的凹地形成另一个湖泊,即普尔热瓦尔斯基所"发现"的科什灭提库勒和喀拉布兰湖(今称台特马湖)。而原来的水道和湖泊就逐渐干涸了,而这个过程是反复进行的,其周期约为1000年。由于斯文·赫定到罗布村看到的科什灭提库勒和喀拉布兰湖已较普尔热瓦尔斯基看到的这两个湖小多了[1],所以他还预言,南边的新罗布泊已处于逐渐干涸的过程,而真正的罗布泊不久将重新成为名副其实的湖泊。他的这个看法提出后,曾遭到很多人的批评。但是一个惊人的地理上的变故支持了他的观点。1921年左右,孔雀河离开了它旧有的河道,进入了库鲁克河的干河床,一直向东流去,并使罗布泊有恢复生机的希望。这个消息使斯文·赫定极为高兴。他写道:"这消息使我大为震惊,它不仅证实了我在二十八年前提出来的那套理论是正确的,而且表明我那罗布泊和塔里木河将会马上返回他们北部故床的预言已经应验。"[2]于是罗布泊是游移湖的说法,在学术界得到了更多人的承认。1930年,西北科学考察团的黄文弼先生听说罗布泊再次进水之后,曾专程前往考察,他记述当时考察的情况说:"至六十泉,远望罗布淖尔已海云相接,极目无际。""南行三十里,累过高仰土层地带,即遇溢水。沿水东北行,水势渐大,终乃达一较宽阔之水面,即古之所谓蒲昌海也。"[3]黄先生也赞成罗布泊为一"游移湖"之说。根据他的研究,历史上罗布泊曾发生过几次大的迁移。汉代的罗布泊约在东经89°80′—90°80′之间,即斯文·赫定以及现在一般所说罗布泊的位置;三国、西晋时,罗布泊则约在东经89°20′—90°20′,北纬39°50′—40°30′之间;唐代的罗布泊约在东经88°20′—89°30′,北纬39°50′—40°40′之间;清初罗布泊的位置又移至博斯腾湖以南,北纬40°—41°20′之间。[4] 对这种看法,反对者亦

---

〔1〕斯文·赫定:《新疆古城探险记》,夏雨译,东南出版社,1941年版,199页。

〔2〕斯文·赫定:《游移湖》。

〔3〕黄文弼:《罗布淖尔水道变迁》,载《禹贡》第5卷第2期。

〔4〕黄文弼:《罗布淖尔考古记》。

大有人在。而且 30 年代出现的罗布泊复生现象并未维持多久,现在它仍是一个堆满盐块、全部干涸的大洼地。

这里我们想离开主题谈一谈新中国成立后我国地理学家的研究和探索。

我国许多地理学家过去都接受了斯文·赫定对罗布泊的看法,认为它是一个"交替湖"或"游移湖"。在 2000 年中,它曾三度游移于北纬 39°—40°和 40°—41°之间。但是最近中国科学院新疆分院的地理学家们已经完成了对罗布泊洼地的综合考察,并初步揭开了罗布泊洼地的自然之谜。我国科学家多次考察了东达敦煌,西至塔里木河下游,北达库鲁克塔格山,南至阿尔金山北麓的整个罗布泊地区,还在罗布泊洼地的中心进行了钻探,打了五口试井,从地质、地貌、土壤、植物、动物等各方面进行了综合研究,并得出结论,否定了"交替湖"或"游移湖"的说法。[1] 目前科学人员正在进一步整理资料,深入研究,以后应会有正式报告发表。

斯文·赫定关于罗布泊是"游移湖"的说法虽有愈来愈多的证据证明是站不住脚的,但他对历史上罗布泊位置的确定,是有贡献的,而且他对罗布泊洼地的考察及有关推论,对研究这一地区的地理和历史,都有很大的启蒙参考价值。

5.6 闯入西藏

斯文·赫定曾先后三次到我国西藏进行探险。

第一次是 1901 年,在他考察罗布泊洼地后,经若羌向南,翻越昆仑山喀喇米兰山口,进入西藏。在那曲地方为西藏地方政府所阻。他本应循原路返回,但又偷偷潜往西藏中部的奇林湖,对这个海拔 4400 多米的高原湖泊进行了测量。据他当时测量,这个湖最深处约 48 米。然后一直向西,于 12 月中旬,从班公湖北岸进入克什米尔。

---

〔1〕《罗布泊洼地自然之谜初步揭开》,载《新疆日报》1981 年 10 月 25 日。

·欧·亚·历·史·文·化·文·库·

1906 年,斯文·赫定第二次对我国西藏进行考察。当时欧洲一些国家出版的最有权威的地图在西藏大部分地区标着"未经考察"的字样,他这次进入西藏的目的就是要亲自察看欧洲人未曾到过的西藏大部分地区,并寻找印度河、雅鲁藏布江的发源地。

这一次他在西藏游历了两年零一个月,到了欧洲人从未到过的许多地方。他这次游历的出发点仍是当时英属克什米尔。他翻越喀喇昆仑山,穿过和阗阿克赛钦地区进入西藏。他乘自带的帆布小船航行了西藏西北角的里田湖。根据他当时的测量,这个湖是西藏境内较深的湖泊之一,其深度约在 65 米以上。在这个湖上,斯文·赫定又险遭灭顶之灾。当他乘船在湖上航行时,湖面风平浪静,正在他悠然自得欣赏着藏北高原风光的时候,突然远处天空飘来遮天蔽日的黄沙,霎时晴朗的天空中,狂风怒吼,飞沙走石,湖水沸腾,他们的小船犹如一片树叶,被巨浪抛上抛下,一场船翻人亡的惨祸眼看已无法避免。但是这只小船在巨浪中经过七八个小时的漂泊,竟没有沉没,并终于被冲上了岸。他们从里田湖脱险后,继续东行。然而极其荒凉而气候多变的藏北高原,仍威胁着斯文·赫定一行的生命。他们连续 80 多天没有碰到一个人。粮食吃完了,只好靠打野牦牛和其他野兽为食,驮东西的马,因为没有草料而不断死亡。在他们身后经常有一些狼远远地跟随着,头顶上也经常盘旋着一些秃鹰,等待着美餐他们抛下的死马,甚至整个探险队。但是,他们终于在古罗公巴附近遇到了藏族牧民。1907 年元旦前夕,他们渡过波合藏布江到达昂则湖(又称昂则错,"错"为藏语湖的意思),并得到九世班禅的允许,越冈底斯山进入日喀则。

在清代,我国西藏地区实行政教合一制度,达赖喇嘛是地方最高政教首领,住在拉萨。但实际上当时的西藏分为前藏、后藏和阿里三部分。达赖的势力主要在前藏。后藏和阿里的政治、宗教中心是日喀则,班禅驻守此地。因此,他实际上是后藏和阿里的政治、宗教首领。据喇嘛教的说法,达赖喇嘛是千手观音的化身,为今世佛,而班禅为无量光佛的化身,属未来佛,喇嘛教众以班禅为未来理想世界的主人,所以在宗教地位上,班禅又高于达赖。班禅居住的札什伦布寺,位于日喀则西南,修建于 1445 年,规模十分宏大,当时寺院内有喇嘛 3800 多,是喇嘛教四大寺院之一。

斯文·赫定在日喀则时,住在九世班禅的弟弟谷秀克家中,受到班禅的几次接见,游览了札什伦布寺,并参加了寺内举办的盛大的藏历年庆祝活动。他在日喀则住了 47 日,在欧洲,斯文·赫定是得到这种荣幸的唯一的一个人。

1907 年 3 月 27 日,斯文·赫定离开日喀则继续他的考察旅行。他曾进入拉孜以北的密朱河谷,这是西藏风景秀丽的河谷之一。这里有壮丽的瀑布、茂密的森林,还有不少华丽的寺院。在这里的深山幽谷中,他们还不时发现建造在山岩上的一些封闭的小屋,那里住着修行的喇嘛。他们为了修炼成佛,从年轻时起,就将自己封闭在小屋中,有人定期从墙壁上的小洞给他们送饮食,直至死亡,永不见天日。他们看到的这些修行者中,有的封闭才 3 年,有的已达 10 多年,还有一个已封闭了 64 年。斯文·赫定还亲眼看到一队喇嘛在送一位年轻的喇嘛到一个山岩小屋前,这位喇嘛神态自若,从容不迫地与送行者告别,缓步入室。送行者即同心协力用石块和泥土将门闭塞封严,然后行礼而别。

斯文·赫定游历密朱河谷后,西南行到了雅鲁藏布江,溯江西行,准备弄清雅鲁藏布江的江源。

雅鲁藏布江是我国地势最高的大河。它从我国西藏境内发源,向东流经藏南河谷地区。西藏境内著名的拉喀藏布江、布鲁仓藏布江、年楚河、拉萨河等河流,全部流归雅鲁藏布江,然后经喜马拉雅山东端的洛瑜地区,南入印度、孟加拉国,注入孟加拉湾。雅鲁藏布江进入印度、孟加拉国后,称为布拉马普特拉河。雅鲁藏布江全长 2900 公里,在我国境内的部分长 1787 公里,流域面积达 241500 多平方公里,是西藏的最大河流,沿河是西藏的主要农业区,也是人口最密集的地方。雅鲁藏布江的江源,在国外学者中是一个有争论的问题。1865 年,印度学者拿因僧曾到西藏游历,他曾企图解决这个问题,但未获成功。斯文·赫定到雅鲁藏布江上游测量了流入雅鲁藏布江各支流的流量,认为库必藏布河的流量比其余支流的流量合起来还要大 3 倍。他溯库必藏布河南下,至喜马拉雅山一冰川,库必藏布江即由此冰川融解而成,他认为这就是雅鲁藏布江的江源。但这一结论似乎也是值得讨论的。雅鲁藏布江上游称马泉河,流入马泉河的支流很多,主要的有三条,北部的一条称昌钦河,发源于冈底斯山南玛龙木山口以北,西南部有两条支流,靠北的一条称杰玛河,靠南的一条就是库必藏布河,这两条都发源于喜马拉雅山的冰川,这三条河中究竟哪一条是雅鲁藏布江的主要源头,看法仍有不同。现在也有认为雅鲁藏布江的主要源头在冈底斯山南玛龙木山口以北的冰川。

斯文·赫定在考察雅鲁藏布江江源后,于7月26日到了西藏的圣湖玛法木错(湖)。这个湖西藏人又称楚玛凡湖或楚灵宝奇,外国人称马纳萨罗发湖。这是一颗镶嵌在群山环抱中的绿珠,湖岸景色十分秀美,是西藏高原难得的淡水湖。在它的西边不远处,并列着另一个湖泊,西藏人称兰夏错(湖),外国人称剌卡斯塔尔。这个湖与法木错(湖)正相反,被认为是魔鬼的住所,所以是西藏有名的魔湖。这一"圣"一"魔"两湖并列,都享受着西藏人的崇奉和祭祀,两湖四周有8座庙宇,不少喇嘛在这里念经、修行。斯文·赫定乘帆布船航行到了这两个湖,并在这里逗留了近一个月的时间。

在这两湖的北方,屹立着一座高耸入云、常年积雪的山峰,这就是著名的冈底斯山峰,外国人称开拉斯山,当地人又称坎仑保奇。这座山在喇嘛教徒的眼中,被看作是地球的中心、天堂之所在,是圣山,在传说中也叫须弥山。斯文·赫定离开"圣湖"和"魔湖"后,直奔这座圣山。此山形状极其庄严肃穆,远远望去,像一座四面棱形的水晶石,它吸引着众多的香客,长途跋涉到这里顶礼膜拜。

考察过圣山之后,斯文·赫定开始实现他探寻印度河河源的计划。

印度河是南亚的一条大河,流经克什米尔、巴基斯坦,流入阿拉伯海。它发源于我国西藏境内。当时人们只知其河源在冈底斯山,但究竟如何,并不清楚。传统的看法,以为印度河河源似在冈底斯山脉南麓、冈底斯山峰的北坡。斯文·赫定从当地人口中得知,印度河源在星季卡巴(狮口之意),此地位于冈底斯山脉的北麓。于是他从冈底斯山峰继续北上,找到了星季卡巴,在这里有一块平山石,底下有四个泉源,涌出大股清水,汇合后向西南流去,形成狮泉河,这就是印度河上游最大的支流,也即印度河河源的所在地。

斯文·赫定当时能亲自考察雅鲁藏布江和印度河的上游,是十分自豪的。他曾说:"我觉得非常高兴,因为我是第一个白种人到过上古以来著名的雅鲁藏布江和印度河的源头,这两条河流如同蟹钳似的围绕着世上最高的喜马拉雅山系。"[1]

斯文·赫定在西藏虽然考察了很多地方,但是,他还不满足,还有一些他曾经打算去的地区,由于我国西藏地方政府未批准而未果。因此,他在考察印度河源之后,从班公湖北岸到了克什米尔,并立即着手再次进入西藏。

1907年11月,斯文·赫定第三次非法进入我国西藏。他这次从喀喇昆仑山进入我国新疆,声言要到和阗,实际上于1908年年初进入藏北高原。他在这里看到了成群的野驴。这是一种很珍贵的动物。野驴比家驴大,它们成群结队而行,有时数群聚在一起,有上千只,每群一般有几十只到百余只。它们跑动时,有时排成十分整齐的单行队形,呈S形跑动,好像是被无形的骑士操纵着列队前进。

5月,斯文·赫定又从藏北高原到达今阿里地区的东南部,考察了一个呈三角形的盐水湖——特里纳木错(皇山中的天湖之意)。这个湖在海拔4000多米处,景色十分秀丽,它的西南方竖立着莎金沙山,东南方是塔古干格里山,南方和西方是冈底斯山脉。这些山的山顶上都覆盖着万年的积雪,山根却是各种颜色的岩石。青蓝色的湖水,四周衬托着各色岩石的山峰,形成了一种五光十色的仙境,使人心旷神怡。外国人曾传说过这个美丽神奇的湖,但从未有人看到过它。所以斯文·赫定说:"我是第一个看见并证实那个湖的探险家。我是知足了的。"[2]

---

〔1〕斯文·赫定:《我的探险生涯》,449页。
〔2〕斯文·赫定:《我的探险生涯》,486页。

103

·欧·亚·历·史·文·化·文·库·

此后他一直向西行,探察了卡伦错、沙服错、昂拉仁错等湖泊,这些都是欧洲人未曾到过的地方。斯文·赫定终于把欧洲人绘制的西藏地图上的"未经考察"这几个字抹去了。

斯文·赫定三次进入我国西藏,从藏北高原到藏南河谷地区,曾八次从不同地段穿越冈底斯山脉,探察了数十个高山湖泊,涉足过我国西藏的十几条大河,亲自探察了雅鲁藏布江、印度河的源头,在西藏地区的考察方面的确取得了外国人从未取得的成就。另外,他还以当时西方人惯有的高傲、蛮横态度,把冈底斯山取名外喜马拉雅山,这个名称显然是荒唐的,但外国一些地图中却采用了它。

斯文·赫定在我国西北的考察活动,重点是在地理学方面,并取得了相当大的成就。在历史学方面,由于他缺乏必要的历史知识,虽然也考察了一些古代遗址,但并没有进行深入的研究,只是把我国西北沙漠中的一些遗址向欧洲进行了介绍,引起更多外国考察家和研究者对我国西北的注意和重视。在考察中,他采用各种办法,包括用窃取的手段,攫夺了我国大量的古代文物,以致至今使我国这些无价之宝仍流散在欧洲的一些国家中。

(原载《外国考察家在我国西北》,河南人民出版社,1983 年版)

6 英国探险家斯坦因的
中国寻宝活动

　　马克·阿弗勒尔·斯坦因(1862—1943年)原为匈牙利人,1862年生于布达佩斯,在匈牙利受中等教育后,曾到维也纳、莱比锡、茨维考等地游学。1940年加入英国籍。在欧洲东方学家的影响下,他很早就立志研究印度、伊朗的历史和文化,曾投师于德国东方学家冯·罗特,后来又留学于牛津大学和伦敦大学。1885年从英国返回布达佩斯后,又受到测量学方面的训练。1889年经英国东方学家劳林逊的推荐,斯坦因来到印度,被任命为拉合尔东方大学的校长。在此期间,他用了11年的时间,翻译、注释、校勘了克什米尔《诸王史》一书。1899年他调任加尔各答玛然拉斯大学校长,还担任过英印当局印度西北边境的总视学。1904年又进入印度古迹调查局任职。他具有考古学、测量学、语言学等方面的知识,懂得梵文、波斯文、突厥文等。在我国西北地区考察并窃去大量历史文物后,就长期从事于这方面的写作和研究工作。

　　我们前面已经介绍过,在斯坦因考察我国之前,已有不少人在我国西北地区进行过考察,并攫取了许多古代文物,其中不少是各种文字的文书。这些古文书在欧洲学术界引起很大震动。19世纪80年代末,英国人鲍威尔到我国新疆地区考察,他在库车西面的一座古代佛塔和当地居民手中,骗购到不少印度梵文古文书。1890年他将这些古文书送给在印度的英国学者霍林勒研究,以后又送至欧洲,被认定是公元5世纪以前的古写本。不久,又有许多古印度语写本从我国喀什、和阗等地流入印度,这引起当地梵语学者的极大关注。但对这些写本的真伪、出土地点等问题,却有各种不同的看法,给这方面的研究工作带来很大不便。于是这些学者呈报英印当局教育部,要求派专人前往我国新疆进行考察。懂得梵文和其他多种文字的斯坦因遂被选中。从此斯坦因就把主要精力放在对我国西北地区的考察寻宝方面了。

斯坦因曾先后四次到我国西北进行考察。第一次是 1900 年 5 月至 1901 年 4 月,约 1 年的时间,活动地区主要在新疆南疆地区的塔克拉玛干大沙漠中。回印度后他写出了《古和阗》这部享有世界声誉的巨著。第二次考察是 1906 年 4 月到 1908 年 11 月。这次考察除了新疆外,还到了甘肃河西及内蒙古额济纳旗等地。记述这次考察结果的主要著作是《沙漠契丹废址记》。1913 年到 1916 年,他在我国西北进行了第三次考察,这次活动范围主要是塔里木盆地南北,河西南、北山。考察结束后,他陆续完成了《西域考古图记》《亚洲腹部考古记》和《斯坦因西域考古记》等著作。1930 年,斯坦因第四次到我国进行考察,由于当时新疆和西北地区政局紊乱,斯坦因此行收获不大。从此也就结束了他对我国西北地区的考察。我们这里介绍的,是斯坦因前三次考察活动的一些主要方面。

6.1　帕米尔古道探索

斯坦因对我国西北的几次考察,都是从印度出发,越兴都库什山,经帕米尔高原进入塔里木盆地,因此他曾有计划地对帕米尔高原进行多方面的考察。

帕米尔高原位于我国西南,历史上是我国领土,现在分属塔吉克斯坦、阿富汗和我国,尚有一部分属未定之界。这个高原从地形上看,是亚洲中部著名的天山、昆仑山、喀喇昆仑山和兴都库什山的山结,这四条山像四条巨蟒,从各方面交汇组结于此,形成它特有的那种山脊与平原交错相间的自然面貌。无怪乎有人认为它是中亚高原体系的中心。[1] 帕米尔高原的范围,一般认为北以外阿赖山脉(塔吉克斯坦

---

[1]英国《大众百科全书》,1958 年第四版,"帕米尔"条。

共和国的东北部)为界,东以喀什噶尔山脉(在新疆阿克陶县和乌恰县境内)为限,南界兴都库什山(在阿富汗北部),西至阿姆河上游的喷赤河(欧洲人又称奥瑟斯河,为塔吉克斯坦和阿富汗的界河之一)谷地,或称瓦汉谷地。帕米尔高原的最高峰是我国境内的 7719 米的公格尔山(在新疆阿克陶县境内)。19 世纪在帕米尔高原探险的西方学者和探险家,根据当地的地形,将整个帕米尔高原又分为八个部分,即所谓八个帕米尔,简称八帕。

帕米尔一名,最早见于《大唐西域记》。该书所说的"波迷罗",就是帕米尔的又一种译音。对帕米尔一名的来源和词义,有许多说法。有人认为"帕米尔"是梵文"乌帕梅鲁"的缩简[1],意思是梅鲁山上的地方,梅鲁山是印度神话中的圣山,是世界的中心,因此以这个山名来表示此高原的高峻和神圣;有人说"帕米尔"是柯尔克孜语,为"高而寒之地"的意思[2];也有人说"帕米尔"为波斯语"帕米勒尼耶"的缩简[3],"帕米"是屋顶之意,"勒尼耶"为世界之意,合起来就是"世界屋顶",或称"世界屋脊";还有人说"帕"是波斯语脚印、山麓之意,"米尔"为波斯语公爵、长官之意,因此帕米尔可直译为"公爵的脚"或"诸山之脚"[4];现在一般都称帕米尔为世界屋脊。

帕米尔高原虽然山多地高,气候严寒,但这里却是古代我国与中亚、西亚、地中海沿岸以及印度进行交往的通道,即丝绸之路的要道。由于帕米尔高原山脉多是东西走向,因此一般说来,在两座高大山脉之间,就自然形成一条通道。其中主要的通道有三条:在北部,是由新疆喀什沿阿克苏河西行,沿帕米尔北部边缘的阿赖谷地到中亚;在中部,从喀什西南行,越乌孜别里山口或萨里塔什山口,经帕米尔中部西行;在南部,是从塔什库尔干西南行,溯莫尔加布河上游阿克苏河,进入瓦汉河谷过帕米尔。在这三条通道中,由于古代几位经过帕米尔而又

〔1〕柯宗:《帕米尔和奥瑟斯河的河源》,载《英国地理学刊》第 8 卷 1 期,1896 年 7 月。
〔2〕傅角今:《帕米尔应为中国领土说》,载《国防新报》1924 年 17—18 期。
〔3〕鲍里斯·塔格耶夫:《在耸入云霄的地方》,薛蕾译,商务印书馆,1975 年版,23 页。
〔4〕捷连季耶夫:《征服中亚史》第 2 卷,圣彼得堡,1906 年版,396 页。

有记载的旅行者,多是经过第三条,即瓦汉河谷这条通道,因此对这条通道的记载最为丰富。

帕米尔高原是我国古代所说葱岭的一部分,对古代帕米尔的情况,我国古代文献中早有记载。汉代,这里有无雷国、休循国[1]等。这两国都归汉朝西域都护管辖。到北魏时期,又称钵和国、揭盘陀国等。北魏和尚宋云到印度去时曾经过这里,他形容帕米尔是"山路欹侧,长坂千里,悬崖万仞,极天之阻,实在于斯。太行盈门,匹兹非险,崤关垅坂,方此则夷"[2],写尽了帕米尔高原的险峻、巍峨。到唐代,揭盘陀国仍在,南部又出现了护密国,或称达摩悉铁帝国。唐玄奘到印度去时,曾路过揭盘陀和护密国。唐朝中期,安西副都护高仙芝率大军一万,经帕米尔南部讨伐占据小勃律的吐蕃,对这次进军,《新唐书》《旧唐书》也都有简略的记述。直到清乾隆时期(18世纪中叶),在平定大小和卓的叛乱时,清军进入帕米尔,随后又派官员对帕米尔各处进行了实地勘察,绘制了地图,使帕米尔高原的山川河流,第一次比较准确地大白于天下。

近代随着探险事业和地理学的发展,欧洲人对帕米尔也产生了极大兴趣。不少探险家、游历家不断出现在这个长年被积雪覆盖的山地。1837年,英国海军中尉伍德从喀布尔北上进入帕米尔,溯喷赤河东行,到达索尔淖里(又称维多利亚湖)。他返回后,将沿途所见写成书,引起了欧洲许多地理学家和旅行家对帕米尔的注意。此后的50年中,有几十位欧洲人陆续从各方面进入帕米尔,对那里的山岭、湖泊、道路进行了十分深入的考察。其中1887年法国游历家邦瓦洛特、卡普斯和佩潘,从费尔干纳盆地出发东南行,越阿赖岭,到位于帕米尔东北部的喀喇库尔湖,然后沿萨雷阔勒岭谷地——帕米尔高原上唯一的一条南北走向的谷地,到瓦汉走廊,又往西经查克马克湖,沿瓦汉山南麓中部,越兴都库什山进入印度。他们从北到南,绕行东部帕米尔半圈。他们的

---

〔1〕《汉书》第96卷《西域传》。
〔2〕《洛阳伽蓝记》第5卷《城北》。

游记发表后,引起了更大的震动,到帕米尔地区考察的人接踵而来。1889年,英国人圣·乔治·利特尔戴尔夫妇,也由北向南纵穿帕米尔进入克什米尔。利特尔戴尔夫人,是有记载的唯一的一位游历帕米尔的欧洲妇女。[1] 在19世纪八九十年代,英、俄在帕米尔的矛盾进一步尖锐,争相派人侵入帕米尔。特别是俄国人,他们利用地理上的便利条件,大量派遣人员侵入帕米尔进行考察,最后竟派遣武装人员强占了中国帕米尔的大片土地。

我们从上述情况可以看到,帕米尔高原虽然地势险峻,行路困难,但由于它地处要津,因而从古以来,有许多游历家、探险家都曾不顾艰险,攀登于其间。由于大量近代探险家涌向帕米尔,所以有人认为"帕米尔也许是亚洲高原上勘察得最完善的地区"[2]。但是对古代中外游历家在帕米尔地区所经路线以及他们著作中所提到的地名、湖名、山川名,由于年代久远,对近代人却成了一个谜。于是近代考察家们都根据自己的体验和理解,对古代中外游历家在帕米尔地区的活动路线,提出了许多说法,成为欧洲学者竞相探索的一个重要课题。

斯坦因早在他到我国之前,就曾多次读过由法国汉学家沙畹翻译的宋云、玄奘、高仙芝等人的有关史料,并熟知欧洲学者关于中国游历家在帕米尔行走路线的各种论证和观点,而且他本人就十分热衷于这种考证。因此他在越过兴都库什山,三次途经帕米尔高原的旅行中,对宋云、法显、玄奘在帕米尔的旅行路线,进行了实地考察。

这里我们主要介绍他对高仙芝进军路线的实地考察。

高仙芝是唐朝的一位军事将领。开元末年,他升任安西副都护、四镇都兵马使,是当时西域地区的最高军事长官之一。唐朝安西都护府的辖区,东起高昌(今吐鲁番一带),西尽波斯[3],十分辽阔。唐代中期,我国西藏吐蕃兴起,势力逐渐侵及西域。开元年间,吐蕃势力沿印度河西北发展,相继控制了唐朝属国大勃律、小勃律等地。小勃律位于

---

〔1〕参阅柯宗:《帕米尔和奥瑟斯河的河源》,载《英国地理学刊》1896年9月第8卷3期。

〔2〕霍尔迪奇:《帕米尔》,见《英国百科全书》第11版,1911年。

〔3〕《新唐书》第40卷《地理志》。

兴都库什山南麓雅兴河上游,地处帕米尔古道的要冲。吐蕃控制小勃律后,唐朝"西北二十余国皆为吐蕃所制","贡献不通"[1]。唐朝政府曾三次出兵,都因道路难行,劳而无功。天宝六年(747 年),唐朝政府命高仙芝率军一万征讨小勃律,驱赶吐蕃势力。据《新唐书》记载,高仙芝率一万步、骑兵从龟兹出发,西行经拨换城(今阿克苏)、疏勒(今喀什)登帕米尔,又经葱岭守捉(今塔什库尔干)西行 20 余日到播密川,又西行 20 余日到特勒满川,然后分兵三路,一路走北谷道,一路走赤佛堂道,一路由高仙芝亲自率领走护密道,三路军队会师于连云堡,高仙芝又乘胜南下,军行 3 日过坦驹岭。这个岭绝壁断崖,上下有 40 里,将士多畏难不愿继续前行。高仙芝使军士假扮小勃律国人前来迎接,唐兵士气大振,将士始冒死翻越坦驹岭,平定小勃律国。于是,拂菻(东罗马帝国)、大食(阿拉伯帝国,包括今伊朗、阿富汗西北部)等 72 国又恢复了与唐朝的关系。[2] 这是古代帕米尔高原上规模最大、最宏伟的一次进军,也是对帕米尔高原上丝绸之路通道最详细的记载。但高仙芝军队所经地区的具体路线、具体地名是今日的何处,一直不很清楚。

斯坦因十分推崇高仙芝的这次进军,他认为,帕米尔地区"高山峙立,缺乏一切给养……即是这一个问题,便足以把现代任何参谋部难倒了"[3]。他在许多年前读高仙芝传时,曾假定高仙芝及其一万大军是经瓦汉走廊,越巴洛吉尔和达科特两个山口到小勃律的。为了证实这一假设,他于 1906 年 5 月 17 日逆高仙芝进军方向,由南向北,再由西向东,顺瓦汉谷地横跨帕米尔南部,对高仙芝所经路线的主要地区进行了实地考察。他发现《新唐书》的有关记载,几乎在一切细节上都是可信的。但同时他又提出,《新唐书》关于高仙芝军到特勒满川后始分兵三路南下的记载[4],与其他有关记载和当地实际均有矛盾,他认

---

〔1〕《新唐书》第 135 卷《高仙芝传》。

〔2〕《新唐书》第 135 卷《高仙芝传》。

〔3〕斯坦因:《斯坦因西域考古记》,向达译,中华书局,1946 年版。

〔4〕《新唐书》第 135 卷《高仙芝传》,

为根据其他记载和地形，"这次行军不是全军一起进行的，而是分成三个纵队从喀什出发，陆续分批在经由葱岭守捉的前哨基地的几条路上走的"[1]，只有这样，他认为高仙芝才能解决一万大军在荒无人烟的高原行军的后勤供应问题。

根据他的这个看法和实地考察，他认为高仙芝大军到葱岭守捉后，分军三路。高仙芝所率一路沿帕米尔河（《新唐书》所说播密川）到喷赤河大转弯向北流的锡格南地区（《新唐书》所说特勒满川），然后通过以今伊什克希姆为中心的古代护密国，进军连云堡；走北谷道的那支军队到帕米尔河后，通过尼古拉斯山的诸山口达连云堡；走赤佛堂道的那支军队溯塔什库尔干河，通过瓦赫吉尔山口，沿瓦汉河到达连云堡。从这三支军队的进军路线看，高仙芝是从东面（赤佛堂的那一路）、中间（走北谷道的那一路）和西面（他自己的那路），形成三面进逼连云堡的形势。连云堡是现在什么地方呢？说法很多。法国汉学家沙畹曾提出，连云堡是位于瓦汉走廊中部、瓦汉河南岸的萨尔哈德。斯坦因根据自己的考察，结合史料的记载，认为沙畹的看法是十分正确的。

高仙芝三路大军会合于连云堡的北边，在唐军与连云堡之间隔有大河一条，这条河就是瓦汉河，唐书又称婆勒川。《新唐书》记载，当时连云堡有吐蕃军万名把守，唐军必须渡河，始能攻克连云堡。但河水猛涨，唐军无渡河工具，军心惶恐，高仙芝即在河岸设供桌，杀牲祭祀，祈求神灵护助。祭罢，遂命士兵各带三日口粮，准备于次日晨渡河。次晨大军集于河岸，果见河水减退，兵士争相渡河，竟得"人不湿旃，马不湿鞴"[2]，全部安全渡过。对这个记载，信其有者，多认为是神助，反之，则皆以为是虚构。但据斯坦因实地考察，认为此事并非杜撰。他在《在通过帕米尔的古道上》一文中曾有这样一段记述："喷赤河上的冰川和雪坡受夜间的影响，使河的流量减少了。同时也应注意到，在萨尔

---

〔1〕《英国地理学刊》1922 年 2 月第 59 卷第 2 期。

〔2〕《新唐书》第 135 卷《高仙芝传》。

哈德的对面,河水在一片宽阔的河床上是分散流淌的。我于 1906 年 5 月来到萨尔哈德时,我证实了这点。只要在凌晨时涉渡,总是可以成功的。"[1]

高仙芝攻占连云堡后又翻越了坦驹岭,攻入小勃律。坦驹岭是什么地方? 根据斯坦因的考察,坦驹岭就是现在的达科特山口。达科特山口是兴都库什山南麓的一个山口,这里的山峰海拔 5000 多米,山口海拔 4600 多米,从山口到谷底是长达数十公里的冰川,翻越此岭十分艰险困难。《新唐书》说高仙芝率军到达此地后,兵士看到"坦驹岭岭峻绝下四十里"[2],不敢翻越。他即派数名士兵,假扮当地人前来迎接大军。军心安定后,高仙芝先派千名精锐部队冒死越岭,攻入小勃律。斯坦因认为《新唐书》的这个记载与达科特山口的情况完全相同。"因为达科特的南坡正如我于 1913 年攀登时所发现的以及所有以前的记载中所正确地着重指出的,是非常陡峭的。这条路大部分是卵石和光秃的岩石,中途有一段很多裂缝的冰川同它交叉,在五英里略多一点的距离内下降几乎五千英尺,才通到一处'达尔班德'遗址。""当我于 1906 年 5 月 17 日从山顶上往下瞭望,透过朵朵浮云的间隙,看到了似乎无底深渊的河谷时,我就很能理解高仙芝的谨慎的勇士们之所以不愿再继续前进。这种印象在向南看到了高耸在亚辛河谷上端的超越三千英尺的冰结山壁,以及在北面与我前面的深渊相对照的大片广袤的缓坡斜倾的万年积雪的冰川时,显得更加强烈。考虑到了中国的记载与达科特的地形如此符合,我们就不应再踌躇不决地承认,'坦驹'一定是'达科特'以前的一个别名,是根据不完善的中文译法的尽可能正确的音译。"[3]

斯坦因在实地考察高仙芝整个进军路线之后,对这次进军所表现出的伟大气概赞叹不已。他以后回忆说:"在那时我觉着可惜的是,这位勇敢的中国将官竟不在达科特隘口建立纪念碑之类的东西以志此

---

〔1〕《喜马拉雅学刊》第 4 卷,1932 年 10 月。

〔2〕《新唐书》135 卷《高仙芝传》。

〔3〕《英国地理学刊》1922 年 2 月第 59 卷第 2 期。

事。就所遭遇的困难而言,横越达科特及帕米尔,较之欧洲史上从汉尼拔以至于拿破仑同苏沃洛夫诸名将之越阿尔卑斯山,还要困难呢!"[1]

斯坦因在考察了高仙芝在帕米尔的行军路线后,走出瓦汉走廊,向塔什库尔干前进。在路途中,他考察了另一个古代遗址。这是一个古城堡,当地群众称"公主堡"。关于这个公主堡的来源,从唐代以来就流传着一个动人的传说。当年玄奘从印度归国,路过朅盘陀国(今塔什库尔干),听到这个传说,以后被记在《大唐西域记》中。这个传说的大体内容是:这里本是葱岭中一片荒原,很早以前波斯国王聘娶了一位中原的公主,派人专程前往内地迎娶。公主等行至此地,适逢兵乱,交通断绝,不能前行。迎亲官兵遂在一孤峰上修建住室,将公主置于其中,峰下四周设置警卫,昼夜巡逻,以防不测。一晃三个月过去了,乱事平定,迎亲队伍准备起程。突然发现公主已身怀六甲,迎亲使臣和官兵惊慌恐惧,不敢西行。大家反复商议,仍一筹莫展,不知所措。正在这时,公主的使女对诸迎亲使臣说,每天正午,有一男子从太阳中乘马飞行至此,与公主相会,遂得怀孕。这是天神之事,与你们无关。迎亲使臣听此言后,明白了事情的原委,但仍不敢回国交令。最后大家商定,以公主为王,建国于此。于是大家在这里修筑房屋、城寨,制定各项制度,设立各级官吏,遂成朅盘陀国。公主产期到后,生一男孩,长大后继其母为国王。此人有"飞行虚空,控驭云风"之能,远近居民皆愿归附于他。玄奘到朅盘陀国时,当地人都说是朅盘陀国的王族,即此人的后代。由于他的母亲是中原汉族,父亲是从太阳中出来的天神,所以朅盘陀国的统治者自称是"汉日天种"。

斯坦因对这个故事很感兴趣,因此他在到塔什库尔干去的路上,一直在设法寻找"汉日天种"的遗迹。他从当地居民中了解到,在塔什库尔干附近有一个叫"公主堡"的遗址,并且真的找到了它。这个古遗址位于塔什库尔干河上游左岸,在塔什库尔干以南六七十公里处。遗

---

[1]斯坦因:《斯坦因西域考古记》,31 页。

·欧·亚·历·史·文·化·文·库·

址果然建造在又高又陡的石崖山脊顶上,塔吉克语称"基兹库尔干"[1]。这就是传说中那个公主住过的堡垒。在唐代,这个遗址就应该存在。它用土砖与松枝相间垒成,与汉代城堡建筑的方法完全一样[2] 其修建的时间,大约在汉、魏之际。波斯王迎娶中原公主的事虽不见于记载,但这个传说说明,帕米尔地区确实从很早以来就是中西之间陆路交通的重要通道。

6.2　埋藏在沙海中的瑰宝

我国新疆南疆地区气候温和,雨量充足,虽有沙漠居中,但绿洲片片,河流纵横,地势平坦,宜农宜牧,而且地处亚洲中部,自古以来是东西方交通的枢纽,是各种文化荟萃交融之地。早在公元前,在塔里木盆地中,环绕塔克拉玛干沙漠的一些绿洲上,就建有许多城镇,这里农业发达,商业兴旺。在文化上随着丝绸之路的发展,琐罗亚斯特教(祆教)、佛教、伊斯兰教等在这里交相流传。特别是佛教,在10世纪以前十分兴盛,各地寺院林立,佛塔遍地,建筑金碧辉煌,规模宏伟。但是由于战乱的破坏以及自然条件的变化,一些河湖枯竭,沙漠日益扩大,居民向塔里木盆地边缘迁徙,原来的许多城镇淹没于沙漠之中。多少年来对塔克拉玛干沙漠中被埋没的古代遗址和遗物,附近的居民时有发现,并经常有人前往"找宝"。随着找宝队伍的扩大,我国古代文物大量被外国人骗买或窃走。这些流落国外的文物曾引起外国考古学家的巨大兴趣。同时也有一些外国人,如普尔热瓦尔斯基、斯文·赫定等,都曾发现过和考察过不少淹埋在沙漠中的古代遗址,并窃走了许多文物。斯坦因作为一个考古学家,正如我们前面曾说过的,他第一次来我国西北考察,其目的就是要亲自考察流传到外国的那些文物的发现地并继续寻宝。因此在他的考察活动中,塔克拉玛干大沙漠中的遗址,占着首要的地位。他在三次考察中,集中力量对塔克拉玛干大沙漠

---

〔1〕斯坦因:《在通过帕米尔的古道上》。
〔2〕斯坦因:《斯坦因西域考古记》,34页。

中的丹丹乌里克遗址、尼雅遗址、米兰遗址以及楼兰遗址等都进行了考察，发掘出了成千上万绚丽灿烂的古代瑰宝。

6.2.1 丹丹乌里克遗址

新疆于阗县境内有一条发源于昆仑山，向北流入塔克拉玛干大沙漠的河流，叫克里雅河，又称于阗河，丹丹乌里克遗址就在克里雅河下游西部的塔克拉玛干大沙漠中。斯文·赫定根据和阗人的指引曾到过这里，并将这个遗址的简略情况向欧洲学术界做了报导，引起欧洲学术界的极大兴趣。

1900 年年底，斯坦因到达和阗，考察了古代于阗国的首府约特干（在县城西十几公里处拉依喀附近），又于 1901 年年初从和阗出发，向东北进入沙漠，经十多天艰苦行程，找到了丹丹乌里克遗址。

这个遗址当时南北长约 2 公里，宽约 1 公里，遗址已处于被沙土半掩埋的状态，在低沙丘里，疏疏落落地耸立着一些小的建筑遗物。由于常有找宝人光顾，许多地方已被挖掘得坑坑洼洼。斯坦因从垃圾堆中找到的铸有开元、天宝年号的古钱[1]，准确无误地表明，这个遗址最迟是公元 8 世纪的建筑。

斯坦因在这里挖掘了 14 天，他发现这个遗址的大部分是佛教庙宇。他们在这里找到的很大一部分遗物是佛教壁画，还有不少画在木板上的版画，这些版画显然是木结构庙宇中的装饰物。这种佛教画像，一般都表现有一定的佛教故事。斯坦因在这里发现的一块版画上面画着一个奇异的鼠首人像，与其他神并列于版画之上。佛教徒虽各地均有自己民族、地区的特点，但供奉鼠首人像的，倒是少见。后经斯坦因等人研究，认为这幅画与《大唐西域记》中记载的一段故事很有关系。这个故事说古代西域地区对鼠及鼠王十分尊敬，某次匈奴人大举入侵，群鼠将匈奴人的马具啮断，致使匈奴军大败，此国得以保全[2]，所以当地人将鼠奉为保护神。此外，《新唐书》也记载，和阗西边沙迹

---

〔1〕斯坦因：《斯坦因西域考古记》，43 页。
〔2〕《大唐西域记》第 12 卷，"瞿萨旦那国"。

中,鼠大如猬,毛色金黄,相随于人后,无人敢伤害它。[1] 这幅画画的正是当地人尊奉的鼠神。直到斯坦因考察和阗的那个时期,由此沿袭下来的这类故事还在当地居民中广泛流传,只是其内容和形式都有些变化,成为适应于伊斯兰教,并掺杂了伊斯兰教内容的一种故事。

斯坦因在这里发现的另一块版画也很引人注意。画版中央画一盛装贵妇,花冠长发,端坐于中,左右各有一妇踞坐两旁,左侧之妇左手指着贵妇人的花冠。贵妇与左面妇女间,有一盂或篮,盛满圆形果实类物品。贵妇与右面妇女之间,画有一长方多面形物品,画板中后方还有一高坐于上的四臂神像。这块版画显然表达着某种内容。斯坦因后来经反复思考,始得解释出这幅版画的内容与《大唐西域记》中的另一段记述有关。《大唐西域记》在记载玄奘经过于阗时,听到当地人关于养蚕业传入和阗的传说故事。这个故事说瞿萨旦那国(于阗)原来不知养蚕缲丝之事,后来听说东国会养蚕,即遣使求蚕种。但东国君对蚕种及养蚕法密而不赐,并严令禁止国人将蚕种携出。瞿萨旦那国王想出一条妙计,派人至东国,请东国国王将公主下嫁瞿萨旦那国王。东国国王答应了这个要求。在迎亲时,瞿萨旦那国使臣密告公主说,我国无养蚕缲丝之业,请公王自己带来蚕种,否则将无丝锦绸缎可用。公主知国中严禁蚕种外传,遂于临行时将桑子蚕种暗藏于花冠之中,躲过边关的检查,带到了瞿萨旦那国。由公主亲自择地种桑、育蚕,又缲丝织绸。自此植桑养蚕、缲丝织绸之法遂传入这里。数年之间,于阗成为西域地区丝织业的中心。这个故事也被写入我国"正史"[2]。上述版画上反映的正是这件事。中坐者是那位公主,左边侍女左手指向公主的花冠,绘画者用此来表示公主花冠下藏有蚕种。左边篮中所盛之圆形果实,显然是蚕茧,右边一长方多面形之物是一架纺车。这一幅画是用来说明养蚕缲丝业传入于阗的传说。在当时佛教盛行的情况下,这些传说又被披上神秘的外衣,成为佛祖赐化万物的佛教故事,并被画上了寺

---

〔1〕《新唐书》221 卷《西域传》。
〔2〕《新唐书》221 卷《西域传》。

院的墙壁。这些版画的发现说明,《大唐西域记》的记载,如实地反映了当地的情况和传说,是一部完全可信的著作。

　　还有些版画也很有特色,对研究古代西域历史有很大用处。如斯坦因在一座小寺院中发现一块当作供养用的、保存完好的画版上,画着一位服饰很特殊的菩萨,他身着一件锦缎外衣,腰间紧束皮带,足着高统黑皮靴,腰悬一柄短而弯的腰刀,头缠一条金色高头巾,极像波斯萨珊朝万王之王的帽子,围巾从颈部垂下缠绕着臂部,长而红的脸,鬈发,浓眉,黑而密的胡须,盘腿坐于绣墩之上。在这个形象的下面,还绘有一个三头魔王。从整个佛像的形态、长相和装束看来,这幅像完全属于波斯风度。15 年以后,斯坦因在第三次考察我国西北地区之后,曾到伊朗进行考察。他在伊朗东南部锡斯坦省的科伊卡瓦哲小山古代遗址中,找到一幅壁画,这幅壁画中画有 7 世纪著名的波斯史诗的主人公罗斯坦。这个人物在古代波斯人中很有影响,他被描写得十分英勇强悍,法力无边,曾战胜群魔,并使之为其效劳,是波斯人十分尊敬的神话英雄。而伊朗遗址中的这个罗斯坦,竟与斯坦因在丹丹乌里克发现的这位波斯菩萨的装束、形态相近。显然正是这位波斯神话英雄在波斯受到普遍尊敬的时期,也被画家搬到了七八世纪的于阗佛教寺院中,并被赋予佛的形象。版画中那个三头魔王的形象,也很清楚,就是被罗斯坦征服的群魔,这幅版画生动地表明,唐代我国与波斯和其他地区确有十分密切的经济、文化交流,这不仅有大量文字记载,而且得到实物的证明。

　　在丹丹乌里克遗址中,斯坦因还发现有大量的古文书,他在一些遗址的沙迹堆的底层,发现了长条单页的纸质写本,还有捆成小捆的纸片。斯坦因靠他丰富的文字知识,很快就认出其中有古印度婆罗米字母写的,也有古印度梵文佛经,另外还有一种他不认识的文字,以后研究者称这种文字为于阗语文字。这是一种在公元 5 世纪流行于古于阗地区的文字,有人认为它属于一种伊兰语,而称之为东伊兰语,也有

·欧·亚·历·史·文·化·文·库·

人认为它与贵霜语言类似。[1] 在发现的古文书中,最大量的当然还是用汉文写的各种文书。汉文文书主要是一些借款、还款的字据以及当地官吏的呈文等等。从这些文书上看到,这个地区被称作欬谢,遗址中的一座寺院名为护国寺,寺中的几位僧人还是高利贷者,其中有汉族人的名字。而借债者的名字,多为当地少数民族。这些文书大部分写有年代,其中自建中二年(781 年)到贞元七年(791 年)不等。这更足以证明,这个遗址至少至 8 世纪后期仍然是一片人烟稠密的城镇。

这个遗址当时为什么会废弃呢? 欧洲学者一般主张,塔克拉玛干大沙漠中的古代居民遗址,大多是由于地理和气候的突变所造成的悲剧。斯坦因几次到达这里也都一直在考察这个问题。他发现此地之所以能建立城镇,供人们居住,全靠有完整的灌溉系统,他发现丹丹乌里克遗址的灌溉支渠整齐而密集。很显然,这么多修筑在沙漠中的灌溉渠道,需要有经常而严密的管理制度,一旦管理松弛和混乱,这里的居民只有南迁,这就是这个遗址被废弃的原因。那么这种情况出现在什么时候呢? 斯坦因认为就是在他发现的文书上所载最后年代的那个时期。这个推测是有一定道理的。斯坦因发现的文书上的年代,最迟是唐朝贞元七年。这一年在西域确实发生有一件重大事件,我国吐蕃在 7 世纪强大以来,利用安史之乱的机会,势力向北推进,占据河西一带,切断了安西都护府、北庭都护府与朝廷的联系。但西域官员仍通过蒙古的交通线与唐政府保持联系,并坚守西域各地。到贞元七年,吐蕃大兵进攻北庭(今吉木萨尔),攻占北疆,北庭都护杨袭古又被杀[2],安西都护也与唐朝政府失去联系,南疆各地遂陷于混乱之中。在这种情况下,丹丹乌里克一带行政管理混乱,官员逃走,灌溉系统无人管理,最后使这里的居民南迁他处,而这座曾经繁华一时的城镇逐渐沦为沙海。

丹丹乌里克遗址是古代的什么地方呢? 唐代,这里属于阗国。斯坦因曾在丹丹乌里克遗址以南 60 多公里处,发现一个叫乌曾塔地的遗

---

[1]羽田亨:《西域文化史》,耿世民译,新疆人民出版社,1981 年版,51 页。

[2]《资治通鉴》第 223 卷《唐纪》,49 页。

址。据斯坦因考证,似为《大唐西域记》所说之媲摩,丹丹乌里克也很可能是媲摩城郊的一处佛教圣地。"丹丹乌里克同媲摩的废弃,都由于同样的原因,即这些突出(于沙漠中)的居住地方不能维持有效的灌溉。"[1]

6.2.2　尼雅遗址

1901年斯坦因考察丹丹乌里克遗址之后,又到了尼雅遗址。

这个遗址在尼雅河下游塔克拉玛干沙漠中,位于民丰以北100多公里处,斯坦因从丹丹乌里克横越沙漠东行,3天后到达克里雅河,然后溯克里雅河南行,到达今于阗(又称克里雅)。在克里雅,斯坦因从当地老人中听说在尼雅(今民丰县)以北沙漠中的大麻札不远处,有埋于沙中的古代房屋,于阗和尼雅当地的老百姓经常前往寻宝。斯坦因还从当地居民中得到从那里取来的两块木板,木板上写有佉卢文字。这使斯坦因极为兴奋,并决计立即前往亲自考察。

从民丰沿尼雅河北行3日到大麻札。"麻札"是圣地之意。传说"伊玛目"(原意为"领袖",伊斯兰教中为教长、宗教首领之意)札法沙狄克马萨埋葬于此,被当地群众尊为圣地,经常有礼拜者来此朝拜。尼雅遗址就在大麻札以北10多公里处。斯坦因到遗址后,很容易找到了大量写有文字的木片,在有些房间中,佉卢文木片一堆一堆、一捆一捆地堆放在墙角,更多的则散埋在沙土中。这些木片在当地干燥的气候条件下保存得很好。

佉卢文又称佉卢虱底或驴唇体文,属塞姆(闪)语系的阿拉米文系统,是古代印度的一种字体,用来表达古代印度俗语,在孔雀王朝时期(公元前4世纪至前2世纪)盛行于古代印度西北部及阿富汗一带。公元四五世纪时因受梵文排挤,逐渐绝迹。在印度、巴基斯坦等地虽有一些佉卢文的铭文发现,但数量很少。这种文字自右向左读,由于字体过于弯曲,发音和语意均无定准,因此识别十分困难。斯坦因在到我国西北探险前,在印度曾对佉卢文进行过研究,他在我国西北地区发现

---

[1]斯坦因:《斯坦因西域考古记》,50页。

这个早已绝迹了的文字,真是喜出望外。从在尼雅以及后来在安得悦、楼兰等地的发现来看,由于古代中西文化的交流,在公元前后直到公元三四世纪的这段时间内,佉卢文曾经成为我国西域东南部一带的通用文字。斯坦因把从我国窃去的佉卢文交由英国剑桥大学马拉普逊教授、巴黎的塞纳先生等人共同研究解释,并将原文编辑成册,于1902至1928年陆续出版,又由贝罗将其译成英文于1940年出版。

斯坦因两次在尼雅遗址发掘出数量庞大的佉卢文木片,其中有长方形的,最长的达3米,而更多的则是楔形木片,长自18公分至38公分不等,每两块紧缚一起,下面一片写有文字,上面那片盖在有文字的那面之上,有时下面一片写不完,上面一片靠里的一面也有文字。上面木片外部刻有几条凹形槽,便于绳索捆缚,有些木片在发现时仍捆在一起。在绳子上还粘有封泥,封泥上印有印章和其他标记,很明显,上面这块木片以及绳索、封泥等起着信封的作用。这种两片紧缚在一起的文字木片,就是中国古代的信。由于两片木片紧缚,下面一片木板上的文字墨迹依然"犹如昨日所写的一般"[1]。这种信上的封泥也很有意思,有的封泥上印有希腊女神雅典娜的像,以及其他一些希腊风格的像,也有汉字"鄯善印记"之类的印章。

斯坦因所收集的遗物中还有一些写在羊皮上的佉卢文,羊皮作长方形,一般制作精细,大小不等,均卷成小圈。斯坦因1901年第一次到尼雅时,发现汉文木简很少。1906年第二次到尼雅时,除了继续发现了大量佉卢文木片外,还发现了不少汉文木简。斯坦因将这些木简等拿到欧洲,经一些学者考认,知道其内容十分复杂丰富,除了有私人书信之外,大部分属于公文。其中有给地方官的报告、上级官员给下级的命令,内容涉及地方上的管理、社会秩序、申诉书、传票、过所(护照)、逮捕文书、各种记录、账目、名单等等。还有私人契约、借卷以及佛经等。

斯坦因发现的这个珍贵遗址就是历史上的尼雅遗址。尼雅遗址

---

〔1〕斯坦因:《斯坦因西域考古记》,55页。

十分庞大,南北达22公里多,东西宽6公里多。遗址由好几处组成,这些遗址中有佛教庙宇,有大小不等的各种单间的或成套的房屋,其中有一栋房屋中间的大厅长达20多米,宽约9米多,雕梁画栋,十分华丽。花园的遗址也十分清楚。街道整齐宽阔,道路两旁种有各种树木,其中有大量的白杨树以及桃、李、梅、杏、桑等树。还曾发现巨大的果园一座,各种果树同葡萄架的行列都很整齐。特别是发现了一座长达30多米的桥,桥下有一条十分明显的干河道的痕迹。这干河床的痕迹可以追寻3公里多长。在这个遗址中还发掘出大量的武器、毛织物、丝织品和家具等。毛织物残片和木制家具残件都十分精美。一块"很美的毛织残片上作细致的几何形图案,配以和谐协调的颜色,稍加拂拭,便呈露出原来的灿烂"[1]。一张只剩底座和四条腿的木椅,雕满各种花卉,从它的华丽精致可以想见,使用这把椅子的人一定是当时身份很高的人物。从出土的文书和各方面的情况看来,这个遗址就是《汉书》中所说的精绝国的政治中心。

精绝是西汉时期西域三十六国之一。据《汉书》记载,其地"厄狭",人口有480户,3360人,设都尉等官。[2] 由于它深入沙漠之中,不在丝绸之路的通道上,因此在西域历史上的作用不甚显著,与外界联系也较少,因而历史记载不多。

这里是什么时候被废弃的呢?后汉初,精绝为鄯善所并[3],以后自立为国,至晋初又为他国所并[4],此后就不再存在。但人们在这个地区活动的时间,却要比精绝国存在的时间长。斯坦因发现的文书中的年号,最迟是晋武帝泰始五年(269年)。斯坦因在这里发现的木简均由法国汉学家沙畹考证,1913年沙畹曾将几枚汉字木简交罗振玉先生,罗又将木简交王国维先生考订。其中一条有"晋守侍中大都尉奉晋大侯亲晋鄯善焉耆龟兹疏勒……"等字样,简中有"晋",其时代很明

〔1〕斯坦因:《斯坦因西域考古记》,59页。
〔2〕《汉书》卷96《西域传》。
〔3〕《后汉书·西域传》
〔4〕《海宁王静安先生遗书》第17卷《观堂集林》。

显。其内容经王国维先生考订,简中官号也是西晋时期之官号,说明此遗址最迟在西晋时仍有居民活动。

6.2.3　米兰遗址

1906 年斯坦因在尼雅遗址进行第二次发掘之后,他打算由这里经沙漠到若羌,然后到楼兰遗址去进行考察。1906 年 11 月他从尼雅出发,向东北部的沙漠深处前进到达安迪尔遗址。这个遗址在民丰县境内安迪尔河下游北部的沙漠中,1901 年斯坦因就曾到过那里。他在这里清理了一所小佛寺,发现了一些藏文佛经残本。庙中还有一块汉文碑,记唐玄宗开元七年(719 年)之事。他 1906 年到达这里后,又发现了不少佉卢文木牍,这显然是西晋时期的遗物,说明这个遗址亦甚古,直至唐代还相继有朝廷官员和吐蕃人活动于此。现在有些学者认为,这里就是唐朝兰城守捉所在地。

1906 年斯坦因在安迪尔遗址稍事停留后,继续东北行,经塔克拉玛干沙漠东南角到达且末。在这里做好进入楼兰遗址的准备后,即继续北行。在到楼兰遗址的中途,他们于今米兰河北部发现了一个遗址。这个遗址距若羌 80 公里左右,周围极其荒凉,但有一小河流经此处。他们最先从一些破屋中挖出数以千计的藏文文书和木简。很明显,这是公元八九世纪唐代吐蕃人占据这里所留下的遗址。这些文书和木简的内容,据以后的考证,主要是记载有关军队戍守、要求供应粮草、支援人力的报告以及军队调动的记录等,也有一些佛经。这些文书的发现,说明这里曾经是吐蕃的一个军事屯戍点,同时也为我们研究吐蕃统治下的西域提供了宝贵的资料。

在这些藏文资料中,还提到大纳布城和小纳布城的名称。斯坦因认为,纳布与《大唐西域记》所记玄奘所经的"纳缚波"都是罗布泊的不同译音,古代因此地有罗布泊,所以将罗布泊一带地区均称罗布。而大纳布城,即今若羌(清代又称卡克里克);小纳布城,即米兰遗址。他还认为,从这里所发现的遗物看,在汉代,米兰遗址和今若羌即为古代的

扜泥和伊循两城。[1] 这个推论为许多学者所反对。现在一般认为,若
羌为古代鄯善国之都城扜泥,而米兰遗址为汉朝派兵屯田驻守之伊循
城。但是他同时也认为,"有不少理由使我深信,卡克里克在昔日为罗
布淖尔全境最重要之中心"[2],因为这里地处和阗到敦煌之间,是东西
往来的要津,也是西藏到吐鲁番及北疆的要道。因此,若羌成为古代这
一地区交通的交叉点。特别是从西方来的商队,只有在这里准备粮食、
饮水,始能越过可怕的库姆塔格沙漠。

　　在这个遗址中,斯坦因发现了多处佛教庙宇,这些庙宇中有许多
泥塑大佛像,有些坐像从膝以上就高达两米多。在许多庙宇的墙壁上,
绘制有大量的壁画,有的已经残破,也有一些保存很好,内容多是佛教
故事,也有一些是世俗供奉者的画像。特别是在一所中央筑有一塔的
大殿内,在墙上画有带双翼的天使,斯坦因认为这种形象与希腊神话
中带翼的爱罗神有直接的渊源关系,这种形象的画像在西亚很多地方
流传着,它在这里却表示佛教神话中名为犍达婆的飞天。在这类壁画
旁边还有佉卢文的题记。在一幅释迦牟尼本生故事壁画的白像膈窝
上,有画家用佉卢文写的三项题记,内容是作者的名字 Tita 和他所得的
报酬的数目。据斯坦因考证,这个作者的名字"在印度语和伊兰语中
都找不出根源,我觉得这就是将罗马人名 Titus 一字译成梵文雅语同俗
语所应有的变化"[3]。这些壁画的时代大约是三四世纪之物。米兰遗
址和尼雅遗址一样,都曾经历过几个时代,一直到唐代后期始成为
废墟。

6.2.4　在楼兰遗址群

　　前面我们曾提到,1906 年斯坦因第二次新疆之行的目标,是要到
1900 年斯文·赫定等人去过的楼兰遗址。他沿途经过上述三个沙漠
遗址后,于 1906 年 12 月由米兰遗址继续东北行,于 12 月 18 日到达斯
文·赫定等发现的古楼兰遗址。这里虽经斯文·赫定窃走不少文物,

---

〔1〕斯坦因:《契丹沙漠中的废迹》第 1 册,1912 年版,419 页。
〔2〕斯坦因:《契丹沙漠中的废迹》,343 页;《马可·波罗行记》第 1 册,182 页。
〔3〕斯坦因:《斯坦因西域考古记》,89 页。

但古代佉卢文文书、汉文文书、木简、丝绸、毛织等遗物，仍随手可得。汉文文书多是公元三四世纪时期之物，其中一件是公元330年的文书，还用着建武十四年的年号。实际上建武年号只二年即已改元，但这个据点由于与中原交通断绝，信息不通，因此一直沿用建武年号直至十四年。这也是楼兰发现的最晚的文书。斯坦因发现的汉文文书有从西域长史发出和呈长史的报告，大部分是关于当时屯区的文件，如粮食种植、存贮、运输之类的记录，对于官吏兵士口粮供应问题的命令等。这些文件表明，在3世纪时，这里显然是丝绸之路上的一个重要据点。斯坦因从自己所得汉文木简文书中进一步证明，遗址地名确是楼兰。"在公元前2世纪的末了，中国所辟到塔里木盆地的古道上，此地正是西边的桥头。"[1]经斯坦因的考察，楼兰遗址四周原修筑有城墙，城堡内部长方约1公里，这是斯文·赫定等人未曾发现的。

斯坦因在楼兰遗址东北6公里左右的地方，又挖掘了一座墓葬群，这可能是楼兰城居民的墓地。从墓葬中出土的有铜镜、木制兵器模型、家具、汉文文书等。特别使斯坦因惊奇的是那些光怪陆离、十分精美的织物，其中有彩绢、花毡、丝绣、堆线毡以及粗制毛织物等等。根据遗物考察，这个墓葬属公元前后，即西汉末期。墓葬中这样众多的丝织物，反映了这个丝路要道的繁荣。

斯坦因还在楼兰遗址东北不远的地方发现一座小碉堡，从这里出土的汉文文书中知道，这座碉堡建于公元前104年（武帝太初元年）[2] 在碉堡附近的坟墓中，发现了一具年轻人的尸体，保存完好。他脚上穿红色皮靴，裸体，用一块毛毯裹着，头戴一顶毡帽，上面插着羽毛，还有一个用兽尾做的冠缨。尸体旁尚有其他陪葬物。[3]

斯坦因在楼兰遗址发掘了4天之后，又移向楼兰遗址以西近13公里的一个遗址。这里是斯文·赫定首先发现的，但他未仔细挖掘。据斯坦因考察，这个遗址规模亦很宏大，他在这里发现了许多精美的用

〔1〕斯坦因：《斯坦因西域考古记》，99页。
〔2〕斯坦因：《罗布沙漠考察记》，吴传钧译，见《新中华复刊》第1卷第5期。
〔3〕斯坦因：《罗布沙漠考察记》。

来装饰房屋、家具的木刻残片,极漂亮的丝、毛织品,革鞋式样的鞋子等。遗址中也有用篱笆隔开的果园。他们在这里发掘6天之久,由于饮用水所剩无几,只好于12月29日返回若羌。

到1914年,斯坦因又曾在米兰以北发掘两个遗址,其遗物与这一地区其他遗物类同。这些遗址都与楼兰国有一定关系,因此可以称为楼兰遗址群。

斯坦因所考察的丹丹乌里克遗址、尼雅遗址、米兰遗址和楼兰遗址群,都是沙漠深处的古代遗址。每个遗址又都位于一条干河床的末端,说明这些河流当年曾流入沙漠,使这些遗址得以维持。同样,由于河流干涸不能继续流入沙漠,居民点也就只好废置。

这四个遗址中都发现了大量古代文物,除了上面逐个所说的情况外,还有两点值得注意。首先,在这四个遗址中除了发现汉文文书、木简之外,还发现有大量其他文字,其中有古于阗文、佉卢文、古突厥文、古藏文和粟特(窣利)文。这些文字的发现,说明古代西域地区民族众多,语言复杂,文字不一,是东方民族、文化交流的一个大熔炉,是我国历史巨册中具有独特光彩的一页。这些古文字的发现,补充了我国历史文献的不足,打开了人们对西域历史研究的眼界,丰富了我国西域史的研究。

其次,这些遗址中出土了大量佛教塑像、壁画和雕刻。据斯坦因等人的研究,这些佛像,特别是壁画、雕刻的风格、构图、色调及用笔等,受希腊影响很深。有些壁画的人物,就直接来源于希腊神话。这种看法除了根据壁画本身的特点以外,也有历史事实的根据。

公元前4世纪时,希腊马其顿王亚历山大东侵,兵锋所及达到中亚及埃及,并建立了西起尼罗河、巴尔干半岛,东至印度河的亚历山大帝国。这个帝国的起源虽在欧洲,但其大部分领土却在东方。为了巩固自己的统治,帝国的统治者不得不把巩固对东方的统治作为自己政策的基础。他们的一个基本政策就是使被征服各地和民族希腊化。帝国统治者在非洲以及亚洲许多地区建立以亚历山大命名的城市,一面屯兵驻守,一面移民通商,作为推行希腊文化的据点。帝国还提倡马其顿人、希腊人与东方人通婚,将希腊人大量移至东方,在征服地推行和使用希腊语言等等。随着这些措施的实行,希腊的经济、文化确实在东方许多地方产生了巨大影响。特别是在古代巴克特里亚(大夏)范围内(阿姆河上游至印度河之间),希腊化推行更为有力。希腊早在公元前6世纪就创造了灿烂的文化艺术,特别是希腊古代雕刻、绘画的技艺,正如马克思称赞的那样:"至今还继续供给我们以艺术的享受,而且在某些方面还作为一种标准和不可企及的规范。"[1]因此在古代,希腊雕刻、绘画,确实是世界艺术高峰之一。这种雕刻、绘画自然对大夏的影响十分强烈。公元前2世纪初,贵霜王朝在古大夏地区兴起,其统治者大力推行佛教,并采用希腊式的雕刻、绘画作为宣传、表现佛教的手段,即古代被称为犍陀罗的艺术,这种美术因兴起于古犍陀罗地区,所以这种以希腊雕刻、绘画艺术为形式,以佛教为内容的美术,就被称为犍陀罗式美术。斯坦因在考察我国沙漠中这几个遗址的佛像雕塑、庙宇壁画后得出结论,认为它们都属于这种犍陀罗式美术。对犍陀罗式美术的内涵,一些专门研究佛教艺术的学者,也各有不同看法。有的认为对于这种美术的形式,单说是佛教和希腊文明的结合是不够的,应该把这种美术看作是"印度的感情与希腊的美的协调的结合"[2]。

对这种美术产生的时间,有人认为是公元前2世纪中期,有的认为在公元前1世纪,或称在迦腻色迦王以前不存在等等[3]。对这种美术在中国的发展,一般认为在西域发现的三四世纪的佛教美术与犍陀罗美术十分一致;五六世纪的佛教美术具有最接近犍陀罗美术的要素;七世纪时的佛教美术,即唐以后,则具有明显的中国本身的特点[4]。斯坦因在丹丹乌里克遗址、尼雅遗址、米兰遗址以及楼兰遗址群中发现的佛教美术,各期均有。

斯坦因在塔克拉玛干沙漠中发现和盗掘的文物,都是我国的稀世

〔1〕《马克思、恩格斯、列宁、斯大林论艺术》,人民文学出版社,1958年版,59页。

〔2〕羽田亨:《西域文化史》,68页。

〔3〕羽田亨:《西域文化史》,69页。

〔4〕羽田亨:《西域文化史》,70-71页。

珍宝,对研究我国新疆历史和东西文化交流,是极其珍贵的历史资料。但是由于当时清政府的腐败,这些珍贵文物都被他成批地窃运到国外,目前主要保存在英国。

6.3 丝路古道和汉代长城

1907 年斯坦因在考察楼兰遗址后,又从米兰出发,沿古罗布泊南部边缘,朝东北方向西行,穿过库姆塔格沙漠,在经古阳关遗址去敦煌的沿途,发现了很明显的古代道路的遗迹。他认为他所走的这条路,就是古代丝绸之路的一条通道。这条通道在楼兰改称鄯善,特别是在楼兰遗址废弃、鄯善国的政治中心移至若羌和米兰之后,就成为由中原沿昆仑山北麓到于阗等地去的最主要的通道。斯坦因在考察这段古道时,还发现罗布泊东部有一个大盆地,内有一连串明显的干湖床。他认为这个现象说明,古代疏勒河(源出青海祁连山西段,西北流经玉门、安西和敦煌北部)曾从敦煌流经库姆塔格沙漠北部,注入古代罗布泊。因此他认为,古代罗布泊既是塔里木水系的汇合点,也是东部祁连山雪水的汇合点。

罗布泊南部丝绸之路的古道虽然也是一条重要通道,但文献记载中对罗布泊北部的那条丝绸古道却更为重视,同时也是斯坦因渴望考察的一个地区。

1914 年他第三次到我国西北考察时,就把实地探察罗布泊北部的丝绸之路作为考察重点。

1914 年 2 月,斯坦因从若羌向东北出发去寻罗布泊北部的古代丝绸之路的痕迹。他经过楼兰遗址,穿行于古罗布泊北部边缘。这里完全是硬盐层黏土地面,硬盐层皱成倾斜形大块,人和牲畜行走十分艰难,走一日路程,连骆驼的脚掌都被磨破,不得不给骆驼脚钉上皮掌。斯坦因一行在干涸的古罗布泊北部一直向东,"忽然前面有一个高达百余尺的陡壁挡住,这是古时的湖岸。回头西望,只见无垠的一片褐色盐池,这是古罗布泊北观的遗影"〔1〕。他们走出古罗布泊的干湖底,在湖的北部发现有驿站遗址,与楼兰遗址正好在东北方向的一条线上。他们在湖的北部找到了古代交通大道的痕迹,不时看到散落在古道上的钱币、金属器皿等物。在一段古道上,每相隔 20 多米,就散落一枚汉代五珠钱,由西南向东北,共有 200 多枚。这显然是行路的官员或商人从钱袋或箱子的破洞中漏出来的钱币。〔2〕 路上还散落有一些崭新的青铜箭镞等物。

沿罗布泊北部东行,斯坦因进入白龙堆沙漠。白龙堆沙漠虽然极其荒漠,但古道痕迹却十分清楚。斯坦因站在一个高坡上看到一条由车辆、牲口和行人踏压出的大道,由西方一直向东伸向遥远的前方。斯坦因在经过了这段由楼兰经白龙堆沙漠的丝绸古道后,曾十分感慨地说:"中国文书上所说如此伟大的贸易,通过自古以来便已无水、无燃料、无草、穷荒不毛的那一条近两百公里长的大路,是怎样组织、怎样支持的问题,我无须乎在此处讨论。这在文明的交流上,有极伟大的成就。……老实说,这可以视为精神胜过物质的一种胜利。"〔3〕

对汉代长城的发现和考察,主要是斯坦因第二次对我国西北考察时进行的。

1907 年 3 月,斯坦因经库姆塔格沙漠东行。在今若羌县东端的大盐泽盆地边缘,发现了一座高达 7 米的碉堡。这座碉堡全用土砖垒成,构筑方法也是两层土砖之间垫一层红柳枝,这种典型的汉代筑墙法,斯坦因从帕米尔到楼兰,曾多次看到。这座碉堡十分坚固,保存完好,像一座雄伟的宝塔矗立在平坦的荒野中。附近还有一些小的建筑物地基,看样子很像防守者居住的地方。在其附近还发现了一些毛织物、铁器、木器等物的残片。从以后的考察得知,这个碉堡正是一直延伸到罗布泊的汉代长城亭障的一个碉堡。

斯坦因离开了这个碉堡后不久,在新疆与甘肃的交界处,发现了

---

〔1〕斯坦因:《罗布沙漠考察记》,吴传钧泽,载《新中华复刊》第 2 卷第 5 期。

〔2〕斯坦因:《罗布沙漠考察记》。

〔3〕斯坦因:《斯坦因西域考古记》,115 页。

一系列东西方向的碉堡群,它们在将近 40 公里的距离内,几乎排列成一条直线。其位置都是最理想举烽火之处。在其东部,斯坦因又突然发现附近平沙中露出一些苇束,再仔细一看,有一道墙基横过低地,一直向东伸展。追踪近 5 公里,这段墙始与另一高大碉堡相接。墙仍是两层土之间夹苇秆束筑成。这些相连的碉堡和墙,引起斯坦因极大的兴趣,他沿墙迹继续东行考察,这条墙连续不断,仍是隔一段有一碉堡。可以看清楚的碉堡和墙的残迹,沿疏勒河北部,有一段延续达 80 多公里。在斯坦因第三次到这里考察时,曾沿着这条墙,由古玉门关址起向东一直到额济纳河,再沿额济纳河北上,达居延海,其长度有 700 多公里。

从遗迹看,这段墙一般宽约 2.5 米,有些残存墙的高度达 3 米多。斯坦因说:"我注视着耸立于前面的几乎垂直的城墙,不能不惊叹古代中国工程师的技巧。在这一望无际的沙漠中,无有一切出产,有些处所甚而滴水俱无,建筑这种坚固的城墙,一定是一桩很困难的工作。"[1]

斯坦因所发现的这段墙,一般是每隔一段不等的距离,就有一个碉堡。碉堡的基部方六七米,其上端逐渐缩小。碉堡多为实心,做瞭望之用,瞭望者用绳攀缘而上,碉堡位置一律选择在较高处,以便瞭望。这种墙显然就是我国古代的长城。

我国长城自秦始皇时始连成一线,东自辽东,西至临洮(今甘肃岷县。近来有人主张即在今临洮),这是人所共知之事。西边这一段长城是何时及如何修筑起来的呢? 对这段长城,我国史籍中也有明确记载,它是随着汉朝势力的发展及汉朝与匈奴斗争形势的需要,分几次修建成的。

西汉武帝元狩二年(公元前 121 年)统辖河西地区的匈奴浑邪王等归附于汉朝,河西一带始为汉朝政府管辖。汉朝政府在河西设立了郡县,同时"筑令居以西"[2],也就是"筑令居塞"[3]。所谓"塞",一般

〔1〕斯坦因:《斯坦因西域考古记》,122 页。

〔2〕《史记》第 123 卷《大宛列传》。

〔3〕《汉书》第 117 卷《西羌传》。

就是指长城这种防御建筑。[1] 令居即今甘肃永登。这次修筑的"令居塞",大体是东起永登,西至酒泉。[2]这是汉朝在秦长城以西第一次修筑的长城。

汉得河西后,又派张骞二次出使乌孙等地,与西域各地建立了联系,丝绸之路正式开通,不久即出现了东西方使者"相望于道"[3]的局面,河西走廊遂成东西交通的咽喉要地。但匈奴贵族却不断侵袭河西,胁迫车师、楼兰,不时阻断通道,使刚刚开通的丝绸之路,受到严重威胁,仅仅修筑令居塞已不适应要求,在这种情况下,汉武帝于元封三年(前108年)派兵击破被匈奴控制的车师和楼兰,清除了这一带的匈奴势力,又从"酒泉列亭障至于玉门"[4]。所谓"列亭障",也就是修筑长城。这是汉朝在西部第二次修长城。这段长城从酒泉修起,因此必然与"令居塞"相接。作为这段长城终点的玉门,并非古玉门关遗址,而是在敦煌以东今玉门市附近。

汉武帝太初三年(前102年)又命强弩将军路博德屯军于额济纳河下游居延海,在这一带修筑长城,当时称"遮虏鄣"或"居延塞"[5]。"遮虏鄣"的起止虽无记载,但在当时情况下,短距离修建一些碉堡和城墙,对防止匈奴骑兵南下显然是无济于事的,所以它必然也是一条很长的防线,实际上就是由居延海溯额济纳河一直南下的那条长城,也就是说,它北起居延海,南至酒泉。

敦煌以西至罗布泊的亭塞是最后修成的。汉武帝太初四年(前101年)李广利破大宛后,根据武帝命令,"自敦煌西至盐泽(罗布泊——引者)往往起亭"[6]。所谓"亭",也是边塞系统中的一环,是管理烽燧、传达警报的碉堡,这里所说"起亭",当然主要是修筑碉堡。但根据斯坦因实际考察,在这一段的东部,"亭"之间也有"塞",并与"酒

[1]张维华:《中国长城建置考》上编,中华书局,1979年版,第138页。
[2]张维华:《中国长城建置考》上编,中华书局,1979年版,第147页。
[3]《汉书》第61卷《张骞传》。
[4]《史记》第123卷《大宛列传》。
[5]《汉书》第54卷《李广传》。
[6]《汉书》第96卷上《匈奴传》。

泉塞"相接。斯坦因在敦煌以西的长城遗址中曾发现一枚木简上有太始三年(前94年)的年号。[1]这说明敦煌西至罗布泊这一段长城的修筑年代,与起"亭"的时间是同时的。

随着汉朝势力的发展,通过上述四次修筑障塞,从罗布泊经酒泉到令居,又从居延海到酒泉,形成了一条丁字形的汉代长城,斯坦因所考察的,正是这段汉代长城的一部分。

斯坦因在沿汉长城的许多遗址中,发现了大量古代遗物。他在敦煌以西的长城遗址中发现了300枚以上的汉代木简。木简上除了有上述太始三年的年号外,尚有太始元年(前96年)、地节二年(前68年)、元康三年(前63年)、神爵三年(前59年)等年号。有的木简重录或引述了关于在敦煌地区建立屯田以及建亭障的诏谕,也有关于军队的组织、部队的番号以及其他报告和命令等。在长城遗址中还发现有汉朝的度量衡、盛镞的盒子,还有一个小箱盖,上刻"显明燧药函"的字样。这说明每一碉堡均有名号,其设备,包括医药设备也都很齐全。对汉代长城的考察证明,汉代有一套完整的塞防制度。就以施放烽燧来说,文献上记载,传警报信时,一般是"昼举烽,夜燔燧"[2]。所谓"举烽",是在碉堡上设一桔槔,桔槔头吊一兜,内置柴草,白天有警,即将兜内柴草点着吊起,使之冒烟,即所谓"烽"。晚上有警,即将平时堆积于高地上的木柴堆点燃,火光冲天,直达下一碉堡,这就是所谓"燧"。因此又将举烽燧的碉堡称"烽燧"。斯坦因在考察中就曾发现一些举燧用的柴堆,这种柴堆一般是将芦柴捆成束,再将它有规则的一层一层十字交叉堆成,每堆六七尺见方,高自一尺到六七尺不等。他也曾发现许多已经烧成灰的燧堆。此外,报警的方法除烽、燧外,在白天也用"举表"的办法。所谓"举表",即在天气晴朗的时候,高举有色长布等物以示警报。

斯坦因在长城沿线还发现有驿站、粮食仓库等遗址。从长城的遗

---

[1]斯坦因:《斯坦因西域考古记》,127页。
[2]《汉书》第48卷《贾谊传》。

131

·欧·亚·历·史·文·化·文·库·

物遗址可以看出,汉朝为了维持塞防,在人力、物力上花了很大代价。

斯坦因在长城遗址中还发现了一些粟特文文书。

粟特是古代中亚的一个古国,又称康居,其地域一般认为在阿姆河、锡尔河之间的泽拉夫善河流域,撒马尔罕是它的政治、经济中心。粟特主要居民的语言属印欧语系伊朗语族东支,他们使用的文字被称为粟特文,也称窣利文。据说,粟特人生子后,父母在婴儿口中放一点蜜,手中抹一点胶,表示希望孩子长大后说话和气,能赚钱积财。孩子五六岁就开始学写字,稍长就学习商业。所以粟特人经商者特多,而且善于经商[1],撒马尔罕很早以来就成为东西方贸易的一个聚散地和中转站。我国古籍中关于粟特人来内地经商的记载十分丰富,粟特商人的足迹遍于天山南北和内地许多地方。因此粟特文书在我国时有发现。斯坦因在长城遗址中发现的主要是一些粟特文书信。据斯坦因推测,这很可能是 1 世纪时,粟特商人特意用当时只有中国才使用的纸作为书写材料,以便家人、朋友可以看到这奇异的“洋货”。以后经人化验,这种纸是丝麻织物的浆造成的,比东汉蔡伦所造的纸更为古老。

6.4　敦煌藏经洞骗宝

斯坦因于 1907 年和 1914 年两次到过敦煌。

他第一次在我国新疆地区探险后,曾听人说起敦煌千佛洞(又称莫高窟)有大量佛教壁画、雕塑,这引起斯坦因极大的兴趣。他决计于第二次到我国探险时,到敦煌进行考察。

1907 年 3 月,他到达敦煌千佛洞。

敦煌千佛洞是我国著名的石窟艺术宝藏。它在甘肃省敦煌市境内,位于城南 25 公里的三危山和鸣沙山之间的峭壁上。石窟开凿于前秦建元二年(366 年),经十六国、南北朝、北魏、西魏、北周、隋、唐、五代、宋、西夏、元等 1000 年间,数十朝的不断开凿,在 1600 米长的崖壁

---

〔1〕《魏书》第 102 卷《西域传》“康居”条。

上,形成了上中下几层像蜂房一样大大小小的石窟群。其中有壁画和塑像的洞窟达490多个,里面珍藏着我国古代艺术匠师们创制的彩塑2000多尊,壁画45000多平方米,是世界艺术史上罕见的伟绩。

　　千佛洞的石窟艺术都以佛像、佛教故事为其内容。佛教自东汉传入内地后,很快得到传布。特别是十六国及南北朝时期,战乱不断,生灵涂炭,社会经济崩溃,人民生活十分艰难。于是以宣扬"因果报应,轮回转世""现世受难,来世幸福"为主要内容的佛教,在统治者的提倡下,得到了蓬勃发展。同时,曾在印度和其他地区流行过的一种在石洞中供养佛像以修来生的造像活动,传入我国。于是石窟寺的兴建,满山遍谷,雕像、画壁之风,到处兴起,我国新疆的于阗、库车、吐鲁番等处有,内地也有,而敦煌千佛洞则是我国现存最古老、规模最大,而且雕像、壁画最多的石窟寺。斯坦因当时所见到的千佛洞,还是流沙塞门、断垣残壁、无人管理的破寺。但当他看到洞内精美的壁画和雕像时,不禁流连忘返,认为其"美术价值之丰富,真可以使人惊心动魄"[1]。斯坦因在参观、欣赏了石窟中的壁画和塑像后,将全部注意力集中于藏经洞的卷子上。他一到敦煌就听说,几年前在一个洞窟内发现了许多古文书,他立即就想看一看这些东西。但主持这里香火的王道士(名王元箓)外出化缘。斯坦因从王道士的一位徒弟处得知,几年前(1900年)在一个石洞过道的右侧墙壁上,裂开一道缝,以后逐渐扩大,内中似乎还有一洞,王道士扒开一看,果然又是一洞,里面堆满了各种文书、画卷,王道士曾取出一些,又将此洞封好,不准他人随意观看,这个洞就叫藏经洞。斯坦因得知果有此事,遂下决心等王道士归来。两月后,王道士回到千佛洞,斯坦因立即要求王道士准许他查看藏经洞,但遭王道士的拒绝。斯坦因从与王道士的接触中感到,在王道士的眼里,藏经洞的出现,是菩萨对他的某种恩惠和启示,其中的文书,是佛赐给他的某种天书,是不能随便出示他人的。针对这种思想,狡猾的斯坦因投其所好,利用王道士十分崇拜唐玄奘的心理,自称是玄奘的崇奉者,并说

---

〔1〕斯坦因:《斯坦因西域考古记》,139页。

·欧·亚·历·史·文·化·文·库·

自己以玄奘为榜样,从他取过经的印度,万里迢迢地沿着玄奘走过的路,诚心来此取经,藏经洞的显现,说不定正是菩萨对他求经诚意的满足。

王道士果然为这一套鬼话所动,遂悄悄给斯坦因拿出一些卷子让他翻阅,说来也巧,最初从藏经洞中给斯坦因拿来的,竟然又都是玄奘从印度取回,并由他译成汉文的佛经卷子。于是这位满脑子充满因果报应、菩萨显灵思想的王道士,对斯坦因的鬼话更加深信无疑。"在这种半神性的指示的影响下,道士勇气为之大增,那天早晨将通至藏有瑰宝的石室一扇门打开,从道士所掌微暗的油灯光中,我(斯坦因——引者)的眼前忽然为之开朗。卷子紧紧地一层一层地乱堆在地上,高达十呎左右。"[1]此后数天,王道士一捆一捆将藏经洞中的文书拿出来让斯坦因及其助手蒋师爷(名蒋孝琬)翻阅。

藏经洞中的文书因为纸质精良,所以保存完好,有不少宽达尺许,长达两丈开外,卷成轴卷的。也有的因存放时间过长,粘连一起,不易解开。其中最古的为公元5世纪之物,大部分都是汉文佛经,也有于阗文、龟兹文、突厥文、回鹘文、叙利亚文、印度婆罗米文、梵文和藏文的卷子。藏经洞中还有相当一部分画卷,有的画在纸上,有的画在绢上,多为佛像,作为寺院旗幡之用。

在斯坦因骗走的画卷中,有一幅是雕版印刷的卷子,上面的年代是唐朝咸通九年(868年),这是当时所知最早的雕版印刷品,在古文书中有一卷汉文摩尼教经典,还有用突厥文写的摩尼教祈祷圣诗的卷子。摩尼教是公元3世纪时由波斯人摩尼创立的宗教,它吸收了袄教、基督教、佛教等宗教的思想资料,形成自己的教义,主张善恶二元论,以光明与黑暗为善与恶的本源,宣扬善有善报,恶有恶报。它自7世纪传入我国后,曾在回纥等少数民族以及中原许多地区传布,曾成为一些农民起义的组织形式。摩尼教虽在我国有较深的影响,但其经典在此以前不曾发现,各国研究者只能从其他宗教反对摩尼教的有关著作中

---

〔1〕斯坦因:《斯坦因西域考古记》,144页。

看到一些侧面。敦煌藏经洞中保存的摩尼教经典和其他有关文书，为研究摩尼教提供了最宝贵的第一手资料。突厥文写的摩尼教祈祷文，也是世界文化宝库中难得的珍品。

斯坦因从他所看到的藏经洞文书中，选出了完整无缺的文书 3000 卷，其他单页和残篇约 6000 多篇，从画卷中挑选了 500 幅，共装了 29 箱，运回英国。他以"布施"的名义给王道士银元宝四十锭，作为这些无价之宝的"代价"。

1914 年斯坦因再次来到千佛洞，当时藏经洞又经过伯希和等人的巧取豪夺，所剩已无多少，斯坦因通过王道士又骗购去了一些卷子。

作为资产阶级的一个考察家，按他们行事的道德标准，用这种方式骗走中国的无价之宝，是不奇怪的。这个愚昧无知、贪婪无耻的王道士，把这样多的国宝出卖给外国人，也是个不可饶恕的民族罪人。当然我们也应看到，当时清政府的腐败无能，国家的软弱落后，应该是这一惨痛损失的基本原因，也是造就王道士这类人物，并使他逃脱应有惩罚的社会条件。

对斯坦因在我国西北地区考察的主要活动，上面做了简要介绍。但他的活动并不限于上述各地。他还考察过酒泉、张掖及其以南的祁连山和称为河西北山的合犁山、龙首山等，他沿额济纳河到过黑城子遗址，并进行了挖掘。他穿过河西北山到天山南麓、塔里木盆地以北，考察了吐鲁番的高昌古城遗址、交河古城遗址、阿斯塔娜墓葬群、伯孜克里克千佛洞，在焉耆考察了明屋遗址和博斯腾湖，在库尔勒考察了汉代西域都护的所在地轮台遗址，在库车考察了唐代安西都护府所在地等等。他在这些地区都进行了挖掘，并窃走了大量古代遗物。

斯坦因从我国窃走的大量壁画、文书、绘画和其他文物，目前经欧洲学者的研究整理，基本上已编出目录、图录等，其实物大都藏于英国不列颠博物馆，此外还流散在印度、美国、伊朗等国的有关博物馆中。

他的考察对推动欧美对我国古代西北史地的研究起了很大的作用,但是,对我国古代珍贵文物却造成了无法弥补的损失和破坏。

（原载于《外国考察家在我国西北》,河南人民出版社,1983 年版）

7　日本大谷光瑞考察队及其
敦煌、于阗探宝

　　日本人在我国西北地区的考察,比起欧洲人的考察活动来,要迟一些。但到 20 世纪以后,却大有后来居上的趋势。在日本人的许多次考察活动中,影响最大的,要数日本法师大谷光瑞所组织的考察队了。在介绍大谷光瑞考察队的活动中,重点介绍他们对佛教遗迹的考察和在吐鲁番、敦煌一带的某些发现。

7.1　三次探险概述

　　早在 19 世纪 80 年代末,一位日本驻俄国的外交官西德二郎就曾取道俄国中亚,来到我国新疆进行探险考察。他回国后,写了《中亚纪事》(1886 年)一书,向日本人介绍了我国新疆的许多历史、地理情况。这部书被称为日本人研究我国西域早期的著作之一。

　　1896 年,日本人福岛安正也经过俄国中亚到我国阿尔泰山区进行过探险考察。同时,在日本国内也有一些学者开始介绍欧洲人对我国西北地区进行探险考察的成就。如 1896 年日本《史学杂志》上刊登了介绍科兹洛夫探险活动的文章《俄国人在中亚的探察》;1897 年日本《东亚学杂志》1—3 期登载了桑原骘藏写的《兰斯代尔著〈中国土耳其斯坦〉》一文;1901 年在《内外大家世界探险》一书中收载了《斯文·赫定沙漠横断记》的日译文;1902 年《中学杂志》刊登了《斯坦因的中国突厥斯坦新探险报告》等等。

　　在这些著作的推动下,研究西域的兴趣在日本学术界日渐浓厚。1896 年《史学杂志》首先发表了《关于东洋尤其是西域的参考书》,

1899 年又发表了《关于中亚的研究材料》等。直接研究西域的历史、民族和交通方面的文章,也多起来了。但是正式对我国西北地区进行探险考察的活动,却尚未开展。

1899 年在罗马召开了第十二届东方学会议,会议决定组织中央亚细亚探险的国际组织。1902 年在汉堡又召开了第十三次国际东方学会议,会上成立"中央亚细亚和远东的历史学、考古学、语言学、民俗学研究国际学会"[1]。这两次会议的决议,虽由于当时的条件,有的并未实行,有的尽管成立了组织,却有名无实。但是,在这两次会议上,许多国家的学者公布了中亚考察的发现和研究成果,从而使我国西北地区更加成为东方学家和探险家们注目的地方。各国独立组织的探险队、考察团,络绎不绝地来到我国西北地区。这种争相到中国西北考察的热潮,激起了一位正在英国留学的日本年轻法师考察我国西北地区的极大兴趣,这人就是当年还只有 27 岁的大谷光瑞。

大谷光瑞是日本净土真宗西本愿寺的第 22 代长老。他于 1900 年到伦敦留学,对欧洲人在我国西北地区考察的成果比较了解。在两次国际东方学会议的推动下,他决心组织探险考察队,到中国西北地区进行考察,使日本人也跻身于这个热潮之中。

大谷光瑞总共组织过三次考察。他自己虽然只到我国新疆南部很少一部分地区进行过很短时间的考察,但由于这三次考察都由他组织,所以这三次探险队也就被称作大谷光瑞探险考察队了。他们反复重点考察了古佛教中心于阗国、库车一带的千佛洞,以及吐鲁番、敦煌等佛教遗址,探察了丝绸之路南北两道等等。

1902 年 8 月,大谷光瑞在英国伦敦组成由渡边哲信、堀贤雄、本多惠隆、井上弘圆和他自己在内的 5 人考察队,离开伦敦,取道俄国中亚,越阿赖谷地以北的铁列克达坂,经伊尔克什他木,进入我国新疆乌恰县,由这里直驱喀什。他们在喀什待了一周,因为大谷光瑞准备乘大雪封山之前先到印度,所以这个考察队遂南行,经叶尔羌(今莎车)到塔

[1]长泽和俊编:《大谷探险队丝绸之路探险》,载《西域探险纪行全集》之九,9-10 页。

什库尔干。在这里,大谷光瑞同本多惠隆、井上弘圆继续南行,越喀喇昆仑山脉西头的明铁盖达坂,进入克什米尔,然后到印度各地游访佛教圣迹。渡边哲信和堀贤雄返回莎车,在新疆继续考察。他们两人曾先后到于阗、库车一带,在库车待了近 4 个月,考察了库车的克兹尔千佛洞和库木吐拉千佛洞。这些洞窟始建于十六国南北朝时期(317—589 年),保存有大量佛像雕塑和壁画,对研究我国古代雕塑、绘画以及社会历史,都有重大意义,斯文·赫定、斯坦因等人都曾到过这里。日本考察队员对这些洞窟表现了极大的兴趣。他们最恶劣的是肆意将洞中的一些珍贵壁画剥下盗运到了日本,给我国文物古迹造成很大破坏。此后他们又游历了库尔勒、焉耆、吐鲁番、乌鲁木齐等地,然后东行,经甘肃河西,于 1904 年东返日本。[1] 主办此次考察的大谷光瑞,于 1903 年 1 月曾由印度再次到我国新疆。但在喀什得知其父去世的消息,遂于 3 月间返回日本。这次真正在我国进行了考察的,主要是渡边哲信和堀贤雄,考察历时一年多。

3 年以后,大谷光瑞又组织了第二次对我国西北地区的考察。实际参加这次考察活动的,是橘瑞超和野村荣三郎。橘瑞超当时刚满 17 岁。

1908 年 6 月,他们两人由东京到达北京,准备了两辆马车,雇请了两个仆人和两个马车夫,先北行到当时外蒙的库伦(今乌兰巴托),由这里再西行,经乌里雅苏台、科布多,南越阿尔泰,于 10 月初到达古城(今新疆奇台县),继而来到吉木萨尔,吉木萨尔县境内有唐代北庭大都护府的遗址,当时称庭州,元明以来又被称为别失八里。他们在这里考察多日,于 10 月 26 日到乌鲁木齐。在这里停留 30 余日,然后东南行,到吐鲁番。

吐鲁番是我国历史文物古迹十分丰富的一个地区。他们在这里考察了著名的交河故城和高昌故城的遗址。交河故城遗址的历史,可

---

〔1〕以上见大谷光瑞:《大谷探险队的概要及业绩》,载长泽和俊编:《大谷探险队丝绸之路探险》。

以追溯到西汉时期的车师前部王国;高昌故城遗址的规模主要是前凉以来所奠定的基础,曾是高昌王国的首都。这一带的阿斯塔娜、哈喇和卓和交河故城附近,还有许多墓葬。墓葬有公元 3 世纪的,而以唐代的最多。这些墓葬中有极丰富的文物,是探险家们最关心的地方。橘瑞超等人也没有放过在这里进行发掘的机会,并窃走不少珍贵文物。他们在这里考察数十日,又西南行,到库尔勒。由这里他们两人分路进行考察。野村荣三郎西行到库车、沙雅、拜城、阿克苏等塔克拉玛干沙漠以北、天山以南诸城,然后到达喀什。橘瑞超则由库尔勒东南行,到卡克里克(今若羌县),以这里为基地,对古代罗布泊和楼兰遗址进行了一个多月的考察。然后沿塔克拉玛干大沙漠的南部,考察了尼雅遗址,过克里底雅(今于阗)、和阗、叶尔羌(莎车)到喀什,与等候在那里的野村荣三郎会合。他们两人的考察路线,正好是沿丝绸之路的南道和北道,绕行塔克拉玛干大沙漠一周。在喀什,他们考察了附近的遗址和石窟,又南下越喀喇昆仑山,到克什米尔的列城。11 月间他们与当时正在克什米尔的大谷光瑞会合。橘瑞超随大谷到伦敦,结束了第二次考察。这次考察历时一年半,橘瑞超和野村荣三郎两人的行程合起来,走遍了新疆地区,特别是天山以南的主要名胜古迹。

大谷光瑞带橘瑞超到伦敦后,即开始筹划第三次对我国西北的考察。次年,大谷光瑞派橘瑞超和一个英国随从霍布斯两人从伦敦前来我国。他们先到俄国的彼得堡,再到西西伯利亚的鄂木斯克,再改乘马车进入我国塔城地区,于 1910 年 10 月到乌鲁木齐,橘瑞超这次到我国新疆地区,考察目标比较集中,他首先到吐鲁番,对这里著名的阿斯塔娜古墓群再次进行了发掘,窃走了不少古文书。12 月他又到罗布泊地区,继续考察楼兰遗址。1911 年 1 月,他到达车尔臣(今且末),并决定从这里由南向北纵穿塔克拉玛干大沙漠,到塔里木河去。2 月 4 日他从且末出发,带了可供 30 天用的水和粮食。他虽做了穿越这片大沙漠的充分准备,但在沙漠中仍然备受艰险,用了 20 多天始到塔里木河,然后到了轮台,又西行至库车。在这里,橘瑞超听到他的英国随从霍布斯在喀什患天花病死的消息,遂赶回喀什。橘氏安葬了霍布斯后,又转到塔克拉玛干大沙漠以南的于阗。他曾打算通过藏北地区到达甘肃,但他两次沿克里雅河南下进入昆仑山后,都因困难太大,无法前进,只好退回。这时正值我国辛亥革命爆发前夜,日本国内听不到橘瑞超的消息,甚至后来传说他已死在中国。大谷光瑞十分担心,1911年5月专门派吉川小一郎到敦煌去寻找橘氏。吉川小一郎当时年二十六七岁。同年10月到达敦煌,他便给若羌的官员写了一封信,打听橘瑞超的下落,当时正值橘瑞超越昆仑山失败,只好沿塔克拉玛干大沙漠南缘向甘肃前进。当他走到若羌时,看到了吉川小一郎的书信,立即兼程前往敦煌。1912年元月,橘瑞超和吉川小一郎在敦煌会合了,两人还曾在莫高窟428洞和444洞署名留念。1914年2月,吉川氏又曾专程来过敦煌。他们除在敦煌攫取了不少敦煌藏经洞中的卷子外,还对敦煌石窟进行了大量摄影和调查,这些材料以后均保存于日本龙谷大学西域文化研究会。[1] 以后,日本敦煌学在敦煌文书、石窟壁画、出土绘画艺术等研究方面颇有所长,这与大谷考察队从我国敦煌攫取到大量文物是分不开的。

在敦煌考察结束后,他们两人先后到哈密和吐鲁番进行了新的调查。从吐鲁番,橘氏一人先行经乌鲁木齐北上,过蒙古、西伯利亚回国。

此后,吉川小一郎一人留在我国继续考察。他除了主要考察吐鲁番之外,还沿塔克拉玛干大沙漠北缘,在焉耆、库车、阿克苏、喀什等地进行了考察。然后,又东南行,到叶尔羌、于阗等地。他还沿和阗河纵穿塔克拉玛干大沙漠的西部,向北越过终年冰雪覆盖的木札特达坂,于10月13日到达伊犁。在伊犁地区考察半月之后,东返乌鲁木齐,1914年1月5日踏上归途。他经过吐鲁番、哈密到肃州(今甘肃酒泉),进入河西北山(合犁山、龙首山等),西行至镇番(今甘肃民勤),再北入阿拉善沙漠(外国地理学家一般称民勤以北的沙漠为阿拉善沙漠),经鄂尔多斯高原、包头、呼和浩特到北京,然后回国,结束了大谷

---

〔1〕冈崎敬:《大谷探险队与敦煌千佛洞》,载《西域文化研究》第1卷,1958年版,29页。

探险队对我国西北地区的第三次考察。[1]

日本大谷光瑞考察队的这三次考察,从 1902 年到 1914 年,除中间有 3 年的中断外,延续近 10 年之久。考察队成员的足迹遍及我国新疆天山南北的各个主要城镇和古代遗迹,他们攫取的古文书,收藏在龙谷大学的有 7733 件。其中汉文文书 4380 件,回鹘文文书 978 件,梵、藏、西夏、蒙古文等文书 425 件,汉文与古代少数民族文字合璧文书 530 件,此外还有佉卢文、于阗文、焉耆文、龟兹文等文书和木简多件。用各种手段从我国捆载而去的还有大量古代木简、壁画、雕像、丝织品以及其他各种文物。

考察队攫取的一部分文物,后来编成《西域考古图谱》,分上下两册,于 1915 年出版。考察队人员的部分论文、调查记等汇编为《新西域记》上下两册,于 1937 年出版。橘瑞超将其个人窃去的文物辑成《二乐丛书》,分 4 册出版。到 20 世纪 50 年代,日本有关学者成立"西域文化研究会",对这些文物进行系统整理、研究,于 1958 至 1962 年间,陆续出版了《西域文化研究》5 卷(6 册)本,这套书收集了数十位日本有关专家、学者的研究论文,是对大谷光瑞探险队三次考察活动在佛学、历史、考古、地理、文化、美术等方面的价值的最全面的介绍和论述。

我们前面已经说过,日本人对我国西北地区的考察活动并不仅仅是大谷光瑞所组织的这三次。在大谷探险队之前有过,在大谷探险队之后更多。例如日野强、林出贤次郎、付岛次郎、远滕利男等人,都曾到我国西北地区进行过考察活动。日野强著有《伊犁纪行》(上下两册,1909 年版)等书。但影响最大的,则是大谷光瑞所组织的对我国西北地区的这三次考察。

7.2　佛迹巡礼

大谷光瑞作为一位法师,他为什么一而再、再而三地组织考察队

---

[1] 以上均见大谷光瑞:《大谷探险队的概要及业绩》,载于长泽和俊编:《大谷探险队丝绸之路探险》。

到我国新疆等地进行考察呢？据他自己和他的队员们的说法，他们的考察，主要是与佛教史的研究有直接关系。他们的考察，也就是一次大规模的佛迹巡礼。

古代日本人民最早信奉的是万物有灵的神道教，佛教在什么时候传入日本，并不十分清楚。据一些佛教史籍所载，梁武帝普通三年（522 年），中国人司马达等在日本大和坂田原设立草堂崇奉佛教。司马达的女儿司马岛首先出家为尼，称为善信尼，司马达的儿子也出家为僧，称为德齐，这是日本有僧尼之始[1]，所以也可以看作是佛教传入日本之始。公元 552 年，朝鲜南部的百济国圣明王又派使臣将佛像和汉译佛经奉送于日本国[2]，这对佛教在日本的流行影响很大。但对佛教的传播，当时日本统治集团中却有着尖锐的矛盾。最后，主张接受和传播佛教的一派胜利，佛教遂在日本得以传播。特别是 7 世纪初以后，日本多次派出"遣唐使"来到中国，他们回国后，带去了中国的文化，同时将流行于中国的佛教各流派也带回日本，使佛教在日本广泛传播并成为当时的国教。由于有这样一种关系，所以日本佛教信徒一般认为，日本的佛教主要来自于中国。

大谷光瑞所信奉的净土真宗，来自于中国的往生净土法门。据说这种法门起之于东晋，至唐代正式创立了中国的净土宗。唐、宋时期，往生净土法门传入日本，至 12 世纪时，创立了日本的净土宗，称净上真宗，这一宗在日本发展最盛，后来又分化出了本愿寺等派。大谷光瑞正是净土真宗本愿寺派西本愿寺的第 22 代长老。既然日本的佛教来之于中国，所以日本也就很关心佛教在中国发展的情况。

然而中国的佛教是怎样传入的呢？我国许多著作大量记载中外僧侣直接由印度、中亚将佛教带入我国内地，以及我国内地的和尚到印度求经的事。其中有东汉永平年间来到中国内地的迦叶摩腾（又称摄摩腾）、竺法兰，东汉末年的安世高、支谶等人；有从中国内地到印度

---

〔1〕《扶桑略纪》卷 3，《元亨释书》卷 17。
〔2〕《日本书纪》卷 19。

求经的西晋高僧法显、北魏高僧宋云、唐代高僧玄奘等人。而这些人都经过了新疆地区,从他们的著作中,人们看到古代新疆地区的佛教十分兴盛,他们的著作也对佛教在新疆地区流行的情况做了很生动的描述。有些内地高僧当时所说的到西方取经,实际上就是到新疆地区去求经。如中国内地第一个西行求经的三国时期的和尚朱士行,就是到于阗取了梵文正本《大品般若经》,送至洛阳译成汉文的。新疆的高僧也直接到内地传播佛教,如后秦时的龟兹(今库车)高僧鸠摩罗什等。这表明,内地的佛教流派及其发展,与新疆地区的佛教有密切的关系。所以,作为直接承受中国内地佛教的日本佛教徒,当然也十分关心我国新疆地区的佛教的历史。特别是斯文·赫定、斯坦因等人从我国新疆各地发现了大量佛教寺院的遗址及佛像、佛经等物,其中许多佛经是用较早的印度和中亚曾使用过的文字书写成的,这就更引起日本佛教徒的关心和兴趣。

所有这些情况就提出了一个问题:佛教东传的过程,是否沿着印度—中亚—中国新疆—中国内地—日本这样一条线路渐渐东传的?新疆在佛教东传的过程中起了什么样的作用?新疆历史上佛教发展的情况究竟如何?这些问题就是引起大谷光瑞法师三次组团考察新疆的一个重要原因。按大谷光瑞自己和他的探险队成员们的说法,他们之所以三次考察新疆地区,一是要调查了解包括蒙古地区在内的我国西北地区当时的宗教信仰、宗教活动的情况;二是要考察佛教遗迹,了解历史上新疆地区佛教的发展、佛教的东传以及历代高僧来往取经传教的路线;三是收集佛教经典、佛像、佛具以及对研究佛教有参考价值的其他考古文物等。

佛教在东传过程中,我国新疆地区的地位和作用究竟如何呢?

佛教创立于公元前6到前5世纪的北天竺迦毗罗卫国(在今尼泊尔境内)。最初,其传播十分缓慢,在佛教创立200多年后,其传播范围也只限于恒河流域。公元前3世纪60年代,天竺摩揭陀国(今印度比哈尔邦南部)孔雀王朝的阿育王继位。在他统治时期,摩揭陀国势强盛,领土日益扩大,10多年中,除印度半岛南部外,印度的其他部分都为他所统一。阿育王原信奉婆罗门教,即位9年后,改信佛教,成为虔诚的佛教信徒。随着他向外的扩张,在他势力所及之地,兴建寺院和各种佛教纪念物,提倡出家,优待僧侣,举办各种佛事活动,把佛教推行到全印度。不仅如此,他还向国外大量派遣传教士,足迹遍于欧亚。从而使佛教很快在其邻近地区得到传播。

大约在公元前1世纪时,佛教已在与我国新疆毗邻的贵霜王国(当时统治地区北达阿姆河,南到印度中部的文迪亚山,横跨中亚细亚)流行。[1]

那么,佛教是什么时候以及怎样传入我国的呢?对这个问题,学术界的看法是不一致的。有人根据《后汉书》记载,说东汉明帝梦见西方有金人,遂派人到天竺去请高僧。公元67年有天竺僧人迦叶摩腾、竺法兰来到洛阳,住于白马寺翻译佛教经典,佛教遂传入中国。有的根据另一些资料,认为在公元前佛教就传入了中原。不过据《魏略·西域传》记载,在汉哀帝元寿元年(公元前2年),"博士弟子景卢受大月氏王使伊存口授浮屠经"[2],这个记载说明当时已有佛经传入。对佛教传入我国的途径,也有不同看法。有人认为佛教不是先进入新疆然后传入内地,而是直接由天竺传入内地,我国新疆地区兴盛佛教比内地要晚。其理由是因为《史记》《汉书》等文献中的有关新疆的情况,多是根据张骞、班超、班勇等人的报告和记述写成,而这些书中却没有关于新疆地区流行佛教的记载。这说明,在东汉以前,佛教在新疆地区并未流行。

但大谷光瑞考察队根据他们自己的考察,对这个问题提出了他们的看法。他们的三次考察活动,都重点对古代于阗国(今和田地区)进行了考察。于阗国是我国古代新疆地区的佛教中心之一。法显、宋云、玄奘等人都经过这里,并记载了他们在于阗看到的佛教盛况。特别是玄奘在于阗曾收集到一些有关于阗建国和佛教传入于阗的传说。[3]

---

〔1〕羽溪了谛著,贺昌群译:《西域之佛教》,商务印书馆,1956年版,77、96-98页。
〔2〕引自《三国志·魏志》第30卷。
〔3〕《大唐西域记》卷12。

他们在今和田地区考察了各佛教寺院遗址,并结合玄奘等人关于于阗建国和佛教传入的传说,认为早在公元前 1 世纪,佛教即由天竺直接传入于阗国。[1]这个说法现在看来虽然仍感缺少翔实可靠的根据,但经日本学者羽溪了谛等人的论证[2],亦有一定道理。目前我国学者亦有认为佛教传入我国的途径是先西域,然后到中原的。[3]

大谷考察队在考察于阗国佛迹中,对唐代的大乘佛教斫句伽国的位置和佛教遗迹进行了专门考察。

佛教有大乘佛教和小乘佛教的区分。大乘佛教产生于公元前 1 至前 2 世纪之时。在此以前的佛教,只追求"自我解脱",而大乘佛教除标榜"自我解脱"外,还标榜"普度众生",他们自认为这种教义能"运载"更多的人渡过"苦海",到达"极乐世界",所以称作"大乘",而把只求"自我解脱"的早期佛教贬称为"小乘"佛教。在中国和日本流传的佛教,大都为大乘佛教。而古代的于阗地区,据记载就是我国新疆地区崇奉大乘佛教的西域古国,甚至有人认为是"中国大乘佛教之策源地"[4]。大谷考察队以古于阗为考察重点之一,这也是一个原因。而在古于阗附近,据记载还有一个遮拘迦国或斫句迦国,也是崇奉大乘佛教的地方。玄奘说这个地方:"大乘经典部数尤多,佛法至处,莫斯为盛也。十万颂为部者凡有十数。"[5]大乘佛教流行此处的盛况,甚至超过了于阗,这当然更引起大谷光瑞考察队的兴趣。但对这个古国的地理位置,由于记载不一,人们的认识也不一致。有人认为是现在的莎车(又称叶尔羌),而斯坦因则认为是今叶城(又称哈尔哈里克)[6],并得到了学术界多数人的赞同。大谷光瑞考察队为了用实物证实斫句迦国的地点,亦曾几次到莎车和叶城一带进行考察。他们曾在这一带的山腰间"发现许多古代岩洞寺院、古城遗址,得到许多佛教东传的参

---

〔1〕橘瑞超:《中亚探险》,载长泽和俊编:《大谷探险队丝绸之路探险》。

〔2〕羽溪了谛著,贺昌群译:《西域之佛教》第 4 章。

〔3〕翦伯赞主编:《中国史纲要》第 1 册第 4 章第 4 节,1979 年版。

〔4〕羽溪了谛著,贺昌群译:《西域之佛教》,235 页。

〔5〕《大唐西域记》卷 12。

〔6〕斯坦因:《古和阗》,89－92 页。

考资料。估计这一带就是大乘教经典的所句迦国"〔1〕。

此外,他们对库车、焉耆、吐鲁番等地的佛教遗址,对拜城县的克孜尔石窟寺、库车县的库木土拉石窟寺、焉耆的明屋、吐鲁番的柏孜克里克石窟寺以及甘肃敦煌的千佛洞等佛教艺术宝库进行了考察,并窃走了大批珍贵文物。

7.3 丰富而珍贵的文物

大谷光瑞考察队窃走的我国古代文物,数量最大的是各类佛典、经书,其中有一部经,是西晋元康六年(296年)写有跋文的《诸佛要集经》,这部经据说是西晋和尚法竺护(音译昙摩罗刹)所译。法竺护原籍大月氏人,生于敦煌,学经于当时的高僧竺高座,人称"敦煌菩萨",有感于当时国内佛教经典不完善,随竺高座"至西域,游历诸国,外国异言三十六种……护皆遍学"〔2〕。他将葱岭以西各地所得佛经带回国内,沿途翻译,最后落脚于洛阳,共译出佛经175部,354卷。他到葱岭以西求经比法显早了100多年,所译经卷也比法显多,所以人们评价他的作用说:"经法所以广流中华者,护之力也。"〔3〕大谷光瑞考察队所发现的《诸佛要集经》,就是法护他在敦煌翻译的佛经之一,也是最早的抄本。法护所译佛经大部分为大乘佛教的经典,因此更为日本人所重视,而且对研究大乘佛教的东传,也有重要价值。

探险队还收集到在西凉建初七年(411年)写有按语的《法华经》。这部经又称《妙法莲花经》,据记载,最早是由鸠摩罗什译出的。鸠摩罗什于344年生于龟兹(今新疆库车),7岁随母出家,兼通大小乘经论,名闻西域诸国,前秦建元十八年(382年),吕光破龟兹后,他被接到凉州。公元401年又被后秦王姚兴迎至长安,翻译佛教经典。据记载,他从公元401年到409年,共译出经典几十部,其中就有《法华经》。这

〔1〕橘瑞超:《中亚探险》,载长泽和俊编:《大谷探险队丝绸之路探险》。

〔2〕慧皎:《高僧传·法护传》。

〔3〕慧皎:《高僧传·法护传》。

部经典的印本是十分普遍的,但考察队所发现的这部经的抄本上有公元411年的按语,这时鸠摩罗什尚在世(413年死),说明这是鸠摩罗什的最早抄本,这对校订《法华经》的各种版本是非常重要的,也是稀世珍宝。

此外,他们还发现有善导大师给《阿弥陀佛经》写的跋语。善导(613—681年)是唐朝僧人,是中国净土宗的实际创始人,从渊源上说,与日本的净土宗有着直接的关系,也是日本佛教这一宗十分尊敬的人物。能发现他的跋语,对大谷光瑞来说,那当然是最珍贵不过的文物了。此外,还发现有其他许多佛经及其残片。

大谷探险队在北疆还发现了一件"孔目司"的文书,"孔目司"是唐代征收商税的机构。开元七年(719年)以后,唐朝政府曾规定,新疆地区丝绸之路的市税,在天山以南的由"焉耆、龟兹、疏勒、于阗征西域贾,各食其征;由北道者,轮台(非今日轮台县之地,在今乌鲁木齐以北)征之"[1]。在这以前,征税很可能由安西大都护府和北庭大都护府直接管理,而具体管理这件事的,就是这个"孔目司"。

在大谷队考察发现的文物中,还有晋泰始五年(269年)的"招子"(商店门前的幌子之类的东西)、唐代的借钱文书和"过所"(通行证)等物。

特别值得提一提的还有这样几件文物:在第一次考察中,渡边哲信等人在吐鲁番一带曾发现了有关唐代"掏拓所"的文书。唐代在新疆地区设置有屯田,不少地方农业也较发达。由于农业的发展,水利设施也受到重视。但这里的水利事业是怎样管理的,人们并不十分清楚。日本大谷光瑞考察队所发现的这件文书证明,唐朝政府在新疆设有"掏拓所"这种管理水利事业的机构,其主管官吏称"掏拓使"。兴修水利的事,就由"掏拓所"的官吏征调当地百姓办理。其中一件文书上记载,在龟兹有个名叫目胡子的人,在"南界双渠村种少薄田,今着掏拓两丁三分",因"慈母身亡,家贫,殡葬尚犹未办","交不支济",请求

---

[1]《新唐书》第221卷《焉耆传》。

"矜量(谅)","已(以)后但有驱驰(使),不敢违命"[1]。这份文书很具体地说明,唐朝政府对新疆地区水利事业十分重视,有机构专管此事,并规定水利事业所需劳力,按亩征调。这个目胡子有很少的薄田,即贫瘠的土地,要出"掏拓"劳役两人多,因家贫,也可要求免役。新中国成立后我国考古工作者在吐鲁番也发现过关于唐代的"掏拓所"的文书,这个文书中还提到"掏拓所"中有"知水官"。文书中提到一次就要 600 人修某堤堰,850 人修另一堤堰以及干渠的事。还有一件是关于派人浇灌田地并给人夫分配粮食的事[2]。

日本考察队在吐鲁番发现的另一件文书中,提到当地官员向一户居民一次"配织春装布"达 100 尺[3]。"布"一般是指棉织品。我国内地生产棉织品大约在北宋时,而西域则比较早,据《梁书》记载:高昌"多草木,草实如茧,茧小丝如细纑,名为白叠子,国人多取织以为布。布甚软白,交市用焉"[4]。根据这个记载,吐鲁番地区早在 6 世纪前期已经种棉织布。日本考察队的这个发现说明,到唐代,高昌地区的纺织业更为发展,已有织布的手工业,而且这种手工业还很普遍,能向一户"配织春装布"达 100 尺,说明其生产能力在当时已达一定程度。关于这个问题还需说明的是,新中国成立后我国考古工作者在吐鲁番发现了东汉时期的棉织品[5]。棉织品的生产,最迟在南北朝时吐鲁番就很普遍了[6]。日本考察队听攫取的那件文书,在我们所发现的更多的资料面前已黯然失色,但在 20 世纪初,仍不失为重要资料。

这些有关生产的文书,对研究唐代新疆的生产以及内地与新疆的关系,都是很有价值的。

在第二、三次探险考察中,橘瑞超都到过当时成为国外探险家、考

---

[1]大谷光瑞:《新西域记》,转引自新疆社会科学院民族研究所编著《新疆简史》第一分册,新疆人民出版社,1980 年版,125 页。

[2]新疆维吾尔自治区博物馆编:《新疆历史文物》,文物出版社,1978 年版,50 页。

[3]大谷光瑞:《新西域记》,转引自新疆社会科学院民族研究所编著《新疆简史》第一分册,126 页。

[4]《梁书》54 卷"高昌国"条。

[5]沙比提:《从考古发掘资料看新疆古代的棉花种植和纺织》,载《文物》1973 年 10 期。

[6]沙比提:《从考古发掘资料看新疆古代的棉花种植和纺织》,载《文物》1973 年 10 期。

察家必到之地的罗布淖尔地区。他两次深入古代罗布泊干裂的湖底，考察了斯文·赫定发现的古代楼兰遗址和斯坦因发现的一些遗址，同时他自己也发现了一些新的遗址。而且特别值得一提的是，他在斯文·赫定发现的楼兰遗址中，又发现了一件极其珍贵的古代文书，一般称"李柏文书"。他发现的共有 3 张纸，第 1 张只残存 13 个字，是晋朝西域长史李柏向朝廷写的表文底稿。另外 2 张是李柏写给西域某王的书信底稿，其中 1 张基本完整。这 3 张文书的珍贵，不仅在于它是比较完整的文书，而且还因为在《晋书·张骏传》中曾提到此信的作者李柏，这对了解那时期的历史，确是一件珍贵文物。这封信的内容，主要是当时的西域长史李柏告诉西域某王，晋朝中央政府派人到西域来"慰劳"各国的事。国内外学者对这件文书有很多研究，据清末学者王国维考证，李柏这封信是写给焉耆王的，写作时间在前凉张骏称王之后[1]。以后对此信的写作时间，学者曾提出不同看法，认为写于西晋时期，信中所用"诏家"一词，是对晋朝天子的称呼。

大谷光瑞考察队从我国攫得的文物是很多的，日本学者对这些珍贵文物多有考证和论述，这里不再——列举和介绍。

日本考察队从我国窃走的文书等，目前大都收藏在龙谷大学。

（原载《外国考察家在我国西北》，河南人民出版社，1983 年版）

---

[1] 王国维：《海宁王静安先生遗书》，见《观堂集林》卷 16。

8 俄国探险家科兹洛夫与
黑城哈拉浩特文化

8.1 从临时工到探险家

在我国巴丹吉林沙漠的西部,一条长河蜿蜒北行,奔腾在沙漠之中,这条河就是我国著名的弱水。这里经常狂风怒作,飞沙走石,数百里渺无人烟。移来的流沙有时活埋了不幸的人畜,自然也逐渐埋没了一些古城遗址。古城一带的风暴留给人们的是凄凉、悲哀和不幸,但在古城遗址的地面,也往往发现奇迹:遗址的表面有时突然闪现珠宝银饰、各种器皿残片等等。传说有个老太婆,在一次风暴之后,到古城遗址附近找跑丢的牲畜,她远远望见遗址地面有一个耀眼的东西在闪闪发光,走近一看,原来是价值连城的珍珠项链。可惜,新中国成立前,中国的封建迷信限制了当地居民的智慧,旧政府又腐败没落,不组织人力去发掘这沙漠中的奇异古城遗址,任它在风沙中自存自灭。这座古城遗址就是人们所称的哈拉浩特,即黑城,也叫死城。直到它被深深埋藏约 700 年之后,一个外国的不速之客来到这里,他对死城遗址进行了考察和发掘,窃取了我国大量无价之宝,而死城及其文物却给了这位外国人以震动世界的国际声誉,这个人就是科兹洛夫。

科兹洛夫(1863—1935 年)是俄国人,他生活的时代正值所谓探险家们的"黄金世纪"[1]。公元 1863 年 10 月 15 日,科兹洛夫诞生在斯摩棱斯克省的杜霍夫希纳城一个牲畜小贩的家里。贫困的家境迫使

---

[1]从 19 世纪下半叶起,各国探险家频繁考察中央亚细亚一带,直到 20 世纪上半叶,取得许多重大发现。国际上就往往把这一世纪称作探险家们的"黄金世纪"。

·欧·亚·历·史·文·化·文·库·

他很小就参加了沉重的劳动,晚间还要看管牲畜。12 岁时他得到一个机会,幸运地进入刚成立的杜霍夫希纳市专科中学念书。中学毕业后,他又不得不到斯摩棱斯克省波列切斯基县自由村的一个私人事务所去当临时工。

在自由村与普尔热瓦尔斯基相遇,是科兹洛夫走向探险考察生涯的转折点。

1882 年秋天,科兹洛夫转到普尔热瓦尔斯基属下工作,接受他的培训。随后,他根据未来考察工作的需要,到莫斯科志愿入伍服军役。服役仅 3 个月,就被任命为普尔热瓦尔斯基赴中央亚细亚第四次考察队的队员。

科兹洛夫参加过 6 次对中央亚细亚的大规模探险考察活动,其中前 3 次是作为普尔热瓦尔斯基和罗鲍罗夫斯基的助手,后 3 次是他自任队长,主持整个探险活动的。

1883—1885 年,他初次参加普尔热瓦尔斯基第 4 次赴中央亚细亚考察队。行程 7800 公里。路线是从恰克图出发—戈壁沙漠—黄河发源地—西藏北部边区—罗布泊—塔里木盆地—卡拉科尔[1](今伊塞克湖东南的普尔热瓦尔斯克)。

1889—1891 年,科兹洛夫再次随普尔热瓦尔斯基去中央亚细亚进行探险考察。这次主要探察了西藏北部和新疆部分地区。他们的路线是:伊塞克湖—卡拉科尔—翻越天山—莎车—喀什噶尔—昆仑山—罗布泊—托克逊—斋桑。科兹洛夫的主要任务是专门观察动物界,并收集动物标本。此外,他在归途中还完成了两次单独的探险旅行:考察塔里木河左侧支流孔雀河与巴格拉什湖(博斯腾湖)的北岸。他对所经各地的地理状况做了详尽描述,除了提到地形特征、动植物情况外,还描述了当地的居民情况及其风俗习惯、经济关系,考察了土著民族的历史等等。他与罗鲍罗夫斯基合著有描写此次探险旅行的著作:《离开西藏考察队路线的旅行》。此书于 1896 年问世。

---

〔1〕《从恰克图到黄河发源地》,1888 年版。

鉴于俄国皇家地理学会认为科兹洛夫首次独立地完成了一些中央亚细亚的探险考察任务,他得到一枚普尔热瓦尔斯基奖章。

1892年,沙皇亚历山大三世批准从国库中拨出3万卢布组织两个探险队深入中国青藏高原和四川进行考察。罗鲍罗夫斯基率领其中一个探险队。科兹洛夫作为他的助手三入中央亚细亚。此次考察历时2年,行程约16000俄里。1893年6月15日,科兹洛夫参加的这支考察队从风景如画的伊塞克湖畔出发,沿天山南麓前行,来到吐鲁番盆地,对这里进行了考察并建立了一个气象站。又从哈密北部的沙漠边缘到祁连山的河西南山一带,进行了系统考察,然后到达青海,登上了终年积雪的阿尼玛卿山。在快到这次考察终点时,考察队长罗鲍罗夫斯基突然中风,科兹洛夫接任了队长职务。但考察队已无法继续前进,只好经青海湖—鲁克沁盆地—斋桑,回到俄国,关于此次考察,写有《天山东部和南山游记》,我国未有译本。

由于在这三次探险考察中,科兹洛夫表现出一系列的才能,俄国地理学会认为他可以担当下次中央亚细亚考察队的领导工作。1899—1901年的西藏考察就任命科兹洛夫担任队长。这次探险旅行相当艰险,接连15个月音汛全无,甚至报上也出现了探险考察队遇险覆灭的消息。然而科兹洛夫却带领18名队员与雪崩险情搏斗,从死亡边缘摆脱险境,安然返回俄国。俄国地理学家一般认为,此次探险考察对著名老辈旅行家波塔宁的蒙古阿尔泰研究和普尔热瓦尔斯基的藏北地区研究,都做出了重要补充,而且科兹洛夫的探险考察路线通过了一些难以通行的地区,因而俄国皇家地理学会又奖给他一枚康斯坦丁诺诺夫金质奖章,国内外一系列学会也纷纷选他为名誉会员。他此次的路线是:科布多—阿尔泰山—中央戈壁—腾格里沙漠—甘肃—西宁—青海湖—柴达木—昌都—长江、黄河发源地—兰州—库伦—恰克图,回到俄国。科兹洛夫就此次旅行写有《蒙古与喀木》一书。

1907—1909年,科兹洛夫进行第五次探险考察,在蒙古至四川进行了考察活动。在这次考察中,他找到了被淹没在沙漠中的哈拉浩特古城遗址,并从这个遗址中窃去了我国大量丰富的文物。科兹洛夫就这次考察及古城遗址的发掘工作写了不少论著,其中大部头的著作有《蒙古、安多以及死城哈拉浩特》。此书已译成英、德等多种文字。

在第五次中央亚细亚考察后,科兹洛夫获得了更广泛的世界声誉。英国和意大利地理学会于 1911 年授予他奖章,法国科学院在 1913 年发给他奇哈乔夫奖金。1910 年,科兹洛夫应英国地理学会的邀请访问了伦敦,在那里他会见过德高望重的地理学家、革命者彼·阿·克鲁泡特金。这两位旅行家建立了友好关系。后来,科兹洛夫写过一篇关于克鲁泡特金的文章,发表在 1927 年《全苏中央执行委员会消息报》上。

他的第六次中央亚细亚探险考察在第一次世界大战之前已经准备就绪,但由于沙俄政府的阻挠,未能成行。

1917 年十月革命之后,科兹济夫的第一任工作是担任阿斯卡尼亚诺瓦这个珍贵草原自然保护区的政治委员。由于科学家们担心那里极有价值的科学试验成果被损坏,根据科学院和地理学会的建议,苏维埃政府决定利用科兹洛夫的威望,由他在混乱的国内战争时期去保护大批珍贵动物。这里驯养着的众多的珍贵动物中,有普尔热瓦尔斯基野马、科兹洛夫最后一次考察运来的兀鹰等等。

国内战争结束后,苏维埃国家的科学活动一恢复,科兹洛夫便被邀到人民委员会做了有关西藏等问题的报告,深受苏维埃政府的器重。1920 年政府出版了他的《西藏与达赖喇嘛》一书,1923 年又出版了他的《蒙古与安多》。苏联政府在财政困难的情况下,还批准了科兹洛夫关于组织蒙—西藏考察队的计划。

这个考察队原计划深入西藏腹地,对西藏的地理、社会进行考察,后因中国政府没有签发进入西藏的通行证,考察队一行未能到达拉萨一带。经科兹洛夫亲赴北京交涉,允许考察队进入内蒙古以及哈拉浩特。这个考察队由鸟类专家科兹洛夫的妻子科兹洛娃、植物学家巴甫洛夫、作曲家康德拉契耶夫等知名学者组成。考察队于 1923 至 1926 年进行了 3 年考察活动,在杭爱山和蒙古阿尔泰山区约 3500 公里的地区做过大规模博物学勘查和考古调查,发掘出诺颜乌拉等一系列著名于世的古墓群。在诺颜乌拉山的考察,对于科兹洛夫来说,这是他探险生涯中继探察哈拉浩特之后,又一个巨大的成就。诺颜乌拉山位于今蒙古国乌兰巴托北 130 公里处,属肯特山脉。这个遗址与哈拉浩特死城遗址一样,也不是科兹洛夫最早发现的。据说 1912 年有一位矿工在当时那一带寻找金矿,发现该地有许多土丘,以为或系古代金矿矿穴遗迹,遂开掘数穴,结果发现各种古物甚多,他发现的这个遗址遂引起世人的注意。科兹洛夫第六次探险考察实际就是以诺颜乌拉山作为其主要目标的。1924 年 3 月,考察队到达诺颜乌拉山,他们在这里查到 212 座古墓,发掘了其中的 6 座大墓和 4 座小墓。这些古墓都是2000 多年前匈奴贵族的坟墓。他从墓葬中发现了大量地毯、毛织品、丝织品、木制品、金属制品和陶瓷器皿。这些出土物说明,当时匈奴贵族过着十分奢侈的生活,他们使用的物品中有许多来自中亚,特别是使用大量从中原运去的纺织品和其他日常生活用品。所以这些出土物是研究匈奴社会历史的珍贵资料,也是研究中亚古代各民族的生活、风俗习惯、艺术、生产等的重要材料。在这次考察活动中,他们还对库仑(今乌兰巴托)到阿尔泰山区之间的 3500 公里的地带进行了连续目测;在大戈壁北部发现一个有大量脊椎动物化石残迹的地区;在毕齐克特—都兰—哈达山脉中,拍摄了刻在崖壁上的铭文;在蒙古阿尔泰山发现了一座古代可汗的陵墓;在杭爱山中发现一座中国古代遗址及成吉思汗第十三代后裔的大墓穴。最后,科兹洛夫又三入死城哈拉浩特遗址,进行了补充发掘。

此次考察后,科兹洛大在列宁格勒省扎鲁齐区找了一个偏僻的斯特列奇诺村,在那里整理考察成果和动物标本。当时他已年近七旬,但他还是对探险旅行生活迷恋得难以抑制,还打算去进行新的探险考察。1933 年末,当时的全乌克兰科学院请科兹洛夫担任伊塞克湖流域和汗腾格里山综合考察队的领导,这位年迈的考察家出于对本专业的极大兴趣,果真跃跃欲试。但不久他的心脏病复发,病情日益恶化。1935 年 9 月 26 日科兹洛夫去世。所以,他的第六次中央亚细亚探险的成果和介绍没有来得及写完。

科兹洛夫是著名的考察家,也是动植物学家,在参加探险队的初期,他的任务主要是观察动物界和收集动植物标本,因此他的许多著作描述了所到之处的地理、地质特征,而且也记载了沿途所见的动物、植物的分布及其种类。他在几次考察中,共弄到三四百只哺乳动物的标本,其中有些是十分罕见的。他还发现了跳鼠的两个新品种。他所猎到的鸟,超过5000多只。在这些鸟中,有的完全是新的品种。其中有些品种因而以科兹洛夫命名,如科兹洛夫雪鸡(Tetraogallus Kozlowi)、科兹洛夫鸥(Acentor Kozlowi)、科兹洛夫岩鹨(Janthocincal Kozlowi)等,而最出名的是 Kozloviaroborovskii 鸟。科兹洛夫在考察中搜集到的还有各种两栖动物、鱼等等。这些标本对研究中央亚细亚的动物分布和种类都具有一定的参考价值。有人认为,他保存的一份西藏境内动物群方面的资料在当时"就其完整性和价值而言是世界上独一无二的"[1]。

8.2　黑城——哈拉浩特

科兹洛夫在我国西北地区进行探险考察的最大收获,是在哈拉浩特古城遗址中取得的。

在我国甘肃河西和内蒙古自治区西部,有一条先东西,后转向南北走向的河流,它的上游被称为黑河,中游被称为弱水,下游分为东西两支,东支称东河,西支称西河,东河底端一湖名苏古诺尔,西河底端一湖称噶顺诺尔。其下游为今内蒙古自治区额济纳旗。这条河在历史上有许多不同的称谓,到清代,一般又称黑河为张掖河,弱水为额济纳河,东支流为坤都仑河。哈拉浩特遗址就在额济纳旗境内,坤都仑河东侧。

早在1886年俄国考察家波塔宁旅行时,就在弱水一带进行过考察,他从当地土尔扈特蒙古人处得知有这样一座古城遗址。他在《中国的唐古特——西藏边区与中央蒙古》一书中曾说:"在〔土尔扈特〕古

---

〔1〕《中央亚细亚旅行家科兹洛夫的生平与活功》,载《蒙古与喀木》一书,莫斯科1948年版,30页。

文献中提到额里·哈拉·硕克城遗址,它位于坤都仑河东部,即位于额济纳东部支流一天的路程处,也就是说,看不到大的'卡拉伊',即不大的城墙,四周有很多破沙填平的房屋的遗迹。拨开沙,可找到银质的东西,在城墙周围是大片沙地,近处没有水。"[1]波塔宁的这个记载,曾引起许多人对哈拉浩特遗址的兴趣。科兹洛夫得知存在这样一个古城遗址的消息以后,就一心惦念着这个未被开发的宝库。他在事隔多年后回忆说:"对哈拉浩特的想念,完全吸引了我的注意和想象……我们是多么向往哈拉浩特和它的神秘宝藏啊!"[2]

1899—1901 年,科兹洛夫第四次在我国西北地区进行探险考察时,曾派他的助手卡兹纳科夫去考察额济纳河下游,目的是要探听关于哈拉浩特遗址的具体情况。当地蒙古人察觉了他们的企图,对有关遗址的事一句也不给他说,使卡兹纳科夫空手而归。此后其他一些探险家曾多次到额济纳河一带探察古城遗址,也均未得逞。但科兹洛夫始终不死心,他说,他在游历中"从未停止过向同行的当地人打听这座古城的事","当地人很少显露出对这古代遗址的兴趣","甚至我表示愿意为哈拉浩特获得的每一件物品偿付高价报酬,都没能激起当地人去发掘"。

1907 年科兹洛夫进行第五次中央亚细亚考察,这次原计划目标是蒙古、青海和四川。在他路过额济纳河流域时,哈拉浩特遗址的吸引力使他无法离开这里。

额济纳河流域当时是蒙古族旧土尔扈特旗所辖之地。土尔扈特部是我国西蒙古(又称厄鲁特蒙古)的一个部。这个部原游牧于塔尔巴哈台一带,17 世纪 30 年代,他们逐渐西迁至伏尔加河下游。土尔扈特部虽然远离祖国,但是他们与国内的联系却始终未断。1704 年(康熙四十三年),土尔扈特部首领阿玉奇的嫂子携子阿拉布珠尔及其部众万里迢迢回到西藏朝佛,事毕返回时,为割据新疆的准噶尔部所阻。

---

〔1〕《中国的唐古特——西藏边区和中央蒙古》1 卷,464 页。
〔2〕《蒙古、安多和死城哈拉浩特》,莫斯科、彼得堡,1923 年版,103 页。

阿拉布珠尔便请求清政府予以收留,并划给牧地。清政府即将阿拉布珠尔及其所部安置于党河(在今敦煌和肃北蒙古族自治县境内)和色尔腾湖(今甘肃阿克塞哈萨克自治县境内,又称苏干湖)之间,阿尔金山以东地区游牧,并封阿拉布珠尔为贝子。[1] 1731 年(雍正九年),清政府又应阿拉布珠尔之子丹衷的请求,将其部迁至额济纳河中下游。1753 年(乾隆十八年)正式设旗。1770 年(乾隆三十五年)伏尔加河大部分土尔扈特人回归祖国,被清政府安置于新疆等地,编为若干旗。因额济纳土尔扈特旗编设较早,为了区别,所以称此旗为额济纳旧土尔扈特旗,当时旗扎萨克为达什,已为民国政府升为郡王。科兹洛夫到额济纳后,立即备办厚礼去见郡王达什。从达什口中,他得知了黑城哈拉浩特遗址的具体位置。达什还允许他们到哈拉浩特进行探察活动。对此,科兹洛夫真是喜出望外。于是,他立即改变原来的探险考察计划,于 1908 年 3 月 19 日,带了 4 名助手轻装急进哈拉浩特。土尔扈特郡王还特为他派了一位向导——巴塔。此人曾多次到过黑城,并从他父亲和其他长辈那里听到过不少有关哈拉浩特的故事。巴塔领着科兹洛夫等一行由额济纳旗向东南沿最便捷的路朝哈拉浩特前进。他们到达坤都仑河以东,很快进入了平腰的沙漠地带,这里除有些地方有丛生的柽柳和其他杂树丛之外,完全是一望无边的沙滩。他们沿途还碰到许多农业和定居居民的遗址,发现有磨盘、陶瓷器片和灌溉渠的痕迹,在快到古城遗址,发现有一条干涸了的古代河床,有些地方已被沙填平。在河岸上段还发现一个称为阿克坦浩特的要塞遗址,据说,这里是以前保卫哈拉浩特城的骑兵部队的驻扎地。但是他们对这一切都毫无兴趣,一心只想早些找到哈拉浩特遗址本身,

在干河床附近,哈拉浩特古城遗址终于被他们顺利地找到了。

这个遗址位于北纬 41°45′40″,东经 101°5′55″,在离额济纳旗所在地东南 25 公里之处。它建立在粗硬的沙漠的低台地上。城呈四方形,

---

[1]祈韵士:《皇朝藩部要略》。

只东面和西面有门,"东西南北各半里余,垣堞大体完整"[1],城高三四俄丈,墙基厚两三俄丈,顶厚约 1.5 俄丈,城内部排列着整齐的街区,街道用组成花纹的小圆石铺成。城内有高大的房屋,但更多的是一排排黏土房屋的断垣残壁。城内和城郊到处都有佛塔,在城的东北角上耸立着最高大的塔。城内和城郊还有不少佛教庙宇,虽已塌陷,但其精美的建筑仍依稀可见。用来铺殿堂地面的长方形砖重达 7 公斤,而另一种方形砖重达 14.5 公斤。在城西南角稍远之地,还有一圆屋顶的不大的建筑物。很显然,这是一座伊斯兰教徒做礼拜的清真寺。整个古城遗址,到处散落着陶器、铁器的碎片,在很多地方还发现有钱币、串珠、玉片等物。他们还发现有一条痕迹明显的干河床从城的南北绕过,伸向北方。这说明,当年的坤都仑河是通过这个古城的。

科兹洛夫面对这样一座宏伟的古城遗址,高兴得手舞足蹈,他们在古城中心安营扎寨,并立即投入紧张而兴奋的寻找珍贵古物的活动。

发掘工作获得了超出意料的丰收。他们在一些破损的庙宇的墙壁上发现精致的佛像绘画,众多的佛教塑像,又找到大量文书手稿、书册等。用来书写这些文稿书册的,有汉文、波斯文,而大量的则是以后才被研究确认的西夏文。

科兹洛夫在哈拉浩特发掘几天之后,由于水和食物供应问题,不得不暂时离开这座古城,但他一刻也没有忘却这块宝地。

1909 年 5 月,即离第一次进入哈拉浩特之后的一年零两个月,科兹洛夫在探访西藏东部之后,又立即赶回额济纳,再一次来到古城。这次二入哈拉浩特时,科兹洛夫做了充分准备,他的助手比前一次增加了两三倍。为了解决饮水问题,他专门雇当地人用驴从二十几公里以外的坤都仑河给他们运水。由于有了这个条件,科兹洛夫对古城进行了全面、系统的考察。这一次,他们的工作持续进行了整整一个月,收获比前一次更大,得到的古物更多。

他们的主要收获物来自城外的一座塔中。这座塔高于地面 10 米

---

[1]徐炳昶:《徐旭生西游日记》1 卷,122 页。

左右。据科兹洛夫说,塔后来占用了他们全部的注意力和时间。这座塔就像一座图书馆,一捆捆书籍,一卷卷画轴,紧紧地堆放在塔室中,还有一些书和手稿,用绸缎包裹着,堆放在下层。塔中还有大量木质、青铜和镀金小佛像以及其他许多物体。与这些宝物放在一起的还有这座塔的主人——在塔的北墙高台上仍保持着坐姿的人骨架。他显然是一位很有学问、德高望重的和尚。塔内诸物,就是他的殉葬品。仅在这座塔中,科兹洛夫所得的文书即达 2000 卷以上,各种绘画达 300 幅。

1923—1926 年,科兹洛夫去蒙古地区进行探险考察时,又曾到哈拉浩特进行了一次发掘[1],这次的收获亦相当可观。

总计科兹洛夫三次在哈拉浩特盗窃而去的举世闻名的我国西夏文刊本和写本数千种,其编号达 8000 号,其中 80% 是佛经。此外,还有不少汉文、藏文、回鹘文、突厥文、叙利亚文、女真文、蒙文等书籍和文稿。其他文物更是不计其数。[2]

哈拉浩特是一座什么城呢? 历史上什么人住在这里呢? 科兹洛夫的发现有什么意义呢?

这个问题在科兹洛夫对古城探察的同时,就提出来了。他曾询问当地人,这里的居民是什么人。一般回答都是说"汉人"。对这个城是如何毁掉的,也有一段很长的传说:据说黑城哈拉浩特最后一个统治者是著名的黑将军,他依靠自己无敌的军队,立意要夺取中国皇帝的宝座。皇帝知情后,派大军出征。两军在哈拉浩特东部相遇,黑将军败北,被迫退守哈拉浩特,后为皇帝大军所围。但围城数月不下,皇帝军遂用沙袋堵绝当时流经城下的坤都仑河,使之改道北行。科兹洛夫考察时,在城外发现的干河床,证明坤都仑河确实曾流经城下。不仅如此,考察人员还发现在古城南部保存着截断水流的围墙式的堤坝,甚至还在堤坝中找到有麻袋的残片。

被围的黑将军在河水断绝后,曾在城内挖井,但挖至 80 丈仍然不

---

[1]见符・彼・科兹洛夫为《蒙古与喀木》一书所写序言,莫斯科,1948 年版。
[2]黄振华:《评苏联近三十年的西夏学研究》,载《社会科学战线》1978 年 2 期。

见水的踪迹。在城中百姓、军队饥渴待毙之时,黑将军决定突围。他先将自己 80 辆车的财宝藏于井中,又杀死自己的妻女,免遭凌辱,然后乘夜将北边城墙挖开一个豁口突围。在考察时,也确实发现北城墙有一大豁口。黑将军及其军队突围后,终因寡不敌众,为皇帝军队所歼灭。而城中财宝却一直埋藏在井内。于是城中井内的财宝就成为许多人觊觎的目标。但找宝的人,没有一个能达到自己的目的。

从科兹洛夫所收集到的文书中,人们很快就知道,这是一座西夏时期的古城。

西夏是我国党项族或唐古特族建立的政权,建国于公元 1031 年,灭亡于 1227 年,立国 190 余年。它与宋、辽、金,先后并立,其统治范围大约是东达今陕西榆林、内蒙古东胜以西,西达马骢山、敦煌,南至祁连山、兰州以北,北达戈尔阿尔泰山以南。包括了今鄂尔多斯草原、宁夏回族自治区、河西走廊及内蒙古阿拉善旗和额济纳旗。那么哈拉浩特古遗址是西夏的什么城池呢? 当时国外一些著作认为这是西夏国都(日本所出《丝绸之路事典》中,加藤所写科兹洛夫介绍中仍如此说),这显然是错误的。因为西夏国首都为兴庆府,即今银川市,那是很明确的。而这座城应是西夏黑山威福军司所在地。据记载,西夏国的黑山威福军司所在地,"北有大泽,西北俱接沙碛"[1]。我们上面已经说过,科兹洛夫在考察时已发现,原坤都仑河绕此古城北上,他还发现沿干河床北行,有干涸了的湖泊。这一地形正说明,此城当时北有大泽,而西北俱为沙碛,与西夏黑山威福军司所在城池的地形完全符合。因此这个古城遗址毫无问题是西夏的黑山威福军司。当时西夏国共设十二监军司,即十二个军区,每一监军司都有一定的名称,并有一定的驻地。黑山威福军司就是其中之一。每一军司设都统军、副统军和监军使各一员,例由"贵戚豪右"充任[2]。此城就是黑山威福军司的都统军、副统军等官员的驻地。

---

〔1〕《元史·地理志三》。
〔2〕《西夏书事》第 12 卷。

1227 年成吉思汗率军进攻西夏，西夏国主投降，被杀，西夏政权灭亡。此城是否经过激战，我们不得而知。据斯坦因推测，成吉思汗军进攻西夏时，此城似遭惨破[1]。但在元代，这个城依然存在。据《元史》记载，这一地区在元代属甘肃等处行中书省所辖，称亦集乃路（为省下的一级行政单位）。1286 年（至元二十三年），在此城立总管府。总管忽都鲁曾在城周围兴修水利，屯田 90 余顷。[2]马可·波罗东行至甘州（今张掖）后，沿河向北骑行 16 日至此城。据他说，当时此城居民是"偶像教徒"，即佛教徒，"恃农业牧畜为生"，"行人宜在此城预备 40 日粮，盖离此亦集乃城后，北行即入沙漠"[3]。可见此城在元代，还是当时由河西至和林和开平的重要交通咽喉。

元政权灭亡后，一些蒙古贵族仍坚守国内许多地区，亦集乃城就是元朝残余势力据守的一个重要据点。1372 年（明洪武五年），朱元璋派冯胜率军至甘肃扫除残元势力，兵锋直至亦集乃，此城守将卜颜帖木耳被迫投降。[4]但明政权却未曾在此城驻兵屯守，以后遂成为明朝河西诸卫所境外之地，蒙古游牧部落虽经常来往于此地，但城池却逐渐废弃。当地牧民所传黑将军守城之事，很可能就是对卜颜帖木耳抗击冯胜一事的附会演义。同时也可由此推知，哈拉浩特最后的败落，是明朝初年以后的事了。科兹洛夫从哈拉浩特遗址中窃去的文物，是研究我国西夏和元朝历史的非常宝贵的历史材料。失去这批文物，对于我国来说，是一个巨大的损失，而这些文物，特别是西夏文物运回俄国后，却开创了俄国对我国西夏历史研究的新纪元。一直到目前，由于掌握着这一批中国文物，俄罗斯在研究我国西夏历史方面仍占一定的优势。

西夏史，是我国历史中的一个重要组成部分，从我国古籍中虽然早就知道西夏是一个文化发展水平较高的政权，对其社会状况也有一

---

[1]冯承钧译：《马可·波罗行纪》第 62 章注。

[2]《元史》卷 60《地理志三》。

[3]冯承钧译：《马可·波罗行纪》第 62 章。

[4]《明史》卷 129《冯胜传》。

定记载,但很多问题并不清楚。就以西夏文字来说,西夏文是我国历史文化的一笔宝贵财富,它是仿照汉文篆字创造的一种记录党项语的文字。其创制人据说是野利遇乞[1],也有认为是李元昊自己创制的[2]。随着西夏的灭亡,党项族逐渐同化于其他各族,因此,西夏文也就成了无人知晓的死文字。在科兹洛夫发现西夏字文书之前,我国学者对西夏文所知甚少,除少数残书片字外,主要在石刻和古钱上始得见其形,当时称河西字。外国学者对此文字首先开始进行研究,法国学者沙畹等对此文字都进行了研究,并获得一定成果。1899 年,法国人德维利亚根据对少量金石刻文的研究认为,此字是西夏文,遂得学术界确认。但对西夏文字的音和内容所知很少,只有英国人布谢尔认出了 40 个字,但对字音仍不能读。沙畹虽对读音有一定研究,也很不准确。[3]哈拉浩特古城遗址中发现的一系列文书,不仅提供了研究西夏社会政治、经济、法律、宗教等方面的大量材料,特别是给识读西夏文提供了重要线索。在哈拉浩特古城中发现的西夏文字典、字书有许多种,如《番汉合时掌中珠》《文海》《同音》等,为识读西夏文提供了工具。其中特别是骨勒茂才所著的《番汉合时掌中珠》,用西夏文给汉字注音、释义,又用汉字对西夏字注音,既是汉族人学习西夏文的重要工具,也是西夏人学习汉文的重要工具。这本字典经修复后,共有 125 面,这就为识读西夏文提供了极大的方便。此书一出,无人能懂的西夏文,逐渐解开了。《同音》中收入的西夏字约 5715 个,经过若干年以来的努力,现在已能识读的约 5100 个。从此,西夏历史的研究就完全进入了一个新的阶段。此外,在古城中还发现了元代纸钞 8 张,这也是一件稀世珍宝。元代发行大量纸制钞票,这在文献中有明确记载,但这种纸钞却很少被发现。古城中保存的元钞残片,是在我国发现的最早的纸钞实物。

　　科兹洛夫所窃取的这些古物和文书等等,在 1909 年秋运到彼得堡,便立即轰动了全世界。1910 年这些文物被分为两部分:一部分是

---

[1]《梦溪笔谈》。

[2]《宋史》卷 485《夏国传》上。

[3]聂克斯:《西夏语研究小史》,载《国立北平图书馆馆刊》4 卷 3 号。

文字资料,被送交俄国科学院亚洲博物馆,1930 年此馆改名为苏联东方学研究所,1960 年又改名为亚洲研究所。另一部分其他各种文物,被送交俄罗斯博物馆,现在仍藏在俄罗斯国立爱密塔什博物馆。

但是,科兹洛夫在哈拉浩特进行发掘时,却失掉了一个可以取得更大成果的机会。由于他对中国历史的无知,他不知道额济纳河流域在中国历史上的地位,因此,他当时把自己的活动和注意力完全集中到了哈拉浩特表面的一些遗迹,集中在城郊的古塔中,没有把探察活动扩大到更大的范围。这样,额济纳河沿岸和哈拉浩特周围更多的古代遗址只好留待其他人来发现了。

8.3　居延异彩

科兹洛夫对黑城哈拉浩特的探险考察活动结束之后,哈拉浩特一带日益引起许多人的注意。因此在他之后,对这一地区曾有过几次大的探险考察活动,例如斯坦因就曾到过这里,但成果最显著的是斯文·赫定及其所率领的中、瑞西北科学考察团。为了让读者对黑城哈拉浩特文化遗址有更好的了解,我们有意将斯文·赫定等人的这一考察活动放在这里交代。

斯文·赫定对哈拉浩特的探险考察,是 1927 年他率领中、瑞西北科学考察团进行活动的一个重要内容。1927 年他们从北京出发,西北行,经张家口、包头,沿阴山南麓和乌加河以北,向西直达巴丹吉林沙漠北缘的哈拉浩特遗址。他们此行的目的,除了要亲自查看一下科兹洛夫的发现地之外,还要对额济纳河和噶顺诺尔、苏古诺尔,即一般历史地图上所说的居延海进行一次考察。此外,当时考察团内的中国学者,如黄文弼等根据历史文献提出,在这一带肯定还有一座未被发现的汉代古城。而这一点,正是他们此行需要探察的一个主要目标。

斯文·赫定一行于 1927 年 9 月底到达哈拉浩特遗址,在这里只待了两个小时,处处看到的是科兹洛夫和斯坦因等人"寻宝"的痕迹。9 月 28 日,他们到达额济纳河。据他们测量,当时的额济纳河最深处约

1米,宽处有140米。斯文·赫定为了亲自探测下游的湖泊,让工人掏空两根大树干,把它们连起来,做成一艘简易小船,乘船顺流而下,进入额济纳河东支流——坤都仑河。当时年已60的斯文·赫定曾泛舟于苏古诺尔之上,那时这个小湖最深处有2.9米。他还准备周游比苏古诺尔更大的噶顺诺尔,但因身体不适,只好在岸上欣赏噶顺诺尔的美景。[1]

与此同时,西北科学考察团的中国成员黄文弼等带领一个小分队,到噶顺诺尔、苏古诺尔西南一带进行考察,寻找古代居延遗址。他们在河岸发现古烽火台遗址多座,拾到许多铜矢镞。到天仓(今金塔县境内)后,又在其北部找到一古城堡,发现汉、晋时代木简数枚。[2]在溯额济纳河南下直到毛目(今称鼎新,在金塔县境内)一带,每隔两三里,皆有土墩一座。[3] 黄文弼等人的考察证实,这里确实有汉代遗物,是古代居延的遗址,这些遗址比科兹洛夫所窃去的文物,又早了1000年之久。但遗憾的是,这次考察时间很短,未来得及做更系统、全面的考察。

1930—1931年,中、瑞西北科学考察团再次在我国西北地区进行探险考察时,曾再次到额济纳河,沿黄文弼考察路线,继续进行寻找汉代古城的探险活动。他们仍沿河探察,汉晋文物及遗址,时有发现。在毛目之北,沿额济纳河,他们发现的古遗址有38处之多,其中属于汉代的达32处。[4] 边墙的遗址几乎与额济纳河平行而下,直至毛目[5]特别是在哈拉浩特以西20公里处的破城子,发掘汉简5000余枚,并确认这是汉代居延都尉所属甲渠寨侯长的官衙。此后又在额济纳河中游汉代居延肩水金关遗址等地发掘出许多汉简。其总数达万枚之多。

在额济纳河流域新发现的这些汉晋遗址,就是著名的居延遗址。这个遗址包括了古代居延海、古代居延城和所谓遮虏障三个部分。居

〔1〕斯文·赫定:《长征记》,李述礼译:《西北科学考察团丛刊之一》。
〔2〕《蒙新考古报告》,载《地学杂志》1930年第3期。
〔3〕徐炳昶:《徐旭生西游日记》2卷,49页。
〔4〕斯文·赫定:《黑城探险记》,侯仁之译,载《禹贡》第1卷第9期。
〔5〕斯文·赫定:《黑城探险记》,侯仁之译,载《禹贡》第1卷第9期。

延地区是古代漠北少数民族进入河西等地的一个主要通道。因此居延这个地名早在司马迁的《史记》中就有记载。公元前 121 年（元狩二年），汉武帝命骠骑将军霍去病等率兵万骑，经北地（今庆阳西北和银川等地）西达居延，由这里再南攻祁连山一带的匈奴。[1] 汉武帝在河西设立郡县以后，在这里设居延县，属张掖郡，设都尉治居延城。居延地区就成为汉朝保障河西、割断匈奴与羌族联系的防务重地。公元前 102 年（太初三年），汉武帝命强弩都尉路博德在居延泽附近和沿额济纳河沿岸修筑一系列障寨，防御匈奴，这就是所谓的遮虏障。[2] 以后，汉代著名的武将李陵于公元前 99 年（天汉二年）曾率军 5000，由居延北入大漠，与匈奴单于大兵 8 万战于单于庭。后因援兵不继，寡不敌众，只得南退，兵至居延北百余里处的鞮汗山，被围投降[3]，后与匈奴公主结亲，"叶尼塞河的人们认为所有黑眼睛的人都是李陵的后裔，吉尔吉斯可汗就是从李陵开始算自己的世代的"[4]。东汉安帝时，曾将居延县改为居延属国。以居迁来的少数民族部落。当时居民曾达 1560 户，4733 人[5]。东汉末，在居延设立西海郡，其城又称西海城，也是中原政权设防、屯兵的重要防区。此后历代相传，居延地区都是中原汉族与北方少数民族以及西域、河西和蒙古地区来往的重要通道。

古代居延泽即居延海，是否即今日的苏古诺尔和噶顺诺尔呢？不少著作称这两个湖，或仅称噶顺诺尔即为古代居延海。我国古代典籍中虽多次提到居延泽，但其具体地点记载不甚详细。如《汉书·地理志》的注释指出："羌谷水出羌中，北至居延入海。"（羌谷水即今额济纳河）还指出，居延泽在居延县东北。《水经注》称："居延泽在其（居延县）故城东北。"但这些记载都只有大体方向，并未指明具体位置。由于大量汉简的发现和对古代额济纳河河床变迁的考察，发现在居延遗址东北，干河床尽头处，确有已涸湖泊的痕迹。

---

〔1〕《史记》卷 110《匈奴列传》。
〔2〕《括地志》载"……汉遮虏障强弩都尉路博德之所筑"。
〔3〕《汉书》卷 54《李广传》。
〔4〕基谢廖夫：《南西伯利亚古代史》，莫斯科，1951 年版，477 页。
〔5〕司马彪：《续汉书·郡国志》。

这一系列的考察使我们大体上可以知道,科兹洛夫盗掘过的黑城遗址虽主要是西夏黑水威福军城和元代亦集乃城的遗址,但这个城址及其附近一带,也是自汉代以来就存在的居延古城遗址。[1] 古代居延海在这个遗址的东北,即今苏古诺尔和噶顺诺尔之东。现在这两个湖是额济纳河向西改道后形成的。斯文·赫定、黄文弼等以后发现的许多堡寨、边墙,就是汉代遮虏障及历代防御旧址。

黑城哈拉浩特及其附近地区的考察活动,打开了我国历史和古代文化的一个重要宝库,对我国历史研究有重大影响。继西北科学考察团之后,我国考古学家曾多次进入居延地区,得到不少汉简。由于在这里得到的汉简数量大,内容丰富,研究者即毕其一生精力,也只能通其一二,所以研究居延汉简成为一种专门学问,目前国内外许多学者以研究居延汉简为专业。近年来,我国考古工作者在居延遗址又进行过多次较大规模的发掘,得到汉简数万枚,从而把我国对居延遗址和居延汉简的研究,推向了一个新的发展阶段。

(原载《外国考察家在我国西北》,河南人民出版社,1983 年版)

---

〔1〕顾祖禹:《读史方舆纪要》卷 63;《元史·地理志》。

民族史研究

9　我国蒙古族土尔扈特部的西迁

土尔扈特部是我国厄鲁特蒙古族的一个部落,原游牧于我国新疆塔尔巴哈台地区。17世纪30年代初,土尔扈特部带着明朝中央政府所授的汉篆封爵玉印迁徙到伏尔加河下游地区游牧。在经过140年之后,于1771年(清乾隆三十六年)冲破沙皇俄国的重重阻挠,终于返回祖国。对这一历史事件,中外史学家虽有过不少评述,但是,关于土尔扈特部为什么要远迁伏尔加河,他们在伏尔加河的真实情况怎样以及为什么又要跋涉万里重返中国等问题,还没有一致的意见,也没有得出正确的结论。而境外的一些所谓史学著作,对这一事件却极尽歪曲颠倒之能事,以图为他们的扩张侵略政策进行辩护。因此,对我国蒙古族土尔扈特部的西迁及其重返祖国的斗争做出符合马克思主义的正确结论,到现在仍然是必要的。

9.1　土尔扈特部西迁的原因

16世纪到17世纪初,我国厄鲁特蒙古族(或称西蒙古)和漠北(喀尔喀蒙古)、漠南蒙古族一样,主要从事畜牧业生产,过着游牧生活。厄鲁特在明代称作瓦剌,1409年(明永乐七年)瓦剌的三个首领都接受了永乐帝的册封,从属于我国明朝中央政府。以后,厄鲁特蒙古分为四部,即和硕特部、准噶尔部(或称绰罗斯)、杜尔伯特和土尔扈特部。他们"部自为长"[1],还没有坚强的统一机构,但各部贵族为了加强对本部的统治和抗击敌人的需要,组成了"丘尔干"(盟会)的共同组织。

---

〔1〕祁韵士:《皇朝藩部史略》卷9,《厄鲁特要略一》。

·欧·亚·历·史·文·化·文·库·

"丘尔干"有"达尔加"(盟主)。从16世纪起,和硕特部的首领一直是这一"丘尔干"的"达尔加"。16世纪末17世纪初,"丘尔干·达尔加"为和硕特部的首领拜巴噶斯。

16世纪七八十年代,厄鲁特部的领地主要在我国天山以北和阿尔泰山地区,土尔扈特部游牧于塔尔巴哈台一带。[1] 16世纪末到17世纪初,由于封建畜牧经济的发展,厄鲁特各部逐步扩大自己的领地,开发了当时荒凉的额尔齐斯河中游左右两岸的辽阔草原。特别是土尔扈特的牧地,在西部已达到伊希姆河和鄂木河上游。后来,以和鄂尔勒克为首的一部分土尔扈特部落又逐渐西迁,赶走了游牧于伊希姆河、厄姆巴河和伏尔加河以东的诺盖人,最后于17世纪30年代向西南进入乌拉尔河(亚依克河)与伏尔加河下游之间的广大地区。[2]

我国土尔扈特蒙古族迁往伏尔加河下游地区的原因是什么呢?

沙俄和苏联的一些著作把这一事件或者归结为"扩大牧地"这种纯封建畜牧经济发展的需要,或者说成是为了建立草原帝国而进行扩张,甚至荒谬地说土尔扈特西迁是为了投奔俄国。这类说法,不仅没有揭示我国土尔扈特部迁徙的基本真实原因,而且是歪曲历史事实,为沙俄吞并我国土尔扈特部进行辩护的。

土尔扈特部西迁的原因是比较复杂的,其中沙皇俄国欺骗利诱、威胁逼迫、妄图吞并我国土尔扈特部,是迫使该部向伏尔加河下游迁徙的一个重要原因。此外,也还有厄鲁特内部矛盾等其他原因。

16世纪末,沙俄吞并了西西伯利亚的喀山、阿斯特拉罕等汗国之后,逐渐与我国厄鲁特蒙古的游牧地区相邻。这时,它首先采用政治欺骗、经济利诱的一贯手法,向我厄鲁特各部进行侵略扩张,在紧挨着我国厄鲁特蒙古的北面建立了托波尔斯克堡和塔拉城堡,妄图逐步吞并我国厄鲁特蒙古及其牧地。1607年(明万历三十五年)沙皇命令塔拉将军加加林派出所谓代表团(实际上是间谍)到厄鲁特牧地,说是要保

---

〔1〕何秋涛:《朔方备乘》卷38,《土尔扈特归服始末》。
〔2〕苏联科学院编:《苏联史纲》(17世纪),1955年版,莫斯科,272页。

护他们"不受哈萨克玉兹、诺盖人和其他敌人的侵袭""不使他们贫困"等等花言巧语进行政治欺骗,并以允许厄鲁特回访代表团在塔城免税贸易等手段,进行经济利诱,要土尔扈特、杜尔伯特等部向沙皇交纳实物税,引诱该部封建主加入俄国国籍。随后又多次派遣这样的"代表团",到厄鲁特各部进行拉拢、利诱和威胁。沙皇指示他们的"代表团"成员,对厄鲁特人"态度应当和蔼有礼,不要给他们以好斗的印象",以掩盖其扩张主义的狰狞面目。他们还公然向土尔扈特部首领和鄂尔勒克施加压力,声称不加入俄国国籍,就不许在早已成为厄鲁特人牧地的伊希姆河与卡梅洛夫河一带游牧。沙俄的这种扩张主义政策遭到厄鲁特各部的坚决抵制。1609 年,厄鲁特蒙古部共同商定,坚决拒绝沙俄的利诱和欺骗,使沙俄这一时期的扩张计划未能实现。[1]

但是,沙俄当局并不甘心于失败,特别是从 17 世纪 20 年代开始,采取了更加露骨的高压、威逼政策。当时,我国厄鲁特蒙古与喀尔喀蒙古发生内战,前者失败,力量削弱,内部矛盾加剧,沙俄便利用我国厄鲁特各部与我国漠北喀尔喀蒙古西北的封建主——所谓"阿勒坦汗"的不和,极力唆使双方互相仇杀,并公然以"阿勒坦汗"的保护人自居,声言"已命令西伯利亚的将军们派人保护""阿勒坦汗"免遭厄鲁特军队的侵犯[2],公然侵犯我国主权,而使土尔扈特等厄鲁特部处境十分困难。特别是在 1622 年,沙皇俄国借口所谓厄鲁特人征服了库兹涅茨克人,更是兴师动众,对最靠近俄国的土尔扈特等厄鲁特部造成了直接的严重威胁。[3] 与此同时,沙俄还强行在厄鲁特蒙古各部的土地上建立了库兹涅茨克、克拉斯诺雅尔斯克、伊利姆斯克等军事堡垒[4],向当地的我厄鲁特属民强征实物税,强迫他们服从沙俄的统治。就是在这种情况下,以和鄂尔勒克为首的一支土尔扈特部落,不堪忍受沙俄的侵扰和威胁,在沙俄的步步进逼之下,忧虑有被吞并的危险,而被迫离

---

〔1〕《俄蒙关系史资料》(1607—1636),22 - 24、28 - 29、38 - 39 页。转引自兹拉特金:《准噶尔汗国史》,1961 年版,莫斯科,124 - 127 页。

〔2〕兹拉特金:《准噶尔汗国史》,140 页。

〔3〕兹拉特金:《准噶尔汗国史》,133、143 页。

〔4〕苏联科学院:《苏联史纲》(17 世纪),852 - 854 页。

·欧·亚·历·史·文·化·文·库·

开了自己的牧地,向西南迁徙,进入当时还不是俄国领土的伏尔加河下游这块荒无人烟的地区。

那么,土尔扈特部在沙俄侵略威胁逼迫下,为什么不向东迁回我国新疆地区,而是向西南迁入伏尔加河下游一带呢?这是由当时我国中原地区的政治形势和厄鲁特内部的矛盾以及当时伏尔加河下游的情况决定的。

我国明末清初,农民战争的烈火燃遍中原地区,明王朝处于风雨飘摇之中。这时我国东北地区的满族兴起,漠南、漠北蒙古的首领们看到新兴的清政权有力量统一全国,遂纷纷归顺新兴的皇太极。1635 年(明崇祯八年),漠南蒙古 16 个部、49 个首领正式议决,推满族首领皇太极为蒙古大汗。同年,漠北蒙古车臣硕垒向皇太极上书、贡马。此后,喀尔喀蒙古各部相继归顺清朝政府。在漠南、漠北蒙古的影响下,以厄鲁特"丘尔干"首领拜巴噶斯的弟弟图鲁拜琥为代表的一部分首领,也先后归顺清朝政府。1646 年(清顺治三年),清朝政府给图鲁拜琥"赐甲胄弓矢,俾辖诸厄鲁特",以后还赐给他金印、印鉴,册封他为"遵文行义敏慧顾实汗"。[1] 多民族的祖国又由明末的分裂逐步趋向统一,这是当时的主流。但是,从 16 世纪末到 17 世纪 30 年代中期,准噶尔首领哈喇忽拉及其子巴图尔珲台吉却乘明末战火纷飞、中央王朝无暇顾及之机,扩大势力,排挤厄鲁特部的"丘尔干·达尔加"——和硕特的拜巴噶斯,执行兼并其他厄鲁特部的政策。[2] 准噶尔部在土尔扈特部的东南边,被准部兼并的威胁以及东部受喀尔喀蒙古族的逼迫,使他们一时不能向东迁徙。至于土尔扈特的南部,那时是强大的哈萨克部落,彼此之间的矛盾和武装冲突[3],也使土尔扈特部不能向南迁徙。很显然,土尔扈特在北方强敌沙俄虎视眈眈妄图吞并的情况下,不能东,也不能南、北,剩下的只有暂时向西南迁徙的一条道路了。

而且当时在土尔扈特部向西南迁徙的道路上,是比较衰弱的诺盖

---

〔1〕祁韵士:《皇朝藩部要略》卷 9,《厄鲁特要略一》。

〔2〕张穆:《蒙古游牧记》卷 14。

〔3〕格鲁姆·格尔日麦洛:《西蒙古与乌梁海边区》第 2 卷,1926 年版,列宁格勒,630 页。

人的游牧部落,或称大诺盖汗国。诺盖人企图阻挡土尔扈特人的西进,但在 17 世纪二三十年代遭到了土尔扈特人几次急促的突袭,急忙退到了伏尔加河西岸去了。于是,我国土尔扈特部即乘势继续向西南迁徙,经过 5 年时间,进入伏尔加河下游这块相当辽阔当时又"几乎是荒无人烟的地区"[1]。这样一个"荒无人烟"的地区对希望摆脱沙俄侵掠、威胁和邻部挤压的我国土尔扈特部来说,自然是一个较为理想的新牧地,所以才暂时留住下来。这次迁徙是摆脱外来侵略、避免内部冲突和追求自由牧地的尝试。所谓土尔扈特西迁是投奔沙皇俄国的说法,是毫无根据的。

9.2 土尔扈特部西迁后与祖国的联系

国外御用学者散布这样一种观点:似乎我国土尔扈特部迁入伏尔加河下游之后,一开始就"在那里建立了臣服于俄国沙皇的卡尔梅克汗国",这也是不符合历史事实的。

我国土尔扈特在迁入伏尔加河下游后,虽然后来又经常遭到跟踪而至的沙俄侵略势力的威胁,但始终与沙俄进行着斗争。17 世纪 40 年代,沙俄着手侵犯伏尔加河下游土尔扈特的新领地,在遭到土尔扈特的坚决反抗之后,于 1644 年,又派克列皮可夫到准噶尔部诱骗与土部原有矛盾的巴图尔珲台吉同俄国一起武装进攻土尔扈特,妄图迫使该部向沙俄投降,结果为巴图尔珲台吉所拒绝,沙俄又向和硕特的阿巴顿提出过类似的建议,也遭到拒绝。[2] 以后虽然逼迫土尔扈特签订了一些条约,这只使沙俄获得了一些经济上的特权,在政治上土尔扈特部仍然基本上保持着独立的状态。[3] 即或按沙俄史籍的记载,土尔扈特部也只是在 18 世纪 20 年代中期才为沙皇俄国所控制。[4] 沙俄

---

〔1〕兹拉特金:《准噶尔汗国史》,129、148 页。

〔2〕兹拉特金:《准噶尔汗国史》,170、190 页。

〔3〕〔法〕葛斯顿·加恩:《早期中俄关系史》(1689—1730)第 7 章,中译本,63 页。

〔4〕巴托尔德:《巴托尔德著作集》,1968 年版,莫斯科,539 页。

的魔爪伸入土尔扈特新牧地以后,这个游牧民族日益意识到,他们并没有找到理想的乐园。这使他们更加怀念遥遥万里外的祖国,怀念厄鲁特同胞,因而始终与祖国保持了各方面的联系。

土尔扈特部西迁以后,努力保持与厄鲁特各部的联系,它们仍然经常会晤,商讨共同事物。1640 年,喀尔喀蒙古和厄鲁特各部首领在塔尔巴哈台聚会,以和鄂尔勒克为首的游牧于伏尔加河的土尔扈特部也参加了这次会议[1]。在会上制定了《蒙古—卫拉特法规》,调整各部之间的关系,并决定就一些重大问题采取共同行动。1643 年,在厄鲁特对哈萨克扬吉尔王子的战争中,厄鲁特各部,包括远在伏尔加河的土尔扈特部,都派出自己的部队,联合参加了战斗[2]。这时期,土尔扈特部与厄鲁特各部都有联系,尤其是和鄂尔勒克与巴图尔珲台吉之间彼此改善了关系。巴图尔珲台吉娶了和鄂尔勒克的女儿为妻,和鄂尔勒克的孙子朋楚克又娶巴图尔珲台吉的女儿为妻,并将他们所生的儿子阿玉奇从小抚养在巴图尔珲台吉处[3]。而且这种以加强政治联系为前提的通婚关系,始终未断。

土尔扈特迁往伏尔加河以后,也一直想方设法与清朝中央政府保持密切关系。早在 1646 年(顺治三年),继和鄂尔勒克为首领的书库尔岱青(和鄂尔勒克的长子),就曾随青海和硕特的顾实汗向清政府所进的表章上"附名以达"[4]。到 1655 年(顺治十二年),又特派使者锡喇布鄂木布奉表入贡,和清朝中央政府建立了直接联系。此后,和鄂尔勒克的子孙都到北京会见过清朝皇帝,受到康熙、乾隆的极大重视。清朝政府还准许土尔扈特商人在归化城(今内蒙古呼和浩特市)进行马匹贸易[5]。为照顾蒙古族的风俗习惯和信仰佛教的特点,清政府还准许土尔扈特人赴西藏"熬茶供佛,谒达赖喇嘛"[6]。

---

〔1〕兹拉特金:《准噶尔汗国史》,172 页。
〔2〕兹拉特金:《准噶尔汗国史》,199 页。
〔3〕何秋涛:《朔方备乘》卷 38,《土尔扈特归服始末》。
〔4〕祁韵士:《皇朝藩部要略》卷 9。
〔5〕何秋涛:《朔方备乘》卷 38,《土尔扈特归服始末》。
〔6〕何秋涛:《朔方备乘》卷 38,《土尔扈特归服始末》。

土尔扈特部在伏尔加河下游地区,不仅一直为反对沙俄的吞并和掠夺而斗争,而且对内一直是维护统一、反对分裂的。1696 年(康熙三十五年),康熙亲征大搞分裂主义的野心家噶尔丹,阿玉奇曾积极响应清政府的号召,派遣 1000 多名士兵到阿尔泰土鲁图地方设防,堵截噶尔丹。噶尔丹死后,阿玉奇又派人与准噶尔部首领策妄阿拉布坦的使者一起,到京城向中央政府"入贡献捷"[1]。阿玉奇是策妄阿拉布坦的岳父,关系极为密切,但当策妄阿拉布坦阴谋搞分裂割据的时候,阿玉奇坚持了祖国统一的鲜明立场,坚决反对自己的女婿。1704 年(康熙四十三年),清朝政府特封由伏尔加河到西藏进香的阿玉奇兄子阿喇布珠儿为"固山贝子,界党色尔腾地为游牧"[2],受到了阿玉奇的赞许。在土尔扈特与清朝政府的关系中,特别值得一提的是图丽琛对土尔扈特的"出使"。1712 年(康熙五十二年),在准噶尔部阻拦土尔扈特部使者进入北京的情况下,阿玉奇派使者萨木坦等绕道西伯利亚,到北京向清朝政府"表贡方物"[3]。在这位使者回伏尔加河下游牧地时,清朝政府派遣图丽琛等与他一起假道俄国前往土尔扈特。在沙俄多方阻挠、刁难之下,历经两年才到达俄国与土尔扈特部交界处的萨拉托夫。进入土尔扈特部境内后,图丽琛受到了阿玉奇的热烈欢迎与接待。阿玉奇还特别对图丽琛说,土尔扈特部"衣帽服饰略与中国同,其俄罗斯国乃衣服语言不同之国,难以相比",并要求图丽琛将沙俄妄图完全控制土尔扈特的情况报告康熙,"作何区处,悉听大皇帝睿鉴"[4]。图丽琛的"出使",进一步加强了土尔扈特部与清朝政府的联系,是土尔扈特西迁后的一件大事。1724 年后,沙俄对土尔扈特部的控制日益加强,并极力阻挠土尔扈特部与清朝政府保持联系。但是,土尔扈特部仍不断用各种办法向清朝政府派遣使者。1756 年(乾隆二十一年),土尔扈特使者吹扎布冲破沙俄重重阻挠,经过三年的艰苦历程到达北京,

---

〔1〕何秋涛:《朔方备乘》卷 38,《土尔扈特归服始末》。

〔2〕何秋涛:《朔方备乘》卷 38,《土尔扈特归服始末》。党色尔腾在党河与白尔腾海之间,嘉峪关外,现敦煌、安西一带。雍正年间,清朝政府应其子丹忠的要求,准予迁牧额济纳地区。

〔3〕何秋涛:《朔方备乘》卷 38,《土尔扈特归服始末》。

〔4〕《小方壶斋舆地丛书》第 3 卷,《异域录》十七。

并特别向清朝政府诉说:"俄罗斯尝与雪西洋(指瑞典)及西费雅斯科(指土耳其)战,土尔扈特以兵助之,厥后稍就弱,俄罗斯因谓其属,然附之,非降之也。非大皇帝有命,安肯自为人仆。"[1]

这些历史事实说明,土尔扈特西迁到伏尔加河下游后,并不是一开始就在那里建立了什么臣服于俄国沙皇的卡尔梅克汗国,而只是沙俄软硬兼施,妄图蛮横控制我国土尔扈特部。虽然如此,土尔扈特部心向祖国,怀念他们劳动生息过的祖国大地,所以想方设法,克服种种困难,始终保持了与其他厄鲁特各部以及与清朝政府的密切联系,从而为他们返回祖国创造了有利的条件。

9.3　震惊世界的悲壮东归事件

沙俄在 17 世纪到 18 世纪中叶一直是欧洲最落后、最野蛮的军事封建农奴制国家。特别是在彼得一世到叶卡捷琳娜二世时,为了争夺海上霸权,从南北两个方面和土耳其与瑞典进行了长期的战争。为此,沙俄加强了对国内人民的剥削和掠夺,赋税多如牛毛,甚至连留胡须也得上税。[2] 同时,沙皇政府加紧控制和掠夺邻近的弱小民族,妄图把他们变成任其剥削奴役的属民。对我国土尔扈特部,沙俄也采取诱骗的办法迫使其牧民参加对土耳其和瑞典的战争,致使土尔扈特部受到很大削弱。沙皇俄国为了削弱土尔扈特部对它的反抗,还极力挑拨土尔扈特与巴舒克、哈萨克的关系,制造他们之间的仇杀。正如有的苏联历史著作所正确阐明的那样:"沙皇政府巧妙地玩弄着巴舒克人、哈萨克人和卡尔梅克人(指土尔扈特人——引者),使他们自己相抗争,借以加强沙皇政府在伏尔加河外的势力。"[3]沙俄还在土尔扈特所在地区强迫推行东正教。彼得一世曾亲自签署一份谕旨,指令教士学土

---

〔1〕祁韵士:《皇朝藩部要略》卷 13;参阅《钦定平定准噶尔方略》正编卷 42,"乾隆二十二年七月癸酉"条。

〔2〕潘克拉托娃主编、省微译:《苏联近代史》,26－27 页。

〔3〕潘克拉托娃主编、省微译:《苏联近代史》,70 页。

尔扈特语,以便于推行东正教,甚至在后来还强迫土尔扈特人接受东正教的洗礼。[1]

由于受到沙俄侵略和吞并的威胁,土尔扈特部的首领们在西迁后不久,就感受到离开厄鲁特各部、远离祖国是个极大的错误。和鄂尔勒克向自己的子孙们宣称,土尔扈特虽远离祖国,但始终是厄鲁特中的一个部分,是中华民族的一个部分,并积极争取参加厄鲁特各部的共同活动,保持与清朝政府的政治联系。特别是在受到被沙俄进一步吞并的威胁时,土尔扈特部即开始不断为返回祖国进行着斗争。17 世纪40 年代中期,即土尔扈特迁往伏尔加河以后 10 年左右,他们由于受阿斯特拉罕地区沙俄扩张主义分子的威胁和骚扰,就曾准备重返家园,并且已经动身。[2] 但是,沙俄百般破坏和阻挠土尔扈特返回祖国,派使者到准噶尔各部进行挑拨离间,煽动其他厄鲁特部拦阻土尔扈特返回故乡[3],并制造各种矛盾,使这次土尔扈特返回祖国的斗争未能实现。17 世纪 50 年代、18 世纪 20 年代,土尔扈特又曾两次计划返回故乡,也因沙俄阻挠未能实现。[4] 但土尔扈特牧民迁回故乡的斗争则经常不断。这些情况说明,沙皇俄国残酷地进行掠夺和控制,使土尔扈特部各阶层都处于忍无可忍的地步,他们强烈渴望返回祖国,强烈要求摆脱沙俄的控制和掠夺。18 世纪 60 年代,沙皇叶卡捷琳娜二世为了夺得黑海方面的出海口,于 1768 年(乾隆三十三年)又掀起了与土耳其的大规模战争。战争初期,沙俄已经强征了土尔扈特大量牧民参加战争,死伤七八万人[5],俄国军队也遭受重大损失。为了扭转局面,叶卡捷琳娜二世进一步加强了对土尔扈特部的勒索和压迫,又强制征兵于土尔扈特,人人忧惧。1770 年(乾隆三十五年)十月,土尔扈特部落

---

〔1〕加恩:《早期中俄关系史》,中译本,145 页。
〔2〕俄国中央国家古代文书档案库,卡尔梅克卷,1646 年。转引自:《准噶尔汗国史》,170 – 171 页。
〔3〕兹拉特金:《准噶尔汗国史》,190 页。
〔4〕兹拉特金:《准噶尔汗国史》,203、334 页。
〔5〕椿园:《西域闻见录》卷 6,《西陲纪事本末》下。

·欧·亚·历·史·文·化·文·库·

领袖乌巴锡"遂与台吉、喇嘛密议东徙"[1]，计划在这年冬天伏尔加河结冰之后，集合南北两岸人户，共同奔赴我国伊犁地区。计议之后，乌巴锡复召集"大小斋桑，谕以逃走伊犁之利，众喜，皆为远行之计"[2]。可是，这年冬天，天气却异常温暖，河水久不结冰，沙俄征兵又急，强令16岁以上者皆从军赴敌。死亡、灭族的危险迫使乌巴锡来不及等待河北的人户过河集结，便率领该部33000余户，169000余人[3]，浩浩荡荡地踏上了返回祖国的征途。

沙皇俄国闻知土尔扈特东走要重返中国，一面令沿途城镇加以堵截，一面又派数万大军进行追袭。土尔扈特部众扶老携幼，赶着畜群，冒着严寒，忍饥挨饿，不畏艰难险阻，毅然决然地向前行进，沿途"攻破俄罗斯城池四处""逾坑格尔图喇[4]，而南，已入中国地界，济纳拉喇（彼国之将军也——原注）乃引兵还。乌巴锡既入中国，乃由巴尔噶什淖尔而进[5]"。土尔扈特部终于实现了一百多年来的愿望，投入我们伟大祖国的怀抱之中了。

乌巴锡率领土尔扈特部进入祖国境内之后，沿着巴尔喀什湖向南，经过现在谢米列契沙漠到达伊塞克湖西北沙喇伯勒地区，又从沙喇伯勒地区向东进到与清代卡伦相近的他木哈。

自土尔扈特东还，当时归属清朝政府的哈萨克阿布赉汗，即将土尔扈特的情况用"日行八百里"的驿传，"禀知伊犁将军听候指示"[6]。土尔扈特冲破沙俄重重阻拦，忍受艰难困苦，一心返回祖国的可歌可泣的爱国行动，受到各族人民的热烈欢迎。陕、甘、宁及察哈尔各地人

---

〔1〕《朔方备乘》卷38，《土尔扈特归服始末》。

〔2〕《朔方备乘》卷38，《土尔扈特归服始末》。

〔3〕《西域图志·御制优恤土尔扈特部众记》。但据《朔方备乘》记载，返回的土尔扈特为"四十余万部众"，《西域闻见录》更说是"四十六万余户"。此处据乾隆亲询乌巴锡之后的数字，当为可靠。

〔4〕可见，坑格尔图喇南即中国界，即坑格尔图喇为当时俄国在额尔齐斯河上最南的边堡，今地在俄罗斯的乌斯季卡缅诺哥尔斯克。——引者

〔5〕《西域闻见录》卷6，《西陲纪事本末》下。巴尔噶什淖尔，即巴尔喀什湖。我国史料关于土尔扈特返国路线的记载，明确地证实巴尔喀什湖原是我国的内湖，有力地批驳了苏联所谓中国边界从未到达巴尔喀什湖的谬论。

〔6〕《西域闻见录》卷6，《西陲纪事本末》下。

民支援了大批牲畜、衣布、米麦等物资和金钱,帮助土尔扈特人民发展生产。伊犁将军伊勒图在将军驻所亲自接见乌巴锡等土尔扈特诸首领,暂时安置他们于伊犁地区游牧。乌巴锡等"献其先世受明永乐八年汉篆封爵玉印一颗"[1],表达他们对祖国的深厚感情和归顺清朝政府的决心,表示始终是中国子民。

当年,乌巴锡等首领 13 人赴热河觐见乾隆皇帝,清朝政府授乌巴锡为土尔扈特汗,其他大小首领均为亲王、郡王、贝勒、贝子、公。清朝政府考虑到"土尔扈特等自俄罗斯率领妻、子颠簸前来,窘迫已极"[2]的情况,又调拨 27 万多头牲畜以及大量羊裘、布匹、棉花、毡庐等给土尔扈特牧民,并按土尔扈特原来的部落系统,同蒙古其他部落一样,编设盟旗。旧土尔扈特由乌巴锡直辖的一部分,先指定在斋尔[3]地区游牧。1773 年(乾隆三十八年)又移居于喀喇尔沙(焉耆)以北裕勒都斯一带[4],称南路土尔扈特;一部分安置在塔尔巴哈台和布克赛尔地区游牧,称北路土尔扈特;一部分安置在库尔喀喇乌苏地区(今乌苏至精河县境)游牧,称东路土尔扈特;一部分在伊犁城东游牧,称西路土尔扈特。另外,在阿尔泰的布勒罕河(布尔津河)一带游牧的那部分,称新土尔扈特[5]。

总而言之,我国厄鲁特蒙古土尔扈特部迁往伏尔加河后,经过 140 年又重返祖国,一方面是由于他们"不再能忍受沙皇政府的迫害"[6],另一方面也生动地表明,长期深厚的政治、经济、文化联系,使土尔扈特部蒙古族人民与祖国各族人民结成了不可分离的血肉联系。这种联系是沙俄侵略者的种种威胁和侵略扩张所斩不断的。这种联系就成为土尔扈特部在不能容忍沙俄控制、奴役和掠夺时必然要千里迢迢返

〔1〕《朔方备乘》卷 38,《土尔扈特归服始末》。

〔2〕《大清高宗纯皇帝实录》卷 889。

〔3〕《西域图志》卷 11:斋尔"东北距额敏三百里",在清朝塔尔巴哈台西南境,即今新疆天山北、吉尔吉斯扎尔布拉克一带。

〔4〕《蒙古游牧记》卷 14。

〔5〕《蒙古游牧记》卷 14、15、16。

〔6〕潘克拉托娃:《苏联近代史》,83 页。

回祖国的基础。土尔扈特部为返回祖邦而以巨大的民族牺牲,终于完成了万里东归的历史事实,以欧亚大迁徙的悲壮诗史而震撼世界。这个生动的历史事件虽然已经过去 200 多年了,但土尔扈特部热爱祖国,反对沙俄控制、奴役的爱国精神是值得发扬并值得永远纪念的。

(原载《新疆历史论文集》,新疆人民出版社,1978 年版)

10　巴图尔珲台吉与俄国

巴图尔珲台吉是我国厄鲁特蒙古准噶尔部的一位民族领袖。近年来,对这位准噶尔部政治家的研究,日益引起史学界的重视。本文只环绕巴图尔与俄国的关系这个问题,发表一些意见。

10.1　巴图尔称汗前与俄国的关系

巴图尔在他的父亲哈喇忽拉去世以前,是否已经开始与俄国独立交往?

这是一个有争议的问题。哈喇忽拉死于 1634 年[1],所以,有的学者,如兹拉特金等认为,巴图尔与俄国的关系是从 17 世纪 30 年代中期开始的。[2] 但是,不少学者,如米勒、巴德雷、若松宽等人却认为,早在 1634 年以前,巴图尔就与俄国有了交往。米勒说:"巴图尔 1616 年与其父分居,当时曾向两个从托波尔斯克派来的哥萨克人表示对俄国忠诚臣服 ……"[3]若松宽也说:"1622 年,巴图尔与鄂尔勒克曾遣使去乌发,表示愿归附沙俄陛下"[4],巴德雷似乎也认为 1616 年巴图尔已与

---

　　[1]这也是个有争论的问题。巴托尔德、兹拉特金、格鲁姆·格尔日麦洛等人认为死于 1634 年,而米勒、帕拉斯、若松宽等却认为死于 1635 年。据若松宽的考证,1635 年 1 月 14 日返回的使者兰兹所带的信中已经称呼巴图尔为珲台吉,所以,他得出结论说,哈喇忽拉"死于 1635 年 1 月 14 日以前"。根据准噶尔丧葬必须"自亡日起,诵经四十九日"(《西域图志》卷 29)以及珲台吉号是西藏达赖喇嘛所授的事实,我们认为,这一切不可能在 14 天内完成,因此哈喇忽拉死于 1634 年之说较为可靠。

　　[2]兹拉特金:《准噶尔汗国史》,莫斯科,1964 年版,184 页;也可参看《俄蒙关系史料》(1607—1636)中的人名索引,莫斯科,1959 年版。

　　[3]米勒存稿 279 页,载《俄蒙关系史料》(1607—1636),301 页。

　　[4]若松宽:《哈喇忽拉的一生》,载《东洋史研究》卷 22 第 4 号,1964 年。

俄国交往,所以他说:"1636 年,也即相隔二十年后,彼得罗夫重又出使巴图尔处……"〔1〕以上两种看法的作者都自认为是根据俄国档案资料得出的结论。那么,究竟哪一种看法正确呢?

其实,俄国档案资料中并没有关于 17 世纪 30 年代中期以前准噶尔的巴图尔与俄国交往的明确记载,那些持 17 世纪 30 年代中期以前,巴图尔就与俄国有了交往见解的学者,主要依据是:俄国档案资料中提到的,1616 年俄国使者彼得罗夫与库尼庆所访问的"大台吉巴加德尔达赖台吉……就是巴图尔台吉"。因为"大台吉,据《西域图志》卷二十九《官制一·准噶尔部官制》里说:'准噶尔全境,分四卫拉特,各有首领以雄主据之,尊其名曰大台吉,犹前代诸藩部主之号也。'这就是大台吉的意思。巴图尔既然在 1616 年已经与其父分居独立,因此可以肯定他会拥有这样的名称"〔2〕。另外,根据"巴图尔是土尔扈特和鄂尔勒克的女婿的事实,以及彼得罗夫所述他们关系密切的报告",与和鄂尔勒克一起游牧的"应该就是准噶尔部的达赖巴加德尔,也就是巴图尔"〔3〕。也就是说,他们把俄国档案资料中提到的巴加德尔达赖台吉(有时称作"巴加德尔"或"巴图尔")与准噶尔哈喇忽拉之子巴图尔珲台吉视为一人了。

巴加德尔达赖与准噶尔的巴图尔是不是一人? 我认为不是。根据上引《西域图志》的那段话,说的是"四卫拉特各有首领以雄据之,尊其名曰大台吉"。作为四卫拉特成员的准噶尔部与杜尔伯特部,都可以各有一个大台吉,即首领。而 1634 年前,巴图尔的父亲还在世,准噶尔部的首领或大台吉,无疑应该是他的父亲哈喇忽拉。当时称尚未执政

〔1〕巴德雷的说法似很矛盾。他对彼得罗夫访问的"大台吉巴加德尔达赖"曾在注释中同意是"杜尔伯特首领"。但后来,他看来又认为,同一文件中的后面简称的"巴加德尔台什"是准噶尔的巴图尔(巴德雷:《俄国、蒙古、中国》第 2 卷,伦敦,1919 年版,31 页)。

〔2〕若松宽:《哈喇忽拉的一生》,载《东洋史研究》卷 22 第 4 号,1964 年。关于"独立分居"一说,我们没有见到史料旁证。据若松宽说,帕拉斯认为"巴图尔在 1616 年已于其父分居",还是依据俄国使节彼得罗夫 1616 年那个报告。这个问题,我们同意霍沃斯的看法:"按蒙古汗的习惯,是不会在本人在世时,将领地分封给儿子的。"(参见巴德雷:《俄国、蒙古、中国》第 2 卷,31 页)。

〔3〕若松宽:《哈喇忽拉的一生》,载《东洋史研究》卷 22 第 4 号,1964 年。

的巴图尔为"大台吉"是不可能的。而达赖台什那时正是杜尔伯特的首领。他被尊为杜尔伯特的大台吉,那是很自然的事。

至于认为巴图尔是土尔扈特首领和鄂尔勒克的女婿,就推断与和鄂尔勒克一起游牧的就是巴图尔,这种论断显然更为牵强。我们知道不仅准噶尔的巴图尔,而且杜尔伯特的达赖台什也是和鄂尔勒克的女婿[1]。况且,当时和鄂尔勒克对准噶尔部的哈喇忽拉及其儿子巴图尔的扩张与兼并四卫拉特的政策极为不满,这个时期也正是他与巴图尔"不和"[2]而举部西迁的时期。在此情况下,巴图尔不可能与和鄂尔勒克一起游牧。因此,不论是 1616 年,还是 1622 年,即 30 年代中期以前,与和鄂尔勒克一起亲密游牧,一起与俄国交往的那位巴加德尔达赖台吉,不可能是准噶尔的巴图尔。

我认为,俄国档案资料中的巴加德尔达赖是杜尔伯特部的达赖台什[3]。

据兹拉特金查证,按 1616 年俄国使者彼得罗夫的汇报,"接待他们的还是[4]那位杜尔伯特的达赖台什","当时参加这个集团的有达赖的四个亲兄弟、土尔扈特的和鄂尔勒克和绰罗斯的楚琥儿"[5]。可见,参加和鄂尔勒克集团的巴加德尔是杜尔伯特的台什。俄国档案还记载了"达赖的兄弟满吉特""代表杜尔伯特的三十个兀鲁思"[6]。可见,1622 年事件中与和鄂尔勒克一起遣使去乌发的也是杜尔伯特的达赖巴加德尔。《蒙古游牧记》也证实,与土尔扈特部一起游牧和西迁的,

---

〔1〕参阅莫里斯·古朗:《十七和十八世纪的中亚细亚——卡尔梅克帝国还是满洲帝国》,里昂、巴黎 1912 年版,39 页。

〔2〕巴德雷:《俄国、蒙古、中国》第 2 卷末,《土尔扈特部注》。

〔3〕虽然俄国档案资料中有时把巴图尔 Батур 写作巴加德尔(Багатыръ),但是《俄蒙关系史料》在一出现巴加德尔达赖这个名字时,就曾加注说明:这是"杜尔伯特的执政者""不要与较晚时期的文件中遇到的绰罗斯台什哈喇忽拉的长子巴图尔珲台吉相混淆"。不过该书对此没有进行更多的解说与论证(参看《俄蒙关系史料》306 页,注 4)。

〔4〕这里用"还是"二字,说明 1616 年这次接待已经不是第一次,因为杜尔伯特的达赖台什和土尔扈特的和鄂尔勒克与俄国交往开始于 17 世纪初(参看《俄蒙关系史料》第 2、3、7、10 等号文件)。

〔5〕兹拉特金:《准噶尔汗国史》第 134 页。

〔6〕《俄蒙关系史料》,64 号文件,125 页。

始终有杜尔伯特人,却未明确记载有准噶尔部众。[1]

另外,还有一点也可证实巴加德尔确实是指杜尔伯特的达赖台什,即俄国档案资料说,与和鄂尔勒克一起游牧的那位巴加德尔台什有位兄弟叫伊尔克·伊尔登,有个孩子叫达额·鄂木布。[2] 根据系谱记载,杜尔伯特世系中有达赖台什之弟包·伊尔登和达赖台什之子鄂木布岱青和硕齐的名字,[3]而在准噶尔部巴图尔的兄弟和儿子中,我们却找不到任何相似的名字。

综上所述,第一,俄国档案文件中,从17世纪初到30年代中期断断续续与俄国交往,并在1625年前[4]与和鄂尔勒克一起游牧的那位巴加德尔,不是准噶尔部的巴图尔,而是杜尔伯特部的巴加德尔达赖台什。至于前者,在他父亲哈喇忽拉去世以前,并未与俄国存在过独立交往,至少迄止目前所公布的俄国档案材料中,我们还没有发现这类记载。

第二,所谓1616年对两位俄使"表示忠诚臣服"的,以及1622年与和鄂尔勒克一起遣使去乌发"表示愿归附沙皇陛下"的那位巴加德尔达赖,是杜尔伯特的达赖台吉,不存在17世纪30年代中期以前准噶尔部的巴图尔臣服俄国的问题。至于杜尔伯特部的首领是否正式臣服过俄国,这不是本文研究的主题。不过,应该顺便指出,沙俄用软硬兼施的手段压迫邻国的边境部落向它"宣誓""臣服",这是沙皇政府兼并邻国部落的罪证。而当时游牧部落对那种"宣誓""臣服"的理解,最多只不过像苏联学者沙斯季娜所说的那样,看作是"一个特殊的友好互助条约",而根本不同于沙俄方面把它看作是屈膝于沙皇的卖身契,即"双方持各自不同的理解"。[5] 因此,口头表示"臣服",甚至"宣誓",对他们并没有什么实际约束力。无怪乎一些西方学者认为,这种"臣

---

〔1〕参阅:《蒙古游牧记》卷14,《额鲁特蒙古新旧土尔扈特部总叙》。
〔2〕《俄蒙关系史料》,135－137页。
〔3〕《钦定皇舆西域图志》卷47,杂录一《准噶尔部·世系》。
〔4〕杜尔伯特的达赖与和鄂尔勒克的关系到1625年卫拉特大内讧时决裂。
〔5〕沙斯季娜:《十七世纪俄蒙通使关系》,莫斯科,1958年版,36页。

服"和"宣誓","完全是名义上的,是一场闹剧"[1],这一分析倒是相当
确切而精辟的!

10.2 巴图尔珲台吉与俄国关系的性质

巴图尔珲台吉与俄国关系的性质如何呢?

我认为,巴图尔珲台吉对沙俄侵略本质有一个认识过程,与此相
应,双方的关系也有一个发展过程。

从俄国档案资料看,他在执政初年,曾力求与俄国友好,以期巩固
他在准噶尔内外的地位。或者说,最初,他对沙俄的"友谊"有过一定
的幻想。1636 年他曾想放弃征收巴拉巴人的实物税,以换取俄国的帮
助。此外,还在 1635 年,他就曾命令领主库拉台吉把过去抓来的俄国
臣民以及逃迁来的人退还俄国。而且,"珲台吉不准今后再接纳逃叛
的俄国人"。[2] 1636 年巴图尔珲台吉甚至幻想与俄国建立军事上的
协作。[3] 执政初期,他也曾企图利用俄国的"友谊"来对付他的喀尔喀
敌手和巩固准噶尔内部的团结。不过,他初期的这些试图与狼交友的
幻梦,终于为沙俄的侵略政策所惊醒了。

巴德雷曾经说到巴图尔对俄国态度的变化:"巴图尔的诺言很不
错,但不久便变卦了。"[4]这种"变卦"大约是从 17 世纪 40 年代初期开
始的。这时,巴图尔珲台吉对沙俄以"和平睦邻"为幌子的扩张政策,
逐步有了认识。这反映在 1640 年 10 月他向俄国使者所提出的抗议
中,他说:"你,明索伊(按指俄国使者——引者)携带皇上的赏物、礼品
来我这里,而另一方面,俄国人却在攻打我的居民。"[5]这段话,一针见
血地指出了当时沙俄向南扩张时所采取的两面手法,反映了我厄鲁特

---

〔1〕霍沃思:《蒙古史》第 1 卷,伦敦,1876 年版,615 页。

〔2〕中央国家古代文书档案库,西伯利亚衙门全宗,卷 455,第 49 张,转引自《准噶尔汗国
史》,186 页。

〔3〕中央国家古代文书档案库,西伯利亚衙门全宗,卷 455,第 40 张反面。转引自《准噶尔汗
国史》,184 页。

〔4〕巴德雷:《俄国、蒙古、中国》第 2 卷,122 页。

〔5〕兹拉特金:《准噶尔汗国史》,188 页。

边境部落一方面遭受沙俄利诱,另一方面又遭到蚕食的深切感受。从此,巴图尔珲台吉对俄国的态度日益坚决,抗议也日益频繁。1641年,他派遣使者向托波尔斯克的将军指出,1640年春,托木斯克当局袭击了珲台吉的吉尔吉斯居民,并抓走了人,珲台吉要求今后"不再发生类似事件"。[1] 1643年,巴图尔珲台吉与哈萨克的扬吉尔交战归来时,又向俄国使臣伊林指出,库兹涅茨克的哥萨克袭击了他在托木河上游的克萨噶勒鞑靼部落。1644年,他又遣使抗议俄方俘虏了克萨噶勒人,提出若不"无偿遣返俘虏,双方关系必将由此中断"。[2] 他还向俄使克列皮克夫严正指出,俄国人夺去了从来就是向他交纳实物税的开尔萨加州,并要求归还此州等等。[3] 诸如此类的冲突交涉,不胜枚举,但沙皇政府的侵略行径并未因此有所收敛。这对于任何一个有民族自尊感和爱国精神的人来说,自然是不能容忍的。正是这类事件,不能不使巴图尔珲台吉执政初期想与俄国友好的种种"诺言",发生了"变卦",不能不使巴图尔那种想求助于俄国的愿望,化成了泡影。

17世纪40年代中期,沙俄在准噶尔边境更加露骨地推行侵略掠夺政策。这种政策在1644年8月西伯利亚衙门给托波尔斯克当局的信中,得到了充分反映。该信责成边境当局"寻找没有向俄国交纳实物税的新州",指示必要时可以使用"武力"。[4] 不言而喻,从此,俄、准之间的冲突自然愈加频繁。随着双方矛盾冲突的加剧,巴图尔珲台吉深感抗议无济于事,于是,他开始奋起斗争。从17世纪40年代中期起,直至他生命结束时止,巴图尔珲台吉坚持了对沙俄的武装反抗,并且首先中断了与沙俄的关系。巴图尔珲台吉反抗沙俄的斗争,反映在俄、准双方互相指责的一些事件中。例如,1645年,准噶尔使臣给沙皇

〔1〕中央国家古代文书档案库,西伯利亚衙门卷宗,卷455,第257张。转引自《准噶尔汗国史》,188页。
〔2〕米勒:《史集》卷8,406-407页。转引自《俄国、蒙古、中国》,124页。
〔3〕中央国家古代文书档案库,准噶尔卷宗,1645年,第1号,第213张。转引自《准噶尔汗国史》,189页。
〔4〕科学院档案馆,21卷宗,第4号,第11册,95张反面-98张反面。转引自《准噶尔汗国史》,189页。

的一封信中,针对俄方指责吉尔吉斯人攻打俄国一事,答复说俄国同样攻打了吉尔吉斯人。又如,1650 年他针对俄方的抗议指出:"若说色奇勒袭击了俄国臣民,那么,俄国人对珲台吉臣民的袭击也并不少些。"[1]据俄国史书记载,这一时期,巴图尔珲台吉一再向俄国提出中断关系的警告,终于在 1647 年从准噶尔方面停止向俄国遣使。而且直到他生命终了了,也没有恢复俄、准间的正常遣使关系。不难看出,巴图尔珲台吉对沙俄侵略准噶尔边区的行径是何等愤慨。巴德雷也证实:"1647 年,巴图尔已经用火与剑威胁西伯利亚各边境城市了。"[2]可见,从 1647 年起,俄、准矛盾达到了白热化的程度。

仅从以上这些史实足以说明,由于沙俄要"把卫拉特王公和执政者变成俄国的臣民……并把他们居住的地区变成俄国的领土"[3],而巴图尔珲台吉为了要维护本民族的权益,就必然要引起涉及实物税、属民以及领土归属等问题的冲突。由此可见,在巴图尔珲台吉执政的岁月中,准噶尔与沙俄的关系,除了头几年有过短暂的和平景象外,在绝大多数的年代里,是充满着矛盾和冲突,而且经常发生局部战争使双方关系"招致了相当多的困难"[4]。所以,从这个意义上说,即使俄、准双方十年的使团交往,也并不意味着"和平睦邻",相反,在更大程度上,倒是意味着根本利害关系的"冲突交涉"。

10.3 应如何评价巴图尔珲台吉?

应该如何评价巴图尔珲台吉这位与俄国有交往的少数民族领袖人物呢?

曾经有一个时期,像巴图尔珲台吉这样的历史人物,既是民族政权的首领,又与沙俄有过交往,因而在史学论坛上颇受责难。我认为对

---

〔1〕巴德雷:《俄国、蒙古、中国》第 2 卷,126 页。
〔2〕巴德雷:《俄国、蒙古、中国》第 2 卷,126 页。
〔3〕兹拉特金:《准噶尔汗国史》,168 页。
〔4〕古朗:《十七和十八世纪的中亚细亚——卡尔梅克帝国还是满洲帝国》,46 页。

·欧·亚·历·史·文·化·文·库·

这样人物应该进行具体分析,不应该简单予以否定。

首先,巴图尔珲台吉统一四卫拉特,努力维护与卫拉特各部的团结以及与喀尔喀的和平,在历史上起了一定的进步作用。至于他一时割据于清王朝之外,那是历史形成的。

准噶尔是所谓"恃强侮诸卫拉特"[1]而崛起的中国地方割据政权。造成这种割据状况,既是在他之前就已经形成的历史事实,也是由于他执政期间(1635—1653年),正值明末清初两个王朝交替的混乱时期。另外,当巴图尔珲台吉刚刚执政时,即1635年,原四卫拉特盟主——和硕特拜巴噶斯的弟弟图鲁拜琥,便臣服了尚未入关的清政府。清政府因而宠信和硕特,没有承认巴图尔珲台吉对四卫拉特的实际统治,并将1637年被巴图尔珲台吉挤往青海、西藏的和硕特,定为直辖于清政府的青海厄鲁特。到1646年(清顺治三年)又给图鲁拜琥"赐甲胄弓矢,伴辖诸厄鲁特"。[2] 我认为,清政府鼓励迅速归附清朝、维护祖国统一的和硕特,是无可非议的,但对实际统一了四卫拉特的巴图尔珲台吉却不予承认,不采取相应措施,应该说是不现实的,政策上也是有错误的。这当然使巴图尔珲台吉疏远了与清朝的关系。但即使在这种情况下,他也从未有自外于中华的言论。据《清实录》记载,巴图尔珲台吉以及他亲自挑选的继承人僧格,都是承认与中国中原王朝的隶属关系的。[3]

应该指出,巴图尔珲台吉在基本结束四卫拉特内迁频繁、外战不断的状况方面,是有贡献的。尤其是1625年争夺遗产、抢夺牲畜的卫拉特大内讧,以及与喀尔喀的"七年"战祸[4],给劳动人民带来了极为深重的灾难。而各种史料都证实,只是从1636年以后,直到巴图尔珲台吉执政终了为止,准噶尔与喀尔喀之间却再没有发生过重大的冲突。在他执政期间制定的《1640年蒙古—卫拉特法规》,为克服卫拉特

---

〔1〕《皇朝落部要略》卷9,《厄鲁特要略》。
〔2〕《皇朝落部要略》卷9,《厄鲁特要略》。
〔3〕《清圣祖实录》卷103,"康熙二十一年七月乙卯":"赐厄鲁特噶尔丹博硕克图汗敕曰:……尔噶尔丹博硕克图汗,自尔父兄历世相承,虔修礼好,敬贡有年。"
〔4〕若松宽:《哈喇忽拉的一生》,载《东洋史研究》卷22,第4号,1964年。

与喀尔喀的矛盾,"消除昔日的仇视"方面,以及为铲除卫拉特内部的武装冲突和纠纷的根源方面,都做出了卓越的贡献。[1] 而且,巴图尔珲台吉一生为全卫拉特的安定团结做了不懈的努力。他曾多方设法让和硕特人返回故乡,并把女儿嫁给拜巴噶斯之子鄂齐尔图台吉。从史料记载看,不仅和硕特的鄂齐尔图,甚至杜尔伯特的达赖台什,至死都对巴图尔珲台吉忠诚不渝。他还改善了与土尔扈特部的关系,通过联姻及抚养和鄂尔勒克的曾孙阿玉奇等方式,加强了双方的政治联系[2],并动员土尔扈特部返回祖国,甚至当他生命垂危的时候,还念念不忘这些远离祖国的卫拉特兄弟。而当 1644 年沙俄遣使胁迫巴图尔珲台吉进攻和鄂尔勒克时,他毅然拒绝参加。不难看出,巴图尔珲台吉是维护团结、坚持原则、爱憎分明的民族领袖。顺便说说,他还曾亲自骑马奔驰在田野,为发展准噶尔的农业和手工业,为建设城市型的固定居民点进行了艰苦的尝试。[3] 这样的少数民族首领难道不足以基本肯定吗?

其次,巴图尔珲台吉与俄国的交往是迫于内外形势和畜牧经济的要求,而且他在与外国的正常的交往中,并没有出卖祖国的领土主权。

巴图尔珲台吉执政时,内外地位还很不巩固,左右有哈萨克和喀尔喀这两个长年敌对的邻居,东南隔着和硕特部,无法与祖国经济发达的内地密切联系。而准噶尔当时的领地却已经于俄国接邻,在这种情况下,如果不与接邻的沙俄交往,就没有畜牧经济的广阔市场。而以畜牧经济为主的地区,如果不与定居务农地区贸易,是无法生存发展的。这也就是在巴图尔珲台吉执政时期,尽管俄国多方限制,准噶尔始终争取与俄国进行贸易的原因。当时准噶尔与俄国交往,既能牵制左右邻居,又能借贸易交往壮大准噶尔本身,这是任何有头脑的政治家都会采取的步骤。因此,只凭与俄国交往这一点是不能指责巴图尔珲

---

〔1〕格鲁姆·格尔日麦洛:《西蒙古与乌梁海边区》第 2 卷,彼得堡,1926 年版,639 页。

〔2〕《朔方备乘》卷 38,《土尔扈特归附始末》。

〔3〕巴德雷、兹拉特金等在前述著作中以及羽田明在《准噶尔王国和布哈拉人》一文中都提到了巴图尔所苦心经营的著名"居城"和博克萨里。

台吉的。

当然,巴图尔珲台吉对俄国曾有过举部妥协的地方,例如,他执政初期曾同意俄国征收吉尔吉斯人、巴拉巴人等准噶尔边境属民的实物税。但从实际情况看,这一带边境的部落在几个世纪中,交税的对象都是受强权支配而变化的。如吉尔吉斯人 17 世纪 40 年代是准噶尔属民,50 年代却臣服了喀尔喀的罗卜藏。[1] 而吉尔吉斯人自己又向马吐等弱小部落收税。因此,当时要绝对限制强大的俄国征收那些边境地区的实物税,似乎也是不可能的。从这个意义上说,某些俄、准边境地区形成双重纳贡的现象,只能说是巴图尔珲台吉做了现实的、策略上的局部妥协。而从原则上,他既没有放弃主权,更没有出卖领土。例如,他在同意俄国人征收吉尔吉斯人的实物税时,一再强调,"吉尔吉斯人是他的属民","他珲台吉仍然要向他们征收自己的实物税"。[2] 1640 年他甚至为俄方"抓走了一个吉尔吉斯人",还提出了严重抗议。[3] 至于领土问题,正如前一部分所述,他对俄国侵占准噶尔的开尔萨加州等任何一块土地,都进行了坚决斗争。他为维护祖国领土主权而与沙俄进行的斗争,终于导致了双方关系的彻底决裂。还应看到,俄、准边境的双重纳贡关系维持了近百年之久,这反映了沙俄长期未能侵占这一地区。所以,无论从巴图尔珲台吉的表现和事情的后果来检验,都只能说,巴图尔珲台吉的一生,是为准噶尔的统一与发展、安定与团结,是为抵制沙俄对准噶尔的侵略与蚕食而艰苦斗争的一生。巴图尔珲台吉是中国历史上一位杰出的少数民族领袖,一位卓越的少数民族政治家。

(原载《民族研究》1980 年 4 期)

〔1〕《瓦里汉诺夫文集》,阿拉木图,1961 年版,第 1 卷,385 页。

〔2〕中央国家古代文书档案库,西伯利亚衙门卷宗,第 34 张,115 页。转引自《准噶尔汗国史》,187 页。

〔3〕中央国家古代文书档案库,西伯利亚衙门卷宗,卷 455,第 257 张。转引自《准噶尔汗国史》,188 页。

11　评噶尔丹与俄国的关系

实事求是地剖析噶尔丹与俄国的关系,是评价噶尔丹功过的一个关键问题。本文拟专门对噶尔丹与俄国的关系这个十分复杂的问题,谈一些看法。

11.1　17世纪70年代噶尔丹的对俄政策

不少同志全盘否定这一时期噶尔丹的对俄政策。理由主要有两点:第一,噶尔丹的哥哥僧格1670年曾警告沙俄,必须交回准噶尔部属民,否则就把俄使阿布林扣起来。而噶尔丹却刚一执政,便"盛情接待阿布林",并"专人护送",这是"与僧格的抗俄立场截然相反的"。第二,噶尔丹从1674年起到1681年,几乎每年遣使去俄国,"加紧与沙俄勾结"。

我们认为,这类说法不太全面。就第一点来说,僧格的确曾为属民问题对沙俄提出过扣留阿布林的警告,僧格的这种抗俄立场是值得赞扬的。但是,这只不过是问题的一个方面。另一方面,应该看到,扣留阿布林也只是僧格抗议时说说而已。实际上他生前还派考铁去护送了这位俄国使节,并给俄方送去"盖了印章的文书"。其中写道:"他们可以携带君主的货物经他僧格的兀鲁思回托波尔斯克,不必有什么顾虑。"[1]僧格死后,阿布林遣使随僧格的原护送人考铁,去与噶尔丹交涉,噶尔丹同意:"可以带着君主的礼物到他们兀鲁思去,不必担心什么。"[2]可见,噶尔丹对护送阿布林一事的态度和僧格一脉相承,是照

---

[1]见《十七世纪俄中关系》第143号文件,莫斯科,1972年版,292页。
[2]见《十七世纪俄中关系》第143号文件,莫斯科,1972年版,292页。

·欧·亚·历·史·文·化·文·库·

僧格的文书行事的。在俄方持书交涉时,答复俄使的话几乎与僧格完全一样。这怎么能说噶尔丹与僧格的立场"截然相反呢"？据史料记载,当阿布林"在兀鲁思的时候,供给他们的饮食很少,上路时,也没有给他们食物……"[1]这样对待一位俄国大使,被说成"盛情接待",未免有点言过其实。如果不顾噶尔丹接待阿布林一事的来龙去脉,就把它当作噶尔丹背叛其兄抗俄立场的依据,难免显得没有说服力。

至于噶尔丹从 1674 年到 1681 年几乎每年遣使俄国的问题,我们认为,不能仅仅根据遣使频繁与否的表面现象,简单地确定其性质。也不能一见历史上少数民族首领与沙俄有交往,一见"北通好与俄罗斯"这种记载[2],便一概加以否定。而应该对交往与遣使的目的和后果进行考察和分析,才能得出符合实际的结论。据查史料,噶尔丹时期的使团也像其父兄时期一样,在很大程度上是一种商队,但也带有不同程度的政治任务。关于这种使团的商队性质,在托波尔斯克边境当局给沙皇的一些呈文中有很生动的反映。例如,有个奏文说:"不让他们(指 1679 年噶尔丹使者托伊桑等人——引者)去莫斯科,是因为卡尔梅克的使者们(指噶尔丹的使者)并没有什么大事要办,而大君主的皇库还要花费许多钱来开支伙食……他们的货物不受检查,也不付税,因此关税也征收不足","如果大君主谕令准许他们去莫斯科,那么,许多人都会循例去莫斯科做生意"[3]。可见,包括噶尔丹要求去莫斯科见沙皇的使团在内,其商业性质也是非常明显的。难怪莫里克·古朗在深入研究 17、18 世纪的中亚之后认为:"噶尔丹命令继续给他的布哈拉商客从上世纪以来享受到的各种重要商业上的特权,他还把这种特权授给他自己的臣属。这想必就是他自从 1676 年开始,多次派使团去伊尔库茨克和莫斯科的目的所在。"[4]

---

〔1〕见《十七世纪俄中关系》第 143 号文件,第 201 张,292 页。

〔2〕梁汾:《西陲今略》卷 7,《噶尔旦传》。

〔3〕中央国家古代文书档案库,蒙古事务全宗,目录 1,1673 年转引自《十七世纪俄中关系》1卷 2 册,第 166 号文件,第 104－108 张,314 页。

〔4〕莫里斯·古朗:《十七世纪和十八世纪的中亚——卡尔梅克帝国还是满洲帝国?》第 5章,1912 年。

以噶尔丹这一时期对俄遣使的政治目的为据而论,也很难得出"加紧勾结"沙俄的结论。这里顺便说说,不少同志在指责噶尔丹勾结沙俄时,都引用了苏联学者兹拉特金的一段话,即噶尔丹在执政前曾对俄使伯林说:"我们卡尔梅克人和台吉们在任何地方都不要对皇上陛下发动战争。没有什么必要保护我们的已经迁往皇上陛下那边的捷列乌特人。"[1]我们认为,噶尔丹1668年所说的这一席话,是丧失原则的。但是,如果把噶尔丹的言行结合起来考察,那么应当说,他在实际活动中并没有照自己1668年那番话行事。兹拉特金也不得不承认:"还在1671年夏天,噶尔丹给克拉斯诺雅尔斯克将军苏莫洛科夫的第一封信中,在通知僧格被杀的同时,就维护自己向原属卫拉特王公的克什提姆居民征收实物税的权力。"[2]1672年当俄使卡尔瓦茨基给噶尔丹赠送沙皇奖赏,对他进行利诱时,噶尔丹仍要求"把过去几年从各卫拉特王公处迁往俄国境内的臣民归还给他"[3]。可见,噶尔丹不仅刚一执政就维护向原卫拉特居民征收实物税的权利,而且完全推翻了他1668年向俄使伯林表示过的观点,与其兄僧格一样,坚持要求俄国政府归还已迁往俄国的卫拉特臣民。

不仅如此,噶尔丹执政后所采取的最初几项措施之一,就是加强与沙俄毗邻地区的防卫力量,使沙俄不敢肆意侵犯和蚕食准噶尔边境领土。例如,1672年他曾调动丹津科舍和阿巴哈汗率领的"五千军队"到俄、准争议地区"强行征税",维护民族主权。1673年秋,他甚至离开伊犁河地区,亲自"率兵万人",到叶尼塞河上游原罗德桑驻地,从这里继续与西伯利亚当局交涉俄、准边境争端。噶尔丹还遣使向俄方强硬地表示,如果不把实物税交给他,"他将攻打克拉斯诺雅尔斯克"。[4]他也曾亲自到吉尔吉斯地区,积极联合属于他的吉尔吉斯和图巴臣

---

〔1〕兹拉特金:《准噶尔汗国史》,1964年版,莫斯科,220页。

〔2〕兹拉特金:《准噶尔汗国史》,242页。

〔3〕兹拉特金:《准噶尔汗国史》,243页。

〔4〕中央国家古代文书档案库,西伯利亚衙门卷宗,623卷,第455-456张。转引自《准噶尔汗国史》,243页。

民,准备共同抗俄。[1] 噶尔丹的这种强硬政策,收到了一定的实际效果,迫使俄方不得不让噶尔丹向原卫拉特的阿里人、坎斯克人、卡马辛人、乌吉人等收税。[2] 正是这种强硬政策,迫使俄方同意准噶尔方面可使用已被沙俄侵占的"南西伯利亚草原上的牧场",同意惩办侵犯准噶尔部边境的祸首。例如,1678年俄国边境当局派"特使"到噶尔丹处申明,"凡侵犯厄鲁特人牧地的俄国臣民,已被拿获和惩罚"。只是在70年代末,在基本巩固了准噶尔的边防与维护住民族主权的形势下,噶尔丹的一个使团才向俄方表示希望俄、准边境"不发生争端",建立睦邻关系。[3]

因此,总观17世纪70年代噶尔丹的对俄政策,在发展与俄国的正常贸易和外交关系时,维护了民族主权。甚至可以说,他在抵制沙俄进一步蚕食我准噶尔领土方面,是有一定历史贡献的。

11.2　80年代的俄、准联合军事行动

17世纪80年代,噶尔丹的对俄方针逐渐有所变化,主要表现在俄、准双方在军事上采取了配合行动。但是这个问题也应该做一些具体的分析。

目前,有的苏联学者或断章取义,宣扬噶尔丹不惜出卖"领土","竭力追求与俄国达成军事同盟"的主动性,而把俄国则说成似乎对俄、准结盟冷若冰霜,始终采取"谨慎态度",在联合军事行动方面更没有给过噶尔丹什么"援助"等[4],以掩饰沙俄侵略的罪责。事实上,在俄、准采取联合军事行动中起主导作用的是俄方,这一结盟倡议人的桂冠应奉献给俄国大使戈洛文。

---

〔1〕兹拉特金:《准噶尔汗国史》,246页。

〔2〕兹拉特金:《准噶尔汗国史》,242页。该书承认:"这些年的文件表明,噶尔丹执政初期,征收实物税的问题仍像他的前辈僧格执政末期一样尖锐。卫拉特封建主以五千名驻防军加强勒索的结果,实际上是减少了进入俄国国库的实物税。"

〔3〕均见兹拉特金:《蒙古近代史纲》,莫斯科,1957年版,39-40页。

〔4〕古列维奇等:《十七至十八世纪清代中国和俄国与准噶尔汗国的相互关系及中国历史学》,载苏联《历史问题》1979年第3期。

大家知道,噶尔丹 1671 年执政,1672 年便遣使向清廷进贡[1],在相当长的时间里对清廷殊为恭顺。1677 年他在袭击了鄂齐尔图车臣汗之后,曾向康熙呈献后者的弓、矢等物。不过清廷未接受弓、矢,只收下了通常的贡品。[2] 自 1683 年清廷限制噶尔丹进入长城的使团人数不得超过 200 以后[3],噶尔丹明显地对清廷产生了离心倾向。同年 11 月,他派遣使团,带着 70 人的庞大商队前去俄国。使者向俄方说,噶尔丹"已经听到俄国与中国在黑龙江流域摩擦的消息"。可见,这个使团除了经济目的之外,还表现了噶尔丹想利用俄国与清朝之间的矛盾来制约清廷。但也只此而已。据目前所见的史料,直到 1688 年元月"戈洛文给外务衙门的报告中提出建立俄国—厄鲁特联盟的想法"[4]之前,噶尔丹并未首先提出有关俄、准结盟的任何主张。

据 1689 年戈洛文自己供称:"三年前,就已希望与博硕克图汗对向蒙古人民武装进攻一事取得一致意见。去年……曾向与布哈拉人一起来伊尔库茨克的他们的使者(指噶尔丹的使者——引者)就此事提出过建议,并为此多次召见他。"[5]不难想象,受戈洛文"多次召见"的噶尔丹使者,很快就会把这一煽动性建议告知噶尔丹。

当时,噶尔丹东征西战,已经统治了哈萨克、布鲁特、布哈拉、喀什噶尔等广大地区,其势力直达费尔干纳[6],他想控制喀尔喀的企图,自然是越来越强烈了。但是由于清廷的调解和制止,噶尔丹对喀尔喀还不敢贸然行事。现在有了沙俄的支持,有了这样一个送上门的沙俄盟友,噶尔丹便毅然率大军 3 万,进入喀尔喀。无怪乎史料中一再出现"卡尔梅克博硕克图汗是根据陛下的谕旨发动战事的"[7],"是同沙皇

〔1〕《清实录·圣祖朝》卷 38,7 页,"康熙十一年一月庚午",1672 年 2 月 21 日,"厄鲁特台吉疏言,伊兄僧格台吉在时,曾遣使进贡。今请亦准照常遣使进贡。应如所请",康熙皇帝准其请。
〔2〕《清实录·圣祖朝》卷 67,6 页,"康熙十六年五月甲午"。
〔3〕《清实录·圣祖朝》,"康熙二十二年九月乙未"。
〔4〕《十七世纪俄中关系》2 卷,18 页。
〔5〕《十七世纪俄中关系》2 卷,621 页。
〔6〕格鲁姆·格尔日麦洛:《西蒙古与乌梁海边区》2 卷,圣彼得堡,1926 年版,651 页。
〔7〕《十七世纪俄中关系》2 卷,360 页。

陛下的军队联合行动的"等等记载[1]。也难怪,噶尔丹于同年底(1688年11月)派特使去伊尔库茨克对戈洛文说:"噶尔丹与俄国订立盟约,同抗公敌,看来正是良机。"[2]不过,这已经是响应戈洛文的建议,同意正式结盟的问题了。

尽管俄方否认俄、准双方有过军事行动方面的"任何联系"。可实际上在300年前它却是一出轰动蒙古草原的活生生的戏。当时,那里完全是一片俄、准互相配合作战的形势。这尤其明显地反映在以后(1690年)噶尔丹给戈洛文的信中。其中说道:"如今,蒙古人已被你我击溃……请即率所部驰赴约定之地会合,以便并肩作战。"戈洛文在回书中说:"你曾集结所部全体官兵武装进攻蒙古领主……而我至尊的大君主陛下方面也曾发动同样武装进攻……还希望沙皇陛下方面派兵袭击其余台吉,你也率领所部开赴蒙古地方。"戈洛文还一再教唆噶尔丹:"你应率所部前去攻打上述敌对的蒙古人……以惩其反复无常。"[3]这类配合行动的来往信件何止一两封!这些信件中,双方都承认他们在喀尔喀战场上是"你我""并肩"作战的。从中不难看出,沙俄大使戈洛文编导这出联合军事行动的用心,是极其险恶的。据俄国档案资料记载,戈洛文在向沙皇政府提出俄、准结盟的建议时,十分明确地指出:"联合噶尔丹将使许多蒙古台吉投归陛下崇高的专制统治,永为臣民。"[4]

噶尔丹在戈洛文的诱使下,与沙俄采取联合军事行动,客观上造成了两个方面的严重后果:一方面,使清廷在尼布楚谈判中不得不考虑喀尔喀现状,而对沙俄适当让步,使《尼布楚条约》成为"俄国的一个重大胜利"[5]。另一方面,使戈洛文的部队得以利用喀尔喀王公被噶尔丹战败的形势,屠杀希洛克河一带的蒙古人民[6]。从这个意义上

---

[1]《十七世纪俄蒙通使关系》,商务印书馆,140页。

[2]加恩:《早期中俄关系史》,商务印书馆,1961年版,73页。

[3]以上均见《十七世纪俄中关系》2卷,622-624页。本文重点号均为引者所加。

[4]《十七世纪俄中关系》2卷,18页。

[5]《苏联史纲》,莫斯科,1954年版,619页。

[6]《十七世纪俄蒙通使关系》,144页。

说,80 年代末噶尔丹在对俄关系中犯下了勾结外国势力,攻打自己蒙古同胞的重大过错。

但是,我们也应当如实地指出,噶尔丹犯下了如此严重的错误,主要是想利用俄国的力量以实现其统治整个蒙古、与康熙平分天下的野心,他并没有为此向俄国出卖领土,奉送属民。至于苏联史书中所引噶尔丹那段话:"倘若沙皇陛下有意在这里(指雅克萨——引者)重建城堡,博硕克图汗愿将这片土地让给陛下"[1],说明噶尔丹是丧失原则的。但这话在当时不过是空头支票而已。俄国档案中有一条很能说明问题的记载:噶尔丹后来向基比列夫声明说,"贵方在涅尔琴斯克(指雅克萨)与博格德人划分了土地,先前有博格德汗(指康熙——引者)的军队在,而这片土地是蒙古的,不是博格德汗的,现在蒙古的土地由我们管辖,希望沙皇处理这件事情时也同我们商量"[2] 该书评述说,这时噶尔丹已经不再许愿把这片土地让给俄罗斯国了。[3] 综合这些记载,噶尔丹第一次不负责任的许诺只不过是有求于沙俄时的一种权宜之计。

在这一阶段中,噶尔丹对待喀尔喀臣民的态度也是比较复杂的。一方面他与沙俄的联合行动客观上必然有助于沙俄侵占一些喀尔喀属民,但另一方面,从史料记载可以看出,1680 年后,噶尔丹竭力迫使原已"归顺"俄方的蒙古王公,臣服他噶尔丹,其中著名的有岱青洪台吉、斡齐尔达拉呼图克图等,致使俄方长期对这类问题深为恼火,并一再与噶尔丹交涉。[4] 可见,把噶尔丹说成是不惜出卖领土和属民的卖国贼,那就可能把复杂的历史情况简单化,从而得出不够准确的结论。

11.3　穷途末路时期的噶尔丹与俄国的关系

有的同志认为,穷途末路时期的噶尔丹是个"叛国"未遂的人物。

---

〔1〕《十七世纪俄中关系》2 卷,30 页。

〔2〕中央国家古代文书档案库,西伯利亚衙门卷宗,544 号卷轴,第 1 册,188 页。转引《十七世纪俄中关系》2 卷,32 页。

〔3〕《十七世纪俄中关系》2 卷,32 页。

〔4〕《十七世纪俄蒙通史关系》,155 页。

我们不太同意这种看法。

噶尔丹一年之中扫平了喀尔喀,到 1690 年年初,他所占地界西起伊犁,东至捕鱼海。[1] 由于胜利,一向自负的噶尔丹这时过高估计自己的力量,从而直接与清廷发生了对抗。他之所以敢大胆向清廷开战,主要是沙俄支持和唆使的结果。据俄方透露的史料看,在与清廷开战之前(1690 年年初),噶尔丹确曾派遣达尔罕去俄国,要求俄方实现"约定"的诺言:"请即率所部驰赴约定之地会合。"[2]俄方决定"不拒绝噶尔丹的建议以备万一",俄方即派基比列夫随同达尔罕去噶尔丹处,"就共同对土谢图汗及其支持者可能采取的行动继续进行谈判"。[3]就在这位基比列夫到达噶尔丹大帐后两天,噶尔丹便发动了对清廷的第一次大战。[4] 这类记载表明,沙俄曾与噶尔丹"约定"联合行动,而且已经不是第一次策划反清战争,而是多次商议的"继续"了。

正是在这种有沙俄为后盾的背景下,噶尔丹便把战争的矛头直指清廷。虽然他在乌尔会河战役中初战告捷,但胜利的景象为时并不太久。1690 年 9 月 3 日,在乌兰布通地方,他被清兵打得惨败而逃,几乎一蹶不振。[5] 此后,他曾飞檄全蒙古,并东进到克鲁伦河一带谷地,抢掠过车臣汗的羊群等等。[6] 不过,这些最后挣扎也只是很快招来了昭莫多之战(1696 年 8 月 12 日)的彻底失败。同时 1690 年,策妄阿拉布坦乘噶尔丹东进之机,控制了准噶尔本土,并于 1691 年向清廷进贡。[7] 从此,噶尔丹的后路又被截断。总的说来,17 世纪 90 年代,噶尔丹经历了他生命历程中最艰难的岁月。他日益走上穷途末路,犹如日落西山。在这种处境下,他迫切期望沙俄这位盟友支援给他"兵员、

---

〔1〕见后藤十三雄译:《草原帝国——中亚史》(格鲁赛著)的日译本《亚洲游牧民族史》第 3 章《十五—十八世纪蒙古的兴亡》,1944 年版。

〔2〕《十七世纪俄中关系》,623 页。

〔3〕兹拉特金:《准噶尔汗国史》,281 页。

〔4〕兹拉特金:《准噶尔汗国史》,284 页。

〔5〕《清实录·圣祖朝》卷 148,2 页,"康熙二十九年八月辛酉"。

〔6〕格鲁姆·格尔日麦洛:《西蒙古迹乌梁海边区》2 卷,圣彼得堡,1926 年版,656 页。

〔7〕格鲁姆·格尔日麦洛:《西蒙古迹乌梁海边区》2 卷,圣彼得堡,1926 年版,660 - 662 页。

火药、铅弹和大炮"[1],因此于 1691 年连续修书两封,一再向沙俄求援,这确是事实,但不应当因此就对他加以全盘否定。

我们认为,当时噶尔丹与沙俄相互利用,挑起反清战争,使厄鲁特人民又蒙受一次灾难,是违反人心思和历史潮流的,也阻碍了社会生产的发展。这是一种倒退和分裂行为,应予否定。这也是噶尔丹虽有出众的卓越才能,却很快遭到失败的根本原因。

但是,我们必须看到,即使在这样穷途末路的时期,噶尔丹还是以"同一事业的兄弟"的平等身份[2],去向沙俄要求帮助的。他和他的使者都从未对沙俄卑躬屈膝。例如,遭到惨败的噶尔丹于 1691 年派阿钦卡什卡向俄方求援,受到俄方虐待,但"使者的举止仍不屈尊",并声明,如果"不准其前往莫斯科,则即携该公函返博硕克图汗处",坚持他主人噶尔丹的信"只能交沙皇亲收"[3]。这说明噶尔丹始终坚持与沙皇处于平等身份。这也正是沙俄踢开噶尔丹的根本原因。不难看出,沙俄方面最后要噶尔丹臣服归顺,要他一切行动告知"全权大使沙皇陛下所属各城堡","只有在这种条件下","才愿意援助噶尔丹"[4]又借口"鉴于签订了尼布楚条约",俄方需要了解噶尔丹对"联盟性质"的考虑[5]。 而噶尔丹则不能同意处于沙俄"各城堡"一样的地方政权的地位。相反,无论 90 年代,还是更早,他在一些原则问题上是不受沙俄摆布的。这使沙俄长期深感棘手又十分恼火。所以,经常可以看到俄方向噶尔丹进行这类交涉和指责,不是指责噶尔丹在俄、准边境冲突中"胡作非为",就是为噶尔丹夺走已臣服俄国的蒙古台吉而进行交涉[6]。 这类交涉持续不断,大概,噶尔丹对俄方的交涉经常是一笑置之,然后照常挖盟友的"墙脚"。失望的沙俄眼看噶尔丹已经穷途末路,却仍不"驯服",不"归顺",便一脚把他踢开了。看来,沙俄已经体

---

〔1〕《十七世纪俄蒙通使关系》,164 页。
〔2〕《十七世纪俄蒙通使关系》,164 页。
〔3〕《十七世纪俄蒙通使关系》,165 – 166 页。
〔4〕《十七世纪俄蒙通使关系》,157 – 158 页。
〔5〕《十七世纪俄蒙通使关系》,157 – 158 页。
〔6〕《十七世纪俄蒙通使关系》,158 页。

·欧·亚·历·史·文·化·文·库·

会到"那位准噶尔人(指噶尔丹——引者)却不具备一个藩属所应具备的脾性"。[1] 因此,我认为,说噶尔丹要逃奔俄国,而"鄂罗斯拒不受",似不符合噶尔丹的脾性,似不可信。在俄国业已公布的档案中,也无相似记载。据我所知,倒是噶尔丹临死前为沙俄的背信弃义所激怒,于1696年气息奄奄之时,还"宣布攻打俄国的一个不著名的防御工事"[2],作为他与沙俄盟友诀别的礼物。更何况,噶尔丹的一生不是以叛逃俄国告终,而是以1697年自杀于阿察阿穆塔台结束的。[3]

综观噶尔丹与俄国的关系,这位中国厄鲁特蒙古准噶尔部的首领,有过维护边境主权、抵制沙俄侵略的功劳,也犯过配合沙俄攻打兄弟同胞和分裂祖国的错误。但最后,他在内外压力很大的情况下,并没有像沙俄所希望的那样,臣服于沙皇。所以,我们主张对他30年政治生涯的复杂表现,做具体的分析,而不要一概否定。我们想,这样对提倡实事求是地研究古代历史人物,也许是有益的。

(原载《内蒙古社会科学》1980年4期)

[1]见《十七和十八世纪的中亚——卡尔梅克帝国还是满洲帝国?》第5章。
[2]见《十七和十八世纪的中亚——卡尔梅克帝国还是满洲帝国?》第5章。
[3]《朔漠方略》42卷,"康熙三十六年闰三月甲子"。

12　四卫拉特联盟初探

　　关于四卫拉特联盟形成的时间,联盟包括的成员及其历史,可以说迄今仍是模糊不清、端绪紊乱的。对这一问题,最有代表性的史学家们的看法,可归纳为三大类:有的学者认为,"杜尔本·卫拉特"(四卫拉特)这个名称出现在成吉思汗时期,指的正是卫拉特四个万户[1];有的学者则认为,本来意义的"杜尔本·卫拉特"(四卫拉特)是指旧卫拉特系(辉特、巴图特)、巴尔古特系(巴鲁克、布里雅特)、乃蛮系(杜尔伯特、准噶尔)、客列亦惕系(土尔扈特)这四大族系的四卫拉特联盟,它们为协助阿里不哥家族推倒忽必烈家族,而于 14 世纪末形成四卫拉特联盟[2];另外一些学者认为,"杜尔本·卫拉特"(四卫拉特)是指发挥过重要历史作用的四卫拉特部的联盟。但这组成联盟的四个部,有的说是绰罗斯、和硕特、土尔扈特和辉特,有的则说是和硕特、土尔扈特、准噶尔和杜尔伯特。也还有别的列举法。关于这四部联盟形成的时间,多认为是在 14 世纪末,也有说 14 世纪末到 17 世纪逐渐形成的。[3]

　　总之,不同史学家提到的四卫拉特成员的名称有十多个,而形成联盟的时间则从成吉思汗时代的 13 世纪到 17 世纪初都有人说到,真是众说纷纭,莫衷一是。至于对联盟的性质、作用及其崩溃等问题,则研究得很少,至今尚未有公认的说法。根据这一论题的研究现状,本文试图对几个有关问题进行一些初步探讨。

----

　　〔1〕班扎罗夫:《关于卫拉特人和维吾尔人》第 1 卷,喀山,1849 年版,25 页。
　　〔2〕冈田英弘:《四卫拉特的起源》,载《史学杂志》83 编 6 号,1974 年。
　　〔3〕参看巴托尔德:《谢米列契简史》,伏龙芝,1943 年版,72 页;乌斯宾斯基:《库库淖尔(或青海)地方》,圣彼得堡,1880 年版,73－76 页。

12.1 四卫拉特的起源和
四卫拉特联盟的形成

在关于四卫拉特(或"杜尔本·卫拉特")的许多说法中,我们认为,首先必须把四卫拉特的起源和四卫拉特联盟的形成这两个问题加以区别。卫拉特历史上有过实际组织形式的四卫拉特联盟,我们认为,是由和硕特、准噶尔、杜尔伯特和土尔扈特四个部组成的联盟,即四卫拉特通过领主代表会盟(一般称"呼拉尔"或"丘尔干")所体现的实际联盟。组成此联盟的四卫拉特,即《皇朝藩部要略》所说:"厄鲁特旧分四部,曰和硕特,姓博尔济吉特,为元太祖弟哈布图哈萨尔裔,曰准噶尔、曰杜尔伯特,姓绰罗斯,为元臣孛罕裔,曰土尔扈特,为元臣翁罕裔,姓不著……部自为长,号四卫拉特。"[1]但是,这四个部组成的联盟,并不是突然形成的,它有一个发展过程。在它形成之前,四卫拉特的名称早已存在,这就需要探讨名称的起源阶段。正是基于这一前提,我们主张,探讨四卫拉特联盟的形成及其时间,应该与四卫拉特这一名称的起源及其时间区别开来,同时,由于前者是在后者长期发展、演变的基础上产生的,所以四卫拉特联盟的整个形成过程,也应包括四卫拉特的起源、发展和最终形成联盟的各阶段。这样,许多史学家的看法就可以统一在不同阶段的卫拉特历史之中了。

那么,四卫拉特,即杜尔本·卫拉特起源于何时呢? 它最初指的是什么呢?

从现有史料记载看,这一名称起源于 14 世纪末叶。起源时期的四卫拉特代表的概念是卫拉特四万户。如《蒙古源流》记载,额勒伯克汗(1393—1399 年执政)被杀前,"授浩海子巴图拉[2]为丞相,并以萨穆尔公主妻之,令管四卫喇特"。时卫拉特克呼古特(克列亦惕——引者)之乌格齐哈什哈气愤地说:"乃既我在,而令我属人巴图拉管辖四

---

〔1〕祁韵士:《皇朝藩部要略》卷9,《厄鲁特要略一》。
〔2〕巴图拉一般认为即马哈木。

卫喇特耶!"[1]而另一本蒙古史书《黄金史》在描述这一事件时,则全用的是"四万卫喇特""卫喇特四万户"。可见蒙古史书中最早出现"杜尔本·卫拉特"这个称呼时,"四"代替的是"四万",指的正是卫拉特"四万户"。[2]何况,从元朝末年开始,"四"习惯地代替"四万",正如蒙古人习惯地用"四十"代表"四十万"蒙古人众一样,已是被生活所雄辩证实了的事实。[3]这也就是"杜尔本·卫拉特"(四卫拉特)沿袭蒙古人的习惯,成为表示卫拉特民族的代表性称呼的起源。

　　前述有的学者,虽然也承认"杜尔本·卫拉特"无疑是起源于代用"卫拉特四万户",代用"土绵",但同时他们却认为,卫拉特四万户在成吉思汗时期就已存在[4],因而推测这个名称应起源于成吉思汗时代。这种看法没有确实的史料依据。大家知道,成吉思汗时期,总共只封有四个万户长:孛斡儿出领右手万户,木华黎领左手万户,纳牙阿领中部万户,豁儿赤领森林百姓地方之万户。连哲别、速别额合等随成吉思汗南征北战、名声赫赫的功臣,也才"置为千户"[5],微不足道的卫拉特首领忽都合别乞怎么可能统领四万户呢!据记载,他是斡亦剌的,"伯克"或叫"主君"(千户长),他的子孙在以后相当长时期中还是千户长。[6]至少,迄今为止,我们既未见成吉思汗时卫拉特有四万户的记载,也未见当时有出现四卫拉特之称的历史记载。因此,"杜尔本·卫拉特"(四卫拉特)起源于成吉思汗时之说,论据不足。据史料记载,卫

---

[1]萨囊彻辰:《蒙古源流》卷5,4、9等页。

[2]也可参看符拉基米尔佐夫:《蒙古社会制度史》,列宁格勒,1934年版,135页注:"杜尔本·卫拉特一词,应理解为'卫拉特四万户'。此名称的起源问题可以如此解决。"

[3]《蒙古源流》等书习惯地用"都沁·都尔本"(蒙语四十四之意)代表四十万东蒙古人和四万卫拉特人。

[4]《史集》中有一条含糊的记载,说道:"由斡亦剌惕部落组成的千户,他们是四个千户……"但作者自己也说"详情不清楚"(拉施德哀丁:《史集》,1卷2分册,269页),认为成吉思汗时卫拉特已有四万户的学者,是把千户(敏罕)与万户混淆了。即或有四千户,也未见当时有"杜尔本·卫拉特"(四卫拉特)的名称以及它代用四千户的任何记载。

[5]以上见《蒙古秘史》卷8、卷9。

[6]符拉基米尔佐夫:《蒙古社会制度史》,108页。

拉特发展为四万户是在猛哥贴木儿时期[1]，即元末明初 14 世纪的事。如前所述，蒙古史书中出现"四卫喇特"（"杜尔本·卫拉特"）和"卫喇特四万户"，是在 14 世纪末额勒伯克汗时期。因此，我们认为，"杜尔本·卫拉特"（四卫拉特）这个名称是在代用"杜尔本·土绵·卫拉特"（四万卫拉特）的习惯中起源的，这不是起源于成吉思汗时期，而是元末明初 14 世纪末的事，不可能早于 14 世纪下半叶。

而且在出现"杜尔本·卫拉特"初期，它显然并不具体特指是哪四个姓氏的万户。有关卫拉特万户的系统记载也无从查找。这是因为万户的范围极不稳定，时分时合，加之斗争频繁，各万户的地位兴衰变化极大，旧的衰落，新的又代之而起[2]。发展到 15 世纪 20 年代前后，"杜尔本·卫拉特"在史书中才有比较明确的具体指称[3]，但各书的记载也还多不一致。我们认为，《蒙古源流》中对当时卫拉特四万户所指称的姓氏比较准确。这"四姓卫拉特"是：厄鲁特[4]、辉特、巴噶图特和奇喇特（克列亦惕音译）。《黄金史》中的"四万户"名称与此基本一致[5]。至于嘎班沙拉勒按四组排列了九个卫拉特部[6]，除了第四组是最后形成卫拉特联盟的四个部以外，前三组的五个部，我们认为，是属于较稳定的"四姓卫拉特"形成之前，便已先后存在的一些卫拉特

---

〔1〕罗卜藏丹津：《蒙古黄金史》下卷。据《明实录》记载，1400 年蒙军犯边，明燕王曾致书鞑靼可汗及瓦剌王猛哥贴木儿，而到 1403 年明廷又遣人去瓦剌时，瓦剌首领已是马哈木了。可见猛哥贴木儿是 1400—1403 年间去世的，他生活的年代应是 14 世纪下半叶。

〔2〕符拉基米尔佐夫：《蒙古社会制度史》，135 页。

〔3〕《蒙古黄金史》是在叙述脱欢太师（1418—1440 年执政）率卫拉特四万户攻打阿台汗时，第一次说出四万户的名称。《蒙古源流》提到的"四姓卫拉特"也属这一时期，说的是乌格齐哈什哈之子额色库（1415—1425 年执政）死，卫拉特人大乱的事（卷 5,9 页）。

〔4〕为 ügülLüd，我们同意此处是"乌济耶特"之音讹（参看羽田明：《再论厄鲁特》，载《史林》五四·四,1971 年）；而且根据史实，此时三卫系乌济耶特也已加入卫拉特（冈田英弘：《四卫拉特的起源》）。

〔5〕《蒙古黄金史》第一次具体指称卫拉特四个万户为：厄鲁特、辉特、巴噶图特和卫喇特。可见只有这个"卫喇特"与《蒙古源流》中的奇喇特（克列亦惕）不同。我们倾向于《黄金史》所用这个"卫喇特"是用总称指称当时"四姓卫拉特"中占统治地位的奇喇特，正如以后人们也用在卫拉特中占统治地位的准噶尔指称卫拉特一样，因为奇喇特相当长期一直是四万户之首。

〔6〕这四组是：（1）厄鲁特，（2）辉特、巴图特，（3）巴尔古、布里亚特，（4）杜尔伯特、准噶尔、和硕特、土尔扈特（《四卫拉特史》卷 5，蒙文抄本丛刊，乌兰巴托,1967 年版，转引自冈田英弘：《四卫拉特的起源》）。

部。从冈田英弘先生的考证看,它们多是在 1388 年阿里不哥后裔推翻忽必烈家族时期起过重要作用的。[1] 但到 15 世纪前半叶,"四姓卫拉特"占四万户的统治地位时,巴尔古和布里雅特已退居到次要地位了。[2]

到 15 世纪中期以后,由于也先去世引起的巨大社会变动,起源时期的"杜尔本·卫拉特"(四卫拉特)才逐渐发展成了四卫拉特联盟。

从史书记载看,组成卫拉特"丘尔干"联盟的四个部,即准噶尔、杜尔伯特、和硕特以及土尔扈特,是在起源时期的卫拉特四万户(或"四姓卫拉特")的基础上,经过兴衰起落、分裂融合而形成的产物,它们形成的时间只能在 15 世纪中期以后。因为也先死后[3],绰罗斯才分裂为杜尔伯特与准噶尔部。史载:"孛罕六世孙曰额森,有子二,长博罗纳哈勒,为杜尔伯特祖。次额斯墨特尔汉诺颜,为准噶尔祖。"[4] 可见这两个部的形成最早也是也先死后 15 世纪 50 年代的事。从血统上它们出自辉特族系。和硕特出自三卫系乌济耶特,因为和硕特首领"拜巴噶斯……即乌济耶特氏",而福余等三卫也叫"山前乌济耶特"。[5] 和硕特是哈萨尔裔,其封地原在海拉尔一带[6],哈萨尔十六世孙卜儿孩时,已迁到长城北、归化城以西一带,这一带曾是和硕特领地。[7] 但哈萨尔裔何时得名和硕特,尚无翔实可靠的记载。一说"和硕特之名乃脱欢太师所赐",另说是与乌兹别克的阿布尔海尔汗作战有功而得

---

〔1〕冈田英弘:《四卫拉特的起源》。

〔2〕均可参看冈田英弘:《四卫拉特的起源》。在《1640 年蒙古—卫拉特法典》中还曾提到巴尔古。阿台汗(1435—1449 年执政)时东西蒙古对射的著名射手之一巴图鲁桂林齐,属卫拉特布里雅特部。但这两部当时都未能占领四卫拉特之一的地位(《蒙古源流》卷 5,14 – 15 页)。

〔3〕也先死于 1455 年左右。《明史》卷 328,景泰六年(1455 年),"阿剌知院攻也先,杀之"。也有说死于 1454 年的。

〔4〕见《皇朝藩部要略》卷 9。《西域同文志》等汉文史料均持此说。而帕拉斯、霍沃斯等认为,这两个部的创始人是翁格楚和翁格尔辉。那更是也先以后好几代的事了。

〔5〕冈田英弘:《四卫拉特的起源》。

〔6〕"蒙哥可汗时,术赤哈萨尔数妃尚在,其分地在阿尔衮河枯拉淖尔·海拉尔。"(洪钧:《元史译文证补》卷 1 下《太祖本纪译证》下,民国二十六年[1937 年]商务版,上册 102 页)

〔7〕参看乌斯宾斯基:《库库淖尔(或青海)地方》,89 页。

名。[1] 我们同意后者,因为也先擒获正统帝,"留养于六千乌济耶特"[2],可见,也先时期还叫乌济耶特。如果得名于西征乌兹别克,则也是15世纪中期以后的事情。[3] 土尔扈特出自克列亦惕已无争论。但我们认为蒙古史书中第一次出现土尔扈特之称,是在1452年[4],而不是1567年[5]。总之,从15世纪中叶以后,准噶尔、杜尔伯特、和硕特以及土尔扈特才先后载入史册。而起源时期为四卫拉特成员的辉特、巴图特,虽然还长期存在,但因实力减弱,处于附属地位,没有成为联盟的四大成员之一。由于辉特、准噶尔、杜尔伯特是同祖,故史称:"数其名则有六……核其实不过三:和硕特也,杜尔伯特也,土尔扈特也。要其种则自明及今止一,曰额鲁特蒙古而已。"[6]

卫拉特四部先是"各统所部,不相属"[7],由于频繁的战争和内政外交的需要,组成联盟,选出盟主,经常召开领主代表会盟。于是,四卫拉特联盟就作为卫拉特社会的特殊组织形式孕育而生了。可惜有关的历史记载太少,只知道1587年的盟主是和硕特的拜巴噶斯,他祖父以前的盟主,据传由绰罗斯家族担任。[8] 这样,这四卫拉特部从形成到组成较完善的联盟,大约又经历了一个世纪,即已是16世纪末叶的事了。这就是四卫拉特联盟的最终形成时期。

12.2　四卫拉特联盟的性质、作用

有的学者把四卫拉特联盟只看作是军事性质的联盟,把联盟施政所依据的《卫拉特法典》,说成是军事联盟的协议。[9] 这是很不全

---

〔1〕冈田英弘:《四卫拉特的起源》。

〔2〕《蒙古源流》卷5,13页。

〔3〕《哈萨克共和国史》卷1,阿拉木图,1957年版,139页。

〔4〕据《蒙古源流》载,景泰三年(1452年)哈尔固楚克出逃时,卫拉特往追之人中有"托尔郭特"(王静安校,致此即土尔扈特)之察拉斯图尔根(《蒙古源流》卷5,18页)。

〔5〕兹拉特金:《准噶尔汗国史》,72页。

〔6〕张穆:《蒙古游牧记》卷11。

〔7〕张穆:《蒙古游牧记》卷14。

〔8〕兹拉特金:《准噶尔汗国史》,111－112及121页注。

〔9〕兹拉特金:《准噶尔汗国史》,176页。

面的。

我们认为,通过松散的盟会组成的四卫拉特联盟,是卫拉特封建游牧社会的一种特殊自治体制。这一联盟不仅仅是军事性质的联盟,也是协调各种关系、管理卫拉特公共事务的机构。

史实证明,15 世纪后半叶,原卫拉特万户和千户的位置为一些特殊的卫拉特集团所代替。史籍中称这些集团为准噶尔、杜尔伯特、和硕特、土尔扈特等"部"。这些"部"都是庞大的兀鲁思。兀鲁思的地位相当于万户,但不像原来的万户只是一万军民合一的组织,而是与军队人数无关,仅以地域单位为基础的大领地。有关蒙古社会制度方面的蒙汉文史料记载证实,15 世纪时,组成兀鲁思的"爱马克"和"鄂托克"已经是普遍的社会组织形式。如《正统临戎录》说,被卫拉特首领也先俘去的明英宗以及原被扣押的明廷使臣,都分散到"各'爱马'养活着"。[1]《蒙古源流》也证实阿拉克丞相[2]之子所属的卫拉特集团叫"鄂托克"。这各级组织设有官员。兀鲁思的首领一般称太师、洪台吉或汗,管理鄂托克的首领称宰桑。兀鲁思及鄂托克中都分设有掌管军事、行政、司法、税收等事务的官员[3],官名往往是明朝政府新封[4],也保留了不少元代的官称和十进位的习惯。为了治理整个卫拉特社会的需要,互不隶属的四卫拉特部终于结成联盟,各部首领通过会盟协调与商议卫拉特社会内外事务,并通过兀鲁思的各级组织和官员进行贯彻。因此,它是卫拉特领主阶层封建自治的一种组织。

四卫拉特联盟不仅是卫拉特社会制度发展演变的产物,也是分散游牧的卫拉特社会为了克服危机形势,共同抵御外敌的结盟,因此自然具有明显的军事性质。从 15 世纪后半叶起,卫拉特便屡败于东蒙

---

〔1〕杨铭:《正统临戎录》(景明刻本《纪录汇编》卷 19)。

〔2〕阿拉克即阿剌知院,据《明实录·英宗实录》记载,他死于 1456 年:"军人曹广自房中回,言房酋阿剌知院今年为部下所杀。"(卷 26,9 页,"景泰七年[1456 年]八月丁未"条,景泰附录八十七)

〔3〕详见《西域图志》卷 29《官制》。

〔4〕参看《明英宗实录》,"景泰四年(1453 年)正月庚辰"条,卷 225,15 页;《明孝宗实录》,"弘治四年(1491 年)三月丁亥"条,卷 49,6 页等。

古[1]，逃向西方和西南的青海一带，并被迫臣属于东蒙古人。从俺答汗时期起，1552 年、1562 年、1574 年等年代，卫拉特各部多次受到东蒙古的重大袭击，损失惨重。西面又常与日趋强大的哈萨克发生冲突，甚至有些卫拉特部一度被迫臣服于哈萨克捷维克力政权。80 年代卫拉特人又曾被察合台后裔的吐鲁番政权打败，而向青海等地败迁[2]。卫拉特七零八落的领地，各自为政的兀鲁思，无法对付几面受敌的状况。一次次战乱，一次次失败，使灾难深重的卫拉特兀鲁思，通过会盟结成联盟，共同联军抵御外敌。如 1587 年四卫拉特联盟的盟主拜巴噶斯，动员了五万军队抵抗喀尔喀硕垒乌巴什与乌梁海的八万联军，结果获胜。联盟协力作战的事件当然远非只此一次。1623、1628 等年代卫拉特联盟对东蒙古的联合军事行动也很著名[3]。联盟也曾多次联合对付哈萨克，如 1635、1643、1652 等年代对哈萨克的战争。这些具体史实表明，四卫拉特联盟具有军事联盟的性质和作用，这是无疑的。但这只仅是问题的一个方面。

四卫拉特联盟同时也是协调关系、管理卫拉特公共事务的机构。这表现在联盟盟主出面调停 1625 年的大内讧等等。哈喇忽拉为盟主时期，这种协调领主间关系，强迫内讧各方接受他的仲裁的作用，表现得尤为明显[4]。又如在宗教事务方面，联盟各部也是协商行动的。

1616 年战后，盟主拜巴噶斯曾想出家当"朵内"（贵族喇嘛），很多领主不同意。最后大家商议他仍留任盟主，让四卫拉特各部首领及一些著名领主都出一个儿子去当"朵内"，共同"积德"。拜巴噶斯当时还没有儿子，便认了一个义子，他就是后来驰名的藏传佛教活动家咱雅班第达。

必须指出，四卫拉特联盟在各自为政的游牧社会条件下，多方面起过积极的作用。

---

〔1〕详见《蒙古源流》卷 5。

〔2〕兹拉特金：《准噶尔汗国史》，105 - 108 页。以吐鲁番为中心的察合台后裔政权，即东蒙兀儿斯坦。

〔3〕《俄蒙关系史资料（1607—1636）》，莫斯科，1959 年版，123 - 126、301 页。

〔4〕《俄蒙关系史资料（1607—1636）》，139 - 240 页。

首先,联盟为克服危机形势、抵御外来侵略做出了历史贡献。联盟多次召开盟会,努力消除内讧,协同作战,终于自 1587 年联盟军战胜硕垒乌巴什之后,开始了转折。到 1628 年联盟军又一次战胜东蒙古,四卫拉特遂在盟主哈喇忽喇的庇护下返回天山以北广大故乡牧区,并开始全神贯注于壮大实力,扩大牧区。到 16 世纪 90 年代,"卫拉特领地的边界已达到伊希姆河与鄂木河上游"。[1] 联盟在 17 世纪上半叶几胜哈萨克,最后哈萨克"在所有事情上都仰望着巴图尔珲台吉,并服从于他"。[2] 同时联盟开始有力量抵御强大邻邦的侵略。如 1644 年当沙俄要准噶尔部巴图尔珲台吉攻打土尔扈特部时,不仅准噶尔部,而且各盟部,都对这种分裂卫拉特民族的阴谋坚决进行了抵制。以后也是联盟共御外敌的政策使沙俄妄图侵吞卫拉特居住地的预谋始终未能实现。所以,四卫拉特联盟虽然形式比较松散,但它在当时的历史作用和功绩是不应低估的。

其次,四卫拉特联盟的政策巩固了封建秩序,发展了封建游牧经济,从而也促进了与中原地区的经济和政治交往。联盟的政策集中体现在《1640 年蒙古—卫拉特法典》中,它对蒙古(包括卫拉特)社会的内政、外交、军事、宗教、经济、刑法等社会生活的各个方面,做了详尽的规定。联盟通过该法典竭力发展封建等级制度,规定层层隶属关系,固定牧地、牧民、贡赋。其他还有诸如关于私有财产及继承权的规定,关于高级僧侣特权的规定,驿站运输和畜牧狩猎的规定等等[3],都保证了封建制度和封建经济的发展。《咱雅班第达传》记载的某些数字,可以反映出这种政策下游牧畜牧经济迅速发展的一个侧面。例如,1643 年咱雅得到和硕特部的一份赠礼为 5000 头牲畜,而 1645 年土尔扈特部的一份赠礼则增加到 1 万匹马。1647 年额尔德尼洪台吉一个人就赠给咱雅 6000 只绵羊。到 1649 年鄂齐尔图汗为进藏熬茶,一次开支

---

〔1〕兹拉特金:《准噶尔汗国史》,118－119 页。

〔2〕巴德雷:《俄国、蒙古、中国》,第 2 卷,伦敦,1919 年版,38 页。

〔3〕以上均参看戈尔斯东斯基:《1640 年蒙古—卫拉特法典》,圣彼得堡,1880 年版。

·欧·亚·历·史·文·化·文·库·

便谁备了 1 万匹马。[1] 不仅畜牧经济发展十分可观,而且卫拉特开始发展农业,建设定居点"和布克赛尔"[2],并开始发展手工业。经济的发展使卫拉特迫切要求与中原地区互市、通贡。卫拉特各部与中原的经济交流一般以青海和西套为中心枢纽,直至去北京进行通贡贸易活动。这促进了蒙汉人民的团结。在政治方面,联盟成立之后,尤其是 1640 年盟会后,加强了与清廷的通贡往来。如 1646 年(顺治三年),卫拉特各部 22 名首领,包括 2 位盟主巴图尔珲台吉和鄂齐尔图汗,以顾实汗为首,联名向清朝奉表贡。[3]

综上所述,四卫拉特联盟从 15 世纪后半叶开始,初具雏形,到 16 世纪末,形成较为完善的联合体。它是分散游牧、互不隶属的卫拉特各部,向强大统一的卫拉特封建社会过渡的特殊社会组织形式。它对克服也先死后的分裂动荡和几面受敌的危机形势,对共同御敌、保障卫拉特的生存,对发展封建经济、封建制度和加强与中原的经济、政治交往,都起了积极的历史作用。

12.3 四卫拉特联盟的崩溃

有的学者认为,1627 年卫拉特联盟就崩溃了,提出的主要理由是因为"土尔扈特远迁西方,和硕特迁往西藏",脱离了联盟。[4] 这种看法是否正确?究竟四卫拉特联盟是何时崩溃的,崩溃的标志和原因又是什么呢?

我们认为,1627 年四卫拉特联盟崩溃之说理由不足,土尔扈特等部的迁徙不能作为联盟解体的标志。这不仅因为卫拉特游牧社会的

〔1〕拉特纳勃哈德勒:《咱雅班第达传》,8 - 13 页。

〔2〕羽田明:《准噶尔王国和布哈拉人》,载《东洋史研究》12 卷 6 号,昭和二十八年(1953 年)。

〔3〕《皇朝藩部要略》卷 9。鄂齐尔图到 1657 年才被达赖喇嘛封为车臣汗,他父亲盟主拜巴噶斯死后,和硕特的实际首领在相当一段时间是鄂齐尔图之叔顾实汗图鲁拜琥。所以清廷按成吉思汗系为正统的看法,始终封哈萨儿裔顾实汗辖诸卫拉特,并认为:"是时,和硕特顾实汗最强,为四卫拉特首。"实际上,虽然当时和硕特也还占盟主之一的地位,但实力已不如准噶尔部了。

〔4〕兹拉特金:《准噶尔汗国史》,148 页。

特点本来就是经常迁徙与变动牧区,而且,前面说到早在 16 世纪末,有的卫拉特部已经迁徙到遥远的伊希姆河一带。更重要的是,土尔扈特等部的迁徙并不是完全从联盟分离出去,主要是因为原牧区也的确相当“瘠苦”[1],只好采取这种经营新牧场的做法来壮大实力,发展游牧经济。虽然他们的迁徙也包含有对准噶尔扩张不满的因素,但并不是脱离联盟。事实也证明,土尔扈特及和硕特迁离原牧区后,仍然参加联盟的重大活动。例如,卫拉特四部首领都参加了 1640 年的会盟。又如 1643 年盟主巴图尔珲台吉率领各部联军对哈萨克扬吉儿王子作战时,连远徙伏尔加河的土尔扈特也曾万里迢迢派回军队参战。至于“和硕特迁往西藏”,那更是联盟联合行动的结果。据史书记载,由于西藏格鲁派首领向顾实汗求援,顾实汗请得盟主巴图尔珲台吉的支持,遂联兵进军西藏。最后,远离祖国的土尔扈特人也参加了这次支持格鲁派的进军。所以,有的学者称之为“从阿斯特拉罕直到青海的整个卡尔梅克族的远征”[2]。进军得胜初期,西藏还驻有联盟各部的联合守卫队,以后才陆续撤离,而由顾实汗及其后裔在那里统治。由此可见,上述理由都不能作为四卫拉特联盟崩溃的标志。我们认为,不仅 1627 年联盟远未崩溃,而且直到 1640 年的盟会上,四卫拉特联盟的思想还得到了最充分的体现,可以说是联盟发展的顶峰。

那么,四卫拉特联盟是何时崩溃的呢?它的标志又应该是什么呢?

按我们的看法,四卫拉特联盟是 17 世纪 70 年代崩溃的。不过它有一个开始丧失实际作用到彻底崩溃的解体阶段。如果说 17 世纪 40 年代联盟还有不少共同的行动,诸如联军进攻哈萨克和西藏,22 名领主联名向清朝奉表进贡等等,那么,到 17 世纪 50 年代,尤其是随着精悍盟主巴图尔珲台吉的去世(1653 年),联盟就开始丧失了实际作用,从此我们再未见到有多数成员参加的共同行动。而且到这时,杜尔伯

---

〔1〕何秋涛:《朔方备乘》卷 38《纪事始末二》。其中谈到,土尔扈特原牧区“僻远瘠苦,夏生白蝇,遗蛆人目,冬则大雪,不堪其寒”。

〔2〕莫里斯·古朗:《十七和十八世纪的中亚——卡尔梅克帝国还是满洲帝国?》,里昂、巴黎,1912 年版, 19 页。

·欧·亚·历·史·文·化·文·库·

特与土尔扈特由于不同的原因,实际脱离了联盟。前者(达赖台什子女)因 1643 年正在相互争夺遗产,没有参加远征哈萨克的联军,1646年后,曾遭到两位盟主的讨伐。自此与联盟敌对了。巴图尔珲台吉在世时,还曾派喇嘛使者去土尔扈特动员他们返回故乡牧区。土尔扈特也果真准备动身。但巴图尔去世后,土尔扈特首领暂时放弃了返回准噶尔本土的计划。他们与联盟的联系也由于必须突破途中昆都仑乌巴什、阿巴赖等敌对领主的阻击,基本处于断绝的状态。这样,四卫拉特联盟的四个成员已经有两个部自此没有再参加联盟的活动,盟会也无法召开。这是联盟丧失作用、实际解体的标志。不过联盟的形式似乎尚未最终崩溃。一方面,盟主之一的鄂齐尔图还在世,而且到 1657年,一些敌对集团之间又讲和了,还承认巴图尔珲台吉之子僧格是盟主职位的继承人。[1] 新老两位盟主关系密切,仍然经常共同协商行动。另一方面,体现联盟思想的法典还在很多方面被卫拉特各部遵循着。1671 年后,接替准噶尔首领僧格之位的噶尔丹,实行兼并卫拉特邻部的政策。特别是 1677 年他占领其叔楚琥尔的领地之后,又忌盟主鄂齐尔图强,遂"戕杀鄂齐尔图,破其部"。[2] 于是,四卫拉特联盟这位最后支撑局面的盟主也退出了历史舞台。这是联盟最终崩溃的标志。1677—1678 年间,噶尔丹颁布第一项加强其封建集权统治的敕令。"噶尔丹既戕鄂齐尔图,自称博硕克图汗,因胁诸卫拉特奉其令"[3],封建民主、协商自治的组织——四卫拉特联盟彻底崩溃,开始了噶尔丹军事集权统治时期。

四卫拉特联盟的崩溃,当然主要不在于出了一个图谋集权的噶尔丹,而是卫拉特内外形势发展的必然结果,是历史发展趋势所决定的。当时,在外部,察合台后裔的吐鲁番政权和喀什噶尔政权[4]已分裂为许多相互仇杀的伯克和苏丹的零碎领地,经常求援于准噶尔。哈萨克

---

〔1〕兹拉特金:《准噶尔汗国史》,209 页。
〔2〕《皇朝藩部要略》卷 9。
〔3〕《皇朝藩部要略》卷 9。
〔4〕这两个政权又称东西蒙兀儿斯坦。

在捷维克力汗和叶西姆汗死后,其后裔也分裂割据,争夺领地,实力大为削弱。喀尔喀蒙古和托辉特部首领,强盛一时的所谓"阿勒坦汗",1667 年也已被准噶尔首领僧格征服。僧格时期,他已经有实力能够强硬警告沙俄,如果俄方不归还他的属民,他有力量攻打克拉斯诺雅尔斯克等俄国边城。显然,四卫拉特联盟形成时那种需要四部联合御敌的危机形势已经一去不复返了。在内部,经过巴图尔珲台吉的努力,尤其是法典精神的贯彻,卫拉特社会封建经济和封建制度得到很大发展,准噶尔实力大增。[1] 准噶尔疆域北及额尔齐斯河和鄂毕河中游,西至巴尔喀什湖以东以南,南部包括天山南路广大地区。这一民族政权成了一支威慑性的力量。到噶尔丹称汗时,各部在政治上开始隶属于汗权的军事压力。在这种情况下,四卫拉特联盟自然就为历史所淘汰了,因为它完成了使分散受欺的卫拉特民族过渡到强大统一的民族政权的历史任务。

(原载《民族研究》1982 年 2 期)

---

〔1〕何秋涛:《朔方备乘》卷 38《土尔扈特归附始末》。

13　明代瓦剌与西域

瓦剌原是我国古代的北方游牧部落。它最初载入史籍,是在13世纪初铁木真统一"林木中百姓"时期,当时称斡亦剌,分布在今叶尼塞河上游一带,萨彦岭与唐努山之间。到明代,瓦剌常常出现于西域,对西域的历史事件产生过一定的影响。有关这方面的研究,迄今还很薄弱,本文仅就初步探讨明代瓦剌与西域关系的几个问题。

13.1　瓦剌势力始入西域

从史籍记载看,早在元代阿里不哥反叛忽必烈王室时期,斡亦剌(瓦剌)已经与西域发生了关系。据《元史》记载,阿里不哥反叛元王朝的军队里有"外剌(瓦剌)"之军及乞儿吉思军[1]。1262—1263年阿里不哥受忽必烈的驱赶和粮食封锁,率众将基地由漠北转向西域,并向察合台系领地征收武器、牲畜和财物。但他征得的财物却被察合台后裔阿鲁忽夺去,于是1262年阿里不哥军与阿鲁忽交战于不剌城(今博乐)一带,阿鲁忽一度溃败,由伊犁河流域退往伊塞克湖,后又退至撒马尔罕等地。[2] 阿里不哥占领伊犁盆地后,蹂躏城乡,不得人心。1262年他又因遭受阿鲁忽的进攻而战败,他手下的部众在此前后,也纷纷背弃他而去。最后,阿里不哥只身逃往其兄忽必烈处告降,他从叶

---

〔1〕《元史》卷120《术赤台传》。这一记载显然是可靠的,不仅因为斡亦剌与阿里不哥家族关系最亲密,且据拉施德哀丁《忽必烈本纪》记载,阿里不哥的夏营地在阿尔泰,冬营地在贴克和乞儿吉思。处在阿尔泰与乞儿吉思领地之间的斡亦剌,在阿里不哥辖内,组成瓦剌军,也就不足为怪了(转引自冈田英弘:《四卫拉特的起源》,载《史学杂志》83编6号,1974年版)。

〔2〕〔明〕危素:《危太朴集》,《耶律希亮神道碑》,吴兴刘氏嘉业堂刊本,转引自《新疆简史》第1册,新疆人民出版社,187页。

尼塞河额尔齐斯河一带率往伊犁河流的军队,自然包括瓦剌军在内,经历了这次战役,便全部溃散在天山一带。[1] 上述这些是关于瓦剌(斡亦剌)与西域关系的最早记载之一。不难看出,作为阿里不哥属部的斡亦剌人,那时已经与西域的察合台后裔发生了早期关系,而且因阿里不哥的失败而散留在西域地区,成了早期西迁的瓦剌人。不过他们当时只是作为阿里不哥的随从涉入西域有关事件,还不是独立的政治力量。

瓦剌作为一个独立的政治集团与西域发生关系,即作为独立的政治势力深入西域,则是明代的事情,大致不晚于 15 世纪 20 年代。

1399 年斡亦剌(瓦剌)四万户的领主乌格齐哈什哈杀死东蒙古大汗额勒伯克汗之后,瓦剌才被当作一个独立的政治单位载入史册,这一年它与东蒙古的大汗彻底分裂,而将政治中心移向杭爱山以西。从其活动地区和有关记载看,15 世纪头十年,它的领地已经由叶尼塞河上游萨彦岭与唐努山之间伸展到了西域沿边一带。据《明实录》记载,永乐年间,中官李达、吏部员外郎陈诚等使西域时,瓦剌地处别失八里之北,南有山与哈密相界。[2] 当时瓦剌领地范围大致是:东起杭爱山西麓,北到额尔齐斯河及叶尼塞河上游乞儿吉思领地,南依戈壁沙漠并哈密北山(今天山),西部伸展到别失八里[3]以北。[4] 瓦剌正是在这种与别失八里、哈密等西域诸地面接邻的条件下,以崛起的姿态登上西域历史舞台的。

别失八里在秃黑鲁帖木儿执政(1346—1363 年)时,曾比较强大。

〔1〕参看巴托尔德著、米诺尔斯基英译:《谢米列契简史》第 6 章;彼得洛夫:《吉尔吉斯起源简史》第 4 章,伏龙芝,1963 年版。

〔2〕《明代西域史料·明实录抄》,86 页,《太宗实录》卷98,"永乐十三年冬十月癸巳":"别失八里沙漠之地也,今马哈麻王之主之……故疆东连哈密,西至撒马尔罕,后为帖木儿驸马侵夺,今西至脱忽麻,北与瓦剌相接,东南抵于阗、阿端。……哈密居平川,城周三、四里,开二门,东有溪西北流……其北有山与瓦剌相界,其西接火州等城。故哈密为西northern诸胡往来要道。"

〔3〕《明史》中的别失八里,即一般所称的蒙兀儿斯坦,14 世纪由察合台领地分裂而成。它的领土几乎包括整个南疆,以及从额尔齐斯河和额敏河到天山,从巴里坤到费尔干纳和巴尔喀什湖的广大地区。

〔4〕兹拉特金著、马曼丽译:《准噶尔汗国史》,52 页。

217

从 1360 年起他接连征战原察合台兀鲁思西部河中地区(一般所称玛危兰纳赫尔),1361 年攻下撒马尔罕,控制河中,使原察合台兀鲁思一度恢复统一。但好景不长,他死后反叛四起。中亚的帖木儿便乘机崛起,多次攻入别失八里。别失八里到秃黑鲁帖木儿的幼子黑的儿火者执政(1389—1399 年)时期,他已不得不依命将女儿达瓦库·阿噶送给帖木儿为妾,处在从属于帖木儿的地位。1399 年,即瓦剌与东蒙古分裂这年,黑的儿火者死,其子沙迷查干(1399—1408 年)继任别失八里汗位。据苏联史家兹拉特金说,就在这个时期,瓦剌与这个西域邻居发生了矛盾冲突。不过,在明代记述有关沙迷查干时期的史料中,却未见有类似记载。[1] 只是在沙迷查干之弟马哈麻(1408—1415 年)继位后不久,《明实录》中才出现了瓦剌与别失八里相互关系的记载。如永乐九年(1411 年),明廷同时宴请瓦剌及别失八里等处的使臣;与此同年的记载说,由于"瓦剌使者言别失八里马哈麻王将袭其部落",明朝出面阻止马哈麻,劝终"敦睦四邻"。[2] 这里反映出瓦剌与西域的别失八里已开始了和平交往,并伴随有矛盾冲突。显然,当时瓦剌的力量还不十分强大,所以求助于明廷以摆脱受攻击的地位。这可能与瓦剌脱离东蒙古不久立即分裂成马哈木、太平、把秃孛罗三足鼎立的形势有关。更往后,瓦剌与别失八里的冲突就日益尖锐了,特别是在歪思汗(1418—1428 年)登位改别失八里为亦力把里之后。据永乐十九年(1421 年)太监海童等出使瓦剌返回时报告:"亦力把里王歪思与瓦剌贤义王太平构兵,战互有胜负。"既然"互有胜负",可见 20 年代时他们相互战争已不止一次。至此,瓦剌势力显然已直接进入了西域。

与此同时,瓦剌开始进逼哈密地面。如永乐十九年明廷曾因哈密忠义王免力帖木儿告瓦剌侵掠哈密,特派使节责瓦剌贤义王太平等,

〔1〕《明代西域史料·明实录抄》,37 页,《明太宗永乐实录》卷 33,只记有沙迷查干曾"率兵东向"但未明去处;卷 34 记有沙迷查干曾兴兵征鬼力赤;卷 49:沙迷查干向明廷上书曰:"撒马尔罕本其先世故地,请以兵复之。"永乐帝答复说:"宜审度而举事,慎勿轻动。"
〔2〕《明太宗永乐实录》卷 80。

并"今还所侵掠"[1]。哈密是"西域要道""西陲屏蔽"[2],也是自古西域各族争夺的"咽喉之地"[3],而且当时又是明朝进行行政管辖并设王置卫的重要西域地面,瓦剌开始侵掠哈密说明它对深入西域已经跃跃欲试了。因此,我们把瓦剌势力伸向别失八里(亦力把里)与哈密,看作是它开始进入西域的标志。

13.2　脱欢、也先时期瓦剌对其西域近邻的政策

在脱欢、也先时期,瓦剌向西域扩张,不只是为经济上掠夺更多财物,而且也是他们重"求大元一统天下"的一项重要措施。[4]

1418年(永乐十六年),明廷准脱欢袭父爵,为顺宁王。到1426年(宣德元年),他吞并贤义、安乐两王领地,统一了瓦剌。[5] 不晚于1430年(宣德五年),瓦剌已控制北部的乞儿吉思。[6] 1434年脱欢杀和宁王阿鲁台,取得玉玺,自此,他成了东西蒙古的实际大汗。他立出身成吉思系"黄金家族"的脱脱不花作傀儡,利用后者于1438年最后杀死阿鲁台所立的阿台王子,集权于一身。不过次年脱欢也就死了。但他为其子也先留下了主宰东西蒙古的最高权力。

脱欢时瓦剌攻击的主要目标,是在东部争夺整个蒙古地区的统治权,还顾不上争夺西域。不过与西域已有交往,基本上是和睦相处的关系。这表现在,瓦剌使臣来中原常经哈密往返,或与西域亦力把里、哈密等地的使臣一起向明廷进贡,共受皇宴及赏赐等等。[7] 也先一登太

---

[1]《明太宗实录》卷120。

[2]《明史》卷329《西域一》。

[3]《明宪宗实录》卷118。

[4]参看谷应泰:《明史记事本末》卷32。

[5]据1425—1426年尚有安乐王子及贤义王子向明廷进贡,此后均由脱欢代表瓦剌进贡的记载。

[6]《明宣宗实录》卷66载:"宣德五年瓦剌乞儿吉思之地万户别别儿的差副千户巴巴力等奏事至京",说明乞儿吉思已属瓦剌管辖。

[7]《明英宗实录》卷25、46。

师宝座,就不限于争夺东方了,而是为"大元一统天下"迅猛地在东部、中部、西部三方面同时向南展开了全面攻势。

也先在东部的政策,不是本文的重点,这里只概括提一下,首先是立足于巩固他对蒙古地区的统治,然后在这个基础上扩大疆域,重点控制大同一带入京通道。因此也先袭太师位后,即着手剪除那些与他争夺统治权的东蒙古代表人物,软硬兼施,控制兀良哈三卫,到1447年,"泰宁等三卫并忽鲁爱等七十四卫具受瓦剌也先诳诱"[1],"西北一带戍夷,被其驱胁,无不服从……漠北东西万里,无敢与之抗者"[2]。接着瓦剌势力直逼女真与朝鲜。也先亲自率兵进攻大同控制贸易、进贡通道和相邻地区,是他进行东方攻势的重点目标。

也先上台后,在向东部发展势力的同时,也在中部和南邻采取了攻势行动。对中部夺取的主要目标是西域的要冲——哈密地面。从也先时期对哈密的政策看并不是旨在抢掠这条东西通道上商人和使节们的财物,而是把争夺哈密当作他实现蒙古帝国的重要战略步骤,他对哈密地区不只把武力作为压服与威胁哈密的手段,而着重用的是通婚、利诱等和平方式,以使哈密从属于瓦剌。《明实录》记载,1443年(正统八年),即也先袭太师位初期,瓦剌进攻哈密,"抢去忠顺王母",以此为要挟,"令忠顺王遇年去瓦剌"。[3] 显然,也先用这种办法使哈密忠顺王归属于他,次年(1444年)十二月明廷给哈密忠顺王倒瓦答失里的敕谕中谈到,也先"将尔子母取去,今俱差人送回俱悉……又闻彼累差人往来尔处,然也先与尔俱世事朝廷,往来和好如同一家,皆以保境安民为心,朕固不禁绝之。但虑往来之人或有交构蛊惑坏久长之好,甚非尔一方之福也,切虑之……"[4],从这段引文可以看出,第一,瓦剌并不杀害哈密王室而立仇,相反,以礼送返;第二,瓦剌控制哈密后,并未与明廷断贡,因此明廷也不便"禁绝"他们来往;第三,瓦剌与哈密往

---

〔1〕《明英宗实录》卷28。

〔2〕《明英宗实录》卷173。

〔3〕《明英宗实录》卷149。

〔4〕《明英宗实录》卷109,忠顺王母弩温答失里为也先姐。

来十分频繁,显然瓦剌对哈密的控制已有成效,而使明廷"虑之",不得不做诱导工作。而且明廷于第二年(1445年)即急忙下令哈密"今后瓦剌差人数多,及无印信文书,不系紧要者,尔处不必起送"。[1] 但实际上,此时也先已经成功地使哈密听命于他了,这从不久后一系列事件中暴露得很明显。如1446年元月,也先令瓦剌头目塔剌赤等去哈密时,竟将撒马尔罕使臣等一百余人连同"进贡方物"以及"沙州逃来人家"都"诱引"往瓦剌了。如果不是哈密方面配合,这样的"诱引"恐怕是难以办到的。同年九月,也先遣人召哈密忠顺王及其母和陕西丁等去瓦剌,且"至则礼待甚厚,赠以豹皮、马、羊等物,又将前后劫虏人口六百有余纵还",陕西丁返哈密时,"也先属(嘱)其约束人马,亦俟以纳失里王调用"。[2] 1447年,"也先既诱挟买卖回回锁鲁檀等"……又诱令哈密与撒马尔罕等使臣三百多人"自陕西入贡"。[3] 这些记载说明,也先通过"礼待甚厚"等手段已经使哈密任他"调用"摆布了。直到也先去世,哈密一直在瓦剌控制之下。

也先对哈密的夺取,不是孤立的行动。他在对哈密进行各种行动的同时,对沙州、罕东、赤斤等三卫也采取了相应措施。例如,1443年瓦剌进攻哈密,同时也袭击了沙州、赤斤一带。[4] 随着对哈密采取的和平攻势,瓦剌也遣人去沙州卫都督困即来、赤斤蒙古卫都督同知且旺失加等处,求结秦晋之好[5],并授给"沙州、罕东、赤斤蒙古三卫都督喃哥等平章等官,又擅置甘肃行省名号……"[6]通过这一系列军事政治手段,到1447年瓦剌控制了沙州等三卫。[7] 这样,瓦剌很快把哈密到嘉峪关一带进入中原的要道夺取到手中。瓦剌利用这条西域要道和东边大同一带贡道,分头向中原频繁入贡,并进行市马和其他私市。

〔1〕《明英宗实录》卷124。

〔2〕《明英宗实录》卷134。

〔3〕《明英宗实录》卷145。

〔4〕《明英宗实录》卷108、110。

〔5〕《明英宗实录》卷109、120。

〔6〕《明英宗实录》卷124。

〔7〕《明英宗实录》卷122、143、149。

欧·亚·历·史·文·化·文·库

仅以入贡为名的求赐、讨封,往往一年数次,动辄两三千人,其数量之大,交易之频繁,从明廷官员等奏"钞贯不敷"[1],"在京口外官员、军民人……于闲僻之地,私相交易"[2]等记载中可见一斑。直到瓦剌竟一次遣使"增至三千余人,又虚益其数,以冒支廪饩""稍不足其欲,辄构衅生隙"。[3] 最后也先亮出了他执行这一系列政策的政治纲领:"令彼(指明廷——引者)南迁,与我大都。"[4]

在西边,瓦剌的势力在脱欢时期已经伸进西域的亦力把里(蒙兀儿斯坦)。虽然脱欢、也先都屡败亦力把里汗,但看来都没有达到他们预期的目的,即要使亦力把里从属于瓦剌或受控制,因此,相互的武装冲突连绵延续。据记载,在歪思汗统治亦力把里时与瓦剌军"在伊犁河两岸"交战过 61 次,只胜过 1 次,2 次被瓦剌俘虏[5]。从瓦剌两次放回歪思汗这种做法看,瓦剌对亦力把里的政策也与在哈密执行的类似,不是立足于抢掠,主要是想收服亦力把里执政者。不过在也先时期,并没能完全制服亦力把里,只达到使佳拉斯部和巴林部等部分蒙兀异密臣属瓦剌,势力扩展到天山西部伊犁河地区。有的异密,为避开瓦剌人的袭击,迁到伊塞克湖地区筑堡以自卫。[6]

尽管瓦剌没有能在这块地面实现预想的意图,但把它选择七河地区作为西部的进取目标,与它在哈密一带的政策联系起来分析似应认为,瓦剌这一时期的西域政策在政治、经济上用心是深邃的,一方面,亦力把里当时是成吉思汗后裔领地中还坚持住帐、食肉等游牧生活方式的属民,自称蒙兀人[7](没有完全受伊斯兰教和定居生活影响而突厥化),也先统一东西蒙古后,自然认为这一带是理当纳入他的帝国范围的。另一方面,早在元代瓦剌的祖先已经有少量西迁到伊犁河流域,亦

[1]《明英宗实录》卷 158、160。
[2]《明英宗实录》卷 137。
[3]《明英宗实录》卷 180。
[4]《明英宗实录》卷 184。
[5]巴托尔德:《谢米列契简史》第 7 章。
[6]以上见米咱尔·穆罕默德·海答儿:《拉什德史》(英译本),1972 年版, 78 – 79 页。
[7]参看陈诚:《西域番国志》。

力把里这一带疆域,历来是我国西北少数民族徙来牧去的场所。更不容忽视的原因,是亦力把里正处在瓦剌通往中亚贸易城市的通道上,不能自给自足的畜牧经济非常需要控制这条通道,向中亚换取生活必需品。因此脱欢、也先他们憧憬于成吉思汗时代的蒙古大帝国,在这一政治目标下,他们孜孜以求,重点夺取的三条贸易通道,其中西域地区就占了两条。这就反映了瓦剌这一时期对西域政策的政治、经济基础和性质。

13.3 也先死后瓦剌活动重心移向西域及其与中亚的关系

也先死后,即 15 世纪 50 年代中期以后,瓦剌与西域的关系发生了重大变化。国外有些学者在论述有关问题时,反映出两种截然不同的看法:一种认为"在也先死后的时期里,瓦剌退出了历史的舞台,不再在历史上起积极作用,而且消失得无影无踪";另一种则说"实际上瓦剌对外政策的积极性只是在方向上有所改变,由于跟中国隔绝,在争夺东方通道中遭到失败,瓦剌成了活跃在西部和北部东土耳其斯坦、希布察克草原和中亚草原的一支生气勃勃的力量,对这一地区错综复杂的历史事件产生过重大影响"[1]。我对这两类看法都不尽同意。

我认为,一方面从目前国内外提到的史实看,也先死后,瓦剌远没有退出历史舞台而"无影无踪",仅《明实录》对它与东蒙和中原等地关系的记述,就延续到 16 世纪末,也就是说,在也先死后,仍有瓦剌的一个半世纪的活动记录。另一方面,在肯定瓦剌没有退出历史舞台的前提下,也应该承认,瓦剌对外政策的性质发生重大变化,它的历史作用显然逐渐减小,其根本原因是由于也先死后,中央集权土崩瓦解,后元帝国的目标像海市蜃楼般消失了,也先长子火儿忽答孙楚王[2]居干赶河(扎布汗河)一带,也先弟伯都王等则投奔在哈密的姐姐忠顺王之

[1]参看拙译《准噶尔汗国史》,71 页。
[2]按准噶尔部世系,此长子应即是杜尔伯特祖博罗纳哈勒。

223

母。东西蒙古各部领主开始各自为政,史载:"彼处未有君长,所遣之使非出一人。"[1] 于是也先死后直到明末瓦剌逐渐进入一个由于分裂而实力减小的时期。它在西域的政策和活动的性质也已经不是跃跃欲试地积极追求称霸,而主要是诸领主以追求各自的经济利益为轴心了。

我们看到 1446 年(成化二年)瓦剌太师阿失帖木儿还能待在"迤北",也还有力量"挟朵颜三卫人从喜峰口"入贡[2]。到 1469 年因阿失帖木儿"部下作乱",瓦剌出现较大分裂,"拜亦撒哈平章等率众近哈密住牧"。此后,拜亦撒哈忽而拥众抢掠中原边境,忽而又随哈密及吐鲁番使臣向明廷进贡[3]。继他之后陆续有瓦剌部落迁驻哈密附近一带,阿失帖木儿的实力,虽因此有所削弱,不过他在世时,即 15 世纪 70 年代,瓦剌势力尚称强盛,主力还未被挤出漠北[4]。到 15 世纪 80 年代中期,其子克舍已深恼"迤北小王子常为边患,且阻其人贡之道",而欲"借三卫兵往劫之"[5]。这里的"小王子"是指 7 岁时(1464 年)(就由其成年妻子满都海赛音哈屯摄政)的把秃猛克(达延汗),他称汗后势力日强,到 15 世纪 80 年代时,瓦剌已被他的势力所困阻,必须依靠借兵来打开局面了。1486 年克舍弟阿沙继为太师,阿沙之弟阿力古多等部又与之分裂,而向西域沿边迁徙:"率众至边,欲往掠甘肃,且胁罕慎,欲与和亲。"次年,除驻牧把思阔(今巴里坤附近)一带的养罕王外,当时连阿失帖木儿的儿子阿沙太师等许多瓦剌的主力部落也迁来了[6]。于是西域哈密都督罕慎苦于"瓦剌养罕王及阿塞(沙)太师等

---

〔1〕《明英宗实录》卷 253,并可参看《准噶尔汗国史》第 1 章第 2 节。

〔2〕《明宪宗实录》卷 37;《明史》卷 328 认为阿失帖木儿是也先之孙;日本和田清博士认为是被也先封为太师的次子。我倾向于后一说,阿失帖木儿也即准噶尔之祖额斯墨特达尔汉诺颜。

〔3〕《明宪宗实录》卷 65、72 等。

〔4〕从《明宪宗实录》成化六年(1470 年)的记载看,阿失帖木儿尚"率四万骑"与"迤北孛罗乃"对垒。还说"……孛罗乃部下为干(阿)失帖木儿所败",可见势力尚盛,主力在漠北征战。其子克舍也还属于明朝所称"迤北虏酋克失(舍)"(《明宪宗实录》卷 79、251)。

〔5〕《明宪宗实录》卷 281。

〔6〕《明宪宗实录》卷 280、290。

在彼处逼胁,未获宁处"。[1] 至此,原驻牧漠北的主要瓦剌部落已活动在西域的哈密一带了,这不晚于成化末年(1487 年)。

这年正值统治亦力把里的歪思汗之子羽奴思死,羽奴思的长子马黑木,继承其西部的河中以及塔什干等中亚地区的领土,次子阿黑麻则占据从阿克苏到吐鲁番的新疆地区。以吐鲁番为中心的东亦力把里(东蒙兀儿斯坦)自 15 世纪中叶起已日益强大,1473 年一度占据哈密,1482 年在明朝支持下,哈密首领罕慎夺回了哈密,但阿黑麻执掌吐鲁番为中心的东亦力把里后,意欲称霸西北,他不满足于速檀称号,同时自称可汗,并于 1488 年与 1491 年两次攻占哈密,进扰瓜州、沙州,逼令这一带部落向他进贡。在强大一时的吐鲁番面前,15 世纪中期以后瓦剌在哈密原有的地位被吐鲁番所取代。所以 15 世纪 80 年代后,虽然瓦剌活动重心移至哈密一带,也已经无法控制这一地区了。因此为争夺哈密地面,瓦剌与吐鲁番的关系是充满矛盾冲突的,阿黑麻速擅时期,由于瓦剌屡被打败,并受残杀,瓦剌人给阿黑麻取了"杀人魔王"的绰号。[2] 但瓦剌迫于困境,以后与吐鲁番的关系变化莫测,特别到了阿黑麻之子满速儿为吐鲁番速檀以后,瓦剌一会儿称"与吐鲁番世仇",不断交战,向明延表示"诚心内附",共讨吐鲁番;[3] 一会又与吐鲁番联合,使吐鲁番得以"势驱沙、瓜,姻连瓦剌,借名诸番,拥兵二万",而进犯甘肃。[4] 吐鲁番速擅满速儿一死,其次子"乃复阴据哈密……"并"结婚瓦剌以为援,潜种沙州田以为资,意在西抗彼兄,东侵我土(按指中原)",[5] 这时瓦剌不仅不与之争夺哈密,相反支持他反对其兄沙速檀(1545—1570 年),结果沙速檀便死在与瓦剌的一次战争中。这一时期在吐鲁番与瓦剌的关系上,瓦剌只着眼于暂时图利或摆脱困境;或者解释为,这是不同的瓦剌部落为了生存发展而各自为政的结果。

---

〔1〕《明孝宗实录》卷 11。

〔2〕巴托尔德:《谢米列契简史》第 7 章。

〔3〕《明武宗实录》卷 118、164 等。

〔4〕卢问之疏,参看杨一清:《关中奏议》卷 12 附录部分。

〔5〕《明世宗实录》卷 307。

·欧·亚·历·史·文·化·文·库·

西部,在也先死后,瓦剌在亦力把里(蒙兀儿斯坦)发生关系的同时,曾一度涉入有关中亚哈萨克与乌兹别克的历史事件。

15世纪中期,正值金帐乌兹别克的阿布尔海尔汗(1428—1468年)向中亚扩张之时,他当时已经统治了白帐,所以领土"东南部一直伸展到锡尔河下游和蒙兀儿斯坦边境"[1],与帖木尔后裔领地和东亦力把里察合台后裔领地相邻,阿布尔海尔的政敌——原白帐巴拉克汗的两个儿子克烈和扎内伯克,败于阿布尔海尔,率部众逃往亦力把里所属的七河地区,他们两人就是哈萨克的奠基人。当时亦力把里由也先卜花执政,他怕乌兹别克过于强大,决定支持哈萨克,把楚河与塔拉斯河谷地拨给他们两人做基地,以便抵制乌兹别克,以后从阿布尔海尔统治下流亡来的人云集于这一带,就都叫"哈萨克"——漂泊者[2]。就在阿布尔海尔向中亚一带扩张时,瓦剌军曾踏遍亦力把里,并在锡尔河岸击败过乌兹别克,一般认为瓦剌这次远征的时间是从也先在世时的1452年延续到1455年他死后。1472年瓦剌还曾在七河地区战败亦力把里汗羽奴思[3],并一直追击羽奴思到锡尔河。逃到这里后,羽奴思打败了乌兹别克人,但次年他却被塔什干总督俘虏了,一年后,当他回到亦力把里时,瓦剌人已经撤走了[4]。虽然不清楚,瓦剌这次追到锡尔河时,是否与当地乌兹别克有所交锋,但这次进军,比起也先时期"踏遍蒙兀儿斯坦"的数年远征,实力显然大为减弱,否则瓦剌军就不致很快撤出亦力把里,此外,这种迅速撤回的军事行动,就只能看作是仅仅为了去大肆抢掠一番了。

至于也先死后时期瓦剌与哈萨克的关系,几乎有一个世纪基本上是和睦相处的。这是因为当时还没有引起冲突的重大因素:初期哈萨

---

〔1〕伊凡诺夫:《中亚史纲要》,莫斯科,1958年版,25页。

〔2〕《哈萨克共和国史》,阿拉木图,1957年版,139页。

〔3〕兹拉特金:《准噶尔汗国史》,见拙译本74页。顺便说说,兹拉特金在这里把羽奴思汗的死年注为1496年,我认为是不对的,因为弘治元年(1488年)的记载已说道:"哈密忠顺王罕慎为吐鲁番速擅阿黑麻所杀",阿黑麻是在羽奴思死后才当速擅的,所以羽奴思死年是1487年(《明孝宗实录》卷20,也可参看巴托尔德:《谢米列契简史》第7章)。

〔4〕巴托尔德:《谢米列契简史》第7章。

克人所占的七河西北部那小小一隅之地,不是什么有利可图的地方;漂泊的逃亡者也不是值得掠夺的对象,但是哈萨克在克烈之子巴兰杜克时期,日益强大,他甚至战胜乌兹别克著名的昔班尼汗而夺得部分锡尔河的城市。1510年昔班尼死,其后继者激烈争夺河中为中心的政权,无暇顾及原属乌兹别克的巴尔喀什湖西北广大草原,哈萨克便乘机占领。同时由于昔班尼后裔激烈争战,逃亡加入哈萨克的人数剧增,当时号称百万哈萨克,巴尔喀什湖以南实际不再属于亦力把里,而为大大增强了的哈萨克所占。瓦剌与中亚贸易的通道自此不是为亦力把里,而是为哈萨克所阻了。不久,哈萨克塔希尔汗执政(1523—1530年),因暴虐无道,众叛亲离,他终于死于柯尔克孜人中,哈萨克汗国一时瓦解。[1] 瓦剌乘机西移,自此开始与哈萨克邻邦的频繁冲突,这就是瓦剌与哈萨克之间和平关系转化为长期武装斗争的主要原因与背景。一般认为,相互关系的急剧变化正是发生在16世纪30年代。但到16世纪中叶哈萨克又强大起来,逐渐将一些瓦剌部落置于其管辖之下。[2] 于是,瓦剌处在日益强人而又与之矛盾尖锐的哈萨克、吐鲁番以及东蒙古的三面包围之中,作为瓦剌这个游牧民族生命线的三条贸易通道均被封锁。16世纪中叶以后,瓦剌进入了灾难深重、濒于死亡的时期,特别是劳动人民处境更为艰难。不过,瓦剌在尽尝分裂与衰弱之苦以后,仍顽强地挣扎,追求统一,并逐渐形成松散的四卫拉特(瓦剌)联盟,这种逐步走向统一的趋势,给瓦剌带夹了曙光,终于以哈喇忽拉和巴图尔珲台吉为代表,立志统一瓦剌的准噶尔领袖人物崛起了。明末清初他们在我国西北边疆建立起强大卫拉特民族政权,并为保卫我国西北边疆做出了历史贡献。

(原载《西北史地》1984年1期,2008年《新疆历史研究论文选编》全文刊载)

---

〔1〕参看《哈萨克共和国史》,141 – 142 页,以及《新疆简史》,212 – 213 页。
〔2〕拙译《准噶尔汗国史》,76 页。兹拉特金谈到了16世纪30年代和平关系转化为武装斗争,但对"哪些情况"决定这种转化,称"不太清楚"。

14　叶尼塞吉尔吉斯人的迁徙与中亚吉尔吉斯民族的形成

中亚天山一带吉尔吉斯(柯尔克孜)民族的祖先,来自叶尼塞河地区。早在两汉时,他们就以"鬲昆""坚昆"载入中国史册,以后又称"契骨""黠戛斯""柯尔克孜""布鲁特"等。起初,他们的活动地区在丁零之西,乌孙之东,乌揭之北[1],大致是在今叶尼塞河上游,或者称叶尼塞—额尔齐斯河两河上游间地区。[2] 后来,活动于这一地区的叶尼塞吉尔吉斯人由于西迁而成为中亚吉尔吉斯(包括柯尔克孜)的祖先。对这一问题,国内外多数学者看法日趋一致。但是有的学者否认叶尼塞吉尔吉斯人 10 世纪前向天山的迁徙,认为"没有根据",又回避 18 世纪因沙俄扩张而引起的西迁。这样,他们把叶尼塞吉尔吉斯的西迁只说成是 13 到 15 世纪蒙古时期的事件,而且强调仅这一次迁徙,中亚吉尔吉斯民族便"最终形成了"[3]。这样阐述叶尼塞吉尔吉斯的西迁及其与中亚吉尔吉斯民族形成的关系,是否符合史实呢? 本文拟发表一些拙见。

14.1　叶尼塞吉尔吉斯人的早期流落天山

零星的史料表明,至迟在公元六七世纪,已经有叶尼塞吉尔吉斯人向西迁徙,留居天山一带或我国其他西北地区,不过数量较少,因而

---

[1]《史记》卷 110《匈奴传》。

[2]彼得罗夫:《吉尔吉斯起源简史》,伏龙芝,1963 年版,9 页。这个地区,具体相当于今"南到吉尔吉斯湖,北至克拉斯诺亚尔斯克—诺沃西比尔斯克—巴拉巴一线,包括阿尔泰山、萨彦岭和唐努乌山区"。

[3]参看彼得罗夫:《吉尔吉斯起源简史》前言部分等。

留下的有关史料记载和遗迹也较少,但是从已发现的资料中仍可见到他们这一时期西迁的蛛丝马迹。

6世纪中叶,与叶尼塞吉尔吉斯相邻的突厥崛起。在563至567年间突厥大举进攻中亚的嚈哒,嚈哒大败,其王被杀,其领土为突厥与波斯所瓜分,双方以阿姆河为界,界址为阿姆河北之铁门。[1] 突厥"西破嚈哒,东走契丹,北并契骨(指叶尼塞吉尔吉斯),威服塞外诸国。其地东自辽海以西,西至西海万里,南自沙漠以北,北至北海五六千里,皆属焉"[2],于是突厥领土从蒙古高原直达波斯帝国边境。尤其是6世纪80年代后,突厥因内讧而大量向西域迁徙,作为早被突厥征服的属民吉尔吉斯人,因随从作战等原因,也被席卷西迁。744年回纥建牙帐于乌德鞬山后,748年便征服了叶尼塞吉尔吉斯。以后随着回鹘向天山一带扩展,9世纪40年代分三路西迁至西州、中亚和河西等地区[3],叶尼塞吉尔吉斯的一些部落显然也被席卷西迁。840年后,黠戛斯作为拥众数十万的部落联合体崛起,追击至少有15个部的回鹘西迁部众,将疆域从安加拉河地区一直扩大到与当时"已建都碎叶"的葛逻禄相邻接[4],势力达天山的中心安西、北庭一带。[5] 吉尔吉斯在这种大规模向西扩展的事件中,大量带家属的军队便向西迁徙,后来大部分返回,一部分则留在了七河地区。这样,8到10世纪,即与突厥、回鹘和黠戛斯崛起有关的时期,吉尔吉斯人在天山的出现,就反映到一些零星的记载与中亚一带的遗迹中。

例如,724年时的藏文史料提到,在青海湖北部,西藏东北地区的吐谷浑部落中,也有吉尔吉斯人。[6] 那么,这些吉尔吉斯人至迟是突

〔1〕沙畹:《西突厥史料》,商务版中译本,162页。

〔2〕《周书·突厥传》。

〔3〕见冯家昇等编:《维吾尔族史料简编》上册,关于西州回鹘的疆域除以吐鲁番盆地为中心外,向西发展到龟兹,东到甘肃,北越天山,南接大沙漠,都城在喀拉和卓,民族出版社,39—41页。

〔4〕巴托尔德:《谢米列契简史》第3章《葛逻禄简史》;也可参看《新唐书》卷217下《回鹘传·黠戛斯》。

〔5〕《旧唐书》卷174《李德裕传》。

〔6〕索马斯:《关于新疆的藏文文件》,转引自别尔恩斯塔姆:《九到十世纪吉尔吉斯人在天山的出现》,载《苏联东方学》1956年第4期。

厥时期西迁来的。又如,《宋史》记载,领土北越天山的西州回鹘的辖部内,有"黠戛司"。再如塔拉斯的墓铭与叶尼塞题铭的相似也是有力的证例。连竭力否认10世纪前吉尔吉斯已开始迁往天山的彼得罗夫先生,在谈到"天山、塔拉斯一带八世纪时的题铭为回鹘·奥古兹文"时,也不得不承认,"其中某些似乎与叶尼塞题铭的图形更为相似"[1]。无疑,据10世纪末的著名手稿《胡杜德·阿尔·阿拉姆》中记载:"宾除勒(谓今新疆阿克苏一带)……原由托古斯·乌古斯的统治者坐镇,现为吉尔吉斯人所占",还说到吉尔吉斯人住地附近有托古斯·乌古斯和其他突厥语系民族的邻部。该著作在另一处记载说,在当时七河地区还有一座"柯尔克孜汗城","其中居民具有吉尔吉斯人的风习"。[2]巴托尔德对此分析说:"很可能黠戛斯人与葛逻禄人结成联盟,侵占了九姓乌古斯所占的七河地区的一部分,直到现在这一带仍是他们的居地。"[3]总之,上述资料与遗迹反映了回鹘衰落、黠戛斯兴起时,吉尔吉斯把回鹘人挤出某些地区以及在天山其他地方与回鹘等其他突厥语系民族杂居的情况。难怪长期研究这一问题并接触实际考古资料的苏联著名考古学家别尔恩斯塔姆根据1949年在阿拉梅希克天然界区发现的考古资料和其他资料,始终坚持:"这些资料无可怀疑地证实了,吉尔吉斯人的天山分支在十世纪以前便已形成。"[4]

虽然,在我们看来,别尔恩斯塔姆先生得出这时天山分支已经形成的结论,似乎论据还不那么充分,但是,至少不能不承认,10世纪以前,已经有叶尼塞吉尔吉斯人西迁,并留居在天山一带,这已不能说是"没有根据"的了,只不过这一时期他们的西迁,往往是在战争的席卷下进行的。由于这一迁徙阶段中留居天山的吉尔吉斯人不那么多,而且基本上是杂居在其他突厥语系部落之中,经受着长期的相互融合与同化,因此在以后天山吉尔吉斯民族的成分中不占显著地位。但是叶

---

〔1〕维亚特金:《吉尔吉斯史》,伏龙芝,1956年版,121页。

〔2〕米诺尔斯基:《胡杜德·阿尔·阿拉姆》,伦敦,1937年版,转引自别尔恩斯塔姆:《九到十世纪吉尔吉斯人在天山的出现》,载《苏联东方学》1956年第4期。

〔3〕巴托尔德:《谢米列契简史》第3章《葛逻禄简史》。

〔4〕别尔恩斯塔姆:《九到十世纪吉尔吉斯人在天山的出现》。

尼塞吉尔吉斯在经历这一早期阶段的迁徙之后,天山对他们来说,成了有自己同胞(哪怕是与其他民族结合了的同胞)生息的地方,这就具有了后来向这里大批迁徙的吸引力。从这个意义上说,叶尼塞吉尔吉斯 10 世纪前的早期西迁,对后来中亚吉尔吉斯民族的形成,应该说也有着不容忽视的作用。

14.2　吉尔吉斯天山分支的形成发展

在公元 10 世纪以后,叶尼塞吉尔吉斯向天山迁徙可以分为 13 到 15 世纪蒙古时期的西迁和 17 到 18 世纪的最终迁徙两个阶段。经过蒙古时期的西迁,在天山一带集聚的吉尔吉斯人数量日增,开始了中亚吉尔吉斯民族天山分支的形成发展阶段,但还不能说整个中亚吉尔吉斯民族便最终形成了。

13 到 15 世纪叶尼塞吉尔吉斯的西迁,是与蒙古时期成吉思汗后裔的内讧相关的。不错,还在术赤的长子斡儿答时,就发生过叶尼塞—额尔齐斯河两河间的部分钦察(希卜察克)·吉尔吉斯部落[1]迁往伊犁河—额尔齐斯河河间地区的现象。不过,主要还是发生在后来阿里不哥与海都反对忽必烈的时期。阿里不哥原来的基本领地就在叶尼塞吉尔吉斯地区以及西北蒙古,即叶尼塞—额尔齐斯河河间地区与杭爱高原。据拉施德哀丁记载,阿里不哥的夏营地在阿尔泰,冬营地在帖克和吉尔吉斯。[2] 1262—1263 年阿里不哥的基地转往伊犁河流域,1264 年他战败后,只身逃回投降忽必烈,他从额尔齐斯河—叶尼塞河带来的部队,包括吉尔吉斯部众,便溃散在东天山一带。原来与阿里不哥站在一起的海都,曾把从东天山到叶尼塞河的突厥蒙古部落联合起来,其中包括当时为"国家直属的"吉尔吉斯部落。1264 年,他把天山

---

〔1〕11 世纪钦察部落联盟崛起后,曾占有从叶尼塞河到天山和伏尔加河一带的大片领土,他们中最后与叶尼塞吉尔吉斯部落结合的一部分,一般称"钦察—吉尔吉斯部落"。

〔2〕转引自冈田英弘:《四卫拉特的起源》,载《史学杂志》83 编 6 号,1974 年;也可参看彼得罗夫:《13—15 世纪吉尔吉斯人向天山的迁徙及其与卫拉特的关系》,92 – 94 页。

·欧·亚·历·史·文·化·文·库·

地区察合台的领地直到塔拉斯都兼并了,河中(指玛危兰纳赫尔)和其他西部地区也均归属于他。作为当时直属的钦察—吉尔吉斯部众,在随从海都作战 30 年的过程中,又有一部分迁往了天山一带。

有的学者认为,叶尼塞吉尔吉斯在 13 世纪西迁天山的基础上,到 14 世纪末 15 世纪初人数更为增加,那是塔儿米兰·帖木儿及其继承人入侵天山造成的。当地大量蒙古—突厥部落或被消灭,或被带往锡尔河外,还有一批迁往喀什噶尔、河中以及阿富汗等地区。而钦察—吉尔吉斯人因多居山区,损伤比定居农业区为少。所以,后来他们开始同化数量较他们少的蒙古—突厥部落,活跃在天山一带。15 到 16 世纪初,他们有时称钦察,有时称吉尔吉斯。这时,中亚天山的吉尔吉斯民族便"最终形成了"[1]。

上述看法有合理的部分,特别是抓住了蒙古时期在天山的吉尔吉斯人数量的增大,以及由之而来的活动地域的必然扩大。的确,从 16 世纪起,史书也对天山吉尔吉斯部有了日益明确的记载。如巴托尔德记载,蒙兀儿斯坦的哈黎儿汗曾到七河地区,"在那里他成了吉尔吉斯部的首领",还说:"这可能是历史上提到吉尔吉斯人生活在他们今日生活的土地上的最早记录,虽然我们也掌握到一些材料,是以说明早在十世纪以前部分吉尔吉斯人已经进驻到这一地区中来了。"[2]不过,我们认为,经过 13 到 15 世纪蒙古时期的西迁,虽然吉尔吉斯人在天山有了一定的活动地域和一定的数量,但那时还只是开始了吉尔吉斯天山分支的形成发展阶段,而不是整个天山吉尔吉斯民族最终形成的阶段。从叶尼塞吉尔吉斯的西迁历史、中亚吉尔吉斯民族的语言特征、活动地域的稳定以及反映某种民族心理因素的史实看,如果撇开 17—18 世纪初叶尼塞吉尔吉斯最后阶段的西迁,而谈天山吉尔吉斯民族的最终形成,就无法解释一些重要的现象,有些则是连力主"十六世纪初吉尔吉斯民族最终形成论"的彼得罗夫先生也未能自圆其说。例如:

---

〔1〕以上参看彼得罗夫:《吉尔吉斯起源简史》第 4 章。
〔2〕巴托尔德:《谢米列契简史》第 7 章。

（1）如果蒙古时期的西迁之后，16 世纪初便最终形成了天山吉尔吉斯民族，这就与中亚的哈萨克、乌兹别克的民族形成史极为相似，那么，为什么现代吉尔吉斯语"不像其他这些中亚语那样借用伊朗、阿拉伯语极多"，而是恰恰"与南阿尔泰语相似"[1]呢？

（2）如果现代中亚天山的吉尔吉斯民族是以蒙古时期西迁的人为主，而于十四五世纪吸收、同化了蒙古—突厥部落而最终形成的，那么，为什么反映该民族心理特征的系谱"是独特的"，"完全不同于蒙古人……也不同于分给蒙古王子们领地时期来这里的中亚与哈萨克斯坦的民族"[2]呢？

（3）又如何解释现代中亚吉尔吉斯民族的组成中，大量部落并非蒙古时期的遗民呢？ 彼得罗夫先生也承认："吉尔吉斯部落中现有大量名称，无法查其过去所属……同时他们的传说证明他们与吉尔吉斯基本群众合入不久……""蒙古什、卡拉巴嘎什……他们并入在二三百年前"[3]，这恰恰是 17 到 18 世纪初叶尼塞吉尔吉斯最后西迁来天山的时间。

这些问题的答案只能有一个，必须联系 17—18 世纪初叶尼塞吉尔吉斯向天山的最终大迁徙，来研究天山吉尔吉斯民族的最终形成问题，避而不谈叶尼塞吉尔吉斯的这次大规模迁徙，便无法得出科学的、历史唯物主义的结论。

14.3　中亚吉尔吉斯民族的形成

17 到 18 世纪初，由于沙俄的扩张，叶尼塞吉尔吉斯被迫举部西迁天山。这样，叶尼塞与中亚两大地区、两大分支的吉尔吉斯人最终汇合于天山。只是到了这时，才进入了整个中亚吉尔吉斯民族的最终形成阶段。

---

〔1〕彼得罗夫：《吉尔吉斯起源简史》，20 页。

〔2〕维亚特金：《吉尔吉斯史》，141 页。

〔3〕彼得罗夫：《吉尔吉斯起源简史》，139 页。

16 世纪末,沙俄扩张浪潮席卷西伯利亚,西伯利亚汗国被征服。沙俄侵略兵锋便进而转向中国厄鲁特蒙古以及当时已归厄鲁特管辖的叶尼塞吉尔吉斯。[1] 1618 年,俄国哥萨克溯托木河而上,在该河下游吉尔吉斯领土上修建了库兹涅茨克等侵略据点。以后逐渐强占了从库兹涅茨克到克拉斯诺雅尔斯克的大片叶尼塞吉尔吉斯人领地。面对强敌,英勇的吉尔吉斯人始终进行着顽强的反侵略斗争。尤其是 1627—1635 年,他们对克拉斯诺雅尔斯克、库兹涅茨克的沙俄殖民者曾进行多次反击。为此沙俄侵略者对吉尔吉斯人"进行了大屠杀"。1639 年到 1641 年,吉尔吉斯人民又不断掀起反抗怒潮,对克拉斯诺雅尔斯克的包围达一年之久。直到沙俄的援军赶到,吉尔吉斯人才被迫退却。在他们退却时,沙俄又在楚雷姆河上游原吉尔吉斯领地上,建立起了卡钦斯克据点。[2] 吉尔吉斯人民可歌可泣的反侵略斗争,"在十七世纪持续了一整个世纪"。由于 1701 年三支沙俄军队的袭击,"给吉尔吉斯人带来了巨大伤亡",他们才"不得不离开了故乡"。[3] 1703 年秋,伤亡巨大的吉尔吉斯人遂听从其厄鲁特宗主的决定,在 2500 名厄鲁特士兵带领下,一个不留地翻越萨彦岭,迁到额尔齐斯河东南草原。迁徙过程中,除少数留在萨彦岭与唐努山之间的河谷地带(今图瓦一带),大部分人以后均迁到了西部伊塞克湖地区。[4] 据记载,当时叶尼塞一带连一个吉尔吉斯人也没有了。他们被迫离开了游牧过几千年的故乡牧区,最终迁到了天山一带第二故乡的同胞身边。这样,天山与叶尼塞两大吉尔吉斯分支,最终融合在一起。这才是中亚吉尔吉斯民族最终形成阶段。

虽然 16 世纪时,吉尔吉斯人已经有了伊塞克湖一带天山地区的活

---

〔1〕见巴德雷:《俄国、蒙古、中国》第 2 卷,伦敦,1919 年版,37 – 39 页。该书说彼得罗夫在中国厄鲁特地区几次见到中国皇帝的官员"向喀尔木克人(厄鲁特人)征收贡赋",还听说"如今哈萨克汗国和吉尔吉斯汗国都服从并臣属于喀尔木克人"。

〔2〕巴德雷:《俄国、蒙古、中国》第 2 卷,93 – 94 页。

〔3〕卡鲍:《图瓦历史与经济概述》,莫斯科,1934 年版,54 – 55 页。

〔4〕卡鲍:《图瓦历史与经济概述》,55 页,以及《十八世纪西伯利亚历史文献》第 1 册,第 232 页,转引自兹拉特金:《准噶尔汗国史》第 5 章,329 页。卡鲍指出,随同吉尔吉斯迁来萨彦岭这边的还有图巴人、马托尔人。

动地域,但当时由于蒙兀儿斯坦、哈萨克、准噶尔相互频繁作战,杂处其间,吉尔吉斯尚没有形成明确而稳定的共同活动地域。而18世纪初的最终西迁完成以后,这种较稳定的共同活动地域终于形成了。巴托尔德也认为:"在十八世纪,布鲁特人(吉尔吉斯人)是在伊塞克湖一带过着游牧生活的唯一的一种突厥人了。"[1]最后,中亚吉尔吉斯民族的共同地域更为扩展,分布在包括"塔拉斯河与楚河流域、伊塞克湖沿岸、科契科尔和珠穆翰、阿特巴什山和纳林河以及克特缅丘别、图古斯塔老和天山其他地区"[2]。

正因为18世纪初,叶尼塞吉尔吉斯大规模迁来伊塞克湖一带,他们在后来中亚吉尔吉斯民族的组分中是大量的;他们对中亚吉尔吉斯民族的最终形成是起着举足轻重的作用的。也正因为他们迁来较晚,不像早在蒙古时期便已迁到中亚的居民那样,长期受过中亚其他民族的影响,所以,中亚吉尔吉斯民族的语言才不像其他中亚语言那样,大量地借用伊朗等外来语,而是"借用外来词较少"。中亚吉尔吉斯民族的语言特征反映的正是18世纪最终西迁来的叶尼塞吉尔吉斯人的语言特征,也因此吉尔吉斯语奇妙地"与南阿尔泰语相似"。正因为中亚吉尔吉斯民族最终形成于18世纪大迁徙之后,所以,反映他们民族心理因素的系谱特征,也就完全"不同于分给蒙古王子们领地时期来这里的中亚语哈萨克斯坦的民族",而是"相似于阿尔泰人、哈卡斯人和其他叶尼塞—额尔齐斯河一带民族的系谱",如此等等。

诸如此类的史实,说明的问题不是很清楚吗?叶尼塞吉尔吉斯进行了10来个世纪的挣扎,经历了三个阶段的颠沛迁徙,才最终形成了今天中亚天山的吉尔吉斯民族。不难看出,正是古代统治阶级挑起的无数战乱和近代沙俄的侵略扩张,使吉尔吉斯人饱受离乡背井、流离失所之苦。英雄的吉尔吉斯人民付出了巨大代价,得以生存了下来。

---

〔1〕巴托尔德:《谢米列契简史》第7章。
〔2〕佳姆格尔钦诺夫:《吉尔吉斯归并于俄国》,莫斯科,1959年版,9页。

他们一定会从痛苦的历史经历中找到答案,从而为抵制各种侵略扩张政策,为世界范围的和平与安定,做出自己的贡献。

(原载《西北史地》1984 年 4 期)

15 论吐谷浑与周邻的关系

十六国、南北朝时期,中原地区战事频仍,地方割据政权不断更迭,在这种形势下,偏居于甘、青、川交界的吐谷浑政权却能长治久安,这不能不说是一个很值得研究的问题。吐谷浑政权在诸多短命政权混战的时代之所以能长久存在(晋永嘉末,公元312—313年至龙朔三年,公元663年),因素是多方面的,其中主要的一个方面,是吐谷浑与周邻的关系问题。关于吐谷浑与周邻的一般关系,有的论著已有所论及。本文特别就十六国南北朝时期吐谷浑的周邻关系及其游牧畜牧经济的特色,谈一些肤浅的看法。

15.1 吐谷浑崛起时期与羌氏等族关系的性质

吐谷浑所率慕容鲜卑部,约在晋太康后期迁离故乡,当时仅1700户,不过数千人。[1] 而他们来到的群羌之地,仅以羌族而论,在西汉时就已经"子孙支分凡百五十种",其中仅钟羌就"胜兵十余万","其余大者万余人,小者数千人"。[2] 此外,当地还有其他民族,如氏、匈奴、西域胡、高车和汉人等等。不难看出,这支慕容鲜卑人与当地的土著和其他早已在这里的民族,在人数上的悬殊是何等之大。可是后来,这一支外来的、在数量上明显处于劣势的慕容鲜卑人,终于在这一带取得了稳固的统治地位,建立起了以吐谷浑后代为首的政权,铸造了一个称之为吐谷浑的民族,这一史实本身就是以吐谷浑为首的这支鲜卑人,

---

〔1〕《宋书》《魏书》的吐谷浑传作700户,《晋书·吐谷浑》作1700户,每户以5口人计,合3500到8500人。

〔2〕《后汉书·西羌传》。

·欧·亚·历·史·文·化·文·库·

善于处理民族关系的体现。

《魏书·吐谷浑传》等书说,吐谷浑首领们"兼并羌、氐,地方数千里,号为强国",笼统地记载其强大是"兼并羌、氐"的结果;有的学者认为"鲜卑人羌化了,因之,吐谷浑实际上是羌族的国家","羌族在青海建立起吐谷浑国,是社会发展中一个光辉的标志"[1];有的学者认为吐谷浑族是民族融合的结果。

我认为,吐谷浑作为一个新民族,作为一个民族政权的崛起,是以吐谷浑后裔为首的鲜卑人,通过多种方式兼并、联合以羌族为主的当地民族,相互结盟,相互吸收、融合的结果。为了阐明这种相互关系的性质,需要强调两层意思:

第一,虽然一般说来,在那个相互攻伐的乱世,不凭借武力是难以立足的,但是单纯的暴力兼并,并不是一支外来的、小小的慕容鲜卑成功的秘诀。试看吐谷浑子吐延(317—329年)时,虽已拓土到白兰,在用武力征服羌氐等方面,显然是很有成效了,但他却被羌酋姜聪刺死,说明起初的兼并活动遭到了羌人的激烈反抗,甚至被驱逐到退保白兰的处境。但是他们很能吸取教训。吐延自己临终时说:"竖子刺吾,吾之过也……"过在何处? 史书评论他"性酷忍,而负其智,不能恤下,为羌酋姜聪所刺"[2]。他的继承人吸取了这个教训。从吐谷浑孙叶延(329—351年)起,与当地民族的关系有了变化,他开始吸收汉族治国的经验并依靠当地民族来管理政事[3] 从史籍中记载的吐谷浑官员的姓名看,有司马薄洛邻、长史钟恶地、司马乞宿云、长史曾和等等,多属羌、高居、汉人等。可以看出,吐谷浑对其统治下的羌、氐[4]、汉等各族的上层采取了笼络的手段,表现出一种相互联盟和依靠的关系。再

---

〔1〕范文澜:《中国通史》第4册第4章 。

〔2〕《晋书· 吐谷浑传》。

〔3〕他仿效汉族,以吐谷浑为国号,为氏。《北史· 吐谷浑传》载,叶延自幼"颇视书传,自谓曾奕洛韩始封昌黎公,吾为公孙之子,案礼,公孙之子得以王父字为氏,遂以吐谷浑为氏焉"。

〔4〕《南齐书· 河南传》提到" 鲜博慕容廆,庶兄吐谷浑为氐五",反映氐人也是吐谷浑立国的基础力量。

如碎奚[1](351—376年)执政时期,羌人在吐谷浑政权中势力大,地位高,"王之左右"都是羌人,其势力大到可以把吐谷浑王弟随意杀了的程度。[2] 但他们却没有利用如此大的权势谋反,这说明,吐谷浑最高统治者的联合政策是成功的,身居高位的羌族代表人物,从根本上是支持与维护吐谷浑后主及其国家的利益的,他们已经成了吐谷浑政权的基础。这种相互依赖、结盟联合的关系,正是吐谷浑得以在群羌之地立足的主要原因。

我们还看到,树洛干在位时(405—417年)之所以达到了"控弦数万"[3]的局面,是因为通过"轻徭薄赋,信赏必罚"等措施[4],进一步调整了与属下羌、氐各族的政治经济关系,以致"众庶乐业","沙漒杂种莫不归附"[5],使他竟能与强邻南凉抗衡,并多次得胜。426年慕璝执政后吐谷浑进入了公认的鼎盛时期。看来这与吐谷浑长期以来对属下羌、氐等族的政策也有重大关系。如史书曾说到慕璝"招集秦、凉亡业之人及羌戎杂夷众至五六百落……部众转盛"[6]。仅仅通过"招集"就能使羌、氐等族纷纷归附,只能证明吐谷浑政权对河湟等地各族的政策是比较得人心的。它没有像这一时期有的民族政权那样动辄就残酷杀戮,甚至"无贵贱男女少长皆斩之",或"与羌胡相攻,无月不战",而大失民心。[7] 它不是单纯靠武力征服、兼并羌、氐等族,它的"兼并"在相当程度上是采用了"轻徭薄赋,信赏必罚""招集亡业之人"等等方式,也包括与当地民族的上层结盟、联合使其参政的政策,从而使一些邻族"莫不归附"。这似应看作吐谷浑与当地土著、与部分邻族相互关系中颇有特色的一个方面。

第二层要强调的意思是,无论吐谷浑国,或者吐谷浑族,并没有被

---

[1]《北史》作碎奚,《通监》作辟奚。

[2]《通监》卷103,"晋简文帝咸安元年"条。

[3]《晋书·吐谷浑传》。

[4]《通监》卷114,"晋安帝义熙元年"条。

[5]《晋书·吐谷浑传》。

[6]《魏书·吐谷浑传》。

[7]参见《晋书》卷107《石季龙载记》下等。

当时那一位地域较为落后的羌人所同化,而是处于最高统治地位的慕容鲜卑人与羌、氐等土著相互吸收、相互融合,包括也吸收和融合了文化较高的汉族,从而形成了一个崭新的民族共同体——吐谷浑族。这根本的原因应是当时当地羌人部落大多数还处在分散、落后的状况下,他们虽然发展很不平衡,有一些进入了封建社会,发展了定居农业,但多数还处在"不立君长,无相长一,强则分种为酋豪,弱则为人附落,更相抄暴,以力为雄"[1]的那种原始社会末期的状况,而慕容氏还在三国时,其先祖莫护跋就因"从宣帝伐公孙氏有功,拜率义王"。以后"乃仰华风",与汉频繁交往,到晋元康四年(294 年)时,已经"法制同于上国"[2],所以从理论上说,羌族不具备能够同化鲜卑人的经济文化基础。结果便在慕容鲜卑人统治下,与甘、青、川一带的羌、氐、汉、西域胡人以及其他鲜卑人逐渐通过相互融合、相互吸收,形成了一个新的民族——吐谷浑。这一带后来也就成了新的吐谷浑族较稳定的活动地域。吐谷浑族复杂的语言情况和混合的习俗等等,也说明它是一个体现了民族融合关系的新的民族共同体。[3] 所以说,它的形成本身就是我国历史上这一动乱时期一种民族关系的体现。这种民族关系推动了当时这一"群羌之地"的社会进步,也是吐谷浑政权得以崛起的重要因素。

15.2　吐谷浑兴盛时期与周邻关系的实质和特色

吐谷浑在慕璝时(426—439 年)进入兴盛时期,直到南北朝结束,它经历了一百多年欣欣向荣的黄金时代。这一时期吐谷浑与周围邻族、邻邦的关系表现出一种周旋于南北对立政权之间、广交周邻各族的特色。吐谷浑统治者在这个时期为什么采取这种对外政策呢?这种

---

[1]《纪汉书·西羌传》。
[2]《晋书·慕容廆载记》。
[3]参看周伟洲:《吐谷浑史》,宁夏人民出版社,1985 年版。

政策的实质何在？

马克思曾指出："各民族之间的相互关系取决于每个民族的生产力、分工和内部交往的发展程度。"[1]吐谷浑对周邻政权和民族的关系，从根本上来说，正是取决于吐谷浑族本身的生产和社会的发展状况。还在拾寅以前，吐谷浑政权随着与羌、氐等族关系的稳定，生产和生产关系比较协调，畜牧业生产和社会进入兴盛时期，但农业和手工业的生产在吐谷浑经济中的比重较小，不足自给，出路或者是依靠掠夺、寇边，或者是广泛地进行商品交换，这是摆在吐谷浑统治者面前的两条道路。吐谷浑走上了后一条道路，采取了广交周邻的政策，从而使蜀汉市场、河西贸易通道和青海道都得以为其所用，它的封闭畜牧经济便迅速向商业型畜牧经济发展。这样，这一时期它与周邻的关系，从实质看，主要反映了吐谷浑封建畜牧经济商业化的要求。

松田寿男先生在《吐谷浑遣使考》中认为拾寅时代的三个新倾向，即城居之风的发生、佛教的采用、向北魏遣使数的增加，"与大规模的国际贸易有关"。"这是与北魏的贸易关系，也是与南朝的贸易关系，不外乎欲保两边有利。"[2]松田氏有关吐谷浑双边"贸易关系"一说，无疑接触到了实质性的内容，但他基本上没有阐述拾寅执政以前的情况。我认为，在阿豺执政（417—426年）末期和慕璝时期（426—436年），吐谷浑的游牧畜牧经济已经开始了向商业型畜牧经济的转化。

阿豺执政末期，吐谷浑夺回了沙州、漒州等原领地，向西北扩展到弱水（今甘肃张掖水），向南方扩展到龙涸（今四川松潘）、平康（今四川黑水县芦花镇东北60里处）一带。这意味着吐谷浑的势力已经伸向蜀汉市场区和河西贸易通道，这两个自古联系中西贸易的重要地区，为吐谷浑畜牧经济的商业化提供了重要条件。阿豺执政末期修筑了西强城（在西倾山，即在洮水中上游所谓漒川之地）、浇河城[3]（当今

---

〔1〕马克思、恩格斯：《德意志意识形态》，载《马克思恩格斯选集》卷1,25页。

〔2〕松田寿男：《吐谷浑遣使考》下，载《西北史地》1981年第3期。

〔3〕《通典》卷174《州郡四》廓州达化县（今青海尖扎东南）云："浇河城即晋时吐谷浑阿豺所筑，在县西一百二十里。"

青海贵德一带），此两城很可能就是当时吐谷浑利用来与蜀汉市场和河西走廊通商的两大贸易点。到慕璝时期，这种商业化倾向更加明显。史载慕璝"招集"秦、凉流民，"南通蜀、汉，北交凉州、赫连"[1]。慕璝的这种政策，正是他顺应吐谷浑畜牧经济商业化的要求，用外交政策保证蜀汉和河西这两个贸易通道的反映。

　　但有的学者认为吐谷浑的这种对外政策始于拾寅时期（452—481年）。这种看法是不全面的。正如笔者前面所述，拾寅之前，即慕璝时，吐谷浑的这种基于畜牧业商品化基础上的对外政策，实际上就已经开始执行了。如429年他遣使刘宋，次年受封陇西公；431年他旋即奉表于魏，受封西秦王，两面进贡，南北受封。而且同时也开始扮演"中介人"的角色。429年左右，柔然开始遣使到宋廷进行政商合一的朝贡[2]，史载柔然"常由河南道而抵益州"。柔然走的这"河南道"一路，即指经当时北凉[3]的酒泉或张掖，再经吐谷浑所据河南的据点浇河，沿西倾山北麓至龙涸，顺岷江而下进入蜀地。[4] 古代游牧民族遣使向中原王朝进贡，往往带有庞大的商队，中原王朝除对其来使封官晋爵外，还大量回赠丝绸布匹等特产，这种朝贡具有官方贸易的性质，所以吐谷浑当时充当柔然的中介人实际上是在从事中继贸易。而根据柔然这一时期的势力范围，吐谷浑至少已介入了与丝路南北道有关地区的贸易，很可能介入了以中亚地区为中枢的国际贸易。我们这样说的理由是，虽然柔然控制焉耆、鄯善、龟兹、姑墨的具体时间始于何时，尚有争论，但至少437年（太延三年）前，柔然执政者社仑的后代已使这些丝路城邦国臣服并扩展到了伊犁河的乌孙地，这是国内外史书

---

〔1〕《魏书·吐谷浑传》。

〔2〕《宋书》卷46《张邵传》。

〔3〕《通监》卷122，"宋文帝元嘉八年"条称，北凉统有"武威、张掖、敦煌、酒泉、西海、金城、西平七郡"。

〔4〕参见周伟洲：《吐谷浑史》，135页。

记载所肯定了的。[1] 只不过柔然曾扩展到中亚大月氏之北,且数侵大月氏的记载[2],具体情况很不清楚,还有待于发掘更多的新资料。当然,在拾寅以前这一时期,吐谷浑仅仅为柔然等个别周邻充当中介人,尽管柔然是"常由河南道抵益州",还终究不是太广泛,只能是初期状态的。但仍然可以说明,吐谷浑在这一时期,即拾寅以前,至少已经充当了内地与西域贸易的中介者,甚至有可能已经介入了国际贸易。

在北凉灭亡之前,吐谷浑是与北凉协同中介的。北凉也和吐谷浑一样,是既向南朝又向北魏进贡的,这样做,与其说是为了在两大政权中求生存,不如说更主要的是为了在中介贸易和双边贸易中获利。吐谷浑和北凉因为共同常常进行中介贸易,表现出相互依赖的关系。直到 439 年以后,北魏灭北凉,势力伸入河西,北凉乐都太守沮渠安周在魏军追击下,曾南奔吐谷浑,吐谷浑主慕利延惧魏军南下问罪,便西逾沙漠。此事也说明,吐谷浑与北凉联合充当丝绸之路上的中介人而形成紧密关系。

至于到 5 世纪 40 年代时,青海道已通,大致在慕利延西入于阗前后,柔然、高昌、北凉政权向刘宋遣使贸易的道路,是由青海道、河南道入蜀的[3],这一时期吐谷浑充当贸易中介人的作用自然更加明显。[4]

由上可见,还在拾寅之前,吐谷浑与邻族邻邦的关系已经表现出周旋于南北对立政权之间,广交柔然、北凉等四方周邻的特色,其目的既满足了本社会商业经济的需要,也满足了充当国际商业贸易中介人的需要。只不过不像拾寅时期那么广泛、那么明显,但其实质是一样

---

〔1〕《宋书·芮芮传》:"芮芮,一号大檀……焉者、鄯善、龟兹、姑墨……并役属之。"据 437 年董琬出使西域的报告材料写的《魏书·乌孙传》载:其国(乌孙国)数为蠕蠕所侵,西拔葱岭山中。也可参看格鲁姆·格尔日麦洛:《西蒙古与乌梁海边区》,列宁格勒,1926 年版,172 页注 5 和 181 页。

〔2〕《魏书·大月氏传》;也可参看格鲁姆·格尔日麦洛:《西蒙古与乌梁海边区》,172 页注 5。

〔3〕参见唐长孺:《北凉承平七年(449 年)写经题记与西域通往江南的道路》,载《魏晋南北朝隋唐史资料》第 1 期。

〔4〕慕利延西走时,曾"南征罽宾(今克什米尔)",如吐谷浑与这个丝路国际贸易的要地有联系,则是吐谷浑介入国际贸易的又一渠道。

的。慕璝以来吐谷浑与周邻的关系,已经可以看作是其畜牧经济商业化初期阶段的反映,或者已经介入了萌芽状态的国际贸易。

而拾寅执政(452—481 年)以后,由于青海道的畅通,吐谷浑对外的交往和商业贸易都进入了大规模频繁国际贸易的阶段。1955 年在西宁一次就出土了 76 枚波斯萨珊朝卑路斯(457—483 年)王的银币[1],就是很好的证明。为了参与中西交往中的大宗贸易,这一阶段,吐谷浑不仅频繁地周旋在南北朝之间,而且与周邻的交往达到南北东西极为广泛的状况。473—534 年间,它向北魏通使可查的达 56 次,向南朝曾发展到"其使或岁再三至,或再岁一至"[2]。它不仅为于阗、龟兹等许多西域小国与中原进行贸易充当中介,而且直接为中西亚的嚈哒(滑国)及其周围一些国家,甚至更遥远的波斯(萨珊)等国充当翻译、中介,引导他们到南期。范围之大、交往之广自然是拾寅以前的初期阶级远不能比了。

但到夸吕时期(约 535—591 年),北魏已分裂为东西魏,北魏原据有的河西走廊一带东西贸易的要道落入西魏和后来的北周之手。东魏、北齐与西域的贸易受阻于占有河西的西魏、北周,只有横切河西,经由吐谷浑来进行。从共同的利益出发,东魏立国初就动员吐谷浑共抗西魏,所以"喻以大义,征其朝贡",于是夸吕"乃遣使赵人吐骨真假道蠕蠕,频来东魏"[3],并且相互联姻。以后,西魏对河陇地区的统治日益巩固,又占据四川,置益州,切断了吐谷浑与南朝的交往。这样,吐谷浑从活跃地为东西贸易做中介而逐渐转入贸易出路受限制的艰难时期。还是由于这种情况,史书上多处见到吐谷浑对西魏和北周"寇抄不已""数侵疆场""每为边患"之类的记载,吐谷浑也开始走向衰弱。总之,这一阶段与夸吕以前吐谷浑广交四邻时的情况相比,可以有力地说明,并不是一切以游畜牧经济为主的民族,都必然一贯以掠夺和战争为生。当各方的贸易渠道畅通,使之能比较充分地满足生活的需

〔1〕夏鼐:《青海西宁出土的波斯萨珊朝银币》,载《考古学报》1958 年第 1 期。
〔2〕《梁书·河南传》。
〔3〕《北史·吐谷浑传》。

要,使其畜牧经济能较顺利地商业化,那么,相对的和平交往是完全可能的。从这个意义上说,吐谷浑为我们提供了历史上游牧民族处理周邻关系的另一个具有特色的典型范例。

15.3 这一时期吐谷浑的内外关系 对其生命力的作用

综观吐谷浑在十六国、南北朝时期与境内各族和周邻的关系,主流基本上是追求和平交往,至少不是靠穷兵黩武和发动对邻族、邻邦的攻伐战争来壮大自己,因而在那个战火纷飞的年代里,得到了较其他小政权相对稳定的环境。不妨回顾一下历史。就在吐谷浑政权略具雏形到它进入鼎盛时期的近一百年时间里,后赵、前燕、前凉、前秦、后燕、后秦、后凉、西秦、夏、南凉等十来个政权已经退出历史舞台,而吐谷浑民族政权却迎来了自己的盛世,进入了与北魏这样强大的统一政权抗衡的时代。被看作这一时期正统王朝的北齐、北周,在这种群雄争斗的环境中,只不过存在了 20 年,就连曾统一北方而强大一时的北魏,也才延续了 100 多年。而与之相比,一个地处边荒的吐谷浑政权,却存在了整整三个半世纪,至于吐谷浑族则存在得更久。这就是吐谷浑有强大生命力的表现。它在当时条件下,为什么会有如此强大的生命力呢?

一般印象都认为,吐谷浑的长存是因为他们生活的那块"不毛之地"无人争夺,无人觊觎。这当然也不是没有一点道理,也就是说,对这一地区的争夺,比起河西等贸易要道地带来,相对是少一些,但并不是兵锋不至的。而且实际上,一些强邻多次大军压境,欲灭吐谷浑,却长久未能灭掉它。如乌纥堤 405 年曾受乞伏乾归进攻,亡走南凉,死于该地,但继而即位的树洛干,又振兴了吐谷浑;义熙十三年(417年),树洛干又遭到正处在极盛时期的西秦的攻击,被迫"退保白兰",愤恨而死,但其后继者又恢复了对旧地的统治;特别像北魏、隋朝这样强大的王朝,也不能灭掉吐谷浑。如北魏于 444 年后接连三次大攻

· 欧 · 亚 · 历 · 史 · 文 · 化 · 文 · 库 ·

吐谷浑，企图灭掉它，但最后"竟不能克"[1]。吐谷浑王慕利延在北魏大举进攻下，一度远遁于阗一带。但446年竟然又能返回"故土"。[2]吐谷浑统治者历史上多次被击走，但无论退保白兰，还是远遁异乡，终能"复其故地"。如果没有前述与羌、氐等当地民族巩固的联盟和基础，是难以想象的。

另外，吐谷浑不追求穷兵黩武，而是明智地争取发展自己的较稳定的环境，也是孕育吐谷浑生命力的一个因素。例如，在吐谷浑进入鼎盛时期之前，与吐谷浑战争冲突较多的是西秦。造成这种关系主要是因为吐谷浑视连时，西秦和后凉曾占去原属吐谷浑的浇河、漒川、甘松等郡[3]，而以西秦威胁为大。为了求得和平，视连被迫向西秦"遣使贡方物"[4]。但视连死后，其子视罴不甘心于称臣纳贡的地位，激怒了乞伏乾归。398年左右，他发兵攻打吐谷浑，双方发生第一次大战。视罴败，遁保白兰，遣使谢罪。同样，树洛干时，与南凉有冲突，那也是为了收复南凉从后凉手中夺去的原属吐谷浑的浇河地区，是无可指责的。直至最后西秦为夏国赫连氏所灭时，吐谷浑乘双方精疲力竭之时，一举收复自己被西秦占去的领土，顺便占有了西秦的故土，并擒获了赫连定。似可认为这种巨大的收获是收复失地时的"渔翁得利"，也可认为是吐谷浑多年来与邻族以和平交往为主，从而增强了实力的结果，而不是穷兵黩武的收获。

这样，在强大一时的西秦"内外崩离，部民多叛"[5]而终于灭亡之时，曾经屡遭西秦欺凌的弱小吐谷浑，却一举崛起，不仅乘机占据了西秦故地，还把灭掉西秦的夏国赫连氏纳入了吐谷浑的组成部分，一跃而成为西北地区举足轻重的强国，进入了鼎盛时期。更重要的是，由于吐谷浑广交周邻，从而介入了国际贸易，这对吐谷浑社会及其生命力产生了极为深远的影响。其中为柔然、嚈哒，特别是为嚈哒充当

---

[1]《魏书·吐谷浑传》。
[2]周伟洲：《吐谷浑史》。
[3]《晋书·乞伏乾归载记》。
[4]《通鉴》卷110，"晋安帝隆安二年"条。
[5]《魏书》卷99《乞伏国仁传》。

中介，来往于控制蜀汉市场的南朝，意味着一种大规模的国际贸易。据《梁书·诸夷传》，天监十五年（516年）至大同七年（541年）间，嚈哒曾多次向梁进行政商合一的朝贡。学者们从"其言语待河南人译然后通"等记载证明吐谷浑无疑是当时远在中亚阿姆河流域的嚈哒及周围各国来我国内地的中介人。《梁书》还记有波斯萨珊朝于中大通二年（530年）到大同元年（535年）间也曾数次遣使来梁朝。从西宁出土有萨珊朝钱币来看，吐谷浑与波斯、嚈哒或有关地区的贸易，更可肯定无疑了，而且意味着规模之广泛。仅以嚈哒为例，大家知道，5世纪时，嚈哒先后攻占粟特、吐火罗斯坦一带，并大败波斯萨珊朝，后者也开始向嚈哒交贡[1]公元500年左右，嚈哒已派特勤施拉曼那作为北、中印度的最高统治者。特别是6世纪头30年，嚈哒曾统治中亚、波斯、印度和塔里木盆地的大片领土。而中亚一带自古是通印度、黑海、里海的商业中枢地带[2] 吐谷浑通过充当嚈哒的中介人，所介入的国际贸易范围之广，可想而知。而西魏凉州刺史一次截获吐谷浑商队，有胡商240人、骆驼600峰、杂彩丝绸数以万计，由吐谷浑将军、仆射之类高官率领，则证明了商业规模之大。正是这种多渠道的广泛贸易使吐谷浑的财富及经济实力增长极快。拾寅时，460年北魏对吐谷浑发动大战，就因吐谷浑"多有金银、牛马，若击之，可以大获"。史书还说伏连筹时"塞表之中，号为富强"[3]。《梁书·河南传》："其地与益州邻，常通商贾，民慕其利，多往从之。"这说明正是吐谷浑的多渠道贸易，使境外人多往从之，民富国强，想必这也是吐谷浑虽多次被击走，又能重返故地的另一内在原因。这种经济实力一直到隋代仍很牢固，隋廷与突厥联合攻吐谷浑而不能灭，突厥人靠掠夺吐谷浑而"部落致富"[4]。看来，直到吐蕃占领吐谷浑一百多年后，"退浑种落尽在"[5]，吐蕃一直与吐谷浑联姻、封官，也是因为要依靠吐谷浑的财

---

〔1〕加富罗夫著：《塔吉克史》第7章，莫斯科，1955年版。

〔2〕加富罗夫著：《塔吉克史》第7章，莫斯科，1955年版。

〔3〕《魏书·吐谷浑传》。

〔4〕《隋书》卷67《裴矩传》。

〔5〕《四部丛刊初编》集部，《吕和叔文集》卷2。

力、人力,《关于新疆的藏文文献》中就有吐蕃向吐谷浑征收粮食、羊只的具体材料。[1] 所以吐谷浑实际又生存了一百多年,这些都与吐谷浑积累的经济实力有关。最后因为吐蕃在长期的唐蕃战争中将吐谷浑派充先锋军加之吐蕃故地长年混战,于是吐谷浑人力物力被消耗尽竭,才终于彻底灭亡。

总之,本文认为,吐谷浑在十六国、南北朝时期与周邻的关系,基本上是我国分裂时期一种追求相对稳定的和平交往关系的例证。这是吐谷浑游牧畜牧经济商业化和生存的需要。多数吐谷浑首领明智地看到自己地贫力薄的状况,或者依靠与联合境内羌、氐等族人,以壮大自己;或者冲破种种敌对关系的阻力,周旋于对立政权之间,与各方发展经济、政治交往,求得生存与发展;或者利用自己地理上的优势,充当东西交通上有关各族的中介人,千方百计发展贸易经济,以至国际贸易。从而与各方邻族、邻邦发展了多渠道的联系,相互吸收,共同发展,创造一个畜牧商业型经济的民族政权,也孕育了自己的生命力。这是我国民族关系史上一个值得重视的范例。

（原载《甘肃社会科学》1987 年 4 期）

---

〔1〕托马斯:《关于新疆的藏文文献》第 2 册,阿豺部分。

16　魏晋时期鲜卑的西进

自东汉后期北匈奴远遁、南匈奴内迁之后,鲜卑在蒙古草原崛起。鲜卑各部在魏晋十六国时期迅速发展,仅当时建立的政权就有八个之多,其历史作用自然不言而喻。本文试就鲜卑西进中的几个问题,进行一些粗浅的探讨。

16.1　鲜卑西进与乌孙的迁徙

鲜卑是原出自大兴安岭北段鲜卑山[1]的游牧民族。到汉代,鲜卑已南迁到了乌桓故地,游牧于饶乐水(今内蒙古西拉木伦河)两岸,部众滋繁,势力日大。公元1世纪中叶,东汉辽东太守祭肜联合鲜卑部落出兵夹击赤山(今内蒙古赤峰市红山)一带的乌桓,乌桓大败,鲜卑遂逐渐占领了漠南的许多地区。特别是东汉破北匈奴、北单于率众西遁后,鲜卑乘机占领了漠北,"匈奴余种留者尚有十余万落(户),皆自号鲜卑,鲜卑由此渐盛"[2]。

至迟在公元2世纪60年代[3],鲜卑首领檀石槐(136—181年左右)已统一了鲜卑各部,建立了鲜卑军事部落联盟。檀石槐军事联盟

---

〔1〕马长寿认为,大鲜卑山"当在今大兴安岭北段"(见《乌桓与鲜卑》,239页,1962年版);宿白教授也指出鲜卑拓跋部的"原始游牧区在黑龙江上游额尔古纳河和大兴安岭北段之间"(见《东北、内蒙古地区的鲜卑遗迹》,载《文物》1977年第5期)。

〔2〕《三国志·魏志·鲜卑传》。

〔3〕一般认为,檀石槐建立军事大联盟是在东汉桓帝时(147—167年)。我们认为这一联盟最可能是桓帝后期,即2世纪五六十年代所建,因为据《后汉书·乌桓鲜卑列传》:"光和中,檀石槐死,时年四十五",由此推算,则檀石槐死于公元181年左右,生于136年左右,虽然他十四五岁就勇健有智略,能单骑夺回被异部大人夺去的牛羊,而受部民器重。但作为普通牧民之子,要使东西部大人归附于他,必须有一定过程,所以他统一各部当在成年后,即桓帝后期。

·欧·亚·历·史·文·化·文·库·

的疆域分东、中、西三大部分,其中"从上谷以西至敦煌、乌孙二十余邑为西部"〔1〕。

可见,鲜卑人在南迁到内蒙古一带以后,又西进到了西北的宁夏、甘肃、青海,直到天山一带的乌孙地区。史称檀石槐"北拒丁零,东却夫余,西击乌孙,尽据匈奴故地,东西万四千余里,南北七千余里"〔2〕,即檀石槐时鲜卑不仅疆域辽阔,而且已经开始"西击乌孙"。关于这一时期鲜卑曾西击乌孙之事,史书记载一致,只是十分简略,而且对鲜卑西击乌孙以后的结果。例如,是否占领了乌孙牧地,是否引起了乌孙的迁徙等等,均付阙如。到灵帝光和中,檀石槐死,鲜卑部落联盟在其子和连及其孙骞曼统治时,逐渐分裂,因骞曼与魁头争国,鲜卑人离散。故《后汉书·鲜卑传》称:"自檀石槐后,诸大人遂世相传袭。"西部鲜卑二十余邑当时著名的大人有置鞬、落罗、日律、推寅、宴荔游等。由于鲜卑游牧部落基本上处在军事民主制时期,他们世相传袭,各自为政后,也不可能不侵扰邻族乌孙。但东汉末年我国对这一时期鲜卑在西域活动的情况,毫无记载,只能据间接资料分析推测。从考古资料看,正是从这一时期,即东汉末年起,乌孙在特克斯河流域、天山以北的墓葬只剩寥寥无几了〔3〕,也就是说,乌孙从上述地区逐渐迁离了。引起乌孙迁徙的原因,不能排除其中可能有原属檀石槐的西部部落因联盟崩溃、混战而骚扰邻邦乌孙的因素。无论如何,从苏联的考古资料看,应该承认,到4世纪初,乌孙发生了向天山中部的大规模迁徙(详见后),显然是与鲜卑的袭击有关。《魏书·序纪》记,平文皇帝郁律二年(318年),鲜卑"西兼乌孙故地,东吞勿吉以西,控弦士马将百万"。《资治通鉴》也采用此说,很值得注意。《资治通鉴》说,大兴元年(318年),"秋七月,郁律击虎(指拓跋郁律击刘虎),大破之。虎出走塞,从弟路孤帅其部降于郁律。于是郁律西取乌孙故地,东兼勿吉以西,士马精强,雄

---

〔1〕《后汉书》卷90《鲜卑传》。
〔2〕《后汉书》卷90《鲜卑传》。《三国志·魏志》卷30作"东西万几千余里"。
〔3〕穆舜英、王明哲:《新疆古代民族考古文化》,载《新疆社会科学研究》总178期。

于北方"[1]。

学者们对鲜卑"西兼乌孙故地"的可能性,有不同看法。日本松田寿男认为《魏书·纪序》中关于昭成皇帝什翼犍二年"东自濊貊,西及破洛那,莫不款付"之说,反映拓跋祖向西扩展,不过未必真达到破洛那(今费尔干纳一带),但从"西兼乌孙故地,东吞勿吉以西"的记载看,乌孙早已放弃赤谷城殆无疑义。我国学者一般认为,"西兼乌孙故地"之一说未免夸大,并多认为乌孙向西南的迁徙,不是由于鲜卑,而是据《魏书·西域传》"乌孙"条之说,是"数为蠕蠕所侵,西徙葱岭中"。而西徙时间,有的说在5世纪社仑时,有的则说更晚。[2]

我们认为,4世纪初叶,乌孙便开始向天山中部葱岭方面大规模西徙,这只能是由于鲜卑攻占乌孙故地引起,而不可能是柔然,因为当时柔然尚未崛起。而以后,5世纪时柔然的侵扰则使有的乌孙部落更进一步西迁葱岭深处。其根据是:

第一,从苏联对乌孙故地的考古资料看,天山北、七河地区密集型乌孙墓葬遗迹最晚期是3世纪末以前的,这恰恰证明了,乌孙主体在4世纪初叶已迁离了这些地区,向南部和西南部移动,其中心区仍在伊塞克湖东南的赤谷城。而到公元318年遭拓跋鲜卑袭击,其"故地"被占,虽未指明这"故地"是赤谷城,但至少是相当一部分乌孙故地被占,并引起了乌孙向葱岭方面的迁徙。因为据苏联考古工作者发现,天山中部出现大量聚集的乌孙"王公型"墓葬,"最早的是四世纪的",其分布地区包括了帕米尔的萨雷阔勒[3],即中国史书所指的葱岭。至于乌孙西迁的最后阶段,则与柔然有关。在柔然大檀可汗时期(414—429

---

〔1〕《资治通鉴·晋纪十二》。

〔2〕参见余太山:《柔然与西域关系述考》,载《新疆社会科学》1985年4期;以及王明哲、王炳华著:《乌孙研究》,新疆人民出版社,1983年版,40页。

〔3〕基比罗夫:《1953—1955年在中央天山的考古工作》,载《吉尔吉斯考古——民族学著作集》2集,莫斯科,1959年版;别恩斯塔姆:《中央天山和阿赖帕米尔的历史、考古概要》,《苏联考古学资料与研究》26集,莫斯科、列宁格勒,1952年版,187、214等页。王明哲等著《乌孙研究》一书中所附《苏联的考古情况简述》也反映,七河地区密集的乌孙墓葬晚期是到公元3世纪。

251

年），焉耆、鄯善、龟兹、姑墨四国已役属于柔然[1]，柔然势力发展到姑墨（今阿克苏）才有可能侵扰邻近的乌孙赤谷城。乌孙部分帐落也才不得不进入帕米尔丛山中。但据苏联考古所见，帕米尔丛山中乌孙墓葬的数量是较少的，所以，5世纪时兴起的柔然的侵袭，不可能是造成4世纪乌孙主力西迁的主要原因。当然乌孙主体的迁徙，并不意味着全部乌孙人都被驱逐殆尽，显然仍有一些乌孙部落留在了七河以至天山北部，直到哈萨克民族形成时，以后的哈萨克斯坦领土上仍保留有称作乌孙的部落[2]，便是证明。

第二，从拓跋鲜卑当时的情况看，虽然平文皇帝执政时间不长，但他在位时，"姿质雄壮，甚有威略"，史载，建武二年（318年）"刘武据朔方，来侵西部，帝大破之，西兼乌孙故地"。据此，刘武侵西部鲜卑被大败，鲜卑随即攻击与西部鲜卑邻近的乌孙，是合乎事件发展逻辑的。加之，平文皇帝有宏大志向，在世时武功又盛，当刘虎从弟路弧降于郁律后，他乘胜西进，也是完全可能的。正因为他兼并了乌孙故地，所以到其后继者什翼犍时，"东自濊貊，西及破洛那，莫不归附"。

那么，鲜卑为什么袭击乌孙呢？我们认为，除了鲜卑正处在部落联盟军事化与军事民主制时期，而有其依靠掠夺为生的特征外，其目的是为争夺地处当时丝路中道的一段与西部鲜卑邻近的要道，即通向中亚赤谷城一带贸易要道[3]，以谋求贸易之利，求得生存发展。这种迫切需要从檀石槐时便已开始，只不过当时鲜卑是以无岁不犯汉边来解决的。史载鲜卑"唯至互市，乃至麋服"，"苟欲中国珍贵，非为畏威怀德"。[4] 许多事实说明鲜卑因生活生产需要，迫切要与定居民进行贸

---

[1]《宋书·芮芮传》："芮芮，一号大檀，又号檀檀……西域诸国：焉耆、鄯善、龟兹、姑墨，东道诸国并役属之。"有的学者认为，此四国役属于柔然，是在大檀时；有的则认为在社仑时（402—410年）。我们认为社仑时的柔然疆域是"西则焉耆之地"，是与悦般为邻。社仑时柔然主力忙于应付北魏的攻击，与北魏争夺大漠南北，尚屡为北魏所败，如402年社仑被和突大败于河曲，410年连连败北，最后社仑本人便死在败逃途中。当时刚刚崛起的柔然尚没有力量西进到西域争夺商道，而主要在于骚扰北魏边境。

[2]《哈萨克共和国史》卷1，阿拉木图，1957年版，134页等。

[3]《后汉书：应劭传》。

[4]马长寿：《乌桓与鲜卑》，上海人民出版社，1956年版，80页。

易。而从汉代起,从龟兹过姑墨、温宿,然后便须经乌孙赤谷城(伊塞克湖东南)才能到达费尔干纳地区[1],处在要冲的乌孙赤谷城一带的贸易利益可想而知。游牧民放,特别是"兵利马疾,过于匈奴"的鲜卑,争夺与其属下西部鲜卑各部邻近的这一要冲地区和东西贸易通道,是完全可以理解的。

16.2　鲜卑西进与氐、羌的关系

檀石槐鲜卑联盟的西部大人之一——拓跋鲜卑的祖先第二推寅献帝邻时,令其子诘汾率众迁离"厥土昏冥沮洳"的大泽地区,经过"山谷高深,九难八阻"的艰苦跋涉,南下到达"匈奴故地"[2]。由此可见,这在拓跋鲜卑圣武帝诘汾时,拓跋鲜卑人就已迁到了漠南阴山一带。诘汾死后,由诘汾与匈奴故地"天女"所生的次子力微(219—277 年在位)继位,而诘汾的长子匹孤未能得立[3],这就导致了拓跋鲜卑的分裂。力微即位初,曾遭到西部大人的内侵。力微由于无力抵抗,就往依五原的没鹿回部大人窦宾。到神元二十九年(248 年),力微杀窦宾之子它,并其部众,发展到控弦士马二十余万。[4] 至神元三十九年(258年),力微从五原徙居于汉定襄郡的盛乐(今内蒙古和林县北),形成了"诸部皆畏服之"的局面,也标志着以拓跋鲜卑为首的部落大联盟的正式形成。力微死后,至禄官时,拓跋部弦疆土一分为三,其中代郡参合陂(今山西大同市东)之北,由沙漠汗之子猗㐌统领;盛乐由猗㐌弟猗卢统领;上谷之北、濡源(今河北丰县)之西,则由禄官自己来统摄。此时拓跋部的财富殷实,控弦之士达 40 多万。由于猗卢善于用兵,就南掠并州,并把并州北部的杂胡掳掠到云中、五原,朔方三界内,继而又西渡黄河,攻击兼并居住在那里的匈奴和乌桓诸部,往附拓跋部的汉人

---

〔1〕杨建新、卢苇:《丝绸之路》,甘肃人民出版社,1981 年版,80 页。
〔2〕马长寿:《乌桓与鲜卑》,认为这故地当指匈奴发迹之所的漠南五原郡内,343 页。
〔3〕《魏书·序纪》。
〔4〕《魏书·序纪》。

·欧·亚·历·史·文·化·文·库·

也逐日增多[1],这时已进入十六国中期。

诘汾的长子匹孤,由于不得立,于是匹孤率领部众,沿黄河与贺兰山之间的狭长地带西进,最后迁到了今甘肃河西地区,成为河西鲜卑的一部分,并在河西地区建立了南凉政权。史称这一支鲜卑为秃发鲜卑。另外,根据林宝撰《元和姓纂》卷10记载,三国时曹魏的安西将军邓艾曾"纳鲜卑降者数万,置于雍凉之间,与民杂处"。这数万鲜卑中,大部分是秃发鲜卑。

自秃发鲜卑迁至河西地区后,由于势力弱小,长期处于沉寂状态。至匹孤曾孙树机能时,虽曾因不堪晋朝的残酷统治和民族压迫而率众起义,但最后还是以失败告终。只是到树机能的二世子思复鞬时,才"部众稍盛",逐渐在河西地区崛起。到思复鞬子乌孤时,已控制了东起洮水、西到西平、北抵洪池岭(甘肃乌鞘岭)的广大地区。此后,秃发鲜卑的势力进一步壮大,至397年秃发乌孤建元"太初",称大都督、大将军、大单于、西平王,建立了南凉政权。

另外,在此之前(385年),在陇西地区另一支鲜卑乞伏氏建立了西秦政权。这支鲜卑,大约是在公元265年自漠北南出大阴山,先是迁到河套北,后又迁到河套南,然后又由此向西迁到乞伏山(今贺兰山东北抵黄河银川一带),再迁于牵屯(宁夏固原县西),最后迁至陇西,居于苑川。[2] 乞伏鲜卑自迁到陇西地区后,势力大增,至385年,乞伏国仁自称大都督、大将军、大单于,领秦、河二州牧,改元建议,建立了西秦。秃发鲜卑和乞伏鲜卑在与当地氏、羌等族杂处中,发生了密切的关系。

河陇地区原是氐、羌的活动地区之一,《资治通鉴》卷104晋太元元年(376年)载,"初,秦人既克凉州,议讨西障(西边)氐、羌",这一记载,说明在鲜卑建立政权的前后,氐、羌也分别建立了自己的政权前秦(350—394年)、后凉(386—403年)和后秦(384—417年)。综观十六国时期鲜卑与氐、羌发生关系的历史,可以说互相兼并争战在其中占

---

[1]马长寿:《乌桓与鲜卑》,262页。

[2]见周伟洲:《南凉与西秦》,6页。

有重要地位。其中有鲜卑对氐、羌的进攻,如晋太元十一年(386年),就在氐族吕光据河西、建立政权不久,鲜卑秃发思复鞬遣子奚于助张大豫攻后凉都城姑臧(今甘肃武威)[1];晋义熙元年(410年)三月,鲜卑乞伏乾归攻后秦的略阳、南安、陇西诸郡。[2]有的则是氐或羌对鲜卑的进攻。晋隆安四年(400年)三月,氐人吕纂向秃发鲜卑进攻,结果为秃发傉檀所败[3];同年五月,羌人姚兴率军五万击鲜卑乞伏乾归,致使乞伏鲜卑所建西秦灭亡[4]。

在这种频繁的兼并争战中,鲜卑对氐、羌关系中一个明显的特点总是伺机而动,弱则臣,强则战。如在对氐关系中,根据《晋书·秃发乌孤载记》载,在鲜卑秃发氐势力还比较弱小的时候,就采取与氐"循结邻好"、不事争战的策略,秃发乌孤并于公元394年接受氐吕光"河西鲜卑大都统、广武县侯"的封号。但时隔两年,秃发鲜卑势力有所增强后,乌孤就拒绝吕光"征南大将军、益州牧、左贤王"的封号,不久又发生秃发利鹿孤帅骑五千去助吕光叛将杨轨、郭黁的事件。[5]再如,鲜卑乞伏氐初建政权时,势力弱小,加之三面受敌(东有前秦、西有后凉、南有吐谷浑),于是它不仅与上述三个邻邦采取睦邻政策,而且考虑到氐族苻登的存在,对于抵挡雄踞关中的羌族姚兴的西进,有一定的作用,因此,乞伏国仁就于387年三月接受了苻登赐予他的"大将军、大单于、苑川王"的封号。[6]但当其势力渐强后,391年八月乞伏乾归就率骑一万击苻登骠骑将军没奕于高平,不久与吕光也发生了争战。[7]

在鲜卑与羌的关系中,也有其显著特点,这就是秃发鲜卑和乞伏鲜卑都是在"降于羌"的过程中,利用羌族势力发展壮大起来的。根据

---

〔1〕《晋书·吕光载记》。
〔2〕《晋书·乞伏乾归载记》。
〔3〕《晋书·秃发利鹿孤载记》。
〔4〕《晋书·乞伏乾归载记》,《资治通鉴》卷111。
〔5〕《晋书·吕光载记》。
〔6〕《晋书·乞伏乾归载记》,《资治通鉴》卷107。
〔7〕《资治通鉴》卷107。

《晋书·乞伏乾归载记》的记载,公元400年乞伏鲜卑政权被姚兴击灭后,由于姚兴还想利用乞伏鲜卑在陇右的势力,以巩固和扩大羌族在河陇地区的统治,故对乾归父子及部众采取笼络的政策,并且"复以其部配之",岂不知这就为以后乞伏乾归父子复国创造了条件。而在401年,姚兴又遣乾归还镇苑川,放虎归山,使乞伏乾归复国有了立足之地。而乞伏乾归,表面上为姚兴的河州刺史,但暗中却积聚力量。402年,乾归子炽磐从南凉逃奔其父,乾归使其朝见姚兴,姚兴遂封其为"振忠将军、兴晋太守",镇枹罕;又加乾归"散骑常侍、左贤王"的封号。这样,乾归父子就领有重镇苑川、枹罕等旧地,原鲜卑部众也多归附,势力重振。在此后至409年复国前的几年里,乾归父子为扩展自己的力量,借后秦之名,不仅对邻近各国采取了一系列军事行动[1],而且,作为姚兴的臣僚,乾归父子还随其军队征战,并定期入朝觐见,一方面尽臣僚之职,另一方面又可安姚兴之心,以便于他的扩张。这样,乞伏乾归在势力壮大后,于409年7月重新称"秦王",改元更始,置百官,公卿以下皆复本位。

404年二月,鲜卑秃发傉檀面对强大的羌族姚兴集团,为了保存自己的现有实力,并且为了进一步发展壮大自己,于是就去其年号,臣于后秦。很清楚,这种臣属与鲜卑乞伏氏是不同的,可以说只是名义上的臣属关系,除名义上称臣纳贡外,其内政、外交上有绝对自主权。事实也证明,秃发鲜卑的这种权宜之计是十分有效的。

406年,由于姚兴连年征战,又广兴佛事,致使国内用度不足,阶级矛盾、民族矛盾也日益尖锐,势力中衰。于是秃发傉檀就在臣服姚兴的幌子下加紧密图姑臧。六月,秃发傉檀在进攻沮渠北凉后,为邀功请赏,就向姚兴献马3000匹、羊30000头。姚兴遂封其为凉州刺史,镇姑臧,并将凉州五郡之地(武威、番禾、西郡、昌松、武兴)送于傉檀。[2] 这就使秃发鲜卑割据了从西郡(甘肃山丹东南)到金城,从洮水到广武

---

〔1〕如,公元405年正月,乾归率骑击吐谷浑乌纥堤,乌纥堤大败,失万余口。实际上就是乾归为扩展自己的势力而采取的行动。详见《晋书·吐谷浑传》。

〔2〕《晋书·姚兴载记上》。

（甘肃靖远东北）的半条河西走廊。至同年十一月，秃发傉檀迁都姑臧时，鲜卑秃发氏"虽受制于秦，然车服礼章，一如王也"[1]。到408年秃发傉檀在两次击败姚兴后，于本年十一月复称凉王，设置百官，一时成为河西的霸主。

由上可见，在羌与鲜卑的关系中，姚兴的策略有其致命的弱点，对乞伏鲜卑放虎归山，终于养虎为患；对秃发鲜卑则纵虎为患，轻易地将五郡之地让与秃发傉檀，这对于为取得姑臧等地而血战多年的鲜卑秃发氏来说，能够兵不血刃，就如愿以偿；而对于姚氏集团来说，却落了个自取灭亡的结果。

鲜卑与氐羌的相互关系，他们的成败兴衰，实质上就是他们相互利用和兼并中的决策的成败，而这一切都反映了中华各族历史上频繁而密切的交往，只不过在不同的时期有不同的特色而已。

（原载《新疆社会科学》1988 年 5 期）

---

[1]《十六国春秋辑补·南凉录二》。

17　成吉思汗的奖惩机制

　　成吉思汗不仅是天才的军事家,也是杰出的政治家、思想家。但自古至今他一直是一位毁誉参半的历史人物。笔者以为,无论是毁是誉,是褒是贬,都无法否认一个事实:一个带有奴隶社会,甚至氏族社会烙印的"野蛮人",竟能从一个走投无路的少年,历尽无比坎坷的人生道路,终于奋斗成一位蜚声中外的人物,并使原来默默无闻的蒙古族迅猛崛起,震惊世界。仅凭他这种奇迹般的成功史就对人们有无法抗拒的魔力。显然,这里也确实存在谱写人类胜利史的奥秘。为了搜集人类可以借鉴的精神财富,笔者以为,发掘那蕴藏在成功者非凡业绩中的精思睿智,可能比无休止地争论他们的历史功过更为重要。本文论述的成吉思汗的奖惩机制,就是他由弱到强、抚民兴国的成功瑰宝之一。笔者期望能透过零星的记载和历史人物的功业挖掘出这类精神财富,启迪今人。

17.1　成吉思汗奖惩机制的指导思想与特点

　　从成吉思汗采取的大量具体措施中,可以看出成吉思汗奖惩机制的指导思想。其激励机制主要是忠诚者重用,能人、功臣重赏,他主张"诚言者也,将委以大任乎"[1],即对忠诚或真心投降归附的人,给以各种物质与精神上的优遇,高官厚禄,世代承袭。其惩罚机制主要是对顽抗之敌,彻底消灭,对背叛者和违犯其军纪、法制者一律重罚,虽贵也必诛。

---

〔1〕道润梯布:《新译简注蒙古秘史》,内蒙古人民出版社,1978 年版,203 页。

成吉思汗初期处在"自影外无其友，尾外无其缨"[1]的困迫逆境，没有物质奖励的可能，靠的是，一方面以他个人的品德与宣传让人相信他是感神光而生的"特殊种类"，"要成为万民的君主"；[2]另一方面，则允诺一定将掠得的大量牛羊、属民、美女分给他的属下。成吉思汗把敢于直言进谏也看作忠诚的标准。他在即大汗位，并分封95千户长时曾说："孛斡儿出、木华黎你们二人，劝说我做正当的事，直到我做了为止；谏阻我做错的事，直到我不做方止。所以我才能坐到这个大位子里。如今你们的座次，排在众人之上，九次犯罪不罚。"[3]由于这种指导思想，他的周围也就不可能有阿谀奉承之辈的立足之地，因此他才能建奇功、立奇业。而对有功者，他不计前嫌，一律重用。如张荣是归降的汉族将领，因造船有功，"太祖嘉其能，而赏其功，赐名兀速赤。癸未七月，升镇国上将军、炮水手元帅"。[4] 又如，曾射伤过成吉思汗的哲别，因其诚实和屡立战功被成吉思汗从十户长一直提拔到千户长。

成吉思汗对不战而降蒙古者和顽抗之敌基本上执行了奖惩区别对待的政策。[5] 当然，有时他出于复仇思想而战，使无辜百姓遭受残酷屠杀，应予以批判。但也必须看到，成吉思汗激励和平归降的政策是相当成功的。如他对和平归降的畏兀儿等地区没有屠杀，对其巴尔术阿尔忒的斤亦都护，"宠异冠诸国"[6]，使之愿"为仆为子、竭犬马之劳也"。[7] 有的外国人也承认在和平招降激励政策下，"畏兀儿人、哈剌鲁突厥人、阿里麻里人和其民族的驻地在没有抵抗的情况下归附成吉

〔1〕道润梯布：《新译简注蒙古秘史》，38页。

〔2〕策·达木丁编、谢再善译：《蒙古秘史》，中华书局，1956年版，第21—35节。

〔3〕策·达木丁编、谢再善译：《蒙古秘史》，第205节。第210节说："忽难、阔阔搠恩、迭该、兀孙老人四个人，凡是看见的不曾隐瞒，听见的不曾隐讳。他们就是这样直言教谏的四个人。"

〔4〕《元史》卷151《张荣传》。

〔5〕参见马曼丽：《成吉思汗暮年思想探幽》，见《成吉思汗研究文集》(1949—1990)，内蒙古人民出版社，1991年版。

〔6〕赵孟頫：《雪松斋文集》第7卷。

〔7〕何秋涛校正：《元圣武亲征录》，商务印书馆丛书集成本，1939年。据载，屡配公主给畏兀儿名门贵族，畏兀儿人地位在蒙元时期仅次于蒙古统治阶级。另据《新元史》卷29《氏族表》记载，畏兀儿人仅在元廷任高官的就有29大家族。

思汗,乃是成吉思汗玩弄外交手段的成果"。[1] 和平招降的还包括吉尔吉思、秃马惕等许多地区,实际上,当时占有西域广大地区之西辽,也因其招降政策与宗教政策导致西辽民众纷纷反戈,也可以说属于和平倒戈地区。

招降与歼灭、重赏与重罚并用之原则,在成吉思汗统一时期的活动中,成果尤为明显。成吉思汗除对他的世敌塔塔儿部和蔑儿乞人做重罚对象外,蒙古高原几十个部落中绝大多数人都是降服而成了蒙古国属民的。在他招降与重用降者的激励机制下,反金起义的兵将也纷纷倒戈。这足以说明成吉思汗和平招降政策之成功并不逊于其武功之成功。

成吉思汗激励机制的最大特点是其广泛性与群众性,体现了普遍奖励与不论出身门第贵贱一律论功重奖的威力。最终形成了巨大的群众性支持力量和核心新贵族。

在当时的社会条件下,人们投靠成吉思汗,舍生忘死地作战,不仅仅是为"天"的代表成吉思汗卖命,同时也因为他们看到成吉思汗更能保证他们的切身利益。他对部下的物质利益充分重视,战后慷慨普遍论功行赏:"将战利品,就全体士兵间,作极公平的分配,凡有需要,向之请求者,均不吝赠予。甚至解衣以赠。有需马者,亦愿下骑以授。"[2]《史集》记述成吉思汗的敌部泰亦赤兀部百姓反映:"泰亦赤兀的异密无端压迫和虐待我们,而这位君主铁木真把自己的衣服脱下来给人穿;下了自己的马把它给人骑。他是能照顾地方,关心军队,把兀鲁思管得好的人。"这类敌部的大部分人,也纷纷归附了铁木真。[3] 其激励机制的鲜明特点,尤其表现在对有功的人,不论是奴隶还是一般牧民,他一律给予重奖。因此,他曾多次得到一些奴隶和百姓的帮助,

---

〔1〕库特鲁科夫:《蒙古人在东突厥斯坦的统治》,见《鞑靼蒙古人在亚洲和欧洲》,莫斯科,1978 年俄文版。

〔2〕布尔森著、沈颖译:《成吉思汗传》第 1 章,1948 年。

〔3〕〔伊朗〕拉施德哀丁著,余大钧、周建奇译:《史集》第 1 卷第 2 分册,商务印书馆,1983 年版,117 页。

往往使之摆脱了"威胁全军覆没的危险"。[1] 这些帮助对成吉思汗蒙古国的成败起了重要作用。成吉思汗称汗后没有忘记这些人,并嘱咐自己的后继人要子子孙孙、世世代代照顾这些有功之臣的后代。[2] 成吉思汗在建国后的西征等战争中,虽然掠夺战俘为奴的现象仍然大量存在,但是世袭奴隶制的基础,却由于他不论门第等级的激励机制而动摇了。如世袭奴隶巴牙兀惕部因成吉思汗奖赏该部出身的汪古儿而不再是世袭奴隶[3];海都以来的世袭奴隶札剌亦惕部,"(他们中间有许多人)……成为异密和受敬人的"。[4] 按功从札剌亦惕部中封木华黎为万户,还封了许多千户,无怪乎拉施特称这些世袭奴隶传到成吉思汗已是"最后"一代[5];王罕克烈部的奴隶董合亦惕部[6]和兀良哈部的"普通奴隶"[7]兀答赤氏族等奴隶部落的许多人,都因投靠成吉思汗而解除了奴隶地位,成了他的那可儿战士,或千户,或答儿罕。这种现象不是个别的,许多人还成了新贵族,使蒙古社会向封建制迅速过渡。其激励机制的这种特性,动员了许多基层群众为摆脱奴隶地位或取得世袭高官厚禄,冒死为蒙古而战。

---

〔1〕《史集》第 1 卷第 2 分册,171 页。

〔2〕《新译简注蒙古秘史》第 171 页记载,成吉思汗特地降旨说:"缘巴歹、乞失里黑二人之功,赐以王罕之全副撒金褐子帐,金制酒具、器皿并具执事人等。以客列亦惕之汪豁只惕氏为其宿卫,命带弓矢、吃喝盏,直至其子孙之子孙自在享乐之。"

〔3〕《蒙古秘史》第 14—16 节说,巴牙兀惕部祖先是成吉思汗祖朵奔蔑儿干来的奴隶。该部出身的汪古儿受赏时要求"收集"本族"散在各部落里"的人,被允许。可见,战争中实际已有机会各自投奔不同的新主人,所以,散在各部,已经改变了不得逃离主人的地位。

〔4〕参见《史集》第 1 卷第 1 分册,159 页。

〔5〕参见《史集》第 1 卷第 1 分册,149 页。

〔6〕《蒙古社会制度史》第 145 页称,拉施特说该部"始终是客列亦惕部首领们的奴仆和战士……后来全体都来为成吉思汗服务"。

〔7〕《史集》第 1 卷第 1 分册,259 – 260 页说道:"成吉思汗时代,森林兀良哈部落出过一个千夫长,名叫兀答赤,为右翼异密……""这兀答赤氏族,由于他们是普通奴隶,自古以来不把姑娘嫁给(外人),也不娶(自外人)。"

·欧·亚·历·史·文·化·文·库·

17.2　成吉思汗的奖惩机制造就了其兴国胜敌的精兵

　　成吉思汗以很少的兵力,征服欧亚两洲之大部,建立了空前宏大的蒙古帝国。其胜利原因何在?中外人士至今仍觉得蒙着一层神秘的色彩。用《大统帅成吉思汗之谜》的话说:"成吉思汗是一个伟大统帅。之所以成为伟大的统帅,其故何在呢?还是一个'谜'。"[1]目前世界上有几十个国家专设机构,研究成吉思汗兵法。其中日、美、英、俄等国更加重视,他们的研究成果十分显著。他们为什么这样关心研究成吉思汗兵法呢?《罗马帝国之衰亡史》注解者伯力说:"蒙军布置之精密,战略之优良,为欧洲任何军队所不能及。""蒙古远征军之所以成功,并非靠其优势兵力,而是靠其独特之战略。"[2]成吉思汗的兵法与战略战术值得研究,但只强调兵法,而忽视对其建军治国的政策与思想的研究,则是长期以来成吉思汗研究的一个误区。我们认为,对成吉思汗的定位应该不仅是天才军事家,而且还是杰出的政治家和思想家。[3] 其奖惩机制在建军兴国和安民治国方面的运用,则是这种定位的一个反映。

　　奖励忠心的那可儿[4],那可儿形成了最初的核心军。成吉思汗的父亲死后,部众尽失,他在孤儿寡母的情况下开始建军,最初是靠接纳一批忠于他的那可儿聚集在自己的周围,初步形成雏形军队的核心力量。他不仅把掠夺的畜群、女人、孩子和百姓,赏给那可儿,而且将自己的马匹和衣服赠给战士。到后来,那可儿这支核心力量是成吉思汗南征北战的依靠。其中多是他破格提拔的一批赤胆忠心屡立战功的伴

---

〔1〕转引自巴音图:《成吉思汗兵法与时代特点》,见《蒙古族哲学思想论文集》,民族出版社,1987年版。

〔2〕转引自韩生:《成吉思汗独特战略》,见《蒙古族古代军事思想研究论文集》,内蒙古人民出版社,1990年版。

〔3〕参见马曼丽:《成吉思汗评传·绪论》,南京大学出版社,2000年版。

〔4〕"那可儿"(Nokur)意即扈从、同伴,《蒙古秘史》中称为伴当;F. D. 拉森《蒙英字典》中释为友伴(见 F. D. Lessing, *Mongoeen – English Dictionary*, p. 539)

当。也由于他的激励机制,他的那可儿队伍迅速壮大,并造就了大量精兵强将。

成吉思汗在封授一些人为千户后说:"这驸马并九十五千户,已委付了,其中又有功大的官人我再赏赐他。"这"功大的官人",大都是指战功卓著的那可儿出身的军事统帅。这都是激励机制下产生的后来世居显赫地位的所谓"十千夫长""十功臣""十投下"。[1]

在那可儿基础上扩充并巩固了怯薛(护卫军)制度。在 1204 年成吉思汗将宿卫军、散班、弓箭手共 550 人组成最早的怯薛军。

怯薛军也用激励机制组建,享受千户以上的高待遇。这种职务是世袭的,享有各种特权,比之枢密各卫诸军,"为尤亲信者也"。札奇斯钦认为,这种怯薛军"也是全国的最高训练中心和可汗发掘新人才的机构"。[2]

成吉思汗明智地用各种特权和优厚待遇的激励机制,把千户长、百户长以及那颜的子弟笼络在自己的身边,既保卫了自己的安全,又如同质子控制着千户、百户,足以"制轻重之势"。[3] 怯薛被称为蒙古旋风的骑兵,在当时是组织严密、马匹精良的一流军队。正如日本学者吉原公平所说:"成吉思汗为了鼓励怯薛歹(歹即'从人',怯薛歹即番士)的忠诚、勇敢、勤奋,多次赋予他们破格的特权。例如当他建立怯薛制度的时候,准许千户子弟的怯薛歹可率领从士十人服务,百户子弟的怯薛歹可领从士五人服务。"[4]可见,这是成吉思汗在千户制基础上利用激励机制迅速发展的、具有举足轻重作用的亲信精锐骑兵。仅仅两年,1206 年成吉思汗亲自控制的这支精锐的队伍就在原有"老宿卫"550 人的基础上,很快扩充到 1 万人的怯薛军。

---

〔1〕《元史》卷 121《畏答儿传》:"与十功臣同为诸侯者,封户皆异其籍。"(畏答儿即铁亦勒答儿)《元史》卷 119《木华黎传》:"丙戌(1226 年)夏,诏封功臣户口为食邑,曰十投下,孛鲁居其首(木华黎之子)。"

〔2〕札奇斯钦:《谈成吉思汗的言行和他成功的因素》,见《蒙古史丛书》,台北学海出版社,1980 年版;《蒙古秘史》第 224—234 节。

〔3〕《元史》卷 99《兵志》。

〔4〕〔日〕吉原公平:《蒙古马政史》,东京东社,昭和十三年(1938 年)。

成吉思汗根据战争发展的需要,还建立了探马赤军。成吉思汗不论出身门第重用有功者的激励机制也使探马赤军迅速壮大,战功赫赫。据《元史·兵志》记载:"国初,木华黎奉太祖命,收札剌儿、兀鲁、忙兀、纳海四投下,以按察儿、孛罗、笑乃歹、不里海拔都儿、阔阔不花五人领探马赤军。既平金,随处镇守。中统三年,始祖以五投下探马赤立蒙古探马赤总管府。"由此可确定,探马赤军是成吉思汗指令木华黎收集札剌儿(札剌亦惕世袭奴隶部落)[1]等这类出身较低微的部落民组建的。先锋军的要求是勇敢,为了世袭为官,大批平民甚至奴隶敢于冒死作战。探马赤军后来为迅速灭金立下显赫战功,其出身并不高贵的领导人则都受封百户以上,而其子很多为千户[2],这也说明成吉思汗在建探马赤军中不论出身门第均论功受封赏的激励机制和重赏制度是很有成效的。

虽然最初的探马赤军是为 1217 年木华黎国王率军伐金而组成的打先锋的 5 个小军团,但以后迅速壮大,"在征服中亚、西亚的战争中",在朝鲜、西藏、阿塞拜疆等地也同样实现了像探马赤军那样的编制。而且他们的任务原是先锋军,以后则也作镇守军。这不能不认为是成吉思汗激励机制的成功使大批出身低微者愿冒死应召并勇争战功之结果。[3]

成吉思汗平时极为重视军训,就像实战一样要求,特别是军纪极严,违者重罚,保证了军队所向无敌。他在练兵中不仅练军事技术,而且还非常重视培养官兵英勇顽强的思想作风。"成吉思汗平时行军安营扎寨,总是以战斗阵容驻防。有时召集各军营部队考核军队训练,或从各部队选拔优秀士兵搞武艺比赛和摔跤,优胜者给予鼓励奖赏。"[4]成吉思汗在使用重奖与普奖激励机制的同时,也有严峻的惩罚机制。

---

〔1〕参见《史集》第 1 卷第 1 分册,159 页。

〔2〕参见《元史》卷 122《按扎儿传》、卷 120《肖乃台传》、卷 123《阔阔不花传》等。

〔3〕参见〔日〕荻原淳平:《再论木华黎国王下的探马赤军》,载美国《蒙古研究》1982 年第 13 期;〔美〕保罗·布尔勒:《蒙古帝国探马赤军的社会作用》,载美国《蒙古研究》1980 年第 6 期。

〔4〕宝音达来:《成吉思汗军事思想研究》,见《成吉思汗研究文集》(1949—1990),内蒙古人民出版社,1991 年版。

笔者以为,将惩罚机制引入治国治军,对千户制进行锁链制的军法管理形式,是成吉思汗对十进位制度的重大发展。如规定:"军队在作战时……若他们不是全军整个儿退却,逃跑者一律处死;同样的,若有一个、两个人或更多的人被俘,而其余的伙伴没有去救他们,那么这些人也将处死。"〔1〕这种军法军纪虽较严厉,但在当时那个时代,正是成吉思汗军战斗力极强的原因,对其严厉性则应历史地看待,是与当时蒙古社会由奴隶制向封建制过渡的社会关系相适应的。而且成吉思汗治罪不分亲疏,"乃诸敌临帐不用命者,虽贵必诛"〔2〕。如他征服花刺子模国时,他的爱婿脱忽察儿违犯军纪进行掠夺,成吉思汗当即罢免其职务,并降至一般士兵。

17.3 成吉思汗利用奖惩机制创造了治国安民的奇迹

成吉思汗崛起时,蒙古高原原有几十个部落〔3〕各自为政,相互混战。而当时的社会风气更是盗窃、抢掠成风。"儿子不遵从父亲的教诲,弟弟不理会兄长的话语,丈夫不信任妻子,妻子不听从丈夫。"〔4〕而成吉思汗居然能把这样一个原来伦理无影、盗贼猖獗的混乱社会治理得出不闭户、路不拾遗。这在今天看来也不能不认为是治国的奇迹。

成吉思汗采用法律手段保证其奖惩机制有章可循,切实贯彻。笔者认为,"元兴,其初未有法守"〔5〕之说未必可信。除成吉思汗的正式法令外,他还常常在不同的场合提出一些指示,这些就是著名的训令(Bilik)。札撒存在的这一事实,几位可靠的编年史学家都有记载。根据术外尼(卒于1238年)的记载,成吉思汗每个后裔的宝库中都藏有

〔1〕迦儿宾:《蒙古史》,俄文本第6章第1节,见〔英〕道森编,吕浦译、周良霄注:《出使蒙古记》,中国社会科学出版社,1983年版。

〔2〕赵珙:《蒙鞑备录》。

〔3〕参见陶宗仪:《南村辍耕录》,中华书局,1959年版,12-13页。书中记载的部落为"七十二个"。

〔4〕《史集》第1卷第2分册,354页。

〔5〕《元史》卷102《刑法志》。

·欧·亚·历·史·文·化·文·库·

札撒缮本。拉施特（1247—1318 年）也记载,第一任金帐汗拔都曾令其全体臣民遵守札撒,否则处以死刑。[1]

成吉思汗认为,一个民族如果不懂得忠孝伦理,轻视风气和法令,那么就会使"窃贼、撒谎者、敌人和[各种]骗子遮住他们营地上的太阳,这也就是说,他们将遭到抢劫,他们的马和马群得不到安宁"。[2] 因此,他表示治国是"首先着手之事,则在使之有秩序及正义"。[3] 所以在成吉思汗的大札撒里,表现了他坚决革除蒙古社会各种恶习及尊重各类有识之士的思想观念。大札撒要求"蒙古人须推崇、尊重不论属于何种民族的谦虚、纯洁、正直有学识和各种明智的人"[4],严禁盗窃、掠夺等恶习,违者一般要处死刑。同时,对于商业规定,保证"各种商旅在城市与大道上通行无阻"。[5] 所以,一般研究者都公认:"蒙古诸部一归降成吉思汗,汗即恶其某些恶习,如盗窃、通奸等,并决心予以革除,俾能以秩序与正义修治国家。使各种商旅在各城市与大道上通行无阻。他要为他们提供安全与安乐,使他们能头戴金饰,就像人们通常头顶粗瓶一样,遍历境内无虞。"[6]

看来,这类治理并非一开始便奏效的,所以蒙古汗国的法律,更加重了对"强盗"惩治的严厉性。成吉思汗曾对大断事官失吉忽秃忽说:"如有窃贼诈伪的事,你惩戒着,可杀的杀,可罚的罚。"[7]这足以说明他的坚决态度。

据说,由于对盗马的处罚非常严厉,蒙古人中间绝无盗马人。[8]柏朗嘉宾曾说到经成吉思汗治理后的蒙古社会情况:"他们之间从来

---

〔1〕以上参见维尔纳德斯基:《成吉思汗札撒的内容与范围》,见美国《哈佛亚洲学报》第3卷,1938 年。著名的旅行家伊本·巴图塔(约 1304—1356 年)的报道一般都是很精确的,他也说是有的。

〔2〕《史集》第1卷第2分册,354 页。

〔3〕多桑著、冯承均译:《多桑蒙古史》上册,中华书局,1956 年版,157 页。

〔4〕维尔纳德斯基:《成吉思汗札撒的内容与范围》。

〔5〕贝勒津:《成吉思汗的札撒》,见《蒙古史研究参考资料》第 18 辑。

〔6〕维尔纳德斯基:《成吉思汗札撒的内容与范围》。

〔7〕《蒙古秘史》第 203 节。

〔8〕维尔纳德斯基:《成吉思汗札撒的内容与范围》。

不会爆发斗殴、对骂、打架或杀人,人们甚至在那里发现不了偷窃农作物的小偷和汪洋大盗。所以他们盛放自己财宝的幕帐和马车从不上锁或门闩。当偶尔有牲畜走失,如果有人发现也会让它自由自在地走,或者是将之驱赶到专门指派负责收容工作的人那里……"〔1〕这是何等的成功!

成吉思汗得以这样成功地安定了社会,看来与他采用激励机制千方百计网罗各族人才,组成"猛将如云,谋臣如雨"〔2〕的智囊团有密切关系。如执行札撒的断事官制度便是从畏兀儿学来的。蒙古虽原有习惯法,但法律逐渐完善则与耶律楚材、郭宝玉等传入汉法有关。〔3〕 另外,成吉思汗对有才能的降将均予重任。在这种不论前嫌,能者重赏重用的政策下,招降了一批批汉族和其他各族武将文臣,尤其是因多给以重用,使他们能调转枪头,成为攻金战争的实际主力,如刘伯林、耶律留哥、史天倪父子、张柔、石天应等一大批降将都屡立战功,也被封显赫官职。成吉思汗还通过耶律楚材、耶律阿海、郭宝玉等许多智谋出众的降臣,听取他们关于立法、纳税、治国的建议和统治经验。《元史》的数十个列传,也可以说,多是成吉思汗以激励机制用人的奇迹与记录,也是他在各地向各种人吸收先进多元文化的记录。

成吉思汗原来不重视治国文臣,且说:"国家方用武,耶律儒者何用。"耶律楚材直率地回答:"治弓尚需用弓匠,为天下者岂可不用治天下匠耶?"使成吉思汗"闻之甚喜"。"帝重其言,处之左右"〔4〕,因而成为成吉思汗的近臣,后来是蒙元帝国的脊梁,赋税、立法、建户口、设科举等治国之策多出于他。又如畏兀儿的塔塔统阿,"性聪慧,善言论,深通本国文字"。他是太阳汗的掌印官。成吉思汗重用了他,"是后,

---

〔1〕《柏朗嘉宾蒙古行记行·鲁布鲁克东行记》,39-40 页。维尔纳德斯基也说:"他们盛放自己财宝的帐幕或马车从不上锁或门闩。"(参见《成吉思汗札撒的内容与范围》)

〔2〕《元文类》卷 23。

〔3〕参见《元史》卷 149《郭宝玉传》。如 1211 年 2 月初,成吉思汗统军进攻金之西北边墙乌沙堡,守将郭宝玉举军投降,并向成吉思汗建议"建国之初,宜颁新令",成吉思汗遂"颁条书五章"。也可参见《元史》卷 146《耶律楚材传》。

〔4〕《元史》卷 146《耶律楚材传》。

凡有制旨,始用印章,仍命掌之"。后来,成吉思汗命他"将其法令训教用畏兀儿字写蒙古语,传示国中蒙古青年"。[1] 从此蒙古族才开始有了自己的文字和知识分子,这是蒙古国向文明迈进的里程碑。可见各族奇才到成吉思汗麾下,便能大展宏图。

成吉思汗由于善于重用与爱惜各族人才,并通过他们吸收各族优秀文化,从而在他周围形成了一个体现多元文化内涵、在当时可称为一流的精华荟萃的智囊团,所以史称"猛将如云,谋臣如雨",正因此,他才能所向披靡,取得"灭国四十"的"奇勋伟绩"。[2]

一般来讲,思想根植于当时的时代,成吉思汗吸收了他那个时代的最高层次的其他民族的思想观念。成吉思汗有热爱其本民族的草原文化的主体意识,这是无疑的,但他对异族、异文化进行吸收和移植,也是其思想的相当重要的一个组成部分。他的思想不是封闭型的,这也正是他与游牧民族其他一代枭雄的不同之处。众所周知,亚洲的历史上,形成过不少强盛一时的游牧民族国家。但他们所建的"渗透王朝""征服王朝"后来都销声匿迹,连同其本族都退出了历史舞台。唯有成吉思汗却能给予原本默默无闻、连固定名称也没有的蒙古族以新的文明和生命力,在世界文明史上烙下了特有的痕迹。这使我们有理由去发掘成吉思汗的成功背后与游牧民族其他一代枭雄不同的思想文化内涵,而成吉思汗的奖惩机制则是这种思想文化的重要内涵之一。

(原载《民族研究》2001 年 4 期)

---

[1]《多桑蒙古史》上册,159 页。
[2]《元史》卷 1《太祖本纪》。

地方文化研究

18 论西域文化的三大变异及其对建设中华现代文化的启迪

　　国内外对西域不乏研究,尤其是语言、人种、宗教等方面的考证性研究,颇有深度。可是也应该看到,相当一部分研究的视角,似跳不出就事论事的框框。笔者写作此文,意欲在前人研究的基础上,从历史民族学的视角,探讨文化兴衰与民族命运、国家发展间的关系,希望引起对建设现代中华文化的更大关注。

18.1　西域文化的三大变异

　　西域文化所经历的三大巨变,在世界上也是罕见的。三大变异之一是当地民族语言几乎从印欧语系伊兰语族全面演变为阿尔泰语系突厥语族;之二是当地原欧罗巴人种民族大都混血化为突厥语族欧罗巴—蒙古人种;之三是原多种宗教信仰的当地主要民族几乎全部伊斯兰化为单一的穆斯林民族了。前两种文化变异即一般所称突厥化。其实,当地突厥游牧文化也大量变为定居农业文化或半农半牧的物质文化,所以精确地说,并不是单向的突厥化,而是双向相互影响的文化变异。而第三种确是单向伊斯兰化的文化变异。要探讨这三大变异,首先需要弄清西域活动的主要古代民族究竟属于什么人种、什么语系、什么宗教信仰。

　　国外学者一般认为,古代原西域民族为塞(萨迦)人,属欧罗巴人种,操印欧语系东伊兰语族。持这种观点的代表人物,如日本羽田亨先

·欧·亚·历·史·文·化·文·库·

生,他强调古代布满各类萨迦人的西域"是伊兰人的根据地"。[1]

在国内,有关代表性著作如《塞种史研究》一书,根据中外文史料及考古材料,详细考证了塞人的分布与族属。结论是:"《汉书·西域传》所见塞人,应即阿喀美尼朝波斯大流士一世贝希斯登铭文所见萨迦(Sakā)人,主要包括 Asii,Gasiani,Tochari 和 Sacrauli 四个部落或部族。他们先后主要活动在伊犁河、楚河流域,希腊人称之为伊塞顿,向西扩张至锡尔河,后被波斯人称为萨迦。一部分南下,散处帕米尔各地,后亦东向进入塔里木盆地诸绿洲。前 140 年左右,大批塞人渡锡尔河南下,一支进入费耳干纳,一支进入巴克特利亚……"该书认为,Asii 等四部塞人,连同大月氏和乌孙,均系欧罗巴种,操印欧语系。[2]

《维吾尔研究》一书也认为:"自西域住民日常用语研究之结果,大致可分为三种:第一种,以龟兹(今库车)或焉耆(今哈拉沙尔)为中心,通行一种所谓吐火罗语;第二种,以于阗(今和田)为中心,行一种所谓和阗语,或称东伊兰语;第三种,通行西域各处,所谓索格底语。而此三种语言之性质,实属于印度欧罗巴族系……乃属判然之事实。古代西域之住民系属于高加索种亦即所谓白种人之伊兰种人。现代人类学者就其体质调查,结果亦甚为一致。"并认为汉初,月氏、乌孙亦为白种人。[3]

笔者的看法,虽也无法否认上述说法所反映的主流现象,但认为需要指出,古代匈奴、塞种等不同人种的游牧民在丝绸之路上曾频繁迁徙和争战,因而不可能不发生印欧语系的欧罗巴人种与阿尔泰语系突厥语族的蒙古人种之间的文化渗透与混血。所以,精确地说,西域古代当地民族主流是欧罗巴人种,操印欧语,但当时已有一些蒙古人种及突厥语成分的渗透现象。苏联著名考古学者伯恩斯坦根据斯特拉波和托勒密的早期著作,结合塞人古墓考古实况,认定在"纪元开初,尤其是纪元后几世纪",西域一带虽然"塞人为数众多",但"从他们所

〔1〕〔日〕羽田亨著、耿世民译:《西域文化史》,新疆人民出版社,1981 年版,13 页。
〔2〕参见余太山著:《塞种史研究·绪说》,中国社会科学出版社,1992 年版。
〔3〕刘义棠:《维吾尔研究》,正中书局,1975 年版,508-509 页。

提供的种族名称,我们就有这种感觉,其中除有伊朗语族的名称之外,还有突厥成分,不过前者显然属于多数",同时指出"吉尔吉斯和东哈萨克斯坦的萨迦人明显地具有蒙古人种成分"。[1] 笔者认为,这种文化渗透现象的存在,比较符合地处丝绸之路中枢地带的西域的实际,也是后来西域人种和语言文化变异方向产生的基础。也应指出,从法显西行"出家人皆习天竺书、天竺语",但"回回胡语不同"的记载看,除印欧语外,应尚存在其他"不同"的胡语,笔者主张,似应指阿尔泰突厥语和汉藏语。因为据记载,今新疆地区古代还应有部分操汉藏语的民族。不过,这一地区古代大多为操印欧语的民族,似无法否认。

然而,曾几何时,中亚两河流域的居民,除了处于山区的塔吉克族尚保留了印欧语和欧罗巴伊兰人种以外,其他原布满中亚两河流域、天山以北、塔里木盆等广大地域的原居民竟完全异化了,西域几乎成了欧罗巴—蒙古混合人种的一统天下,除了封闭在山区的塔吉克族,这里的现代主体民族——乌兹别克、吉尔吉斯、土库曼、哈萨克、维吾尔等族全为操阿尔泰语系突厥语民族,这真称得上是一幅奇特文化巨变的画面。

另外,西域在前伊斯兰时期,原是五彩缤纷的多种宗教交相活跃的舞台,其宗教文化多元的状况也是与其地处东西交通中枢地带的实际相吻合的。塞种人早期的宗教信仰为萨满教和琐罗亚斯德教,尤其后者在西域广为流传。羽田亨认为:"伊兰精神文化的琐罗亚斯德教,实际上首先是在大夏传播的。"[2]据史实记载,以后进入中亚的突厥语族也信仰琐罗亚斯德教。《梁书·滑国传》也记嚈哒"事天神,火神"。佛教传入西域的时间从来众说纷纭。笔者认为至迟在公元初年应已传入中亚。因为公元前58年即位的迦腻色迦一世是崇佛的,他的贵霜王朝当时已统治花剌子模等中亚地区。贵霜诸王的钱币上,"除了佛教以外,他们在钱币上还有印度其他诸神和女神及伊朗和希腊、罗马的

---

〔1〕〔苏〕伯恩斯坦:《中亚境内天山、七河地区的古代文化》,转引自张志尧主编:《草原丝绸之路与中亚文明》,新疆美术摄影出版社,1994年版,132、158页。

〔2〕〔日〕羽田亨著、耿世民译:《西域文化史》,13页。

神祠"。[1] 而佛教传入今新疆地域内大约在公元 3 世纪。[2] 佛教在
贵霜王朝、西辽时期及回鹘地区均曾盛极一时,至今留下无数寺院古
迹。《魏书·西域传》"康国"条记载"国立祖庙,以六月祭之,诸国皆助
祭,奉胡为佛书"。回鹘信佛教直到明代方才"有绝灭之势"。[3] 摩尼
教也曾盛行于西域。其传播于中亚的时间,我们认为大约为 3 世
纪。[4] 摩尼教从楚河进一步东渐传入新疆天山南路则较晚,"应在中
国的则天武后延载元年(694 年)前后"。[5] 基督教及其支派景教,在
公元 5 世纪便传入了西域的两河流域一带,国外东方学者们提到较早
传入景教的地方有撒马尔罕、马鲁和哈烈等。[6] 后来的维吾尔族以及
进入过中亚的乃蛮、克烈等族均信仰过景教,这已被考古资料及史籍
记载所证实。[7] 可见,地处丝绸之路上的西域地区,历史上一向是各
种宗教争相辉映的多元宗教文化共存的地域。

　　西域有些地区曾是朝夜礼佛的佛教传统盛地,甚至直到 15 世纪

---

〔1〕〔印〕纳拉因:《贵霜王朝初探》,载《中外关系史译丛》第 2 辑,上海译文出版社,1985 年
版。

〔2〕《高僧传》称"朱士行,誓志捐身,远求大本。遂以魏甘露五年(260 年)发迹雍州,西度流
沙。既至于阗,果得梵书正本,凡十五卷"(《高僧传初集》卷 4,转引自刘义棠:《维吾尔研究》,481
页)。

〔3〕刘义棠:《维吾尔研究》,489 页。

〔4〕因为有记载说摩尼先使沙布尔一世(242—272 年)之弟卑路斯信该教,然后取得沙布尔
信任,在其即位的加冕仪式上宣教。又据摩尼在世时派马尔·阿莫到呼罗珊等中亚地区传教,而
摩尼是公元 277 年 2 月死的。另据阿莫在安息王子陪同下传教的残片,也证实约在公元 3 世纪中
叶(Mary Boyce, *A Reader Mamicheam Middle&Persian and Parthian*, Leiden1975,pp. 2、41、42)。

〔5〕〔日〕羽田亨、耿世民译:《西域文化史》,13 页。

〔6〕如伯希和明确指出:"其实根据载籍,5 世纪初年时,只有马鲁同哈烈有聂斯脱里派的主
教区。"(伯希和著、冯承钧译:《唐元时代中亚及东亚之基督教徒》,载《西域南海史地考证译丛》
第 1 辑,中华书局,1958 年版,50 页)沙畹、巴托尔德、羽田亨等均认为 5 世纪除妫水北岸、康居等
地外,撒马尔罕等中亚地区已有基督教景派(沙畹著、冯承钧译:《西突厥史料》,中华书局,1958
年版,219 页,及羽田亨书中多有涉及)。

〔7〕张星烺认为:"元时畏兀儿人有信聂斯脱里派基督教者,亦有信摩尼教者。"(《中西交通
史料汇编》第 2 册,中华书局,1977 年版,89 页)蒙古人信仰景教的情况,在多桑、卢不鲁克、志费
尼、伯希和等人著作中多有报道,不再多引。

初,西域仍呈现五色缤纷的多元宗教文化特色。[1] 不过,高昌在15世纪接受伊斯兰教后,维吾尔族也结束了多教信仰的历史成为伊斯兰一元信仰之民族。几乎与此同时,中亚广大地区也先后形成了伊斯兰教一教信仰的哈萨克、乌兹别克、土库曼、塔吉克、天山吉尔吉斯等现代中亚民族。即在不到5个世纪的时间里,伊斯兰文化以其汹涌澎湃之势,席卷了整个西域的今中亚及新疆广大地区,于是在中国古代西北边疆,原东西交融的组合式文化,和曾几何时还风靡一时的各种宗教文化,从这广阔的地域纷纷退出了历史舞台,上述地区奇迹般地全盘异变为单一的伊斯兰宗教文化区。

18.2 西域文化巨大变异的原因与实质

世界是动态的,文化发生交融、变异也是必然的。但是,像西域这样从语言、人种到宗教发生如此彻底的变异,实属罕见,而且其变异方向又没有像中国古代其他边疆民族那样,大多深受汉文化辐射的影响,其主要原因是什么呢?

首先,西域所处丝绸之路这一东西交通的中枢地带是一个无法封闭的地区,自古就是东西方经济、文化进行交融,以及各种政治势力和游牧民族长期进行争夺之地。特别是中国北方蒙古—突厥系民族以西域绿洲农耕区为目标的西向运动,其时间之长、活动地域覆盖面之广,是促使西域发生突厥化方向巨大文化变异的主要原因。

中国古代北方民族由于其游牧经济和特征,向农耕经济文化区的运动,基本上是两大方向:一个移动方向是南向进入中原,如匈奴、鲜卑、漠南蒙古等等,无论是和平迁徙还是争战、立国,南向运动的结果,除少数参与形成了土族、裕固族、东乡族等等新民族外,多数都融合、同

---

〔1〕据记载,直到1404年克拉维约东使到撒马尔罕时,其居民中还是景教与其他信仰共存的一派多元宗教文化的景象:"撒马尔罕居民中,亦不乏突厥人、阿拉伯人及波斯人等。这些人仍然各遵其教派。至于伊斯兰教以外之亚美尼亚人、希腊教徒、基督教徒之雅各布派、聂斯脱里派皆有。"(奥玛·李查著、杨兆钧译:《克拉维约东使记》,商务印书馆,1985年版,157页)

化于汉族,其文化变异则多表现为接受汉文化,或为汉文化所涵化。北
方民族另一个移动方向则是以西域绿洲农耕贸易区为目标的西向运
动,如北匈奴、柔然、突厥、蒙古等。西域文化之所以会发生巨大变异就
是与这一不断的突厥系民族的西向大规模活动分不开的。所以,其文
化变异深度也非同一般。隋唐时代实际只是突厥文化在西域较大规
模渗透的初期。[1] 虽然,自从 6 世纪突厥人出现在中亚后,人们就用"
Turan"一字来表示"突厥斯坦",也就是说"突厥人的国家"[2],但这一
地区的突厥化,却根本不像一般人认为的那样,在东、西突厥汗国时就
完成了。因为当时虽有不少突厥游牧人的迁入,但他们到绿洲地区从
事农业的还很少,因而不可能与那里原有的定居民融合,使之突厥化,
而在今新疆地区,突厥语系的回鹘族则尚未大批迁入,回鹘西迁主要
在 9 世纪。

我们认为,西域突厥化的文化变异总体加速至少是在 11 世纪以
后,而大规模的突厥化质变及最终实现则是在 13—15 世纪。[3]

公元 1040 年,塞尔柱王期及在其废墟上建立起来的花剌子模沙的
王朝都是突厥人统治的王朝。它们对于中亚的突厥化起了加速的作
用。但巴托尔德自己也说:"八拉沙衮是粟特人所修建的诸诚之一,那
里的'突厥化'在马木特·喀什噶尔(指《突厥语大辞典》的作者——笔
者)的时期还没有完全结束。它的居民和伊斯费遮普、塔拉斯和八喇
沙衮的居民是操粟特语和突厥语的。"[4]《突厥语大辞典》是 11 世纪
70 年代的著作,另外,该书中还说到突厥塞尔柱时期还存在非纯突厥

〔1〕根据《大唐西域记》"屈支国"(龟兹)条、"阿耆尼国"(焉耆)条均记载,当地土著"服饰
锦褐,断发巾帽";《旧唐书·西戎传》也载,"男女皆剪发"和《隋书·西域传》"丈夫剪发"。当
时,西域居民仍完全遵伊兰民族习俗而"断发",只不过"其王"按突厥习俗"索发"。可见,隋唐时
代西域伊兰民族的习俗文化没有变异。

〔2〕〔苏〕巴托尔德著、罗致平译:《中亚突厥史十二讲》,中国社会科学出版社,1984 年版,89
页。

〔3〕〔苏〕巴托尔德著、罗致平译:《中亚突厥史十二讲》,59 页。巴托尔德认为,9—10 世纪
时,"这个时代,突厥语还未流行到土著居民中间,看来阿拉伯人往往把伊朗土著的语言看作是突
厥语的做法是错误的"。

〔4〕〔苏〕巴托尔德著、罗致平译:《中亚突厥史十二讲》,84 页。

的考伊族[1],这些文化现象要完全异变,则即使再过两代人,也未必能完全突厥化。我们认为,突厥化的标志之一需要游牧方式的突厥人,与当地伊兰定居民通婚、融合;标志之二是定居农业文化向游牧文化的渗透与改造,并形成新民族。13 世纪蒙古大风暴时代,终于促进了突厥化这一文化变异的质的飞跃。14 世纪,基本占据中亚地域的帖木儿帝国已是明显的突厥化国家,而 15 世纪,则土库曼、乌兹别克、哈萨克、天山吉尔吉斯等现代穆斯林民族均先后大致形成了。[2] 这时期由于蒙古入侵的时代大动荡,除了强大的统治者是突厥语族蒙古人,而且蒙古军队将大批中国北方突厥语系民族带入西域,如当时吉利吉思、乃蛮、克烈等附属军都属突厥语族或突厥化很深的,其人数远远胜过蒙古人。而且因为蒙古国横跨欧亚,中西交通空前畅通,也才使中国北方突厥语各族与直至钦察草原的大量突厥人及原中亚居民发生了大融合,最终形成了一系列阿尔泰语系突厥语族东匈或西匈语支的各种新民族。中外历史上大动乱时代形成民族大融合之例屡见不鲜。这也应该是西域民族不仅语言突厥化,而且人种变为欧罗巴—蒙古混合人种的主要原因。

众所周知,仅仅凭压倒多数的人口,是不可能同化其他民族的,哪怕是庞大的落后民族,也往往会被数量极少的先进民族消灭或同化。西域的突厥化还因为当时突厥文化有其先进优势,一方面,它与商业经济结合,使其文明与先进性超过了当时的中亚伊兰文化。其语言也具有易接受的竞争性。另外,游牧文化的开放性,也使之以积极进取的姿态接受伊兰农耕文化,从而完成了有双向异变内容的"突厥化"。德国东方学家诺尔克德曾宣称"突厥人是起到敌视文化的作用的",这是不正确的。我们同意巴托尔德所说,突厥语系民族建立的花剌子模提供了文明达到特别高程度的国家的例子,其"城市生活的巨大发展和甚至耕地面积的扩大,特别是在花剌子模西南部"。根据其他资料,花

---

〔1〕马木特·喀什噶尔:《突厥语大辞典》卷 1,30 页。
〔2〕马曼丽主编:《中亚研究》有关各章民族形成部分,民族出版社,1995 年版。

刺子模已经发展了当时作为先进文化代表的商业文化,"花刺子模的商人比以前更广泛地到中亚各地旅行"。[1] 另据突厥文中"萨尔特"一词词义,"那时,萨尔特一词并不是某种民族的名词,是指商人而言,且系指突厥族的一切商人而言。……为历代人对富人、文明人、商人及伊斯兰教徒之称"。[2] 即突厥人当时被看作"文明人",其文化也显然因商业经济而具有竞争力。另一方面,西域文化也伴随着古代突厥语族游牧民接受定居民影响而发生了经济文化类型的重大变迁。如中亚北方游牧突厥人成为花刺子模定居民族及游牧民族回鹘转为定居务农民族等等就是明显的例子。这也体现了农耕文化在当时的一定先进性。并且,突厥语言文字在西域占统治地位的文化变异,也并不是简单的代替过程,看来也有突厥语内在的优势。众所周知,中亚的历史在公元 1 世纪前,是与西方的希腊、波斯分不开的,特别是波斯文化与突厥文化在中亚的竞争直到伊斯兰时代还不分胜负。"波斯语的唯一对手是突厥语,波斯语和这一对手的竞争对波斯语来说常常是不利的。"因为突厥人长期活动在西域,语言与伊兰民族日益交融而接近。[3] 突厥语占统治地位的过程,除了依靠其绝对多数的移民人口,还有其能胜过波斯语的内因以及与伊兰语相近的有利条件,再加上统治民族的优势地位等多种因素,从而促进了当地语言文化的变异过程。

透过西域的伊斯兰化,更可以启发我们对文化变异原因的深层次思考。一般认为,"伊斯兰教既是'和平教',又主张'圣战'、'吉哈德',即'强制推行伊斯兰教的意思'。在公元 7 到 8 世纪,阿拉伯人就是用武力'圣战',把伊斯兰教广泛传播到整个近东、中亚、外高加索和印度北部的"。[4] 我们认为,这种一手持剑、一手拿古兰经的传统说法虽有其一定根据,但尚不能说清伊斯兰文化后来的实际传播状况及原因。只能说在前期或一定时期是这样的,如阿拉伯曾建立经西班牙越

〔1〕〔苏〕巴托尔德著、罗致平译:《中亚突厥史十二讲》,147-148 页。

〔2〕刘义棠:《维吾尔研究》,6-7 页。

〔3〕〔苏〕巴托尔德著、罗致平译:《中亚突厥史十二讲》,44 页。

〔4〕马通:《中国伊斯兰教派与门宦制度史略》,宁夏人民出版社,1983 年版。

北非,再经叙利亚、亚美尼亚、美索不达米亚,直至波斯和中亚的空前大帝国,这自然有助于在这些地区传播伊斯兰教。11世纪玉素普喀得儿因24年的"圣战"得胜而成为原佛教圣地于阗之王,对西域伊斯兰化也有打开局面之作用。但问题是,许多大规模的或深刻的伊斯兰化现象并非"圣战"的结果。例如,10世纪喀喇汗朝时,沙杜克之信教,只有受萨曼王子影响之说,并无与"圣战"有关之记载。[1] 羽田亨说"自公元10世纪起,西域之回教文明渐次发展,至公元14世纪末止,完全风靡于其地,旧时之西域文明,竟至不留其形"[2],不可能全凭武力能使之"风靡"。所以,西域伊斯兰化应还有更深刻的原因,这却是至今未能得到很好研究的问题。而且伊斯兰教文化的成功并不仅限于中国之西北边疆,而是遍及世界范围的。不妨试想,有些宗教的影响以前虽比伊斯兰教大,但是它们只是短期的传播而已。伊斯兰教,从本质上来看,虽是当作前亚文明世界的产物,但以后,不仅现代中亚五国的主体民族、中国西北边疆十来个民族都清一色地成了穆斯林民族,而且在中亚以外的东亚、西亚,以至非洲,其文化渗透都获得了成功,就宗教文化的生命力而言,伊斯兰教的确不能不令人刮目相看。尤其是,历史上有许多原信仰佛教、摩尼教和基督教的民族整体或整族改信了伊斯兰教,却至今没有发现任何伊斯兰民族整体或整族成为改信佛教、基督教和其他宗教的民族。凡此种种,都非同一般。所以,对西域伊斯兰化原因的探讨,是具有普遍意义的。我们提出两点看法。

其一,伊斯兰文化的传播,以当时先进的农业科技和经济为基础,这使伊斯兰文化与同时代其他宗教文化相比,具有优胜之处,或者说使之增强了优质文化内涵。巴托尔德认为,"即在物质文化和精神文化的领域中,伊斯兰世界在这个时代的文明民族里具有显著的优越地位。游牧民常常急需取得文明国家的产品,特别是衣服……首先是纺织品。……对游牧民来说,这种商业是特感需要的"。所以,具有游牧

〔1〕以上参见〔苏〕巴托尔德著、罗致平译:《中亚突厥史十二讲》,74-75页;刘义棠:《维吾尔研究》,496、502页。

〔2〕转引自刘义棠:《维吾尔研究》,515页。

和经商传统的阿拉伯人和中亚的伊斯兰教徒,既能给游牧民带来实惠,又最具有先进商业文化的素质。由于商业的接触,突厥语族游牧民"逐渐熟悉伊斯兰教徒的商品和一般的生活方式,他们不仅在宗教生活,而且在伊斯兰文明的一切方面都受到伊斯兰教的影响"。[1] 而且,从史实记载看,在伊斯兰教国家中,非伊斯兰教异教徒负有纳税义务,而伊斯兰教徒看来是可以免税的。"1365 年,当撒马尔罕发生反对突厥统治者的人民大暴动的时候,人们提出了向伊斯兰教徒征收人头税的谴责。"[2] 显然,这是因为违反了原免税规定。在笔者看来,这些经济利益也是以经济为基础的伊斯兰文化传播之影响力与渗透力巨大的原因之一。

中亚的蒙古人大都接受了伊斯兰教,虽然有关在蒙古人中宣传伊斯兰教的资料"是完全缺乏的",但是零星资料表明,显然是伊斯兰教徒往往具有修堤、筑坝、水利灌溉等高超文化技术而成了传奇人物[3],这些伊斯兰教徒带给蒙古人和转为定居农业民的突厥人及回鹘农耕民以灌溉之利,于是成了神话般的英雄人物。这类记载也反映出蒙古等游牧民族因获得经济利益或对之崇拜而信仰伊斯兰教并从事务农的史实。

其二,伊斯兰文化的传播方式是自觉而灵活的,还具有进行大规模覆盖性传播的特点,如定为国教或举族信教的政策等,由此体现出极强的进取性素质,使之胜过了希腊、波斯、汉等素有悠久文明之称的古文化。巴托尔德也认为,"在突厥人中伊斯兰教宣传的成功,还表现在能力上,在这方面伊斯兰教显然比其他世界宗教还要高一等"。例如,他们首先千方百计使汗接受伊斯兰教,然后,由汗将该教定为国教,这种政策性威力对伊斯兰教的传播作用也是不可低估的。960 年,喀喇汗朝有 20 万突厥人一起改信伊斯兰教就是例证。[4] 据统计,20 世

---

〔1〕〔苏〕巴托尔德著、罗致平译:《中亚突厥史十二讲》,73 页。

〔2〕〔苏〕巴托尔德著、罗致平译:《中亚突厥史十二讲》,239 页。

〔3〕参见〔苏〕巴托尔德著、罗致平译:《中亚突厥史十二讲》,132 – 133 页。

〔4〕参见〔苏〕巴托尔德著、罗致平译:《中亚突厥史十二讲》,73 – 75 页,或刘义棠:《维吾尔研究》,502 页。

纪 70 年代世界上已有 41 个国家以伊斯兰教为国教或左右着国家政权。[1] 而且伊斯兰教吸引当权人物"汗"信教的手段也很灵活。一则有趣的报道说:"根据格尔德齐的记事,有两个突厥汗的代表于 1026 年来到了马木特那里。向他请求,同意恢复他们和加兹尼王朝之间的亲戚关系。马木特回答说,伊斯兰教徒不让自己的女孩嫁给异教徒,如果汗愿意改奉伊斯兰教的话,那么他就会实现他们的要求。"[2] 汗娶伊斯兰教女子而皈依伊斯兰教,并进而推行全民族改信伊斯兰教。这样的过程,显然是存在的。这种涵化式的通婚,加上该教的特殊生活习俗,久而久之,也成为其生命力较强,本身不易变异,而涵化其他文化的能力却日益增长的重要原因。

文化变异是多种复杂原因合力作用的结果,但仅从上述一些主因的分析中也不难看出,无论是突厥化,还是伊斯兰化,其实质都不是较落后的游牧民族武装征服西域当地伊兰定居民族的简单过程,而是由于当时的突厥文化及伊斯兰文化是积极、进取并以先进经济和科技为基础的优质文化。而缺乏民族主体文化特色与传统的原印欧系伊兰文化,其弱质与脆弱性是变异与民族消亡的内因。千百年来,中亚伊兰民族除 9—10 世纪仅仅在小范围内建立过本民族的三个小政权以外,中亚的历史几乎都是被外族,特别是中国北方突厥语族和突厥—蒙古族轮番统治的政治史,仅此即可见其精神与文化的沦落。如果一定要用武力来强调突厥语族与穆斯林的胜利,那么,是不是可以说,游牧民族的尚武文化和蒙古铁骑的马文化在当时也是一种相对先进的文化,尽管把这种文化用之于侵略是应该批判的。而且仅凭军事征服,不可能战胜其他文化,蒙古征服者最终在中亚也伊斯兰化和突厥化了,这是众所周知的。所以,只能认为西域文化巨变基本上是优质文化对缺乏主体民族意识的弱质文化的胜利,甚至可以说是对显然具有悠久古文明,但在积极进取及与先进经济结合方面却相对保守的希腊、波斯、

---

[1]《美国年鉴》,1977 年统计,转引自《人民日报》1979 年 5 月 27 日。
[2]〔苏〕巴托尔德著、罗致平译:《中亚突厥史十二讲》,91 页。

汉文化的局部胜利。

18.3 西域文化变异
对建设现代中华文化的启迪

上述西域文化变异,留给我们的启迪应该是十分深刻的,它反映出文化与民族存亡、国家兴衰的重大关系,启迪我们重新审视长期被低估的文化的地位与作用。限于篇幅,这里只想提出两点看法。

(1)众所周知,早在纪元前,希腊马其顿王朝、波斯萨珊王朝等帝国,凭借其强大的军事力量都曾长期占有过西域大片领土,而中国则自西汉王朝起便在西域建立了西域都护府等行政管辖机构,而且自汉、唐到清代对西域这片中国古代西北边疆领土行使国家主权断断续续达十几个世纪。然而,令人深思的是,希腊、波斯和汉唐文化等等这些象征世界古代文明的悠久文化,在伊斯兰文化面前,都纷纷退出了西域的大部分地区;西域原土著文化载体——原当地民族,也纷纷消亡,或只留下星星点点的痕迹,或只占有小小一席之地。需要着重指出的是,当时代表伊斯兰文化的阿拉伯帝国,在西域的统治不过短短两三个世纪,而且只达到部分西域地区,但却撒下了伊斯兰文化燎原之火种。我们认为,西域文化变迁的这些有关问题中,至少蕴藏着一个非常深刻的道理:军事占领、政治管辖无非是一定时期起作用的因素,当然在某些非常时期也有决定性作用,但是,必须充分认识,文化却往往是久远地决定民族兴亡与国家权力能否千秋万代长存的内在因素。

从另一个视角比较一下西域的中亚与新疆两地区的历史命运,也可引起我们更深层次的思考:文化维系力的强弱,与边疆命运、国家领土也息息相关。古代中国汉、唐、清等大一统王朝都曾精心经营过西域,包括今中亚与新疆,但后来在沙俄侵略下,原西域的中亚地区被沙俄割裂出去了,而新疆则保住了,尽管这两地区当时都是沙俄侵略者觊觎的目标。这与文化发展、文化经营的成败,显然有密切关系。我们认为,除汉、唐对西域文化经营颇有成效外,中国其余各朝总体文化经营成效不大,也反映出中国古代汉文明虽然本身自发辐射力较强,但历代王朝缺乏发挥文化竞争能力的决策,至少缺乏像伊斯兰文化那样高度自觉积极地传播、推广的措施。因此,当阿拉伯势力进入中亚两河地区时,中亚当地政权曾纷纷向唐王朝求救、求援,说明汉、唐文化缔造的向心力还是有一定体现的。但这与汉、唐、清在新疆撒下的经济、文化之种相比,仍相差甚远。虽然中国丝绸等古代贸易也是到达中亚的,但古代中国对中亚的主权主要靠行政管辖、收税以及羁縻政策来体现,而历代大规模屯田、连续移民和频繁大宗贸易都几乎仅达新疆,特别自汉、唐起,在新疆异族通婚、民族融合的事例便较多,受到提倡。如,盛传汉将李陵的属下汉人,多融合于吉尔吉斯(今柯尔克孜)族;唐与回鹘相当规模的通婚而以甥舅相称,这类民族间的血缘关系是文化上无形的有力维系纽带。再从汉文古代便为新疆少数民族崇拜、学习的情况看,汉文明当时已逐步根植在少数民族文化之中了。如有一首坎尔曼诗签,就充分反映了新疆古代回鹘族老幼学习汉字十二三载,并会李白、杜甫诗篇的情况。[1] 这类传播现象与汉文化能和伊斯兰文化至今并存于新疆大概不无关系。回鹘西迁时,新疆原先之居民,以伊兰种为主,"其社会文明大都为汉文明与伊兰种人文明。汉人现仍维持其固有之文化特质,汉、维常分城而居之,而伊兰种人文化,则有所不然。伊兰种人集团,或被杀戮,或被驱逐,其遗存者,又或与新来人种互婚,故伊兰种血统,渐次消失其原有之特质,以后,竟至无闻于西域"。[2] 在笔者看来,正是历代在新疆的汉文化传播、屯田、移民、贸易这类经济文化纽带,使新疆汉文化影响强于中亚两河地区,也使新疆民众在外敌入侵时,轰轰烈烈的反抗斗争与内地遥相呼应,如火烧沙俄贸易圈、收复伊犁的斗争等等。这比起西域中亚地区的一些求救之声,则不可同日而语了。这应是沙俄侵略未能在新疆得逞的重要原因之一。新疆各民族表现的为中华一部分的凝聚力,也就比历代少有文

---

〔1〕该诗签《忆学字》中说:"古来汉人为吾师,为人学字不倦疲。吾祖学字十余载,今吾学字十二载,今吾学字十三载。李杜诗坛吾欣赏,迄今皆通习为之。"

〔2〕刘义棠:《维吾尔研究》,512 页。

化经营的西域之中亚地区强大得多,虽然后者古代也与新疆地区一样,同为中国行政管辖所达十几世纪之西北边疆。因而,痛定思痛,吸取西域的原中国部分边疆领土被帝国主义分裂出去的历史教训,大力加强中华边疆文化的经营与建设,研究文化建设的内容与传播方针,诸如是否应自幼儿教育起,便全民进行中华每寸领土均为中华各族共有,而不属于任何某一民族;边疆命运、国家安危兴衰人人有责等等观念文化的培育;是否边疆的文化传播手段应有特殊,包括如何保障文化传播与边疆人民的经济利益结合的特殊政策等等。总之,重视文化的深层次维系作用,进行中华边疆文化建设方针与内容的规划,关注边疆文化的易变性与民族命运、国家发展间的种种关系,与边疆各民族共建现代中华文化,已是当今应该迫切提到日程上来的研究课题了。

(2)西域文化变异的历史反映出,边疆文化发展的突出特点是开放性,边疆地区无法长期封闭,往往多种文化竞争激烈。虽然一般情况下,开放性意味着吸收先进文化而使本民族文化不致滞后,但如果不改进本族、本国文化传播中的滞后因素,进行有针对性的积极文化建设,就会发生像西域那样原土著文化退出历史舞台,原民族融合或消亡的结果。边疆处在族际、国际交流较为频繁的客观环境中,边疆地区的文化会因这种交流而发生比内地更多的相互吸收、移植、冲突等众多文化现象。历史上中国西北边疆文化呈现如此巨大的变异,使我们必须认识到,地处丝绸之路中枢地带的西北边疆,其地理环境决定其发展的复杂性,文化的交流、冲突、竞争是十分激烈的,过去这样,现在和将来仍将这样。与往往因无法吸收外来新鲜文化而滞后的封闭地区相比,开放性文化则表现出优越性。西域文化三大变异发生的过程中,多数原狩猎、游牧民族的游牧文化,分化出较先进的农耕文化和商业文化,把西域许多游牧民融合或改变为定居民,突厥、回鹘、蒙古等族西迁后的情况大都如此,即融合原西域人种文化而形成了新民族、新文化。[1] 西域由于与外族、外国文化的交流,比起有的处在封闭的崇

---

〔1〕刘义棠:《维吾尔研究》,512 页。

山密林中的民族,直到新中国成立前,由于根本不接触外界文化,始终进行狩猎和原始放牧的情况,自然要好得多。因此,中华多元文化中纳入伊斯兰等文化内涵也是好事,我们不主张,也不可能搞汉文化一元化。现代社会,发达国家无不是多元文化国家。所以,打破封闭,提倡开放,促进文化发展,这一方向是无可怀疑的,也无法阻止。我们只想说明,西域是古代开放性地区,绝大多数印欧语系伊兰语民族退出历史舞台和一片伊斯兰化的景象证实,随着文化接触,文化传播的优胜劣汰是不以人的意志为转移的。前已提及,西域古代伊兰种人之文明,与其政治史上只建立过塔赫尔、萨法尔、萨曼等屈指可数的几个伊兰种人国家一样,比较缺乏独立性与主体意识,文化传统的生命力显得不够顽强,因此才有文化巨大变异、民族随之消亡的结果。相比之下,新疆因迁入汉民族及汉文化传统的基础较牢固,就没有完全异变。当然,汉唐以来留居新疆的汉人也有许多同化于当地其他民族之中,但当地汉文化,总体仍维持其固有的文化特质,新疆汉族也没有整体改信伊斯兰教的情况。新疆蒙古族也与中亚的蒙古族不同,尚有大部分不信伊斯兰教。现代中国西北边疆已形成中华多元文化的组合格局,中华文化所含多元文化共同发展,自然包括中国伊斯兰文化。根据历史上西域文化变异的启迪,在边疆地区必须针对边疆开放性特点,研究开放与中华文化主体意识的关系,研究克服封闭与吸收优质文化的关系,以现代忧患意识,改正那种脱离实际的研究中华文化的学风,把研究中华文化与边疆民族文化的关系以及如何在边疆地区实行多元文化政策等等现实问题结合起来,使中华文化成为强势优质文化能永立于世界文化之林。

（此文获得香港华人协会推荐的"国际优秀论文奖",原载《民族研究》2000年1期）

19 全球化时代民族文化变异的特征和中国的"全球化文化想象"

19.1 关于全球化的观念

1992 年 10 月 24 日,当时的联合国秘书长加利在"联合国日"的一篇致辞中郑重宣布:"第一个真正的全球化时代已经到来。"虽然当代所有国家几乎无不把视角对准了现今世界这个最重要的国际现象——全球化,当代人也无人不使用"全球化"这一新潮词汇,但是对全球化的理解和概念的选择却各自不同或相去甚远。

我们所见到的关于全球化的典型看法可归纳为以下几种:一种政治色彩浓厚的意见认为,全球化即资本主义的全球扩展,全球化即西方文明化,如菲利浦·英格哈德就宣称:"全球化无疑是西方现代文明扩张的伟大结局。"[1]有的公开宣称"西方世界可以使其他欠发达地区文明化",但必须依靠"征服和扩张",加上将西方"价值观向这些地区的扩散",才能使"第三世界从不发达阶段成长到资本主义民主、富足和大规模消费阶段"[2] 显然,世界上很多国家不可能接受这种全球化资本主义一元论的"第三世界文本"。这类观点把全球化看作是冷战后意识形态的终结,看作是西方资本主义主导的现代化同步过程,也是以西方为中心的世界各国全盘西化的过程,认为发展中国家将全面沿袭欧美资本主义制度和西方制度文化模式,从生产方式、生活方

---

〔1〕菲利浦·英格哈德:《政治经济学批判原理》,1993 年巴黎版,转引自王列、杨雪冬编译:《全球化与世界》,中央编译出版社,1998 年版,4 页。

〔2〕〔美〕R. H. 奇尔科特著:《比较政治学理论》中译本,社会科学文献出版社,2001 年版,296 - 297 页。

式,乃至思维方式、大众文化与娱乐方式,都将与西方国家一元化,这便是全球化景象。

另一种意见强调全球化是经济技术资源的全球化传播流动和全球化范围相互依存的增加,即强调全球化的经济内涵。如国际货币基金组织在 1997 年 5 月发表的《世界经济展望》中说:"全球化是跨国商品与服务贸易及国际资本流动规模和形式的增加,以及技术的广泛迅速传播使世界各国经济的相互依存增强。"[1] 这种观点强调的第一个层次是全球化的三个重点领域,即跨国商品、服务贸易和国际资本的流动;强调的第二个层次是这些领域的规模增加、技术广泛传播而相互依存增强的一种全球运作机制。

再一种意见则较强调文化的全球化传播,即全球化的文化内涵。如有的海外华人学者认为:"全球化,是指冷战结束后,跨国资本建立的所谓世界'新秩序'或'世界系统',同时也指通信技术革命以及'信息高速公路'所带来的文化全球化传播的情形。全球化过程最重要的特点之一,是文化生产与商品生产的关系日益紧密。在大众文化和日常生活、意识形态与学术思潮等各个领域中,文化与商品的密切结合,渐渐形成了充满着内在矛盾与悖论的'全球化文化想象'。"并认为全球化文化想象理所当然地包括了有关中国的种种图景。20 世纪 90 年代的中国文化想象有一点特别重要,就是"现代化"这个压倒一切的中心话题。同时他针对全球化文化想象的种种"历史终结"和资本主义现代化的一元决定论提出了在全球化的今天,中国现代化道路的不同选择问题,认为"在全球化格局下,多元选择的机遇空前,但与此同时,全球化文化想象所传播的资本主义现代化一元决定论,在中国文化界、知识界的确形成了某种思潮,不断激荡着占统治地位的意识形态。我们仍需要从历史发展的多重矛盾和多元决定的角度,拨开以'多元、多极'的话语来掩盖市场万能、资本主义万能的一元决定论的种种迷

---

[1]国际货币基金组织:《1997 年世界经济展望》,中国金融出版社,1997 年版,45 页。

雾,来寻求与创造现代化的不同选择"。[1] 也就是说,主张应该不断追问现代化不同选择的问题,而不应不加批判地把西方资本主义现代化当成绝对和普遍的标准。

我们认为,第二、第三种对全球化的阐释即使不一定十分准确,但还是有比较科学的内容的,尽管生产、金融、科技的全球化传播的内容、方式以及全球"世界系统"、文化全球化传播与选择的内涵等等都还有待在发展中明确,但总体说来还是反映了较为符合现实的全球化状况,并较易为不同制度国家和人民所接受。而第一种观点把资本主义全球扩展和西方文明这类全球化中的一个方面的表现,哪怕是很重要的一个方面,等同于全球化的唯一真谛,在我们看来,则是对偌大一个地球上不同体制的国家、多姿多态的其他文明的估价过低,从而陷入了形而上学的一元论。我们认为,只有反映现实的理论才能有生命力,全球化只能是这个多元世界追求全球的协调化运作机制的世界系统化,而非以某种体制与文化为模式的一体化,尤其是当今世界多种文明和多元制度也不可能完全一体化。正如资本主义制度并未因异化出社会主义制度国家或其帝国主义国家的灭亡而退出世界历史舞台一样,社会主义制度也不会因其部分国家的霸权主义发展或专制主义膨胀造成的失败而从地球上彻底消失。不同制度国家在全球化中将以不同的方式运用市场经济、国际资本,学习他国制度与他国文明之长,进行切合本国实际的改革、创新和新道路的选择,并丰富世界现代各种文明。现代文明中有西方文明巨大的贡献,但也绝不等同于西方文明,其中也有世界东西南北各国、各种文明优秀文化的共同创造,西方文明以外的各种文明对人类文明的贡献是永远无法抹去的。

我们主张对全球化的内涵给予更加宽泛和更加全面的定位。其一是似应包括经济、文化甚至政治等各个领域,即除了前述国际资本、跨国商品和服务贸易外,诸如,协调发展通信网络、生物工程等高新技术和治理贩毒、艾滋病、全球升温等等科技文化和社会文化问题,在全

〔1〕以上均见刘康:《全球化/民族化》,天津人民出版社,2001年版,4、13页。

球化内涵中均可合理纳入全球化运作,甚至包括政治方面的"反恐"、反对极端民族主义行动,也需要全球范围的理解与合作。其二,正因为全球化涉及的领域和内容如此纷繁,特别是涉及不同文明的多元文化和不同立场的多元政治,则全球化的运作机制将会是在协调与矛盾中发展的,即在全球化过程与其悖论的矛盾过程中追求协调化发展。其三,这个多极、多元的世界只能追求全球系统的协调化运作,而不可能达到某种政治体制和某种文化模式的一体化、一元化。所以我们认为,全球化是世界各国的政治、经济、文化以及各种文明的不同民族与人民不可避免地处在全球这个大地缘环境中进行运作的一种当代"世界协调化系统",是其相互的协作与依存、相互的传播与影响空前增长、全球运作的"世界系统"在协调与矛盾中逐步形成发展的当代世界的情景,也就是说,只是这个多元多极世界追求协调化运作机制的"世界系统化",而不可能是资本主义或其他内涵的一体化,即全球化的实质是协调化,而非一体化。不过,前述三种观点都从某些方面不同程度地指出了全球化的各种主要内容,而我们强调全球化应是经济与科技、文明与文化全部内涵的全球化趋势。

在这种全球化现实情景下,各国的文化必然呈现一种文化选择与文化变迁的时代特征,呈现适应全球化和本国现代化的新特点、新趋势。顺便说明,我们这里所说的文化,主要指大文化[1],这区别于只指精神文化、思想文化的小文化概念,大文化的文化范畴,一般分为物质文化、制度文化和精神文化。至于我们所说的文化选择和向他文化、他民族方向的变迁和变异,是指民族认同、国家认同的选择和变迁,也包括社会制度、文明传统、科技文化的选择以及生活方式等大众物质文化的变迁等等。

中国的文化道路选择和世界各国的共同性选择,在我们看来,首

---

〔1〕大文化是目前世界上已普遍认可的广义文化定义,即"文化是赋予一个社会或者社会群体为特点的那些精神的和物质的、理智的和感情的特征的完整的集合"。20世纪80年代以来,人们比较赞许加拿大学者谢弗的归纳:"文化一般是指物种,特殊地是指人类观察事物和感知世界,把自己组织起来处理自身事物,提高和丰富生活,以及把自己安置在世界上的那种方式。"(引自闵家胤:《西方文化面面观》,载《国外社会科学》1995年2期)

先都应该是选择向世界现代文化、先进文化变异。全球化推动文化国际化,不同的区域文化圈由彼此接触而彼此学习,由彼此学习而彼此共同化加强。

有的学者提问,新时代的全球文化想象、亚太地区文化想象后面的跨国资本,是否能为中国"与国际接轨"而衷心庆幸,是否会把"权力与金钱拱手奉献给中国",究竟亚太地区文化想象中的 21 世纪的中国,会是"世界新秩序里的新富豪",还是会被跨国资本作为原料来源地和牟取利润的"第三世界市场"? 这需要有清醒的头脑。我们对为此而孜孜不倦地求索着的人们,无论是被称为中国当代的"后学"们,还是"中华性"的作者们,或是被称为"新保守主义"和"中国不同选择道路"的倡导者们,都深怀敬意,因为他们启迪着当代中华的一代新思潮,包括启迪着我们这些普通的专业学者,虽然我们往往喜欢用普通的、熟悉的词汇"中华现代文化"来表示中国当代的全球化文化想象。"现代文化"表示与世界现代先进文化的共性追求,而"中华"文化表示继承中华文化精华与民族特性。共建"中华现代文化"去适应全球化,既是中国现代化的选择,也是中华民族的"不同"特性选择。其实就是要结合中国的实际进行文化选择与改造,创造出现代的适应世界化的民族文化。一方面要看到全球化对中国方方面面、角角落落的影响,另一方面又要看到中国有特殊的文化现实和文化前景。我们回避"中华性"关于中国要成为一个"有限中心"的提法,但对于"在世界的基础上创造一种中国形象,在世界的话语中确立自己的话语。该学习就学习,不求与他人同而不得不同,该独创就独创,不求与他人异而不得不异",这类精神,与我们的"中华现代文化"的思路是一样的。

中国应该会有自己的"全球化文化想象"的选择,并构建中华现代文化型的文化社会结构。面对全球化的新世纪,中国学术界出现了空前活跃的文化思潮,自然都无法与全球化的话语分开[1],而且正在促进中华文化的理性变迁趋势。20 世纪 80 年代的文化热和文化反思,

---

[1] 刘康:《全球化/民族化》,56—59 页。

90年代的"人文精神"和中国"后学"对当代中国在全球化文化想象这一巨大引力场中的位置的研讨,以及海内外华人学者提出的中国全球化文化想象"不同选择""中华性""民族性"等等话语,尽管或不甚明确,或尚存争论,但人们不会忘记他们在当今全球化时代所起的启蒙当代中国一代新思潮的积极作用。江泽民曾反复强调新世纪社会科学工作者要为探索中国特色的社会主义理论做出贡献。我们认为,面对全球化纷繁复杂的新特征,如何寻求适合中国实际的文化新视野、新抉择,研讨中国在全球化文化想象中的选择,正是这一主旋律的实质性问题之一。

19.2 当代文化变异的时代特征与构建中华现代文化社会结构

全球化同时造就了当代民族与文化发展的时代特征。特点之一是民族文化向普同的大众文化变迁,普同文化、大众文化日益取代民族文化的地位,文化日益呈现共同化的趋向。如在大众文化与日常生活层面,从牛仔裤到摇滚乐,美国中产阶级的生活方式、趣味与追求,流行全球。美国著名政治家布热津斯基指出:"如果说,罗马帝国奉献给世界的是法律,大英帝国奉献给世界的是议会民主,那么,美国奉献给世界的就是科学技术和大众文化。"大众文化,又称通俗普同文化。美国大众文化涵盖甚广。以麦当劳、肯德基、可口可乐为代表的餐饮文化,以圣诞节、万圣节、感恩节为代表的节日文化,以迪士尼乐园为代表的娱乐文化,以好莱坞为代表的影视文化,以摇滚乐、爵士乐、乡村歌曲为代表的流行音乐文化……所有这些无不属于西方大众文化的范畴。当然,东方民族文化也在不断转化为世界普同文化,不断丰富世界大众文化的内容,如日本的汽车文化,中国的中医学文化、茶文化等等。

自然科学的共同化已成共识,当代,一般已不分西方的自然科学或东方的自然科学。而社会科学的共同化则比较困难。不过,社会科学的基本原理已经有很大一部分越来越得到全世界的公认,但因地区、国家和阶级的利害、矛盾,因此,社会科学的共同化进展比较慢,其发展前途也可能一方面是越来越多的共同化和求同存异,而另一方面则是不同国家的主流文明底蕴决定了有不同的发展道路选择。中国的五四运动提出民主和科学两面旗帜,这就是中国初期参加现代文化的宣言。现代文化不是某一国家的专利,而是全世界所有国家的共同财富。起初西方国家的贡献比较多,现在东方国家也越来越多地做出贡献。现代文化是全世界"共创、共有、共享"的文化。

日本学者提出"科学中心转移说",认为科学新成果超过全世界25%的地区就是科学中心,并认为文艺复兴以来,科学中心的所在地不断转移。谁先进,谁落后的原因复杂。但是如认为有谁注定能永远跑在前面,那是不科学、不现实的文化想象。现代文化是科学革命之后自然地形成的当代现实,不少人还没有充分估计它的存在的意义。中国长期封闭,厚古薄今、抵制西化的观念根深蒂固,东方与西方对立的观念在各种问题上仍会有残留。但时代改变了,这种认识需要改变了。现在再谈什么中国文化中心或东方文化将转而统治21世纪,实在是可笑的。统治21世纪或未来的,不是东方文化,也不是西方文化,而是融合有东西方先进文明的共同认可的世界先进现代文化。

现代各国的生活习惯相互靠拢,如同航空往来需要有共同的飞行规则,电信交流需要有共同的互联网络,克隆基因研究需要有共同分工和制约一样,现代文化在全世界的共同化趋势已经成为无法改变的事实。但现代文化的产生,不等于各国不同传统文化、民族文化的消亡。符合世界潮流的传统文化将与现代文化并存。从整个世界来看,共同文化之外必然还有多元文化。对每个国家、每个民族来说,既允许保留本土的特色,而又为参加全球的共同文化发展而需要适应与改造,特别在全球化的文化领域更是如此,即多元文化在交流中改造、多元文明在取长补短中相互适应与共存。21世纪是不同制度、多元文明求同存异、适应发展的时代。

但同时,值得注意的是特点之二,即当代文化变异特点的另一面却是与全球化的悖论,如文化的多极多元与分离分裂的趋向。这又一方面表现为各国民族文化的新崛起、新发展，特别引人注目的是所谓"东亚模式"、新儒学、伊斯兰革命等。还有近年来，西方的"多元文化论（multiculturalism）、"多样性"（diversity）和"差异"（difference）理论也极为流行。我们认为，这种文化的多元多极发展，是当代多极政治的必然反映，只要与和平民主的全球化主流相适应，便会有其生命力。但特别令人遗憾和困惑的是，种族、宗教、地域方面的各种狭隘民族主义利益集团也在多元多极的幌子下，民族分裂主义的呼声日益升高，后者这些地缘文化的各种话语与地缘政治方面的民族分裂主义倾向，已与全球范围的极端民族主义区域化、分离化的逆流相互呼应，成为当代民族主义潮流中不可忽视的逆流，并与世界和平民主的全球化发展主流发生尖锐矛盾。同时，使问题更加复杂的再一方面还在于，以"市场万能"的意识形态为基础的全球化文化想象，在强调多元多极、兼容并包的同时，却又表现出强烈的排斥性趋向，即意欲将一切不同于资本主义的现代化选择，不同于"市场万能"神话的观念、理论与实践，统统用各种理论与手段加以解构或消灭。这就加深了其他多元文明与这种全球化一元论观念、行为的一些错综复杂的矛盾。以上种种这些都成了国际地缘冲突频繁及国际关系复杂的重要因素。我们认为，衡量是捍卫本民族利益的正义民族主义与还是只顾集团利益的极端民族主义逆流的基本原则，主要应该看是否违背和平民主与正义的世界全球化主流，是否遵守国际社会制定的和符合广大人民和平利益的准则。

当代文化变异的特征在中国也是会有类似反映的，就是说全球趋同的文化商品化和逆全球化而动的文化的政治性变异同样会发生。在这种时代特征下，我们主张，要发展与创造中华现代文化，为此应该先从构建社会文化结构方面起步，这或许比议论抽象的中国"全球化文化想象"更实际一些。我们认为，中国的全球化文化想象当前的原则任务就是吸收古今中外众说之长，构建中华现代文化发展框架。这里，根据当代文化与社会是两个不可分离的领域，并互为构成的社会文化结构理论[1],我们先提出我国急需构建的四层次文化社会结构。

第一层次文化社会结构是中国须利用市场化机制,构建融入全球化国际社会的开放性全球文化通道结构,要吸收世界普同文化并同时输出中华各族优秀文化,参与全球化竞争,以实现现代性对传统社会的挑战和变革。面对前述全球化时代特征,必须深刻认识到全球化最本质的问题是文化与市场化、商品化的关系日趋紧密。从好莱坞、肯德基这类影视、饮食大众文化,到全球网络信息文化,以至国际资本流动的金融文化等等先进普同文化,无不以排山倒海之势,追求占领全球更大的市场和获取更大的利润,因为这与增强综合国力和经济基础紧密相关,而当今世界的游戏规则实际是"权力分配最终取决于经济基础"[2],离开经济实力,谈不上中华复兴,也谈不上中国的国际地位。当然,我们反对那种以丑化民族文化、丧失文化人格为为代价,换取商业利润的商业化。我们主张挖掘并输出优秀的民族文化,除了中国的茶文化、中医药文化、古装丝绸文化、文物古迹文化等特色文化外,56个民族都有千姿百态的族群特色文化,可以通过影视传媒业、网络信息业、旅游业、文博业等途径转化为兼有民族性、学术性和商品性的文化产业,发展民族文化的经济力、文化力,使之融入全球化国际社会的市场化运作,并成为各族人民的致富手段之一。同时,应大力度地向各国、各地区开放这些文化产业的投资、开发权,促使其走向世界。其实,参与中国文化产业开发的国家越多,由于多国、多集团利益的相互交叉制约,更有利于"在竞争比较中取长补短,在求同存异中共同发展"[3],而不致沦入被征服、被役使的"第三世界文本",相反更有可能按照我国的"游戏规则"发展,例如,按保障"族群、族群文化多元与政治、国体、领土一体"等原则发展。

第二层次的文化社会结构是通过人的市场化的流动与社会化的

---

〔1〕萧俊明:《文化与社会结构》,载《国外社会科学》1999年5期。

〔2〕〔美〕罗伯特著:《世界政治的战争与变革》,杨宇光等译,中国人民大学,1994年版,7页。

〔3〕江泽民:《在庆祝中国共产党成立八十周年大会上的讲话》,载《人民日报》2001年7月2日。纳日碧力戈:《"民族"的政治文化评析:人类学视野》,载《民族研究》2000年2期。

教育,学习工业文化,以实现农业和农业社会向城市和工业化社会结构转型。"流动"就意味着进步,甚至飞跃;历代华人漂流国外,为祖国造就了无数革命精英和海外赤子,并冲破了中国几千年的封建枷锁。当代国内"民工流"意味着中国千年封闭的农业人口在接受社会化培训后,进入了工业和城市文化圈的一种社会进步;近年的留学生"回国流"又掀起了中国高科技开发热潮,意味着中国开放的成就和向国际化社会格局的迈进。但是,我国各阶层,包括知识分子的职业流动还是十分滞后的,而一生一世待在一个地方的农民更何止千千万! 这种静止型文化社会结构不仅严重制约了中国的发展,而且对多民族国家来说,更是十分不适宜的。综观当代引起地缘冲突的狭隘民族主义、民族分立主义,几乎无不是以争夺长期定居的聚居区领土为目标的,将主权国家拥有的领土权力看作本民族主权领土的错误领土观念,是滋生民族分立主义的土壤;而发达的工业国家则恰恰是以移民之众和职业流动的频繁为特征的,因而也就较难有滋生这种错误领土观念的土壤。美国印第安保留地还相当滞后,而走出保留地的印第安人却获得了良好的教育与经济生活,并逐步融入现代社会就是明证,这在全球范围已得到了越来越多的例证。因此,世界各国后进民族为了发展必将选择"流动"。这当然不是要求中国十几亿人口做全国性流动,而是至少应合理建设农村和其民族聚居区附近的工业城区[1],用市场化原则和政策促进近距离城乡流动,尤其是先进与落后地区的互动。通过人口(包括各民族人口)的合理流动促进封闭型文化向先进现代文化变异,从而逐步构建起现代型文化社会结构。这种经济文化转型是各种现代化阶段理论公认的必由阶段。

第三层次的文化社会结构,是国家应逐步构建不强调国籍、民族、地区等差别,而将政治权利、经济利益、法律保障更直接地落实于个人的文化社会结构,以逐步实现多元文化、多民族社会的和谐共处与社

---

〔1〕迈克尔·诺瓦克:《多元个性》,载《哈佛大学美国各民族百科全书》,引自宁骚:《民族与国家》,北京大学出版社,1995 年版, 550 页。

会整合。我们认为,这方面,美国的有些规定可以参考。美国实际上是一个移民集团和跨国民族众多的国家,但在美国,民族特性不容许成为享有领土权或政治上单独享有任何管辖权的一种手段。不容许它变成政治组织的排他性手段,不容许成立以民族原则为基础的政党。政治权利属于个人而非民族群体。[1] 在这种国家政策的导向之下,现在不同族裔普遍杂居成了美国社会最显明的一大特色,即便存在一定的民族聚居区,也仅仅是"民族孤岛"而已,即普遍杂居下的相对集中。往往是习惯形成的某城镇一条街或某一居民区(印第安人除外),比如旧金山、洛杉矶的唐人街,纽约、新泽西的意大利人区。新移民往往也只把这些街或区当作初期的落脚点,全国统一的劳动力大市场很快就会使他们为生存、发展而四处奔走,散落到全国各地去。民族间通婚变得极其平常,华裔中族外通婚者的比例也相当高,女性的达半数以上。[2] 民族经济的概念变得难以理解。事实上,在这里民族的存在更多的是一种文化的、意识的存在,国家极力淡化民族,并依靠市场经济和全国统一劳动力市场的运作机制来整合政治文化,保障民族个人的经济利益,自然淡化民族的集团权力。这看来是美国的民族政策和社会文化结构的优点,也是不同制度国家都可以借鉴的文化社会结构模式的一个方面。

第四层次的结构,我们在以前出版的著作中已经提出,即中华经济文化圈结构。简言之,即世界已进入全球化时代,但无论经济全球化进程如何发展,任何国家必须在享受全球经济成果的同时,构建一种保障国内市场与本国各族人民整体利益的经济文化模式,一种有利于本国政治长期稳定、经济超越发展的基础。特别是当代发展中国家,更应研究构建这种经济文化基础和结构。中华民族在历史形成过程中之所以屡经小分裂,但又总能奇迹般地实现再统一,表现出很强的凝

---

〔1〕引自《华人》月刊,1982年第2期,10页。

〔2〕详见马曼丽:《中国西北边疆发展史研究》,黑龙江教育出版社,2001年版,45页;也可参见马曼丽、冯瑞:《国际地缘政治形势与西部大开发的地缘战略探索》,载《中央民族大学学报》2002年第5期。

聚力。我们认为,这就与中国历史上潜存着一种中华经济文化圈有密切关系。

经济文化圈是不同资本中心市场、不同的地理环境和民族文化心理素质等许多复杂因素形成的历史性存在。不同的经济文化圈,对经济的发展方向、对民族的发展方向、对民族与国家的凝聚或分裂有重大影响。例如,欧洲从统一的庞大罗马帝国分裂成众多的欧洲民族国家和不同资本市场的过程,就与当时资本市场形成多个中心,语言、文化变异加剧从而形成许多个不同的经济文化圈有密切的关系。而今天欧盟这一地缘板块却是又向一个共同的经济文化圈发展。历史上中国西部、北部主要为畜牧经济,它对中原和东南沿海的农业产品像粮食、茶叶等和工业产品像丝绸、布匹等有很强的依赖性,也有一定的互补性,这是历史上中华经济文化圈的经济共存基础;而汉文明的吸引与辐射力,农耕文化当时的先进性以及需要与游牧文化的尚武精神的互补,则是中华经济文化圈的文化共融基础。虽然其互补性不尽对等,但被中央王朝的治边政策和中原王朝自上而下的分封、赏赐、官贸及边疆对朝廷的朝贡、遣使等政治经济模式所弥补,从而形成了南北互补共存的结构。中华各族"共生"在中华大地上的历史,已从实际上证明了中华经济文化圈将中华各族和条件差异极大的南北地区整合在中华大地上的重大功能与价值。

值得注意的是,近些年来,东西差距在拉大,游牧畜牧经济对内地的互补性也日益减弱,原凝聚的中华经济文化圈的互补共存的经济基础正在削弱。因此我们认为,必须依靠全国,主要是东部发达地区,与西部形成国内地缘组合,支持西部大开发,发展中华新经济文化圈。然后逐步依靠香港、上海、深圳、台湾等东部发达地区的协作走向世界。以东西部协作为重点,构建一个谁也离不开谁的现代经济网络,它应该是一个多层次的、足以形成一种网络经济的文化圈格局,其内容不仅应包括边疆与内地资源互补,科技文化协作,西气东输,南水北调;而且应包括诸如通过义务教育进行观念沟通、文化互融;通过中华各地的资本协作,建立资本运营网络;以及互设连锁公司、跨国公司等等,用

·欧·亚·历·史·文·化·文·库·

优惠政策促进形成互赢互补关系,在这种基础上,携手参与国际竞争。

最后,笔者认为,还应构筑与中华海外赤子和跨国民族的境外亲友间的中华外围经济文化网络结构。只要是中华各族的后裔,不管他们入了何国国籍,只要他们愿意承认华裔血统,尚有中华民族感情,我们就应该把他们作为中华民族的血缘后裔和中华海外儿女,与他们建立经济、文化等各方面的联系。通过华裔儿女走向世界,永远是一条康庄大道。

总之,如果我们以市场化为动力,吸收各国之长,逐步使我国原已定型的某些不尽如人意的,不适应全球化、现代化的管理体制稳妥转型,那么,是可以逐步构建起适合中国国情的中华现代文化型社会文化结构的。我们也相信,只要按照江泽民同志所说,将"人类社会创造的一切先进文明成果"和"中华民族的优秀文化传统","结合时代精神加以继承发扬"[1],并继续探索马克思主义的精华部分与中国实际相结合的道路,中华民族必将在"全球化文化想象"的竞争中,迅速成长壮大。

19.3　著书的智囊价值与学术价值追求

正是基于前述全球化时代文化变异现象错综复杂的实际,以及我国这个多民族国家正处于构建现代社会文化结构的重大转型时期的实际,我们对文化变异,尤其是包括跨国民族问题在内的政治亚文化变异,给予了特殊的重视。因此,我们这套《中国西北跨国民族社会经济文化研究丛书》中,专辟出《中国西北跨国民族文化变异研究》这整整一部书的篇幅,环绕跨国民族这一民族文化变异现象,从文化视角出发,以史论结合、历史经验教训与当代现实结合、国内外跨文化比较等手段,进行了综合研究。在我们看来,本书提出的中心论题跨国民族文化变异,特别是其政治文化变异及相关问题,对跨国民族问题此起

---

〔1〕江泽民:《在庆祝中国共产党成立八十周年大会上的讲话》。

彼伏的当代世界、对拥有 30 多个跨国民族的当代中国,以及对向往和平跨居的广大跨国民族群众,都具有重要的关注价值。

该书这个论题应属于文化人类学(民族学)的范畴,或者说人类学、民族学的交叉学科范畴。随着 20 世纪 70 年代西方"发展范式"理论的兴起,国际文化人类学(民族学)发生了研究对象与学科性质的重大时空变迁。其一,其研究对象从固守"野蛮的""前近代的"民族文化为主,转向研究"现代时"社会文化的重大变化。不仅关注"边远的""非主流的""第三世界的"民族及其异国风情的传统文化在怎样地与全球潮流融合,而且开始研究诸如西方本土工业社会的主流文化、社会结构、不同"发展"观念中埋藏的意识形态冲突、移民的地方观念维度以及民族性与民族主义等等这类关系人类社会发展的"现代性"热点问题,遂使西方人类学被称为是"规划人类现代世界的高妙学科",并从一度萧条的危机中重获了生机。人类学的这种变迁推动着它与其他现代应用学科的结合,而开始出现豁然开阔的发展前景。比如,由于人类学的这种对现实热点问题的研究产生的智囊作用,国际社会的智囊团中,人类学家剧增。以"面向穷国"的世界银行为例,1974 年仅 1 名人类学家,近年已增至 200 多名人类学家轮流参与工作,真是盛况空前!这也启发了我们对本书内容的智囊价值的追求。因此,我们从理论上和实际史例中都关注文化变异,特别是跨国民族文化变异的特性、复杂性、可变性、可构性,关注地域、民族、宗教的"非通体同质"的特殊性构成与亚文化特质;探讨世界与中国的"发展"与"多元共存"的模式,跨国民族的和平跨居与国际地缘冲突的类型;揭示历史上有的民族内徙和外迁异向发展的原因、经验教训等等这类古今中外有关问题的踪迹。尽管水平有限,我们还是期望能为祖国 56 个兄弟民族带着自己多姿多彩的族群文化,和谐地进入现代化,起一点智囊作用;能为 56 个兄弟民族肩并肩地、和和平平地融入全球化国际社会,献上一点民族学者的关切之情。

另外,根据国际社会对社会科学评价的规范化要求和民族学学科的求实性特色,笔者也怀着学术价值的追求,即追求科学性的预期目

· 欧 · 亚 · 历 · 史 · 文 · 化 · 文 · 库 ·

标。一般认为,科学性的基础主要取决于是否能把握真理性标准和价值标准的结合。[1] 真理性标准的一般要求,是理论看法确实在某种程度上反映了实际现象的本质,或者是在已得到确认的原理、假设的基础上有所创新发展。而成果价值性方面,除了我国常用的社会价值、经济价值以外,还应具有或对社会现象阐述的逻辑性、启迪性或充满探索性的理论价值,以及一定的伦理价值、审美价值,使本成果能在国际国内学术交流中显示一定的水平与特色。跨国民族的文化变异研究选题涉及的是一个前人尚未涉及的新领域,因为跨国民族研究是冷战后才兴起的新学科,困难、错误在所难免,我们将尽力奉献给读者和决策者们有启迪性的观点。

（原为 2003 年民族出版社出版的《中国西北跨国民族文化变异研究》一书的绪论）

---

〔1〕《美国人文社会科学研究成果的评价机制》,载《美国人文社会科学现状与发展》,社会科学文献出版社,2001 年版,371 页。

20　论中国发展民族学的理论框架与视角特色

　　"民族学"作为一个名词,起源于古希腊文,由 ethnos(族体、民族)和 logos(科学)两词组成,是一门研究民族共同体的学问。英文的 ethnology、法文的 ethnologie、德文的 volker kunde 都是民族学的意思。英国的"社会人类学"(social anthropology)、美国的"文化人类学"(cultural anthropology)和当前合称的"社会文化人类学"(sociocultural anthropology),无论从研究对象和范围来说,都基本上等同于民族学,彼此间也经常互相通用。

　　19 世纪中叶是西方资本主义发展的"黄金时代"。一些主要资本主义国家到世界多地区寻找原料和市场。为了扩大殖民地,统治当地的国家和民族,必须研究殖民地多民族的社会状况。在长期积累资料的基础上,为适应当时的需要,民族学作为一门独立的学科正式产生。可以这样讲,民族学的形成是伴随着西方资本主义的殖民扩张完成的。西方民族学最初的目的是为西方资本主义的殖民统治服务。

　　如民族学形成以后,西方主要国家纷纷建立了专门从事民族学研究的组织,如 1839 年法国的巴黎"民族学学会",1842 年美国的"美国民族学学会",1843 年英国的"民族学学会",1869 年德国的"人类学、民族学和原始社会协会"等。

　　这些机构陆续组织了一些考察队或探险队,到殖民地和边远地区的落后民族中进行调查研究,除了详细记录各族人民的现实社会现象、生活方式和文化风俗之外,还搜集了各种文物作为研究资料。此后,实地调查或田野工作逐渐成为民族学的主要研究方法,从搜集和展出民族文物发展到建立民族学博物馆,也成为民族学研究的一个组成部分。

　　毫无疑问,这一时期西方民族学家的研究目光主要是投向殖民地的落后民族。但现代民族学已经发生了时空巨变,出现了过去民族学根本不涉及的研究未来领域的发展民族学。

　　西方"发展人类学"的初步确立,是近三十年(20 世纪 70 年代)的事。笔者认为,1976 年美国成立"发展人类学研究所"和 1977 年英国成立"发展人类学学会",可以看作是这门学科名称确立的标志。但其在理论上,可以说至今尚未构建起权威的系统理论,而处在将发展社会理论引入人类学并围绕欠发达地区和民族的"发展范式"进行争论的阶段。近年(指新世纪初),联合国教科文组织对这门研讨"文化与发展"关系的学科十分关注,因此在其核心刊物上介绍了一些较权威的典型观点,希望引导各国学者研讨能否有一种世界各民族较能接受的多元文化社会的"发展范式"。

20.1　西方发展人类学产生的背景与主要发展理论评介

　　西方发展人类学产生的现实基础,最初是出于从事发展工作的国际机构的实际需要,如世界银行等组织,需要研讨如何促进被支援的欠发达国家和民族的发展。美国叙拉古大学格林·科克伦教授说,从事这类欠发达国家人民物质条件改善和发展工作,一是需要有关于当地文化的知识,二是需要在分析研究的基础上把握其他领域的涵盖趋势和发展方面的所有知识精华,三是需要有怎样实施发展计划的知识。一个应用人类学家,如忽视后两类发展方面的知识,那么他将远不能像有这类知识的发展工作者那样发挥重大的作用。[1] 所以,他的书取名为《发展人类学》。这个"新名称",是"一种新的探索",期望通过交叉学科的引入,给予发展人类学远比一般应用人类学的学识更巨大

---

〔1〕参见 Cochrane,G.,*Development Anthropology*,New York,Oxford university Press,1971,p.4。

的扩展。[1]

人类学引入发展理论经历了三个阶段,先后有三个典型流派。

现代化理论,即最初的西方发展范式论,兴盛于 20 世纪 60 年代,主要用"模式变量"和二元对立论来解释传统社会和现代社会的结构特征及发展问题。有的学者归纳出"八项对立特征",将不发达国家未能实现现代化发展的原因归纳为其社会内部的"传统性"。[2] 如有的学者认为,西方社会应付和解决由结构分化、社会流动所引起的各种社会结构和文化变形的能力较强,因而提前进入了现代社会;而在非西方不发达国家中,社会文化不具有独立性且依附于政治,社会变革都会因触及政治而破产,从而造成"现代化的挫折"。[3] 西方有的学者认为,只有"西方世界可以使其他欠发达地区文明化",使"第三世界从不发达阶段成长到资本主义民主、富足和大规模消费阶段",只有将"西方价值观向这些地区扩散",才能实现"发展"。[4] 因此结论是,"现代化与西方化两个概念之间有着不可分割的联系","在某些方面的增长水平和速度接近西方国家的时候,社会就成为现代的,或西方化的"。[5] 显然,这种理论认为,要将所谓"传统""统统抹掉"才能"发展"。"抛弃传统制度被看作是发展的先决条件","但又没能提出亚洲要怎样才能改变传统制度和价值体系"。[6] 这种发展人类学的宏观"发展范式"也就与原已存在的资本主义为核心的"全球体系扩张"理论融为一体[7],本质上是西方一元"发展范式"。

反依附论。拉美和非洲地区一些国家推行这种西方发展范式的失败促进了反依附论的产生。如联合国第一个十年发展计划(1960—

---

〔1〕参见 Cochrane,G.,*Development Anthropology*,pp. 25,29。

〔2〕参见张琢主编:《国外发展理论研究》,人民出版社,1992 年版,53 页。

〔3〕参见张琢主编:《国外发展理论研究》,55 – 56 页。

〔4〕参见〔美〕R. H. 奇尔科特著,高铦、潘世强译:《比较政治学理论》,社会科学文献出版社,2001 年版,296 – 297 页。

〔5〕孙立平:《现代化理论研究》,华夏出版社,1989 年版,83 页。

〔6〕〔印〕S. C. 杜布著,何素兰译、吴承梅校:《发展的文化维度》,中国社会科学文献杂志社编:《社会转型:多文化多民族社会》,社会科学文献出版社,2000 年版,214 页。

〔7〕参见杨冬雪:《国外全球化理论:概念、热点和使命》,载《国外社会科学》1999 年第 3 期。

·欧·亚·历·史·文·化·文·库·

1970）的实施,虽然使一些非西方不发达国家国民生产总值大幅增长,年均增长率为 5.2%,甚至高于发达国家,但在经济方面,其经济命脉往往被发达国家控制,发达国家将自身经济危机转嫁到不发达国家;政治方面,发达国家频频操纵欠发达国家的政变;社会方面,贫富分化日益严重,社会动荡不安。于是产生反依附论。它以马克思主义关于资本剥削的社会经济理论为基础,其主要观点认为,在当代不平等的政治经济格局和国际贸易关系下,"边陲"国家不得不依附"中心"国家,并受到它们的剥削,依附在造成"中心"国家发达的同时,也造成了"边陲"国家的不发达。[1] 依附论造成的是"经济主义的"依附,"文化和秩序目标遭到冷落……这样的一种民族精神会给秩序带来种种难以克服的复杂问题",并因"发展成果分配不公产生不和与冲突"。[2]虽然反依附论没有提出自己的发展模式,但它提示了发展与国际不平等政治经济结构、发展与稳定的关系。其差异结构观点也为第三阶段的发展理论——世界体系论——提供了理论借鉴。

世界体系论。它认为,任何单个国家和社会都不是一个自足的社会体系,当代已形成了世界体系规模的资本主义世界经济体系,任何国家和民族的发展都要受这一体系的制约,各处于这一体系的"核心""半边陲"和"边陲"三个层次。而后两种层次国家地位变动的发展机遇,只有当世界经济在周期性上升或停滞阶段才有机会获得,并且地位的升降是受世界体系整体结构制约的,而不是可以由一国自身努力所左右的。世界体系论还认为,一种世界体系的灭亡,一是反体系力量的强大,二是这一体系本身发展到不能再继续进行资本积累时,体系才会崩溃,而代之以更平等、更能满足全人类需求的体系。当前的各种反体系力量,包括核威胁,都不足以改变现实的世界体系结构,它呈愈来愈巩固的趋势。[3] 近年新世界系统论者接受了各界对其"坐等体系

---

〔1〕参见张琢、马福云:《发展社会学》,中国社会科学出版社,2001 年版,85 页。

〔2〕〔印〕S. C. 杜布著、何素兰译、吴承梅校:《发展的文化维度》,中国社会科学文献杂志社编:《社会转型:多文化多民族社会》,社会科学文献出版社,2000 年版,214 页。

〔3〕参见萧煌编:《低度发展与发展——发展社会学选读》,台北巨流图书公司,1985 年版,314－316 页。

安排"发展命运这种观点的批评,承认忽视了对具体国家发展道路的探讨,已开始关注"国家层面的世界体系研究"。[1] 但其结构决定论的缺陷是明显的。

发展人类学作为一门交叉学科,顾名思义,主要是将发展理论引入人类学,正如经济学引入发展理论而形成发展经济学、社会学引入发展理论构成发展社会学一样。但也并不仅限于此,更不等于简单相加,发展人类学应根据自己的学科特色对其他学科有关理论进行综合吸收与构建,并且特别需要充分发挥人类学实证调研的特色和本国特色实际等等。不过,人类学之引入发展理论,应该说是个巨大变革。一方面,探讨欠发达国家与民族的发展问题,与文化人类学的传统研究对象为"边缘的""落后的"民族与地区这一传统规范是吻合的,但传统的人类学是以依靠现实调研与实证资料为特征的,一般不介入未来发展领域。因此,发展人类学的产生也是当代西方人类学研究领域时空巨变的产物。它反映了一种新的指导思想和新的基本规范,主要是认为"人类学者要达到成熟,便一定要寻求更多的途径",包括"进入它从不愿进入的预告领域",不过,这种预告不应是乌托邦式空想,而是比如"它以若干已知事实为根据,预告某一事情将发生"。[2] 这门学科的研究对象,是"把文化与发展联系起来,形成发展人类学"[3],即这是一门研究民族、文化与发展关系的学科,其性质应属文化人类学(民族学)的本体分支学科。

20.2　构建中国发展民族学的理论框架探讨

当代,各国的学科都在不断跨越旧有的知识边界、国家边界而参与国际对话,中国民族学界也理当对前述这类与发展中国家和多民族

---

〔1〕参见周长城:《当代西方发展理论及其演变》(下),载《社会科学动态》1997年第6期。

〔2〕参见〔加〕希利尔·贝尔绍著、陈恩译:《社会人类与文化人类学的未来面临挑战》,中国社会科学杂志社编:《人类学的趋势》,社会科学文献出版社,2000年版,126页。

〔3〕参见〔美〕阿图罗·埃斯科瓦尔著、黄觉译:《人类学与发展》,中国社会科学杂志社编:《人类学的趋势》,76页。

社会密切相关的重大论题及学科发展,予以充分关注。为此,构建中国发展民族学应该提上日程。从学术上看,我国学人可以说才刚刚开始接触西方发展人类学。虽然陈庆德等出版了《发展人类学引论》,这是国内学者首次涉及这一学科,但正如作者所言,该书"主要聚焦于经济领域",较少涉及以民族、文化与发展的关系为研究对象的真正发展人类学理论。[1] 我们从国外网站和论著中所能见到的,也只有一些讨论人类学与发展关系的少量论文章节,很少见国内有系统评介,更少有自成系统的理论。所以,以发展民族学正式命名的理论构建在中国还基本是一片空白。但我国领导人关于科学发展观的理念,却是符合发展人类学理念的。

因此在理论框架构建方面,笔者的看法是,需要从发展人类学的研究对象、学科定位等基本规范出发,参与国际对话,对国际上围绕"发展范式"展开的各种流派的争论,取综合取向,并在剖析世界和本国发展现实的实证资料基础上,与时俱进地研究马克思和中国领导人的有关理论,积极鼓励中国学者探讨与尝试创建各种发展理论,特别是切合中国实际的、符合欠发达地区和人民需要的发展范式和理论。不过,根植于不同国家文化底蕴的同一学科都应有自己的特色,有自己的独特视角和对理论、方法的创造性运用,并将其同社会需求的目标、理论内容的价值和科学性进行整合。

首先,关于构建发展民族学理论的综合取向问题。必须从人类学、民族学的研究对象(民族与文化)出发,综合研究发展理论,并与其微观调研的实证方法相结合,同时广泛吸收其他交叉学科的有关理论与方法,对这三方面进行整合,实现中国发展民族学的规范构建和创新。从现代化理论的西方"发展范式"的实践看,有成有败,似不能简单强调负面的"依附"作用。无可争辩的事实是,反依附论尽管并未对欠发达国家和民族的传统社会如何发展进行明确论述,但其主张日益得到

---

[1]参见陈庆德等:《发展人类学引论·后记》,云南大学出版,2001 年版;陈庆德:《发展理论与发展人类学》,载《思想战线》1998 年第 8 期。

受西方力量挤压的非西方民族社会的认同。这可能是因为当代发展表现为多元文化与民族性对强权推行"发展"的巨大反抗性，以及多种主体共同参与发展的特点。世界体系论客观地剖析了世界结构存在的差异，把发展具体化为在边陲—半边陲—核心的差异结构中由下一层次向上一层次的升迁，但由于认定"边陲国家"等无法依靠自己的力量决定"发展"，而是取决于整个世界体系的结构调整的结果，所以，实际上仍未给出欠发达国家与民族现实的发展途径。

这样，从发展人类学的研究对象出发，中国必须有自己的发展民族学理论来回答上述理论的缺陷问题，如，第一，什么是中国发展民族学的发展观？第二，当代世界"核心""边陲""半边陲"国家的差异结构的发展与"民族和文化"的关系如何？第三，欠发达国家其民族与传统文化应如何发展？

比如经典现代化理论，由于持传统与现代的二元对立观，认定中国家族企业因存在裙带关系等弊端，是传统力量极强的制度，需要否定。但香港学者黄绍伦在考察了中国家族企业之后，修正了这种夸大中国传统家庭价值观负面作用的看法，他的实际调研证明："根据家庭对香港的中国企业内部组织的影响"，它"对经济发展有很强的正面作用"。[1] 各种传统都会有复杂的内涵，而中国家族企业发扬的是中国传统价值观中的凝聚性、协调性。所以，对待某一民族传统，需要细致调研考察其是否有可发扬的内涵，分清哪些属于无障碍的中性传统和障碍性劣质传统，然后取不同方式使之适应现代化发展或消亡，而不加鉴别地摒弃传统往往会引起反作用，甚至冲突。

除上述两个方面外，研究历史事实中的实证性资料，也有助于构建中国发展民族学理论，并把握其真理性的准确度。这里以一段史实资料为例，考察一下"结构"变迁发展的制约因素。

从人类不同阶段的发展道路看，某一时代的发展方向，的确与当时"核心国家"为中心的结构及其相关民族的作用密切相关。如蒙古

---

[1]参见张琢、马福云：《发展社会学》，79页。

帝国为什么能将东亚、中亚、西亚以至欧洲的大片领土纳入其疆域,而形成欧亚大帝国的结构? 当时中国处于分裂结构中,可以说是客观因素,但是中亚的花剌子模国正处鼎盛,这一"核心"霸主,按世界体系论的说法,也绝没有周期性衰弱而需另一霸主取代或变革世界结构之时。显然,如果没有饱经磨难的成吉思汗等一批精英人物,如果不是成吉思汗起用了大批奴隶将士这一新兴阶段,如果不是有"猛将如云、谋臣如雨"的人才,如何能有一段世界发展史和这个游牧"征服王朝"的辉煌! 可见客观时势、人的能动性及其造就的文化力等等在构建世界体系格局中的合力作用。同样,历史上的蒙古帝国及其后霸权时期继承的元朝之灭亡,也符合霸权必衰的发展规律,不仅仅亡于四大汗国到处进行的霸权战争和以后的佛事耗资巨大的这类客观原因,更重要的是消亡于当时处于下层的国内汉族、中亚伊斯兰民族以及相关传统文化的巨大反抗力,这正表现了改变结构的能动力。归根结底,霸权结构的变迁,不只取决于各国自身经济、军事实力,更重要的是霸权引起的种种复杂反抗因素,尤其是文化因素的合力作用。[1]

其次,在了解、吸收国际各种发展理论的同时,运用马克思和中国领导人提出的科学发展观与有关理论,研究构建符合人类发展规律,并能被世界人民广泛接受的宏观发展范式。比如,笔者认为人类发展可以是一种多元"殊途同归"范式。马克思主张的全球"发展"观,是等到生产力极大发展之后,"每个人都可以在任何部门内发展","随自己的心愿"选择工作,这种"人"的发展就是达到了"全人类的解放"。但这种发展是需要"以生产力的普遍发展和与此有关的世界交往的普遍发展为前提的","只有作为世界历史性的存在才有可能实现"。[2] 我国领导人的科学发展观包含"以人为本",促使各民族走上"生产发展、生活富裕、生态良好的文明发展道路"。笔者认为,这种发展目标可能通过多元文化"殊途同归"的"发展范式"来实现。这里的"同归"就是

---

〔1〕参见马曼丽、文化:《从历史个案论民族与文化结构塑建》,载《卫拉特研究》2004 年第 3 期。

〔2〕参见《马克思恩格斯选集》第 1 卷,人民出版社,1995 年版,86 - 87 页。

指共同达到前述那种理想的"人"的发展目标。马克思充分肯定了资本主义的"生产方式和交换方式"在破坏"一切封建的、宗法的和田园诗般的关系"方面,曾起过"非常革命的作用"[1];肯定了资产阶级在"不到一百年阶级统治中所创造的生产力,比过去一切时代创造的全部生产力还要多,还要大"。[2] 他指出,只要社会还处在"不是出于自愿"的分工阶段,人们就必须追求生产力的高度发展,否则"那就只会贫穷的普遍化"。而在这种社会发展阶段,"它迫使一切民族——如果它们不想灭亡的话——采用资产阶级的生产方式"[3] 笔者所言的"同"也指这种共同"采用"资产阶级的生产方式。

马克思还指出:"资产阶级除非对生产工具,从而对生产关系,从而对全部社会关系不断地进行革命,否则就不能生存下去。"[4]因为资本主义衍生的劣质文化现象,包括在世界交往中推行"没有良心的贸易自由"[5]等价值观念,必然引起巨大的、复杂的反抗力,从而迫使资本主义变革。"同"也指出其变革后方向趋同的"革命化"发展。而能使之"不断地革命化"的力量来自其国内和国际的反对不平等待遇、反掠夺、反霸权的民族及爆发的文化力的作用。

笔者认为,既然是"同一个地球,同一个人类",世界不会无限地、不受协调地多极多样发展下去,正如《共产党宣言》所说,"过去那种地方的和民族的自给自足和闭关自守状态",被"互相依赖所代替了","各民族的精神产品成了公共的财产"[6] 这一论断日益成为现实。不仅自然科学已成为不分东西方的现代普同文化,各国不同的传统民族文化也有一部分形成了普同文化。发展会受到全球化这个"世界协调化系统"的制约,有可能在矛盾、冲突和协调的反复过程中互动发

---

〔1〕参见《马克思恩格斯选集》第 1 卷,274 页。
〔2〕参见《马克思恩格斯选集》第 1 卷,277 页。
〔3〕参见《马克思恩格斯选集》第 1 卷,276 页。
〔4〕参见《马克思恩格斯选集》第 1 卷,275 页。
〔5〕参见《马克思恩格斯选集》第 1 卷,275 页。
〔6〕参见《马克思恩格斯选集》第 1 卷,276 页。

展。[1] 因为全球化结构日益使人类利益互联,所以,损人终将损己,助人有利互赢。世界人民终将会认识到,必须能动地改造国际不平等政治经济格局,保障逐步实现经济、文化、价值观念、科学技术等全方位的"互动嫁接""互助发展",最终促成不同国家"殊途同归"的追求"人"能够平等地、"随自己心愿地"共同发展。尽管这可能是长期的、曲折的复杂过程,但像植物界多数"嫁接"品种往往多能培育出新优品种一样,"互动嫁接""互助发展"应是促进全球和平发展的一种重要途径。

再次,中国发展民族学必须结合本土实际进行应用理论构建。国际经验已证明,为了"解决多文化国家中的实际问题",民族学(文化人类学)是"不可或缺"的,那么,解决"民族和文化的发展"问题的发展民族学,自然也是不可缺少的。一方面,国际发展人类学在20世纪80年代已在许多方面表现出明显的应用贡献;发展人类学者的发展方案因符合文化背景而更为有效;搜集制定计划、政策必需的第一手资料;修改那些引起社区不满的经济方案;评价和干预文化和社会效果,等等。国际上发展人类学家进入到前所未有的广阔领域,把文化、社会结构与"发展"连在一起,"扮演着发展进程中的重要角色"。[2] 我国也应该重视发展人类学者的作用,促进民族地区的全方位发展,同时探索发展应用理论。另一方面,我国要求社会科学理论与研究既有社会效益,又有学术价值,这基本接近国际规范。[3] 而各种价值都要求实践来检验。所以,我国要求理论工作者"研究改革开放和现代化建设提出的重大理论和实际问题,在认识世界、传承文明、创建理论、咨政育人、服务社会方面不断做出新的建树"。[4]

---

〔1〕参见马曼丽主编:《中国西北跨国民族文化变异研究》,民族出版社,2003年版,6-9页。

〔2〕参见〔美〕阿图罗·埃斯科瓦尔著、黄觉译:《人类学与发展》,中国社会科学杂志社编:《人类学的趋势》,78页。

〔3〕国际上对理论的科学性的真理标准和价值标准规定详尽,包括解决实际问题的视角与作用,真理性鉴定以及是否有经济价值、社会价值、充满探索性的理论价值、伦理价值等等。参见《美国人文社会科学研究成果的评价机制》,中国社会科学院外事局编:《美国人文科学现状与发展》,社会科学文献出版社,2001年版,371页。

〔4〕参见胡锦涛:《在"三个代表"重要思想理论研讨会上的讲话》,载《人民日报》2003年7月2日。

笔者考察民族地区,深感我国多民族多元文化社会有三大实际问题比较突出:多民族地区农牧业经济多处于小生产状态,相对发展缓慢;文化封闭,尤以聚居民族为甚,其内部许多人不懂汉语;政治上虽各民族实现了平等,但封建社会残留的宗教与传统习俗以及基层干部的封建权力观念等等仍起着不小的作用。应以这类民族地区的实际为依据,以中央政府所定建设小康社会的社会主义初级阶段发展目标为指导,构建有本土特色的应用型发展民族学理论。笔者主张首先构建流动发展机制与相关理论。对于长期受封建社会束缚的中国来说,须充分认识人类发展的历史本质就是冲破封闭建立"流动机制",流动是"发展"必不可少的因素。在中国,因为历史上还有一点可以通过科举制度"优则仕"的流动传统,成了千百年来人们追求"发展"的希望之星和光明大道,也培养了一代代传承中华历史文化的精英人物。而流动包括众多方面。在当代中国,作为生产资料的土地归属相对固定,农牧业人口也就很少流动,所以,中国农牧业社会至今总体上保留着坐待政府扶贫或干部集权化安排生产的传统价值体系,这在多数封闭的民族聚居区非常普遍。不过,回族等重商的流动民族,其价值观则不同,其聚居区的经济一般也比其他聚居族区发达。对中国地少人多的民族聚居区来说,不宜提倡分占土地的移民流动,重要的是组织发展民族学家的扶贫志愿者队伍,以带动建立经济贸易、资源开发、新闻传媒、供销信息网络、普及教育等领域全方位的流动机制。

一个国家或地区,农牧民流往城镇越多,经济越发达。当代发达国家城市人口比例一般高达80%～90%。"封闭的农业经济需要一种巨大的振动和冲击,才可能释放出劳动力",这正是促使农业机械化的"工业革命"。[1] 不能守着只够温饱的一块土地和羊群度日,需要试验发达国家已取得的经验和各种流动发展模式[2],如进行划小政区,开发交通,建立旅游城镇、戈壁城市、现代化社区,基础建设发展工程等试

[1]参见王章辉、黄柯可主编:《欧美农村劳动力的转移与城市化》,社会科学文献出版社,1999年版,10、64－65页。

[2]参见陈耀:《国家中西部发展政策研究》,经济管理出版社,2000年版,46－79页。

点,促使少数民族群众价值观发生开放式改变,爆发出主动追求现代化发展的动能,自觉冲击阻碍现代化的封建传统而实现小康社会的发展目标。

20.3　中国发展民族学理论的视角特色

构建一门学科,其视角特色与其国家和民族的主流文化底蕴及所处时代环境密不可分。中国特色社会主义国家的性质、悠久的中华传统文化决定了中国发展民族学在发展观、理论依据及全球政治视野等方面的视角特色。

首先,在国际上,中国不以牺牲他国、他族利益求一己发展,而是追求国家、民族不分大小、强弱一律平等地发展,同时又信赖与依靠各民族人民的能动性而实现发展。在国内,中国领导人提倡"生产发展、生活富裕、生态良好的文明发展道路",中国共产党提出的"以人为本"、"三个代表"重要思想都是主张"发展先进生产力和先进文化是实现最广大人民根本利益的基础和前提,实现最广大人民根本利益则是发展先进生产力和先进文化的目的和归宿"。要求"聚精会神搞建设、一心一意谋发展",认为只要"最广泛最充分地调动一切积极因素,妥善处理各种利益关系和社会矛盾,切实维护社会稳定,形成全体人民各尽其能、各得其所而又和谐相处的局面,我们就能集聚起推进事业发展的强大力量"[1]　构建中国发展民族学理论应更加突出与完善这种视角,即发展人类学是以"为一切人的发展和人的全面发展为基点"来审视发展问题的。而且"发展的目的绝不是要强迫人们不情愿地像牛一样被喂养",而是"有意识地自己教育自己,并且不用暴力来实现自己的解放"[2]

其次,西方主流发展理论总体否定传统或过分强调结构决定论,

---

〔1〕参见胡锦涛:《在"三个代表"重要思想理论研讨会上的讲话》,载《人民日报》2003年7月2日。

〔2〕参见〔法〕弗朗索瓦·佩鲁著、张宁等译:《新发展观》,华夏出版社,1987年版,117页。

而我们的理论视角是取辩证的、多方位的视角。笔者认为传统有复杂内涵,而结构可以发挥人的能动性来塑建,因此应尊重各民族的适应与选择。这是因为中华各民族大多是古代便已形成的民族,各有悠久的历史经验。如清代统治者镇压回民起义后,强行将西北回族从城市迁往偏僻农村,使依靠回族商业贸易而繁荣的甘肃河西变得一片萧条,此后便形成回族遍布农村务农的结构。这反映了当时客观形势对结构的制约性是存在的,但必须看到,经过适应期,回族同胞又以其善于经商的民族特性和文化传统,奇迹般地在城郊发展起了新的商业中心,"城墙"未能阻止回、汉群众在城郊的交易和回族靠务商传统重塑新结构。这证明民族传统和人的主观能动性有可能改变权力阶层造成的不平等差异结构。

从发展人类学、民族学的宏观视角看,中国的全球政治视野具有明显的维护国际关系公正平等、国家主权与世界和平发展的视角特色,是从维护"同一个地球、同一个人类"的共同利益原则出发,寻找"发展"的"殊途同归"规律性途径,并看作是为本国和世界的不发达人们群体和平美好生活奋斗行为的一部分。所以,我们反对"核心国家"为本国私利压榨欠发达国家和民族,支持建立国际公平的政治经济新格局,但同时也反对极端主义、分裂主义、恐怖主义等阻碍世界和平发展的活动。我们肯定资本主义先进的经济、科技、文化,但支持反体系力量变革其"没良心"的腐朽文化的运动。这一切都表现出为了全人类的平等发展,为了全球能在矛盾冲突中争取"殊途同归"地逐步协调发展,我们特别关注国际、国内的政治合法性问题。当代全球化进程使个人、团体选择机会增多,加上传统政治的弊端,如腐败、官僚主义等日益明显,特别是冷战结束后,意识形态压力的骤减以及"全球化越广泛,个人的团体选择对那种独特性(uniqueness)的支持越大,地方选择的独特性也越明显"[1],也即新认同政治对传统政治的冲击来自民族

---

[1]参见 D. J. Elkins,"Globalization, telecommunication and virtual ethnic communities", *International Political Science Review*,1997,vol. 18。

身份、地方身份以及宗教等文化团体身份的问题日益突出,由边缘问题变成了当代政治的中心问题而频引包括发达国家在内的政治合法性危机和分裂危机,从而往往使"发展"的成果因分裂动乱而毁于一旦。事实是政治分裂、分裂动乱往往造成"现代化挫折",而不是其他什么政治干预传统造成这种挫折。因此,为国家统一和稳定发展,任何国家都不仅要保卫领土,还需要发展经济、塑建文化、研究政策,而且必须以人为本,否则,任何政治合法性的基础就潜伏着危机。不难发现,当代人类和不同国家的发展都面临重重障碍,其中尤以恐怖主义利用极端民族性和宗教极端主义等传统文化破坏国家认同,利用经济落后与"人权"借口而造成他国合法性危机等等问题最为突出。所以,当代要实现全球宏观发展范式,用军事手段解决这类国际问题和保卫领土疆域是远远不够的。各国均需追求"殊途同归"的和平发展范式,并同步进行有关理论构建。也可以说,这是当代各种极端主义思潮和不平等差异"发展"的时代特征下,我国为维护国际社会的安全、稳定与和谐发展应突出的独特政治视角。

（原载《民族研究》2005 年 3 期）

21 从成吉思汗经略西北边疆的成败看文化力的作用

——纪念成吉思汗登大汗位 800 周年

就世界范围而论,人们对成吉思汗的评价毁誉纷纭。但无论是毁是誉,都无法否认一个事实:他从一个走投无路的少年,经历无比坎坷的人生道路,终于奋斗成一位蜚声中外的历史巨人,建立了横跨欧亚的蒙古帝国。人们在谴责他的屠杀及其对不少文明成果的破坏的同时,无法否认,在他奇迹般的成功史中闪烁着诸多辉煌。我们认为,正是他前期经略西北边疆的巨大成功,成就了他一代天骄的辉煌;但后来,也正是他在西北边疆问题上的失误,造成了他开创的帝国因其子孙间不断争战的悲剧而衰败。真可谓:成也西北边疆,败也西北边疆。因此,研究成吉思汗经略西北边疆的成败,对于解开蒙古帝国急兴遽衰这一"难解之谜"[1]十分关键,对当代边疆经略也提供了深刻启迪。

21.1 对成吉思汗经略西北边疆辉煌文略的剖析

首先,在经略中国西北边疆中,成吉思汗的招降政策与和平瓦解敌人的文略出类拔萃,其统一和恢复汉唐以来中国西北历史边疆速度之快、政策之成功,无一帝王可与之相比。世人较多地论述过他的军事辉煌,指出其扩张规模,远远超过了马其顿亚历山大大帝的铁蹄、罗马军的利剑、拿破仑的大炮所达到的地域;归纳出成吉思汗创造的多个

---

[1]世人一般认为,成吉思汗开创的庞大帝国"在数十年间便分崩离析","蒙古帝国的兴起与衰落,是一个令人难解的谜"。参见巴拉吉尼玛等:《世界名人眼中的成吉思汗——千年风云第一人》,民族出版社,2003 年版, 24 页。

"世界之最",如创建"世界第一个炮兵团",具有"比拿破仑参谋部早600年的世界最早的参谋部","800年前就最先使用了凝固汽油弹"等等。[1] 而我们补充的是,这些"世界之最"体现了成吉思汗吸收多元文化,训练出的军队不是单纯代表游牧文明的骑兵,而是会拔城涉水、火攻炮取的文化素质优良的先进军队。[2] 尤其在统一中国西北边疆中,其文略之成功并不逊于其军事成就。在北疆,卫拉特等"林木中百姓"各部和贝加尔湖一带的游牧部落绝大多数是被成吉思汗和平招降的;乞儿吉思和谦谦州也是在成吉思汗派遣两位使者后,"两部之王来降"的。《史集》称,连敌部也反映成吉思汗是"能照顾地方,关心军队,把兀鲁思管得好的人",才有纷纷归附他的壮观局面。[3] 在西疆,领有今新疆东部的畏兀儿亦都护的归降和新疆西部至中亚的西辽属地的纷纷倒戈,除了因为西辽屈出律统治的暴虐外,也是成吉思汗的招降政策和宣传宗教自由的文化攻势的辉煌成果。有的外国学者则干脆认为"畏兀儿人、哈拉鲁人及其民族驻地在没有抵抗的情况下归附成吉思汗,乃是他使用外交手段的结果"。[4] 正是在这种出众的经略手段下,他即大汗位不到4年,即1210年,便恢复了包括新疆与中亚河中地区在内的中国古代西北边疆。而且在西南疆,吐蕃藏区归顺的重要原因,从后来《致蕃人书》的记载看,是被"畏兀之境未遭涂炭,较前益为昌盛"所打动。[5] 可见,实际上这也是成吉思汗招抚政策影响之硕果。他运用恩威并举的招降瓦解政策,如此迅速地统一西北边疆,并造成了西藏后来正式纳入中国版图,成就堪称辉煌。

其次,成吉思汗在西北边疆推行的驿站制、激励制、重建依靠力量等各项政策之成功,造就了当时东西文化大交流、民族大融合的局面,

---

〔1〕参见巴音阁:《成吉思汗兵法与时代特点》,见《成吉思汗研究文集》,内蒙古人民出版社,1991年版;马曼丽:《成吉思汗评传》,南京大学出版社,2002年版,120－122页。

〔2〕参见马曼丽:《成吉思汗评传》,120－122页。

〔3〕〔波斯〕拉施德哀丁著,余大钧、周建奇译:《史集》第1卷第2分册,商务印书馆,1983年版,117页。

〔4〕〔俄〕库特鲁科夫:《蒙古人在东突厥斯坦的统治》,见《鞑靼蒙古人在亚洲和欧洲》,莫斯科,1978年版。

〔5〕《西藏地方历史资料选辑》,北京三联书店,1963年版,42页。

开创了"人类之间最广大而开放的一次握手",因而确立了他在中西文化交流史上的光辉地位。不少外国学者认为,他将东亚、中亚、西亚以至欧洲如此大片领土纳入其疆域之内,形成了亚欧50多个民族壮观的大流动格局,促进了人类不同文化空前范围的相互交流,赞誉他是"使世界从沉睡中觉醒",促使旅行家们东来,而结果"招致美洲大陆被发现","形成今日世界之诞生"的一代辉煌人物。[1] 其实,这正反映了他影响深远的边疆经略成功的一面。如,他在西北边疆开辟的驿站多达万处,最大驿站所备马匹达400匹;建立了被誉为世界最早的日行百里的"箭速传骑"通信兵。成吉思汗通过"扎撒"和"一种严重之警巡"措施,不仅使原来外国人常受劫掠的鞑靼地域"道途遂安",而且盛传一个少女怀揣一袋金子,可以安心遨游这个广大的帝国。[2]他"将往日阻塞未通的道路,一一为之开辟,以使一切民族俱能聚首一堂"。[3] 成吉思汗时期对大河驿路(草原路)和北道都有新的开辟[4],使唐以来的丝绸之路全线恢复并有所延伸,文化交流和使节往来逐渐频繁。又如,成吉思汗不论门第等级、不分降部嫡系,普遍论功行赏的激励政策,大规模地解放世袭奴隶,组建了他的新的依靠力量[5],从而动员了千千万万底层群众,冒死为蒙古而战,其势如火山爆发,猛不可挡。如王罕克烈部的董合亦惕部[6]和兀良哈部等许多奴隶部落的人,都因投靠成吉思汗而解除了奴隶地位,成了他的那可儿战士、探马赤军,或千户,或答儿罕。无怪乎拉施德哀丁称蒙古世袭奴隶传到成吉思汗是"最后一代"。[7] 很多奴隶出身、对成吉思汗赤胆忠心、屡立战功的那可儿,是他依靠的核心力量。底层百姓组成的探马赤军,虽然最初是为1217年

---

〔1〕参见巴拉吉尼玛等:《世界名人眼中的成吉思汗——千年风云第一人》,293、232 – 234页。

〔2〕参见《多桑蒙古史》,中华书局,1962年版,93、157页。

〔3〕向达:《中外关系小史》,商务印书馆,1948年版,78页。

〔4〕参见马曼丽:《成吉思汗评传》,232 – 233页。

〔5〕参见马曼丽、安俭:《论成吉思汗的奖惩机制》,载《民族研究》2001年第4期。

〔6〕《蒙古社会制度史》第145页称,拉施德哀丁说该部"是客列亦惕部首领们的奴仆和战士……后来全体都来为成吉思汗服务"。

〔7〕参见〔波斯〕拉施德哀丁著,余大钧、周建奇译:《史集》第1卷第2分册,149页。

木华黎伐金而组成的 5 个先锋小军团,但以后如滚雪球般壮大。成吉思汗在征服中亚、西亚的战争中,也同样使用了这种敢死队似的"先锋小军团"。它们迅速扩大成在中亚、西亚作战兼镇守的大军。[1] 正是这类有深刻文化内涵的边疆经略,才造就了成吉思汗一代天骄的辉煌。

当然,成吉思汗在西北边疆的内政、外交、治国、用人等方面都有不少建树,限于篇幅,这里仅提一下他在处理西北民族关系和促进民族结构开放性重塑方面的成功。成吉思汗时代西北民族关系的和谐,可以说是以后历代的典范:以蒙维关系和与卫拉特的关系为例,畏兀儿、卫拉特首领都与成吉思汗皇室联姻,关系亲密,并跟随他冒死征战。而明清两代,这两族都时服时叛,分裂动乱连绵不断,再没有成吉思汗时代那种亲密和谐的关系。至于其时的民族结构塑建,除了他从西方将工匠强行带到中国以达到吸收工业文化的做法不算成功外,其他政策措施,如制定商法、优待斡脱商人、鼓励商队贸易和封官录用等政策,都吸引了西域人大量东来。反之,蒙古等将士家族随分封或战事西迁,造成以大流动为特征的民族格局大变迁,最终打破了许多民族封闭的生活模式,并造成了欧亚民族与文化空前交融的壮观景象,主流也是成功的。其中最典型的就是使蒙古族,包括卫拉特等众多当时处于原始社会末期狩猎为主的"林木中百姓"部落,走出了封闭状态,经济文化出现了飞跃,较快发展成为具有相当规模的农、牧业经济的民族,使之终于区别于许多销声匿迹的游牧民族而与史长存。中亚和中国西北随后形成许多包含蒙古族成分在内的新民族,更是成吉思汗边疆经略独特的痕迹。[2] 也因此,才会至今在西北、云南甚至欧亚等地都留有蒙古后裔子孙,并使其至今仍是一个在世界文明史上烙下了特有痕迹的世界性民族。

---

〔1〕参见〔日〕荻原淳平:《再论木华黎国王下的探马赤军》,载《蒙古研究》1982 年第 13 期;〔美〕保罗·布尔勒:《蒙古帝国探马赤军的社会作用》,载美国《蒙古研究》1980 年第 6 册。

〔2〕参见马曼丽:《从历史民族学视角论蒙古族历史发展的特点及其启示》,载《卫拉特研究》2004 年第 3 期。

21.2 对成吉思汗经略西北边疆失误的剖析

我们认为,自幼受残余氏族制复仇思想熏陶的成吉思汗,未能摆脱这一思想局限,又因早期统一西北边疆过于顺利,影响他在后期西征花剌子模这一"不逊"之敌时,超出了以"军旅试临"[1]的目标是其一大失误。如果说 1220 年蒙古军攻下讹答拉城后,因花剌子模沙摩柯末对杀害蒙古商队的该城守将处理问题上态度暧昧,所以还不能停战的话,那么,1221 年 4 月攻下花剌子模首都玉龙杰赤,其王逃命,此时无论如何应该停战议和。何况成吉思汗也了解其王与太后秃儿罕哈敦不和,1219 年也有过议和的打算[2],但他最终却选择了穷追花剌子模王到里海和顿河流域,又穷追王子扎兰丁直到印度河畔,结果,1221年与扎兰丁交战的一支蒙古大军几乎全军覆没,1223 年与斡罗斯交战的蒙军也伤亡惨重。直到他的爱妃忽兰病死,才于 1224 年回师。这不仅造成他个人身心俱惫,1227 年死于回师途中,而且招致大量人民和蒙古军的无辜死亡。尽管后人会以"人无完人"的宽容,理解成吉思汗因本身的文化底蕴和时代局限造成的这种失误,但这场人类悲剧和他的罪过却已成为永远的遗憾。另外,成吉思汗去世前,将其帝国的领土,按游牧民族传统的领地分封制,分给其四子,没有从制度上保障大汗窝阔台的封建集权,为以后其子孙在西北边疆演绎连绵争战的悲剧埋下了祸根。我们认为,这是他受游牧文化的束缚,在经略西北边疆中的另一个失误。一般认为,蒙古帝国"在数十年间便分崩离析"了,也有人认为这说法不确切。[3] 我们认为,虽然忽必烈改元,但按他是大汗直系后裔来说,蒙元政权延续了一百来年。从成吉思汗去世后帝国

---

〔1〕《南村辍耕录》卷 10。

〔2〕参见彼得鲁舍夫斯基:《1219—1224 年间蒙古大军对中亚的征服及其后果》,见《鞑靼蒙古人在亚洲和欧洲》,莫斯科,1978 年俄文版。

〔3〕有人认为,蒙古崛起于 12 世纪,至 16 世纪以后才始告衰落。在此几百年之中,计建立大帝国 5 个:成吉思汗帝国、忽必烈大元帝国、帖木儿帝国、昔班帝国、蒙兀儿帝国。又建大汗国 5 个:东钦察汗国、西钦察汗国、察合台汗国、窝阔台汗国、伊儿汗国。参见巴拉吉尼玛等:《世界名人眼中的成吉思汗——千年风云第一人》,293 页。

·欧·亚·历·史·文·化·文·库·

的后继发展看,也比另一位可与他媲美的帝王亚历山大大帝更为成功。这位征服者去世后,他的高官都奢望帝王宝座而相互斗争,使帝国立即分裂,其子也落到了逃亡的处境。而成吉思汗去世后,并没有高官权臣谋害其儿孙和企图推翻帝国。不过在成吉思汗去世几十年之后,1251年,蒙古大汗位由窝阔台系转入拖雷系蒙哥之手,从此诸王子封地间开始争战不断,蒙古帝国因而逐渐衰落。从成吉思汗扩张版图的实力看,远比汉、唐和清朝为大,为什么却不能像这些大一统王朝那样统治几百年呢?为什么蒙古帝国会急兴遽衰呢?其中虽有多种原因,应该说,这与成吉思汗固守游牧民族分封制的失误不无关系。

成吉思汗后期的蒙古社会已经进入早期封建社会。成吉思汗为加强自己的集权统治,在中西通道和某些占领区也建立了一些适应封建大一统统治的制度。他临终前也认识到,由他开创的大蒙古国最大的危险,可能是因诸子争大汗位而分裂。所以他要诸子立文承认窝阔台为大汗,并选定有治国才能的耶律楚材辅佐。这为以后元朝的相对统一打下了基础。但由于他后期穷兵黩武,晚年也就未能在国家管理制度上进行分封制以外的实践。虽然成吉思汗对长子术赤和次子察合台有所顾忌,其分封地安置得较远,但却按幼子继承本土的传统将本土分给了拖雷,又规定由代表本土草原贵族利益的忽里勒台大会来议定以后的大汗继承人,这就为窝阔台系政权转入拖雷系打下了"基础"。只是窝阔台在位的13年中,诸王子遵守对成吉思汗的承诺,窝阔台一死,以拖雷系为代表的成吉思汗的子孙们便为汗位而明争暗斗。10年后,拖雷系蒙哥夺得大汗位。此后,拖雷系的阿里不哥、窝阔台系海都、察合台汗系笃哇等西北诸王反大汗的战争在西北边疆一直延续了50年左右,使漠北、新疆、中亚经济遭到很大破坏。[1] 而且,游牧制的封地属民,上马即兵,原归附成吉思汗的斡亦剌惕、乞儿吉思等部也由于属地关系和利益关系的改变,成为反大汗的主力军,长期参加了反元皇室的斗争。

---

〔1〕参见杨建新:《忽必烈评传》,南京大学出版社,2002年版,339页。

21.3 从蒙元时期西北边疆的统一又分裂看文化力的非凡作用

中国西北边疆随着蒙古帝国的急兴遽衰而迅速统一又较快分裂动乱。剖析这个世人公认的"难解之谜"时,会发现不少值得深思的问题。从前述简论可以粗略看出,蒙古帝国之所以能急兴而成为征服王朝的佼佼者,与成吉思汗的雄才大略有关。这也表现在他经略西北边疆的文略中,即他的文化素质远远胜过了那些虽有百万雄兵但只有游牧文化素质的一代枭雄;而帝国的分裂遽衰,也与他未能完全摆脱游牧文化有关,特别是固守了幼子守本土的分封制。如果能透彻剖析这种制度文化是如何分裂边疆的,就会发现其中文化力的非凡作用。比如,从文化观念上看,分封制在认同窝阔台为大汗的同时,纵容了帝国领土分属各王子这种与大一统相悖的分裂观念。在这种文化观念作用下,当窝阔台大汗登位后,为加强集权而派其诸子去管理邻近的拖雷封地时,就与当地权力阶层发生了明争暗斗的种种矛盾。问题还在于,分封制实际上使当地属民对封地领主的利益依附关系远胜过代表国家的大汗皇室。正是这种制度文化维系的种种利益依附关系,使权力阶层能够把当地属民变成为其卖命的军队。所以,由于分封后的斡亦剌惕和乞儿吉思等部是阿里不哥的"直属部落",而且前者的脱劣勒赤驸马的两个女儿嫁给了反大汗的阿里不哥和察哈台孙为妻,于是,权力与利益关联转化成的分裂文化力,转眼间把正宗斡亦剌惕人由忠于大汗的主力变成反大汗的主力军。结果,以卫拉特而论,他们屡遭重创,伤亡溃散,最后远逃钦察草原而被突厥化。[1] 实际上,元末明初的卫拉特已是新的卫拉特四部,其中,正宗的斡亦剌惕姓氏已经伤亡得难以找到了。试想,对于广大底层属民来说,如果能不依附于土地而生存,或能轻易逃离封地领主的控制而自由生存,又有多少人会自愿充

---

[1]参见〔苏〕彼得罗夫:《吉儿吉斯人起源简史》第4章,伏龙芝,1963年版。

当分裂动乱的炮灰呢？而且,无论是出自无奈、无知还是愚忠,也都是由于文化因素而使他们改变了政治认同和原来亲密的民族关系。而畏兀儿与卫拉特相反,在蒙元时期,是处在大汗系直辖下,加上它有相当部分农业经济,所以其领土观念、权力和利益保障,都直接与大汗系和以后代表农耕经济的元皇室相连。也因此,其政治认同、民族关系都没有改变,没有加入分裂一方。研究这类问题对当代有重大启迪意义:政治认同的变异,民族关系的对立,都是表象,重要的是透过这些表象挖掘其背后的文化因素。比如,制度文化上,任何时候都需要谨慎思考,社会制度改革是否由于文化因素的局限而不符合与时俱进的原则,埋下了分裂动乱的隐患?另外,领土观念上,是否与边疆的统一要求一致?国家除了必须有强有力的军政制度制约领土的分裂外,还需要对文化观念进行长期塑建,尤其要重视用法律和传媒手段千方百计地塑建国家精神疆域认同观念。公民利益关系上,必须用制度保障边疆各族人民的切身利益最大限度地直接依附于中央政府,从措施上切断其与分裂集团的利益依赖,大力改革只能依附于土地、无法流动谋生的依附关系,才能保证边疆民族不致在无奈、无知、愚忠等文化因素影响下受权力集团控制而卷入分裂动乱。

蒙元时期西北边疆的分裂动乱再次证明,历史上西北边疆反复分裂、统一是中国的多发性问题,也表现了边疆民族的政治认同和政治文化的脆弱性特点;也再次证明,分割性管理和分裂政权,一般寿命都较短,远不如对西北边疆进行都护制和军政制统一管理的王朝(如汉、唐、清等朝[1])有延续数百年的生命力。我们认为,这是一种规律性表现,因为统一的中国疆域是游牧经济和农耕经济相互依存这种自然环境铸造成的,千百年来逐渐形成了一种互补性中华经济文化圈结构。[2] 但又因存在着牧业对农业需求更大的矛盾,所以,农耕和游牧两种经济是矛盾的统一体。如果矛盾处理不好,便常会引发分裂动乱。

---

〔1〕参见马大正:《中国边疆研究论稿》第4章,黑龙江教育出版社,2002年版。

〔2〕参见马曼丽:《中国西北边疆发展史研究》第3章,黑龙江教育出版社,2001年版。

不过,这种经济文化结构的规律性,使两者最终只能不以人的意志为转移地选择解决矛盾、相辅共存的较佳组合,也因此,中国的统一总是主流。但也总有人因认识上和文化的局限,自觉或不自觉地违逆这种规律而进行分裂边疆的活动,也就总以失败告终,不过也总要把当地生活的民族卷入其中,使之深受其害。由上可见,结构对多民族国家的根基稳定,对民族的兴衰存亡,对一个国家的未来前景,都有决定性的作用。按现代结构理论,"在分析政治和政治系统的过程中,结构要件比功能要件更为重要"。[1]所以,重视结构的功能,加速进行经济、文化、民族结构的凝聚性塑建,构建起一种谁也离不开谁的国家经济文化网络结构,是任何一个多民族国家都需认真对待的重大问题之一。

此外,我们在以后欧亚各蒙古政权的衰亡和蒙古族的衰弱中,也看到了文化力的非凡作用。欧亚蒙古政权是在异文化圈的包围中进行统治,结果,或作为统治民族的蒙古族被当地民族同化,或蒙古族政权在异文化民族的反抗中消亡。同样,在推动元朝灭亡的农民起义这一军事力量的背后,还存在着被民族四等制压迫的巨大民族反抗力及宗教的因素。因蒙古统治阶级接受藏传佛教后,佛事耗资极为巨大,动摇了国家的经济基石,而且这种信仰文化也削弱了蒙古族的尚武精神和战斗力。

以上种种都向我们启示着一条非常深刻的道理:在边疆经略中,即使军事力量能大到征服欧亚,政治统治能辉煌一时,但并不能长久起决定作用;而文化,包括社会经济文化结构、各种文化因素形成的积极或消极的文化力,则是无处不在、无时不在起作用,而且它们往往是久远地决定民族兴亡、民心向背和国家权力能否在边疆世代长存的内在因素。而这一切与边疆经略的成败,与国家的政策导向,与国家的文明底蕴,都有重大关系。因此,只有吸收一切先进文化,才能发现传统文化底蕴中的问题,从高瞻远瞩的宏大文化视角出发,在边疆文化经

---

〔1〕雷格斯:《系统理论:结构分析》,见 M.哈斯、H.S.卡列尔编:《政治科学的研究方法》,查德勒出版社,1970年版,203页。

略方面做出与时俱进的英明决策,发展边疆的积极文化力,消解消极文化力,给边疆人民一个长治久安的幸福生活。

(原载《中国边疆史地研究》2006 年第 4 期)

22　从成吉思汗的成功看
蒙古族的优秀思想文化传统

22.1　"谜"一般的成功奇迹

关于成吉思汗的成功,过去一般认为是环境造成的,即时势造英雄论,或者认为仅仅是武力取得的胜利。而札奇斯钦全面阐述了成吉思汗种种优秀的个人素质后,认为他的超越他人的个人素质是成功的主要因素。他说:"在那一个时代的游牧社会中,他的确是一位典型的人物。他敬天至诚,事母至孝,交友至忠,不用权术,信守诺言,恩仇必报,公正严明。这些德行就是到了 20 世纪的今天,也不能说完全变成历史上的陈迹。"〔1〕

我们认为,这种看法比时势造英雄论或武力论深刻了许多,挖掘到了成吉思汗成功的内在因素。本文要着重论述的是思想文化因素与成吉思汗成功的关系。众所周知,亚洲的历史上,形成过不少强盛一时的游牧民族的国家,其人民生息活动的根据地,多在漠南北的广阔草原。其首领武力均不可一世,往往是拥有百万雄师的一代枭雄,如匈奴单于国、突厥汗国、回纥汗国等等。可它们多半是迅起迅落,充其量是对中国边疆地区有过直接的影响,而对中原本土则影响不大。有的游牧民族也曾进入长城内部建立国家,如鲜卑建北魏、契丹建辽国、女真建金朝,但这些古代民族既没能统一中国,也谈不上对世界有多大

---

〔1〕扎奇斯钦:《谈成吉思可汗的言行和他成功的因素》,载《蒙古史论丛》上册,台北学海出版社,1980 年版。

·欧·亚·历·史·文·化·文·库·

影响。他建的"渗透王朝""征服王朝"[1]，后来都销声匿迹，连同其本族都退出了历史舞台。唯有成吉思汗却能使原来谁也不注意的、连固定名称也没有的蒙古族突然崛起，震惊世界。蒙古帝国不仅没有迅起迅落，而且由于成吉思汗赋予了蒙古族以新的文明和生命力，为蒙古的优秀思想文化传统奠定了基础，蒙古族才在世界文明史上烙下了痕迹，至今仍是蒙古草原的主人和一个庞大的现代民族，它终于与史长存，而成了世界"征服王朝"中的佼佼者。这也只能解释为成吉思汗的成功。

成吉思汗和他的后代竟能将亚洲和欧洲的大片领土收入自己的国土。成吉思汗的孙子忽必烈汗曾是统辖了亚洲的4/5和欧洲的大片土地的皇帝。蒙古的征服运动很快席卷了除日本、印度、阿拉伯以外的全部亚洲后，锋刃便指向欧洲，蒙古骑兵的兵锋直达亚德利亚海岸。这样，蒙古帝国的广大地域从多瑙河口、匈牙利、波兰、大诺沃格勒一直延伸到太平洋沿岸，更从北冰洋到亚德利亚海、阿拉伯沙漠、喜马拉雅山脉及印度山脉到中国中原大地。

这个帝国论规模，在历史上没有出现过能与它媲美的国家，它远远超过了亚历山大大帝马其顿的铁蹄、罗马军队的剑、拿破仑军队的大炮所到的地域；论对帝国的后继人的培养，成吉思汗也比另一位与他可媲美的天才的胜利者——亚历山大马其顿更为成功。马其顿曾以密集队形等飞速的军事行动侵入东方诸国，在这里使希腊文明广为发展。可是这位征服者死后的历史却难以与成吉思汗相比了。亚历山大大帝一死，他的高官都奢望帝王宝座而相斗争，分裂帝国，这位大帝的儿子不得不落到了逃亡的处境。成吉思汗一贯是通过各种战争实践锻炼他的子孙，这些由他亲自培养过的子孙，真可谓是一个比一个

---

[1]国外不少学者承认，德裔美籍汉学家 K. A. 维特夫盖尔的征服王朝论是文化人类学的新研究成果。他力图把中国北方民族的斗争和共生现象看作是文化形态不同的民族之间在文化上的冲突或融合，以此分析历史现象。他认为鲜卑之北魏为优秀的汉文化所吸引，终于同化与渗透在汉人社会中，故命名这类王朝为"渗透王朝"（Dynasties of Infiltration）；契丹之辽国虽也被汉文化所吸引，但意识到原骑马游牧文化之价值，采取将汉文化纳入，而建立了独特的国家体制，这与金、元、清相同，均可归为"征服王朝"（Dynasties of Conquest）。

精干的文武全才。后来只由于后代们自身间的相互争斗,才使帝国灭亡,但他们也较长时期统治过半个世界。这些已足以反映成吉思汗蕴藏着许多超越同类游牧帝国和众多世界征服者的成功因素。

事实证明,并不是所有具有军事实力的人,都能达到成吉思汗这种成功的。史实证明他在内政、外交、治国、用人等不少方面也有突出的功业,即使现在看来,也是很不平凡的。总之,成吉思汗和他的帝国,的确是恰如魔术一般使诸多史学家迷惑不解。这也正是至今吸引人们孜孜不倦去研究成吉思汗的重要原因。那么,究竟是什么因素能使成吉思汗取得如此辉煌的成功呢? 笔者认为,成吉思汗的军事天才、治国思想、用人之道,无不是思想文化因素的结晶和体现,而这些又因为成吉思汗的成功,而成为蒙古族优秀思想文化传统的重要方面。

22.2　成吉思汗成功的三大因素

22.2.1　苦难的磨炼与乱世的实践造就了成吉思汗

成吉思汗幼年丧父以后,一个汗室家族破落到只剩孤儿寡母,落到食不充饥、被人追杀的境地。多次九死一生的磨难和母亲诃额仑要求他成为成大业的英雄后代的谆谆教诲,终于使成吉思汗形成了杰出的个人素质。加之,成吉思汗崛起时,正值金、宋、西辽、西夏分裂对峙之际,而广大蒙古地区生活着蒙古、塔塔儿、克烈、汪古、乃蛮、篾儿乞、弘吉剌、斡亦剌等大小众多部落。据《元朝秘史》及波斯拉施特《史集》所著录的统计,差不多有近一百个部落。这些部落不仅强弱大小不一,而且语言、宗教、民族、文化水平也不完全相同。各部极端分散,"各有君长,不受一共主约束"[1]。12 世纪后,蒙古地区已普遍出现"孛斡勒"(奴隶),后因畜牧业发展迅速,新兴"那颜"阶级因剥削的贪欲各部互相残杀,无休止的战争发展到"列国相攻,星天旋回"[2],在这种时代背景下成吉思汗为恢复父祖基业,参加争斗之实践,并取得了不少战

〔1〕屠寄:《蒙兀儿史记·太祖》。
〔2〕道润梯步:《新译简注〈蒙古秘史〉》,内蒙古人民出版社,1978 年版,305 页。

役的胜利,才使成吉思汗有了勇气与动力,立志统一蒙古,抵抗金朝。那个时代与实践决定了他的政治抱负和政治动力的内容,提供了统一蒙古的机遇。这种乱世的实践也造就了出类拔萃的成吉思汗,终于使他完成了建立统一的蒙古的历史使命。

统一的成功,使他走上觊觎中原的第二步。而这时中原也正处在四分五裂的形势下。南北相峙的宋朝与金朝划淮河为界;河西是西夏的势力;西域地区有西辽;西南则有大理;吐蕃地区则小邦林立。而且金朝在处理与西夏和南宋的关系时,也恰恰是失败的。成吉思汗要南下伐金,金却不知团结西夏,反而与西夏争斗不休,因而"两国俱弊"[1]。而且金朝南方又开衅于宋,使成吉思汗得以施展其约宋攻金、各个击破等战略战术。正是这些实践使成吉思汗军事思想步步升华,也使知己知彼的成吉思汗认定可以乱世称雄,于是他雄心勃勃,挥戈南下。

而在遥远的西部边疆,由于乃蛮王子屈出律篡夺了西辽政权,又因以佛教压制伊斯兰教而民愤极大。善于洞察敌情的成吉思汗,便在派兵追击屈出律时宣布宗教自由政策,得到了畏兀儿、西辽等广大地面的自动归降,从而也为成吉思汗开创的蒙古族一贯的宗教自由政策和这类开放性文化传统奠定了基础。同时,有了畏兀儿、西辽这些地区作为后方和跳板,成吉思汗又依靠这种时势,远征欧亚,有了与中亚花剌子模一决胜负的可能,也成为他进入世界性人物的机遇,也是他杰出的军事思想、宗教思想产生的土壤。

可以说,上述苦难与实践、时势与机遇为成吉思汗的成功提供了动力,没有那种时势下的实践,就不一定能造就出成吉思汗这种世界性历史巨人,他本人也不一定有追求统一蒙古、统一中国、追求征服世界的动力与能力。

22.2.2 成吉思汗吸收多种文化形成了先进思想观念,培养了本身的才能与素质

如果把成吉思汗的成功只归结为单纯的"时势造英雄",就无法解

---

[1]《金史》卷134《西夏传》。

释,在同一个客观时势下,为什么当时的其他枭雄没有成为威震欧亚的人物,为什么成吉思汗却能战胜远比他强大的札木合、王罕,甚至武器装备远比他先进、军队人数远比他众多的金朝和花剌子模国呢？所以,显然还有成吉思汗个人的内因。这就是成吉思汗的才能和思想素质超过了他的同时代人,我们认为,成吉思汗是靠广泛吸收各种文化和先进观念才成了超群的天才人物,这也是他成功的主要因素之一,正是这些因素使他比同时代的枭雄们更具有竞争力。

如果深入研究,就会发现成吉思汗的全面成功绝非偶然,更不能简单地认为他不过是个"文盲",偶然地或靠武力成了"天之骄子"。成吉思汗实际上是一个吸收和融合了多种优秀文化传统,因而具有当时较先进的思想和非凡人格素质的天才人物。他成年以后的言行与思想反映出,他敬天崇祖,讲忠孝信义,坚毅骁勇,恩仇必报;他纪律严明,执法公正,知人善任,惜人才、能纳谏;他的军事思想与战略战术,政治思想与有效的治国治军制度,随地域扩大而不断发展,堪称一代天才;他的经济思想与学习农工、商贸先进技术的措施,保证了治国治军的物质基础;他具有政治家的革新头脑;他的札撒与法律思想使社会秩序的井然为当代罕见;他的尊重与兼容各种宗教的思想与受欢迎的宗教自由政策等等,使西进大军在民族地区创造了势如破竹的进军奇迹……凡此等等,都证明这种深邃的思想和品德不是单纯蒙古式游牧文化的产物,而是不同文化荟萃的代表,即使论游牧文化传统,成吉思汗也是吸收了漠北历史上各游牧民族的共同精神遗产。而且必须认识到,成吉思汗通过契丹人、穆斯林人才而对汉文化和中亚文化的吸收,虽是比较隐蔽,却并非完全排斥其精华,他绝不是只固守游牧文化的封闭式人物。

众所周知,汉民族经过历史上数次民族大融合,原来单一意义的汉族,实际上已演变为多民族融混的共同体,汉族子孙身上早已融合了许多游牧民族的血统。文化本身更是一个在吸收与移植异文化过程中、在冲突与融合中发展的精神财富,汉文化到南北朝时不仅其内容已包容有丰富多彩的不同民族的优秀文化,并已正式形成了各种文化因素融合、释儒道三教合流互补的文化格局；而且在汉文化形成发展的漫长历史长河中，它一直向周边各民族地区进行着文化的辐射，战争、贸易、人口移动都导致了文化的相互传播，尤其是丝绸之路的绿洲道、草原道使文化传播辐射面日广，打破了文化封闭隔绝的状态。例如，以佛教文化为例，其传播交融就是纵横交错的。印度佛教文化东渐，在西域和西北与中华文化结合成为藏传佛教文化，藏传佛教由西藏传播至青海、甘肃、宁夏并北传蒙古，又东流与中原的汉传佛教结合，于是类型略异的佛教文化辐射到中华各地。悠久的汉文化的辐射影响的深度与广度自然超过了佛教文化，成吉思汗时又与中亚、西域广通交通，与深受汉文化影响的契丹、女真文化人频繁交往，所以，他自幼除骁勇善骑、重视复仇等游牧文化的一些烙印外，也曾学习汉族与中亚民族的思想观念与科学技术，忠义崇祖，孝遵母训，提倡务商学农。由于主动吸收了各种先进文化，使他的思想观念达到了当时中外先进文化精华荟萃的水平。金哀宗曾指出成吉思汗成功的一个原因："北兵所以常取全胜者，恃北方之马力，就中国之技巧耳。"[1]这话也反映南北文化结合是成吉思汗胜利的原因之一，有一定道理。成吉思汗看到蒙古除了畜牧、狩猎的简单手工业外，技术及有关人才极为缺乏，所以他千方百计从中原和中亚等地搜集大批工业技术人才。如造弓的、造甲的、造火炮的、造云梯的等等。[2] 他曾从中原输入了造桥、造船技术与驿站制度，命木海、张荣建了炮兵、水兵等其他各兵种[3]，大大改进了兵力及交通状况。成吉思汗除了吸收中原兵种，还从金人处学习

---

〔1〕《金史》卷119《完颜娄室传》。

〔2〕《元史》卷149《郭侃、石天应传》。

〔3〕史载："木海……与父字合出俱事太祖，征伐有功。帝尝问攻城略地，兵仗何先，对曰：'攻城以炮石为先，力重而能及远故也。'帝悦，即命为炮手。岁甲戌，太师国王木华黎南伐，帝谕之曰：'木海言，攻城用炮之策甚善，汝能任之，何城不破。'即授金符，使为随路炮手达鲁花赤。木海选五百余人教习之，后定诸国，多赖其力。"（《元史》卷122《木海传》）张荣是归降汉将，当出征花剌子模，"至西域莫兰河，不能涉"时，太祖召问济河之策，荣请造舟。后"造船百艘，遂济河"（《元史》卷151《张荣传》）。

了汉官制[1]。成吉思汗这种对待异族宗教和异族文化的政策,在蒙古族的传统文化中打下了深深的烙印,他的后继人尤其至忽必烈时,基本上都是继承了这种传统的。

成吉思汗主动吸收先进的观念与思想主张的积极性是非同一般的,任何先进的东西他都不放过,如成吉思汗伐金时,每得一位契丹人、汉人或女真人的降将,都一定要亲自召见,细询金国虚实及取金之策。而先进的思想观念,在变革时代,与实践结合,又与骁勇善战的游牧民族优秀传统精神结合,便转化为巨大的生产力和扭转乾坤的力量,正因此,成吉思汗能所向披靡,取得"灭国四十"的"奇勋伟绩"[2]。

22.2.3 各族奇才在成吉思汗麾下大展宏图

成吉思汗具有各族奇才组成的人才核心,作用巨大。即使是具有非凡雄才大略的杰出人物,如果只依靠一个人的力量,仍不可能取得成吉思汗那种军事上所向披靡、政治上曾统治半个地球的空前成功。所以成吉思汗成功的第三个重要因素,是他善于使用与爱惜各族人才,并通过他们吸收各族优秀文化,从而在他周围形成了一个体现多元文化内涵的、在当时可称为一流的精华荟萃的智囊团,史称"猛将如云""谋臣如雨"[3],形成了辅佐他的万马奔腾式的促进力,也完全弥补了成吉思汗本人作为"文盲"的缺陷。历史上国家的兴衰多半与使用人才息息相关,如果深刻掌握了成吉思汗的用人思想,即使在今天加以借鉴,仍是十分难能可贵的,何况在当时,使他创造出威震欧亚的成功奇迹,是完全可以理解的。

成吉思汗用人思想的特色,是不分族属、不看亲疏关系,甚至不论原来是敌是友,他唯才是用、唯忠是用,在那个时代便发挥出了巨大的威力。他千方百计对人才广加网罗的结果,可以说是创建了世界上罕见的高级人才核心,一个第一流的辅佐大汗的智囊团。

---

〔1〕《蒙鞑备录》14 页载:"鞑人袭金虏之制,亦置导录尚书令、左右丞相、左右平章官等,亦置太师、元帅等","皆金虏儿臣教之"。

〔2〕《元史》卷 1《太祖本纪》。

〔3〕《元文类》卷 23。

他曾制定量才用人的原则："智勇兼备者，使之典兵；活泼骁捷者，使之看守辎重；愚钝之人则付之以鞭，使之看守牲畜。"[1] 从这里可以看出他选贤任能的思想。鉴于当时蒙古地区文化尚较落后，自身拥有人才数量有限，对域外事物的认识水平和判断能力不够成熟，成吉思汗采取了明智的引进人才的政策。他在征战中广泛对各民族的有识之士千方百计地网罗，引为己用。在成吉思汗人才政策感召下，忠心耿耿，与他共同创业的，有大量的中亚人、契丹人、西夏人、维吾尔人，也有些汉人。他们为蒙古汗国的政治、经济、军事、文化等方面做出了杰出的贡献，这在今天，也有很大的研究价值。在成吉思汗战功卓著的文臣武将中，塔塔统阿、阿剌瓦而思、哈剌亦哈赤儿鲁、燕真、塔本、巴而术阿尔忒的斤、札八儿火者、曷思麦里、岳璘帖穆尔等人是中亚人；耶律阿海、耶律留哥、石抹也先、高奴、耶律秃花、耶律楚材等是契丹人；郭宝玉、张柔、史天倪、刘伯林、石天应、张荣、谢睦欢等是汉人；昔里铃部、察罕、也蒲甘卜、小丑等是西夏人；还有拓跋人按札儿；女真人粘合重山等，均很著名，称成吉思汗时"猛将如云""谋臣如雨"确不过分。

这三个主要因素如同三大合力，结合到一点，产生了巨大的推进力与前进的惯性，使成吉思汗的事业势如破竹，一往直前。任何一个重大历史事件的背后，都包含着极其复杂而又深刻的原因，从大的方面讲，包括物质文化层面和精神文化层面两方面的原因。忽视任何一个方面，都将有损于结论的全面性、正确性。如果我们从精神方面深入探讨，就会发现，根植于蒙古文化深层的成吉思汗的思想观念，已经在吸收异文化的过程中升华而发生了飞跃，所以成吉思汗绝不是纯粹"野蛮人"的代表，而是留有这种烙印的、融合荟萃型文化的代表，这同蒙古帝国的不断壮大与扩张有着内地的、密切的联系。

一般来讲，思想根植于当时的时代，但成吉思汗却吸收了他那个时代所能产生的最高层次的其他民族的思想观念，使他的思想既适应于他本民族群众的一般愿望、习惯和要求，而又超越了他周围本族民

---

〔1〕《元文类》卷23。

众的思想观念,从而使他的思想成为能够动员民众、驾驭民众、引导民众不断前进,以实现其宏伟目标的巨大物质力量。所以,成吉思汗本人也就被列为我国古代两百位杰出的思想家之一,而不是什么"只识弯弓射大雕"的武夫。

笔者认为,有关成吉思汗的思想研究是对整个成吉思汗时期以及蒙元时期历史与文化研究的重要组成部分:其一,成吉思汗的思想观念是指导蒙古民众四处征战、创建帝国的精神武器,他的思想、观念、行为准则代表着该时期蒙古社会思想意识进步的主流,并深刻影响着蒙古社会与蒙古文化的发展进程。因而,这方面的研究是我们认识蒙古传统文化发展的突破口。其二,成吉思汗的思想观念形成于蒙古民族由氏族制、奴隶制向封建制突变和向外发展的伟大历史变革时期,是中西交通开通、文化交流发达的开创时期,在蒙古族思想文化交流史上占有重要的历史地位,因而,这方面的研究对推进蒙古族思想史、文化史的研究有着特别重要的意义。其三,成吉思汗的思想理论也是我国北方少数民族,特别是游牧民族思想宝库中的重要一章,因而,这方面的研究也有助于我们探讨我国北方游牧民族思想的形成、发展、变化的规律,及其在中华传统文化中的地位。

22.3　蒙古族优秀思想文化与中华文化

中国优秀传统思想文化是中华各族在漫长历史过程中共同创造的。各民族文化之中有进步积极的方面,也有落后消极的方面。民族文化内部所包含的进步的思想意识是民族向前发展的内在契机,这种民族文化的精华,亦即民族文化的生命力之所在。而一定历史阶段中创新的思想意识和民族文化的生命力与活力,又往往是与当时的历史事件和历史人物的重大功绩不可分的,需要人们去发掘、去认识,才能发扬传统文化的精华。这位中国蒙古族的领袖——叱咤风云的成吉思汗就以他的杰出的业绩证明了:中国少数民族也曾以其思想文化的精华丰富了中华传统文化。只是历史上由于种种原因,对少数民族的

·欧·亚·历·史·文·化·文·库·

思想文化,包括其代表人物的思想记载很少,因此要挖掘出少数民族代表人物留给我们的精神财富及代表其民族文化的思想精粹,就有相当的难度。只能通过他的思想脉络和业绩,反映出中国少数民族在塑造中华民族优秀思想文化中的功勋。应该说,成吉思汗天才的治军、治国、治法思想,用人思想、宗教思想等一系列思想观念丰富了中华优秀文化宝库,这是毋庸置疑的。

按历史唯物主义的观点,人无完人,人生无时无刻不在犯大大小小的错误。只不过碌碌无为者的过错,往往因其默默无闻而无人过问,而名位显赫或执掌大权的人物,其错误必然影响巨大,后果严重。但是有错误的人物,并不排斥他们可能是功业卓著、值得研究的重要人物。以成吉思汗为例,自古至今他一直是一个毁誉纷纭的历史巨人。

笔者以为,无论是毁是誉,是褒是贬,都无法否认一个事实:一个带有奴隶社会甚至氏族社会烙印的"野蛮人",竟能从一个走投无路的少年,历尽无比坎坷的人生道路,终于奋斗成为一位蜚声中外的人物,一位世界征服者。仅凭他这种奇迹般的成功史就对人们有无法抗拒的魔力。虽然,这里也确实有值得探讨的思想精华,确实存在谱写人类胜利史的奥秘。为了搜集人类可以借鉴的精神财富,我们以为,发掘那蕴藏在成功者非凡业绩中的精思睿智,以及这中间所体现的思想文化的精粹,可能比无休止地争论他们的历史功罪更为重要。成吉思汗的成功是与其思想紧密不可分的,而他的超前的思想观念,不仅仅是根植于蒙古文化的深层之中,而且吸收了当时邻族和邻国一些先进的思想观念,从而使他不仅能驾驭本族群众,谱写胜利史篇,取得成功,而且由于其威望而流传于以后的蒙古族,丰富了中华文化。

中华民族文化传统是一个枝叶扶疏的宏大体系。在它的优秀传统形成过程中,都发生过对各族文化以至外国文化的批判吸收、相辅相成的关系。成吉思汗时期,促进了这种关系的发展。他为元朝成为我国历史上武功、文治俱强的多民族大一统的封建集权国家奠定了基础。他扶助多种经济,开辟驿站交通,驿站多达万处,最大的驿站所备马匹达400匹。这不仅保证了通讯和行旅安全,而且对东西方经济文化交流起了积极的作用,使唐朝以来的丝绸之路得以全线恢复,欧亚两洲的商贸往来与使节互访也因此逐渐频繁。加之,在成吉思汗周围,中亚各族的汉、女真、契丹、维吾尔等各族的贤才济济。他们代表着当时东西方文明的先进水平,推动了蒙古民族发展的飞跃进程,也促进了其世界性胜利的进程,体现了优秀文化的巨大威力。如果深入探讨各民族的代表人物的成功,就会发现,他们功业的背后,一般都包含有各族文化对中华传统文化的丰富与缔造。成吉思汗根植于游牧文化而又吸收了异族文化的天才治国治军的思想观念,使中华优秀思想文化得以注入新血液,得以丰富、升华。透过这类少数民族杰出人物的成功史,能帮助我们认识中华各族多元文化的精华,就在于吸收与荟萃了国际与族际的先进文化,是各种文化融合、互补、共同发展的结果。

（原载《西北史地》1999 年 1 期,2006 年《成吉思汗文化论集》全文重载）

23 发扬西藏社会文化的优秀传统
（专论）

今年(2001年)5月23日是中央与西藏地方政府签订和平解放西藏协议50周年纪念日。作为生活在西部的文化与民族研究工作者,我们不禁想到了西藏社会文化的优秀传统及其在中华民族发展过程中所发挥的不可替代的作用。于是撰写此文,献给创造西藏社会优秀文化的精英人物和藏地广大同胞。

西藏社会曾多次遭受帝国主义与分裂分子挑起的磨难,但西藏人民傲视风霜,坚如磐石,始终凝聚于中华整体之中,一次次地粉碎了分裂阴谋。西藏人民之所以能这样做,是因为他们有着热爱自己社会文化的优秀传统。

第一,西藏社会的政治文化素有与中央政府保持一致、反对分裂的优秀传统。

历史上,西藏地方政权代表人物大都政治目光敏锐,方向明确,堪称祖国西疆的得力卫士。元代以来,西藏即被纳入祖国的直辖版图,当时的政教领袖人物萨迦、八思巴等人即奠定了服从中央、反对分裂的坚实基础。八思巴在给忽必烈的信中表示,西藏与中央"所有国土终成一统",明确了西藏的政治隶属关系,从而形成了西藏政治文化与中华一统的大好局面。这种大一统政治文化格局在元、明、清数百年当中延续弘扬,为加强藏蒙、藏汉、藏满关系立下了不朽功勋。值得一提的是,无论是明朝取代元朝,还是清朝接替明朝,西藏政教首领或"纳款",或"遣使",都立刻承认西藏对新中央的从属关系。新中国成立之际,十世班禅在贺电中称:"今后人民之康乐可期,国家之复兴有望。西藏解放,指日可待。"他还坚决表示团结在共产党领导之下。这些都充分反映出西藏传统政治文化的凝聚特色与对中央政权一贯的尊崇态度。

第二,近代西藏社会文化中表现出的反帝爱国倾向,证明西藏政教界绝大多数代表人物心系中华,不愧为中华民族忠诚儿女。

近代西藏的门巴、珞巴、羌等民族在抵御外侮、捍卫中国主权的斗争中前赴后继,不怕牺牲,建立了可歌可泣的功勋。1931年,日本帝国主义悍然发动了"九一八"事变,在祖国危难关头,当时正在南京的康藏人士奋起成立了"康藏旅京同乡抗日救国会",召开了一系列重要会议,十三世达赖的驻京代表贡觉仲尼、巫明远及九世班禅驻京办事处处长罗桑坚赞、西康诺那活佛等人均积极参加会议,并形成了抗日救国六大决议,发布"告全国同胞书"。该书义正词严、感人肺腑地表示:"同人等籍隶康藏,万里来京,大义所在,不敢后死。爰成立抗日救国会,以与我全国同胞同立一条战线,赴汤蹈火,在所不辞……宁为刀下之鬼,不作亡国之奴。"其他省区藏胞也纷纷响应,川西藏区57寺僧侣联名誓表"暴日入寇,五族同仇"。各地各寺许多活佛全力奔走,积极抗日;广大藏胞捐款捐物,或与汉、回等族共同组成"抗日救国义勇军"。藏族儿女还踊跃加入共产党领导的抗日八路军,与各族战士共同效命疆场,壮烈捐躯,展示了中华优秀儿女的风采。

第三,西藏社会的民族文化始终保持着与中华各族文化交融凝聚的趋向,同时也体现着善于吸收外来文化的特点。

这一传统是历史铸造的结果。众所周知,唐朝时吐蕃人松赞干布和尺带珠丹与唐朝文成公主、金城公主联姻,确立了吐蕃与唐朝的甥舅关系,形成了"唐蕃一家"的局面。标志这种"慈亲之情"的长庆碑至今竖立在拉萨大昭寺前公主柳下。

长期以来,祖国内地十分关心西藏地区的发展。九世达赖于1935年致函国民政府蒙藏委员会委员长,希望中央"开辟青康卫藏长途汽车公路,继在重要各县架设电台,分置邮局。并敕各宗口兴办学校,教授藏文,以养成其读书习惯,再由此而加授中文及科学知识;按期选派青年留学内地,以资深造"。现在这些均已变成现实,并做得很好。

·欧·亚·历·史·文·化·文·库·

　　藏民族文化的核心——藏传佛教和雪域奇葩——藏医学的蓬勃发展,也反映了藏文化与中华文化交融整合的趋势。藏传佛教是在藏区苯教吸收融合汉传佛教和印度佛教的过程中形成的具有高原特色的宗教。其格鲁派创始人出现于青海,表现出了西藏佛教的本土化能力和内聚发展趋势。藏医学的形成与内地影响有很大关系。在漫长发展过程中,藏民吸收祖国内地及外国医学部分成果,逐渐形成特色鲜明的藏医学。藏医不朽名著《四部医典》的著者是来自大唐的医生塔西·东松岗哇(此名系由被他治好重病的赤松德赞所赐)。近年来敦煌石窟发现的《医疗术》反映出藏医药与汉医药在治疗方法各方面的交融情况,补充并证实了《红史》等书关于"汉地传来历算和医药"的记载。

　　种种事实表明,西藏的民族文化与中华其他各族文化的多层面交融和向心凝聚之势,恰似江河之水灌注大海,没有什么力量可以斩断或阻挡。一切分裂分子的阴谋诡计必将在这汹涌波涛中荡然无存。

(原载《人民日报》[海外版]2001 年 5 月 19 日,第二版)

24 弘扬华夏文明,恢复"民族自信力"

——关于开展中华民族的"民族自信力"讨论的建议

我们受《团结报》2013 年 6 月 6 日所登吕文浩先生《吴景超潘光旦关于"民族自信力"先天根据的论争》一文的启发,觉得当前在复兴中华、建设文化强国的形势下,正好以吴潘两位前辈的讨论为基础,引发一场关于国人"民族自信力"的讨论。所以特写此文,希望能为有关问题的讨论抛砖引玉。

24.1 从吴潘两位前辈对中华民族的评价说起

吴潘两位前辈,虽对"民族特性"的先天与后天各自强调的角度和分量有所不同,但是,即使在潘光旦先生摘译鲍蒂斯所说"中国人的智力比不上大部分西洋人"时,他也没有肯定鲍蒂斯的断言有什么科学依据。两人实际上都认为,无论从生物基础,还是从文化基础看,"没有什么科学证据,能把中华民族列入劣等民族的行列",而吴景超先生则更明确肯定,无论"离开文化而谈民族,离开后天的而谈先天的,就可发现我们中华民族是一个伟大的民族,是有一个灿烂的将来的"。我们很同意,并认为:"那些没有科学依据的断言,不过是西方一些无知的狂人对处于羸弱时期的中国人狭隘的偏见而已。"所以,根本不应该影响我们的民族自信力。尤其到今天,时代的发展已经证明,我们的国家成了世界第二大经济体,我们的航天技术、尖端科学的发展也不比西方落后,按当代移民国家美国对其国内各国高级知识分子贡献的统计数字看,"若以人口比例计算,华人遥遥领先,居于首位",这足以

·欧·亚·历·史·文·化·文·库·

证明中国知识分子的优秀。当代越来越多的美国人承认:若比贡献和成就,"犹太人和华人在美国的表现是最优秀的"。再看看我们中国人:发射一个卫星,准一个进入预定轨道;发一个导弹,准绝对成功一个,从未有过一点偏差。以上种种说明我们中国人是世界上数一数二的优秀民族,我们的智慧绝不比西方人差。这难道不应该增加我们的民族自信力吗? 当然,我们也承认中华民族的发展是不平衡的,像著名的"三鹿奶粉事件"这类为求利而不惜毒害儿童的丑闻也出在我们的国人之中,也确实存在素质差的人群,如随地吐痰、坑蒙拐骗等陋习,使我们被看作是"丑陋的中国人"。这些恶劣素质,也的确让我们看到中华文化沉沦的负面影响。但由此而认为我们的民族就是"丑陋的""劣等民族",甚至对民族的前途悲观失望,那也是很片面的。中华民族的文化沉沦也不过是近代以来的事,这对一个漫漫近万年的文明古国来说,也只是一段短短的丧痛史。

现在中国已经在重新崛起,中国共产党已经在从自身开始整顿种种陋习,这让我们看到中华民族复兴的曙光! 我们不如承接吴潘两位前辈的话题,在"中国梦号角下"振奋精神,多多研讨一下如何恢复与培养我中华民族的"民族自信力",提高我们的民族素质,做复兴中华的逐浪人,准备好进入文明的世界公民的行列!

24.2　中华民族是世界唯一没有中断的万年古文明的文化传人

我们一般把中华早期文明称作华夏文明。总的看来,国内对华夏文明的有关研究中,争论最热烈的是关于其起源到底有多久,起源地在哪里等问题。自从 20 世纪 90 年代,以中华民族史研究会会长史式先生与一批海外华人为代表,提出中华万年文明史观点后,中华万年文明史基本得到认同 。尤其是经过近十多年来的发掘、考证、研究,可确认为万年左右华夏文明遗迹的源头地分布极广,如湖南道县玉蟾岩遗址、江西万年仙人洞和吊桶环遗址、江苏溧水神仙洞遗址、河北徐水南庄头遗址、河北阳原于家沟遗址、广西南宁豹子头遗址和湖南澧县城头山遗址等等,另外还有8000年文化史的甘肃大地湾遗址、彝族万年古文字文献遗址(西南各省和英美法德等国都有收藏)以及江南古越族7000年驾舟出海的海洋文明古迹等等,这些已经使学界认识到,尽管黄河、长江是华夏文明典型的母亲河,但也证实了华夏古文明起源地还同样分布在中国江南沿海地区和西北甘肃一带,所以我们认为,可以说华夏文明的起源地是"多地多元的"。而且这些早期遗址的内涵不仅有代表中原农耕文化的,而且还有超过了欧洲地中海文明的古越海洋文明。追溯到史前时期,有甘肃齐家文化、辛店文化、寺洼文化、四坝文化、沙井文化等等,还有氐羌、西戎等西部游牧族群的文化遗存,加上彝族古文字文明,又证实了华夏文明是中华各地各民族共同创造的、具有农牧海陆多元内涵的悠久文明。尤其它还是世界上唯一一个至今没有断绝的古文明。

国际社会,虽对中华文明的作用及其对世界曾经有过的影响,评价不一,但是面对上述史前时期的出土物及其考证解读,不管到底是5000年还是10000年,都已无法否认中华文明是世界最古老的几大悠久文明之一,也已经证明它是全球唯一一个至今没有断绝的古文明,因为反映中华文明的那些远古的古文、古籍、简牍等等,不仅至今有遗存,到处被发现,而且我们中国人至今还能够对这些遗存出土物进行识别、释义,这种奇迹般的文明传承现象,世界上还没有任何其他文明能够做到,无论是埃及古文明、印度古文明、希腊古文明,不是古史中断,就是证据消亡,唯有中华文明能数千年源源不断地传承发展至今,与世长存,一枝独秀。这难道不是中国人是世界最早开化、最智慧的种族之一的明证吗? 当然,我们也不会忘记维护这枝世界文明之花的许多外国学者,如,200多年前,法国汉学家德·吉涅通过研究《梁书·诸夷传·扶桑》,于1761年发表了《中国人沿美洲海岸航行及居住亚洲极东部几个民族的研究》一文,首先提出中国僧人慧深于齐永元元年(499年)到达过美洲墨西哥,比哥伦布到达美洲早1000年的论断。1863年法国学者阿贝尔·雷米萨将中国僧人法显(337—422年)所著

·欧·亚·历·史·文·化·文·库·

《法显传》(又名《佛国记》)翻译成法文出版,到1900年前后,法国史学界研究认定,法显的确比哥伦布早1000年已到达过美洲。再如,中国古籍《山海经》的"世界舆地图"在中国已经佚亡,但在法国却幸存着其宋版舆图,朝鲜还有唐版"世界舆地图"。1936年前后美国亨莉埃特·墨茨博士经过十多年潜心研究,并在美洲实地考察,得以证实这地图位置和实际"对得上号",更惊人的是该图上的亚洲、欧洲、非洲、澳洲等的位置竟然与当今世界地图基本吻合。她不禁渭然感叹,说:"对于4000年前,就为白雪皑皑的峻峭山峰绘制地图的刚毅无畏的中国人,我们只有顶礼膜拜!"只不过我们这些中国先人没有像所谓"哥伦布发现新大陆"那样,之后带给土著民族的,是掠夺、屠杀的灾难,中国人留下的只是和平的文明记录。这样的民族,谁能说不伟大,谁又能阻止我们有更灿烂而神奇的未来!

24.3 弘扬当代世界需要的和美共荣的中华文明

综上所述,我们认为,前述中华各地的出土物,已经证明黄河文明源、长江文明源、渭水文明源、古越民族海洋文明源、彝族古文字文明源等等,都是中华大地"各民族农牧海陆多元古文明"的实证。如果深入研究华夏文明近万年源远流长中表现的"和美"特色,会更充分证明中华文明是一种以"多元共融""和谐优美"为特色的文明,所以可以立论为"中华多元共融、和美文明论"。

这种"和美共荣"特色的形成,是各民族共同铸造的,特别是春秋战国、十六国魏晋南北朝等历史时期各少数民族大力吸收汉文化,促进了各民族和多元华夏文明的共融发展,形成了诸子百家文化互相吸收、南北各民族地方政权轮番交替的民族大融合的局面,从而也诞生了多元共荣和美文明的特色。

而促进华夏文明交融发展的交融枢纽地,起作用最早、最明显的莫过于今甘肃。甘肃自古是祖国边陲与中原内地的交汇地。不仅在远古,甘肃东部地区是周人崛起和周文化的重要发祥地,到秦人先祖西迁陇右,历经十四代,在渭河流域和西汉水的上游定居,就以中原文化为基础,与西戎、北狄等周边诸族交融,形成了以农牧并举、华戎交汇为特征的早期秦文化。从西北多民族共同融合和发展的文化史看,农耕文化和游牧文化正是在这里开始交融互动,形成了多族群与多元文化得以汇聚融合、取长补短、和美共生的格局,所以甘肃自古就是典型的、为华夏文明和美互动不断注入新鲜血液的创新性枢纽地,如果没有交流互补注入新元素,尤其是像盛唐时期,如果中原农耕文化没有来自西北的马文化的注入,没有突厥回鹘民族帮助平定安史之乱,没有游牧民族远播大唐文化,何来中华文明古国和源远流长的当今唯一流传于世的中华文明,没有交流,不注入有生命力的新文化,任何文化难以长存。所以中央批准甘肃为华夏文明传承创新区,意在深远,需要培育甘肃重新成为文化交汇的枢纽地。因此应该弘扬甘肃临夏广和县那种回族聚居区,因为那是一个奇迹般的和美文化现代社区,不仅其穆斯林文化风味浓厚,而奇特的是穆斯林们还热心介绍其山上的佛教庙宇和不远处与他们和谐共居的藏传佛教民族风情地,这种和美共生的文化情景难道不是对国外相异文化冲突不断的人们参观旅游或新媒体宣传最好的文化内涵吗?应该不仅作为一个重要的文化景区,而且还应以各种文化交融共生的典型形式传播到世界,凸出传承发展华夏文明这类多元文化共生的内涵特色与和美现象。

中华"和美共荣"的被称为平和的"水性文明",在当代是十分可贵的。因为现代世界不同文明的冲突遍布地球村,不同宗教的冲突、不同民族的冲突无时无刻不在威胁人类的安全。人类需要和平,地球人盼望安全。世界渴望中华文明这样和谐共荣、和美相处的水性文明,去扑灭暴力充斥、相异文化互不相容的火性文明。

我们认为,任何一种文明和文化都有不同的价值内涵,复兴中华文明,传承创新华夏文明,需要首先认识我们的文明、文化中最有价值的内涵。为此我们在理论方面提倡重点研究"文明的价值",提出"文化价值论"。美国亨廷顿说,世界上3/5的冲突来自伊斯兰文化与其他

欧·亚·历·史·文·化·文·库·

文化的冲突,这理论影响到美国政府把伊斯兰文化看作是西方文化的敌人,不同宗教在当今时代的确冲突不断,几乎席卷世界。关键在于世界多数文化内涵竞争有余,平和不足,属于火文化,战火不断,应该吸收平和文化的和平内涵。而中华文明源于水,被称为水文化,素有中庸平和、和合共生、天人合一的传统,虽然也需要吸收竞争文化的优点,但在多民族中国,数千年来民族间分分合合,最终几十个民族共同保护了中华文明与和美中国成为世界唯一一个文明没有断绝的国家,这种文化价值在当代就更有价值,是世界所需要的,我们必须创新弘扬,以保障地球村与人类的和平发展。

所以,我们认为,复兴华夏文明,建设文化强国,让中华文明占领世界文明的制高点,重点不应在国内比何省文明时间最长,何地文明起源最早,而是更应该把视野聚焦在文明和文化的价值发掘上,打起精神,恢复民族自信力,关注"挖掘中华文化优秀的价值内涵,让我们的文化载着中国梦重新起航世界行"!文化先进性的重要表现之一就是其对他文化的影响,也即其开放性和强势传播性。中华文明曾经的辉煌就是无可否认地对世界有过重大影响,如,日本等国学者至今在研究日本文字时,不能不承认汉字对日本文字的产生、对日本文化的发展有过重大影响。古代中国的四大发明都远播国外,尤其后来丝绸之路传播的丝绸、茶叶,影响巨大,从较近的罗斯上流社会到遥远的罗马宫廷,无不以身穿中国丝绸为荣。现已成为世界三大饮料的茶文化最早也产于中国,公元5世纪时还是由西北丝绸之路经新疆传入中亚、西亚的,然后又传入罗马及欧洲进而遍及全球。茶叶到清代还是我国出口产品中占半数的支柱产业,而现在中国的茶产量和茶道却被其他国家超越了,那就是我国传承创新的失败和文化沉沦的表现。直到郑和下西洋,我国航海的规模仍然远远超过了名噪一时的哥伦布。中华文明的衰弱也不过只是300多年前海上和陆上丝路先后被统治阶级封闭之后的事,原因就是他们放弃了开放政策,其实也就扼杀了中华文明世界行的发展道路和文化强国的财源,可见文化开放与经济强国是密不可分的。现在随着我国国际地位的上升,孔子学院走向世界,中医中药（包括蒙藏药）气功、针灸等优秀文化的价值正在逐渐被世人发掘，这是外国无法取代的国宝，核心问题是广泛地发掘这类优秀文化使之世界行，同时在走向世界中吸收世界优秀文化，以丰富自身的文明，使中华文明更优秀，而能为世界共享，与世界世代长存。

（原载《团结报》2013 年 8 月 1 日）

跨国民族研究

25　跨国民族地缘冲突的动因与和平跨居条件的思索

——以国际典型的跨国民族冲突为例

25.1　跨国民族的两种截然不同的遭遇

我国的跨国民族研究,是伴随着冷战后频繁的国际地缘冲突,于20世纪末叶兴起的一个民族研究的新领域。20世纪是一个灾难深重的世纪,也是一个内涵极为丰富的世纪:多少曾威名赫赫的扩张帝国毁于一旦,多少曾穷兵黩武的人物声名扫地,多少后起的弱国悄悄崛起……但令人困惑的是人类经历世界大战的巨大灾难后,地缘冲突的热战仍几乎席卷全球。特别是到1982年,第三世界独立国已达到126个,意味着以殖民压迫为特征的殖民主义体系退出了历史舞台,然而原以反殖民主义为标志的民族主义,这时却以分立主义的形式使战乱频起,至今还在延续。

人们见到,此起彼伏的国际地缘冲突与动乱中,频繁显现边疆跨国民族问题的身影,成为令人关注的世界新生态民族问题。我们把它分做三种类型:

第一类是处于独立运动中的国家反对殖民主义时期遗留的不合理疆域划分而要求合并跨国同族的领土、建立民族国家的争战。非洲地区国家大多是建立在按殖民主义势力进行领土分割的基础上的,其边界划分不仅没有遵循国家形成过程中的民族聚居和自然疆界传统,而且这种边界竟将有的民族分割在十多个国家中,由此产生了领土争夺和民族仇杀的地缘冲突,如索马里战争、喀麦隆与尼日利亚流血冲

·欧·亚·历·史·文·化·文·库·

突等等,已使数百万人口生灵涂炭。又如,库尔德人问题,奥斯曼帝国解体后,1920年签订的《色佛条约》中,已明确规定同意库尔德人独立,但1923年签订的《洛桑条约》中,库尔德斯坦却被协约国划分给了土耳其、伊拉克、伊朗等国,从此库尔德跨国民族问题便成了西亚地缘冲突的乱源,造成几十年来一国支持另一国的库尔德人不断发生动乱的局面。

第二类是原社会主义多民族国家中的跨国民族地缘冲突和离心倾向的动乱。典型的如众所周知的阿尔巴尼亚支持南联盟同族的科索沃危机和亚美尼亚与阿塞拜疆的纳-卡争夺等。

科索沃跨国民族引发的冲突使全国经济倒退约10年,经济损失高达2000多亿美元,近百万难民流离失所。结果却落了个科索沃领土被国际维和部队共管,南联盟原总统米洛舍维奇被送交国际法庭的耻辱,而其阿尔巴尼亚族也并未获得独立,更不可能并入阿尔巴尼亚国。这场战争还给周边国家造成巨大损失,多瑙河水运被迫停止一周,仅此一项给罗马尼亚造成7.3亿美元的损失[1]……亚美尼亚和阿塞拜疆竟为了区区0.44万平方公里的纳—卡地区而争战多年,直到1998年冲突才暂告平息,却使纳-卡周边成了一片废墟,50万难民逃离家园。[2]又如乌兹别克与梅斯赫特土耳其人的冲突,克里米亚鞑靼人、日耳曼人要求回归故土等离心倾向的动乱等。

第三类是欧美实行西方政治体制的现代化国家中也出现了以跨国民族分立主义为特征的动乱。其中典型的如西班牙巴斯克人和加拿大魁北克法裔的民族分立运动。西班牙主要的三个少数民族中,巴斯克人最少,约85万,占总人口2.3%;加泰隆人最多,690万,占18.9%。从20世纪70年代末起,两者均有民族分立主义活动,巴斯克人尤其激进,他们极力反对"自治制度",用示威游行、全面罢工到爆炸、暗杀等恐怖手段,要求建立包括西班牙的4个巴斯克人省和法国的3

---

〔1〕参见樊勇明:《西方国际政治经济学》,上海人民出版社,2001年版,384-385页。

〔2〕参见陈志良、黄明哲主编:《世界新纪元丛书·全球大视野》,中国人民大学出版社,1997年版,169页。

个巴斯克人省在内的"拔达岭克社会主义共和国"。仅 1979 年便制造了 195 起杀人事件,恐怖活动不时发生,1997 年"巴斯克独立联盟"绑架残杀一位著名青年政治家的事件,连巴斯克本族人也表示谴责。至于加拿大的魁北克法裔,从 20 世纪 60 年代初提出"保障魁北克文化安全"的口号起,其地方政府的法兰西化政策日益凸现,1967 年勒内勒维克提出了魁北克从加拿大分立的"两国一制"论。同年法国戴高乐总统就发表"自由魁北克万岁"的讲话,表示支持。尽管魁北克解放阵线制造恐怖事件遭到加拿大舆论的纷纷指责,认为"民族主义是背离人类文明发展的倒退概念",但从 20 世纪 80 年代魁北克公民投票尚有64 % 的人反对分立,而到 1995 年却只差一个百分点的情况看,其民族分立主义势力却仍呈扩展势头。[1]

值得重视的是,在中国则是另一番景象。虽然中国西部多数省区地处边疆,为少数民族最多的民族聚居区,全国 55 个少数民族近 1 亿人口中,80 % 以上在西部。全国有 30 多个跨国民族,西部占 20 多个。各民族彼此间当然不可能没有任何矛盾,但基本保持着团结凝聚、谁也离不开谁的关系,各跨国民族则保持着与境外同族和平跨居的模式。这是我国外交政策的光辉成果、中华文明的主流底蕴和中华经济文化圈塑造的凝聚传统的体现。

跨国民族是一种兼有国际关系与族际关系内涵,又兼有政治与文化内涵的特殊人们的共同体和族群集团。从国际关系角度看,中国跨国民族的和平跨居采用过消极防卫的封闭型与积极外交的开放型两种模式。20 世纪 60 年代以后近 30 年中,迫于冷战时期境外一度陈兵54 个师、近百万人的霸权主义压力,也为了防止西方"和平演变"及所谓"大陆腹地"理论[2]、"超越遏制战略"[3]的渗透,我国曾封闭边界。这种被迫采用的封闭模式使我国与周边国家的经济因失去互补优势

---

〔1〕参见王智娟:《当代民族冲突透视》,载《中亚研究》1997 年第 3 期。
〔2〕参见杰费里·帕克:《二十世纪西方地理政治思想》(中译本),解放军出版社,1992 年版,20－23 页。
〔3〕详见《纽约时报》1989 年 5 月 13 日。

均受到重大损失,但总体保证了我国人民的和平生活,我国西北跨国民族也未被利用而像境外那样发生动乱。冷战结束后,国际社会多数国家纷纷扭转冷战思维,提倡以经济手段代替军事手段的地缘经济战略。在这种形势下,仅仅几年,我国即与周边各国,包括新独立的中亚等国按和平共处五项原则协调了边界问题,建立了从"互信、互利、平等、协作为核心的新安全观"出发的国际地缘关系。[1]特别是共同反对"民族分立主义""宗教极端主义"和"恐怖主义"的上海合作组织不能不说是一个在政治经济与综合安全保障各方面均有良好前景的地缘组织。它使我国西北成片聚居的跨国民族的和平跨居模式从基本开放型向具有新时代特征的综合安全保障型模式转变。

从国内族际分布状况划分,我国跨国民族基本分聚居为主型和散居为主型两类。如跨居中老、中越的瑶、苗等十多个民族和跨居中国与中亚的以乌孜别克族、回族为代表的大分散小聚居型,与境外同源民族多不成片毗邻;而中国西北以哈萨克、蒙古、柯尔克孜等族为代表的大聚居小分散型,则其自治州与境外同族居住地毗连,不过这些民族现都有分支或散民因内徙而离开边境聚居区。聚居区内民族成分也并非单一的,各族和睦共居现象普遍。总之,中国跨国民族无论聚居、散居,其主流趋势都是与境外同族长期和平跨居,自由往来。我国各兄弟民族广大人民目前最关心的是如何只争朝夕地在"本世纪中叶实现现代化"[2],走上富裕之路。这与那些战乱流血事件不断、民不聊生的跨国民族地区相比,是一多么可贵、多么值得珍惜的和平景象!

25.2 跨国民族地缘冲突及其分立主义的主要动因探索

尽管当代世界产生跨国民族地缘冲突的原因是复杂的,但如果对

[1]参见江泽民:《在庆祝中国共产党成立80周年大会上的讲话》,载《人民日报》2001年7月2日。
[2]参见江泽民:《在庆祝中国共产党成立80周年大会上的讲话》,载《人民日报》2001年7月2日。

上述三种类型进行比较研究与思索,仍可发现一些值得重视的主要动因。首先总体而论,"我们今天面对的世界范围的民族问题,大多是由西方殖民主义统治造成的",不仅非洲,包括亚洲殖民主义时期造成印巴分治而遗留的克什米尔等争端之所以延续至今,也都是这类"历史遗产"。[1] 我们前述第一类地缘冲突多属这种殖民主义的后遗症。在此基础上,我们进一步思索了两个问题:第一,像苏联这样的理应坚持民族平等的原社会主义国家,为什么也会留下包括跨国民族动乱在内的这种民族问题"遗产"呢? 第二,像西班牙、加拿大这类国家中已经非常富裕的民族,又为什么会产生强烈的民族分立主义呢? 即这类新生态跨国民族分立主义产生的原因是什么?

我们以为,产生这两类民族问题似还有其他不同的深层次原因,其中之一莫过于国家传统文明底蕴的缺陷及其政治亚文化的变异和引起相关民族政策、管理措施、制度文化方面的失误等原因。当然,一种文明可能往往不止一种底蕴,传统文明底蕴应是指在相当长的历史时间上,在相当广阔的人文环境与精神世界的空间中,较稳定地对相关人们起作用的大小文化传统的综合体现[2],即体现为一种文明的、被广泛认同的基本价值取向和文化底蕴。如苏联的崩溃表现为各民族加盟共和国的纷纷独立和包括跨国民族问题在内的民族问题的总爆发。1991 年苏联头面人物利加乔夫承认苏联的重大错误:"我们没有及时看清联盟国家所面临的主要危险。我们总以为,我们社会中的主要矛盾是保守者和改革者之间的矛盾。但是,国家的主要危险却是民族分立主义,还有民族主义运动,它们最终瓦解了苏联。"[3]更需深入反思的是,为什么这些民族分立主义势力能形成规模力量而最终瓦解了苏联呢? 这与其主流文明底蕴关系密切。

10 世纪前的古罗斯文化一般认为是蛮邦文化。俄罗斯真正具有

---

〔1〕郝时远:《21 世纪世界民族问题的基本走向》,载《国外社会科学》2001 年第 1 期。

〔2〕参见台湾学者李亦园:《人类的视野》,上海文艺出版社,1996 年版,143 页。美国人类学家芮菲德认为大传统多半指反省深思后产生的精英文化,而小传统则指社会大众代表的生活文化。

〔3〕陈志良等主编:《世界新纪元丛书·全球大视野》,47 页。

现代文化价值意义的是其权威主义、集体意义的村社组织。著名作家陀思妥耶夫斯基也称俄罗斯文化的根基是"土壤村社精神",实质上即一种专制文化传统。罗斯文化在历史上经历了几次重大的"嫁接""交媾",如"罗斯受洗""彼得革新""马克思主义移植"到俄国等,而且这几次"嫁接"都或者正值拜占庭帝国征服蛮族时期,或者正值英、法、普鲁士新兴国家开始资本主义扩张时期,对沙俄成为扩张性封建农奴制帝国不无影响。十月革命虽使之有所洗面革新,可惜社会主义领导国与"指挥棒"的地位又使其以专制主义为特征的主流文明底蕴未能脱胎换骨。这种传统底蕴正是沙俄吞并中亚各国和苏联凭战胜国地位吞并波罗的海三国等侵略扩张和霸权主义的根源,也是 20 世纪 40 年代它竟将国内日耳曼人、卡尔梅克人、波兰人、克里米亚鞑靼人、梅斯赫特土耳其人、车臣人等 11 个民族举族强行流放中亚等荒凉地区那种极端错误的专制主义行径的深层次根源,造成 300 多万人无家可归,致使被流放民族在心中留下深深的积怨,而要他们的子孙后代记住这"前所未有的悲剧"。[1]也是这种专制主义主流文化底蕴造成了苏联不慎重地划界,不仅留下类似造成纳—卡争端这类不合理的飞地,而且,乌兹别克、塔吉克、吉尔吉斯三共和国的疆界也如同麻花般地拧成一团,其中也有星星点点的飞地。这种人为造成的情况必将为民族关系、国家关系留下隐患。加上联邦制民族共和国这种制度文化与相当专制的大俄罗斯沙文主义的管理相矛盾,以及不合理的经济强行分工,又造成各共和国居民生活困难。笔者 1993 年就目睹了独联体国家面包、蔬菜等难以供应的严重困境。应该承认,苏联时期的成就也是巨大的,因此苏联有的共和国原本并不准备独立。但是"民主化""多元化"和"新思维"思潮兴起,其中也包含有把一些民族加盟共和国看作"包袱"的俄罗斯分立主义倾向,加上原有的专制主义管理体制来了个 180 度的"民主"急转弯,使国家失去了秩序与控制。于是曾被专制主义伤害

---

〔1〕参见〔俄〕乌布沙耶夫著、何俊芳译:《卡尔梅克 1943—1957:一个民族被驱逐与回归的真相·前言》,甘肃文化出版社,1998 年版。

的克里米亚鞑靼人、伏尔加河日耳曼人、波兰人和梅斯赫特土耳其人等跨国民族问题引起境外同族呼应,掀开了离心发展和民族动乱的序幕。原被强并的波罗的海三国最先发难倡导独立,这表明分立主义依附在了专制主义与霸权主义的"皮"上。东欧巨变,震惊世界,强大了多少个世纪的庞大霸权国家令人惋惜地溃于一旦! 虽然俄罗斯还有其他优秀的文明底蕴与文化传统,俄罗斯不会倒下,但毕竟教训是惨痛而深刻的,值得我们细细研究吸取,借以反思。

另外,如前所述,跨国民族问题一般都有境外同族或境外同族所在国政府的公开或暗中支持。但是也必须看到跨国同族或跨文化影响的严重程度,则是与跨国民族所在国的政治文化凝聚性密切相关的。所以,在我们看来,现代多民族国家是否有力地培育政治文化的凝聚力及其经济文化结构性保障,或者说,国家机构如果缺乏构建统一的祖国观念、祖国自豪感的能力,没有采取及时、切实的经济文化措施,预防和制止民族的和地区的政治亚文化变异及民族分立主义势力膨胀,也是另一个重要的深层次原因。

我们强调跨国民族所在国的文明底蕴内因,并不是忽视国际势力的呼应对跨国民族问题的巨大影响,只不过这是众所周知的。显然,如果没有境外势力的支持,主权国家就比较容易解决国内跨国民族的矛盾。前述亚美尼亚、阿尔巴尼亚等国家公开支持他国跨国民族独立以及西方的"和平演变"战略,都起了激励有关国家民族分离情绪的不良作用。如1987年7月克里米亚鞑靼人请愿示威时,有的国家的外交人员就与示威者频频接触;公开支持波罗的海三国民族分立主义,声称从不承认苏对三国地区的主权;支持乌克兰全民公决独立等等。这类活动对东欧巨变显然起了推波助澜的作用。但是,我们也应看到,有些民族分立主义行动并未得到境外同族的呼应,如法国的巴斯克人并未响应西班牙巴斯克人建立独立民族国家的行动,而认为自己首先是法兰西人,并以此感到自豪。特别是巴斯克人和加拿大魁北克法裔这类分立主义还表现出一种不容忽视的新生态特征,即他们与主体民族基本上同属天主教西方文明,仅仅语言上有些差别而已。这种差异显然不会比他们国中的印第安人与主体民族间的文明差异大。而且他们都很富裕,却同样对所在国不满而发生民族分立主义动乱,这里显然有其深刻的内因。根据我们对跨国民族问题的研究心得,这种跨国民族分立主义的实质是附着在政治集团权力扩张主义这张"皮"上的民族分立主义,因政治集团的狭隘利益驱动而引起的一种民族政治亚文化变异。而地域、宗教、文化、经济、制度等的特殊性,都可能被某种政治势力利用而产生变异。所以,西班牙巴斯克人这类跨国民族问题应从其民族地理分布状况及其地区经济结构状况方面寻找动因。归根结底是没有培育出一种谁也离不开谁的国家经济结构和凝聚的政治文化。南联盟也有这方面的原因。试想,无论南联盟的阿族与塞族有怎样的历史隔阂,二战胜利后南斯拉夫毕竟统一了科索沃,完全应该充分发挥国家权力的作用协调这一地区的民族关系。任何族体都无法回避国家对它的改造。不同文化也是可以协调的,可以整合构建的,关键在于国家的政策。但几十年来,塞、阿两族始终格格不入,甚至仇视,这不能不认为是国家管理体制与铸造经济文化凝聚体制及建设统一政治文化方面的失败。

25.3 跨国民族和平跨居的条件与构建地缘综合安全保障体系

通过对跨国民族不同取向的比较研究,首先必须认识到,跨国民族各所在国在日益开放和民主的全球化时代,不论什么社会制度,均无一例外地需要取人之长,改造与完善自身的主流文明底蕴,善于制定切合本国国情的、能团结凝聚各人们共同体的民族政策,或称多元文化政策,从而营造出足以使各自的跨国民族留恋的治安良好、日新月异的现代生活环境,并有足以使其感到可信赖、可依靠的政府与公仆,有足以使其能安居乐业的平等和睦的周邻民族关系等诸如此类的社会条件。这样,才能有遏制民族分立主义膨胀和民族、边疆等各类政治亚文化变异的基础。以我国而论,中国跨国民族的和平跨居反映出其文明传统底蕴、民族政策、疆域状况都与同为社会主义国家的苏联和许多动乱地区是不同的。尽管我们承认中华文明中的儒家文明传统也有封建的糟粕与缺陷，它可能不如西方文明富有竞争性，不如伊斯兰文明那样具有文明输出的覆盖性传播手段等等，但是中华传统文明在和平性、凝聚性方面却很优秀。虽然也经历了几千年封建专制，但幸运的是中国自古就有重视民族问题与边疆问题的传统，从而逐渐形成了中华民族大一统观念这种主流传统文明底蕴。我国早在春秋时已揭开了"夷夏之辨"与"天下主义"之争的序幕，当时就有反对民族偏见的"天下主义"卓见[1]，以后中国历代统一王朝的圣明君主都是主张夷夏一家，反对"非我族类，其心必异"的。唐太宗说他之所以成功的五条经验之一即"自古贵中华，贱夷、狄，朕独爱之如一，故其种落皆依朕如父母"[2]，唐朝盛世也确与此有关。至清代，大一统思想已较为深入人心。雍正帝认为分裂叛乱者必败："如内地之三逆，外藩之察哈尔、噶尔丹、青海、西藏等，偶肆跳梁，即成灰烬。"[3]到了近现代，经过鸦片战争、抗日救亡等一系列丧权辱国、家仇国难的经历，原以封建王朝为中心的大一统思想上升为中华各族是一个同生死、共患难、不可分割整体的近现代民族意识。这种中华各族在血与火的考验中形成的大一统凝聚观念，是中国特有的宝贵文明财富和传统文明底蕴之一。在这种人文环境下，尽管世界民族分立主义、恐怖主义思潮在我国也会有反映，分立主义者即使一时能蒙蔽一部分人，但很难有群众基础。

而且，中国现存疆域的形成，也与非洲或苏联等大不一样，尽管中国历史上个别帝王也有过侵略扩张，但饱受帝国主义欺凌和瓜分后现存的中国领土不是侵略来的，而是数千年来中华各族及其先民共同开拓和经营出来的。他们时而争斗，时而和平交往，时而分裂割据，时而又统一在同一王朝之中，最终各族互相吸收，互相融合，你中有我、我中

---

〔1〕参见阮元校刻：《十三经注疏》，中华书局，1980 年影印本，463 页。

〔2〕《资治通鉴》卷 198，"唐贞观二十一年五月"条。

〔3〕胤禛：《大义觉迷录》卷 1，见《清史资料》第 4 辑，中华书局，1983 年版，24 页。

有你地共生在今天中国的版图上,并在这几千年千丝万缕的交往中形成了凝聚的中华经济文化圈。特别是在中国共产党领导下,我国政府十分关注民族政策、民族关系,关心民族地区的富裕,为此进行西部大开发,启动富民工程。一方面积极与国际接轨,另一方面也注意到无论经济全球化如何发展,任何国家必须在享受全球经济成果的同时,构建一种保护国内市场与本国各族人民整体利益的经济文化模式,一种造成国家政治持续稳定的经济文化基础,特别是发展中国家,更应重视研究构建这种经济文化结构。按现代理论,结构的作用是巨大的,一般认为"在分析政治系统的过程中,结构要件比功能要件更为重要"。[1]正是这种文明底蕴和政策使中国与周边国家多能和睦相处,使分立主义难以在中国国内较凝聚的结构中找到支持的基础,因而统一始终是主流。这不仅是跨国民族和平跨居的基础,或许也是中华民族能始终屹立在东方的奥秘。

但是也必须正视我国长期的封建集权制残留的文化底蕴。要求我们在以民主与现代化机制改造的同时,必须研究其他国家的文化传统和不同的治国经验。如美国实际上是一个移民集团和跨国民族众多的国家,但在美国,民族特性不容许成为享有领土权或政治上单独享有任何管辖权的一种手段,不容许它变成政治组织的排他性手段,不容许成立以民族原则为基础的政党,特别强调政治权利属于个人而非民族群体。[2]在这种国家政策的导向之下,现在各族裔普遍杂居成了美国社会最显著的一大特色,即便存在一定的民族聚居区,也仅仅是"民族孤岛"而已,即普遍杂居下的相对集中,这种相对集中往往是习惯形成的某城镇一条街或某一居民区(印第安人除外),比如旧金山、洛杉矶的唐人街,纽约、新泽西的意大利人区。新移民往把这些街或区当作初期的落脚点,但是全国统一的劳动力大市场很快就会使他

---

[1]雷格斯:《系统理论:结构分析》,转引自 M. 哈斯和 H. S. 卡列尔编:《政治科学的研究方法》,查德勒出版社,1970 年版,203 页。

[2]参见迈克尔·诺瓦克:《多元个性》,见《哈佛大学美国各民族百科全书》,转引自宁骚:《民族与国家》,北京大学出版社,1995 年版,550 页。

们为生存、发展而四处奔走,散落到全国各地去。民族间通婚变得极其平常,华裔中族外通婚者的比例也相当高,已婚女性中族外通婚者达半数以上。[1]在美国,民族经济的概念变得难以理解。事实上在这里民族的存在更多的是一种文化的、意识的存在,国家极力淡化民族,所以人们称美国为能熔化民族的"熔炉"。他们依靠市场经济和全国统一劳动力市场的运作规律来整合政治文化,保障民族个人的经济利益,自然淡化民族的集团权力,这看来是美国民族政策的特点之一。当然,不少国家都有切合自己国情的成功地使各族和平跨居的政策,都值得我们吸取。

其次,跨国民族是一个兼有文化与政治内涵的特殊族体或族群。跨国民族的和平跨居必须在政治上与各所在国保持政治文化的一致,即在与同族保持文化认同的同时,在国际范围却必须与国外同族保持不同的国家认同。所以,跨国民族间的和平跨居也必然涉及其不同所在国之间的关系。而不同国家之间往往会存在国家体制、意识形态、文化传统、文明属性、政策取向、经济发展等方面的差异,有差异就不免会有矛盾。因此跨国民族也就存在容易被某种集团势力利用,使其民族感情、同族观念可能超越其爱国感情、国家观念的特殊性。这也正是跨国民族问题较一般民族问题更为复杂的原因。它要求除了协调国内族际关系外,还要妥善处理国际关系,尤其是与周边国家的地缘关系以及不同属性文明间的关系,建立一种国际综合安全体系。

众所周知,过去一般国家大多依靠驻军守边来防止民族问题。而20世纪90年代冷战结束后,连美国国际问题智囊团也提出应以经济手段代替军事手段来维护其"世界领导地位"的战略思想。这标志着当代已进入了政治经济一体化的时代。许多问题,包括主权国家的民族分立主义和恐怖主义等问题,也已不是仅凭武力或一国之力就可以解决得了的。一方面是这些势力寻求国外同族的支持;另一方面,一些国际势力也往往以各种借口进行干预,而增加了主权国家单独解决这

---

[1]参见《华人》月刊1982年第2期。

些问题的难度。这种事实也使越来越多的国家和明智的政治家日益认识到,构建综合安全体系,增强综合国力与经济实力不仅成为衡量主权国家在国际新格局中所占地位的筹码,并日益成为处理一切国际关系的主导因素。所以,地缘政治经济组合风靡全球,成为新世纪的重要时代特征之一。其中以欧洲共同体为中心谋求东扩的欧盟、以北美为中心逐步扩张的美洲自由贸易区和以东亚为中心步步发展的亚太经合组织,是随新世纪形成的三足鼎立的地缘板块。2001年建立的上海合作组织又成为对世界影响较大的第四极地缘组织。这些都是当代世界地缘政治经济政策的产物和多极世界亮丽的新景观。其中,上海合作组织对相关国家间的关系,包括对聚居的中国西北跨国民族和平跨居的发展,具有重要的综合安全保障意义。不过,我们认为还必须与美国、日本、土耳其等对中国跨国民族有特殊意义的国家建立"空间地缘关系",经常沟通,促进相互理解,作为我国构建综合安全体系的一个必要内容。

另外,极端民族主义者往往利用同宗教、同语族、同文明体系等文化因素,挑起跨国民族分立主义,因此不应轻视西方权威学者亨廷顿提出的"不同文明之间的断层上"[1]容易发生冲突的"文明冲突"论。但我们不同意他关于"儒教文明和伊斯兰文明是今后对西方文明的两种挑战"的断言。我们认为,全球化时代文化交流频繁,文明复合成分高,一般情况下人类文明不会因为某种因素而使整个不同文明间发生冲突,冲突往往是发生在某一侧面,即局部的冲突,总体来说,文明共存、和平共处仍将是主流。共同的文明渊源、语言文化的相近或相同将是一些国家之间建立地域性经济组织的有利条件,但是,前述西班牙、加拿大国内同类西方文明中的相互冲突也证明,民族间的关系、共同经济空间的形成、国家之间的友好关系都不是仅仅以文化的共性为前提的,而是由和平共处条件下的共同利益决定的。如果细细研究,中国哈萨克、柯尔克孜等族的境外同族,历史上之所以在苏维埃时期融入

---

〔1〕引自《时代》周刊1993年10月25日,也可参看1993年8月24日《参考资料》。

了苏联,就是因为与苏联工农兵有反抗沙俄压迫的共同利益;而当代他们之所以又脱离了苏联,也与计划经济体制造成经济困难及专制主义民族政策严重损害了各族的经济政治利益密切相关。

最后,在建立国际地缘综合安全体系中,应充分重视发挥跨国民族同源文化与民族感情的积极纽带作用,促进跨国民族的和平跨居,甚至跨越国家关系而交往是最值得提倡和发展的。如中越关系虽经过一些风风雨雨,但跨居中越的民族却始终未停止往来。我国历次政治运动中和1958—1961三年困难时期,上万壮族人到越南投亲靠友;而1970—1989年越南经济危机时,越南普拉族则自发大批迁到云南的同族亲友处。两国间估计有上千条大路小径相通,即使当两侧布满地雷时,他们也沿自己踩出的小径来往。而支持这种割不断的跨国交往的原因,我们以为主要是小文化传统,即民间的习俗传统。如越南倮倮族人死后,亲友要敲打铜鼓把亡灵送回死者在中国的故乡。又如两国人常到边境两侧赶"圩市"进行交易等等。[1]可以说这是一种十分可贵的、不受国家关系影响的民间主导型和平跨居模式,应作为和平跨居、文明共存的较佳模式推广发展,地缘和平就会有保障。

总之,我们认为一个国家的政治成熟在于处处考虑国家利益与人民利益的一致,并从国际冲突、民族与国家之间的冲突中扩大视野,结合国情构建政治文化凝聚性的经济文化结构,以维持自身长治久安的政治统一性;而一国政治之最可怕处,则莫过于不能使国民凝聚成一个整体,却造成各民族之间的利益冲突,以致引起政治亚文化的变异。这是需要反复思索的!

(原载《中国边疆史地研究》2003年第2期)

[1]参见范宏贵:《中越两国的跨境民族概述》,载《民族研究》1996年第6期。

·欧·亚·历·史·文·化·文·库·

26　论中国西北跨国民族的
和平跨居模式

26.1　跨国民族的地缘冲突与和平跨居

冷战后多数爱好和平的人们认识到,20世纪是一个灾难深重的世纪,也是一个内涵极为丰富的世纪。她告诉了人类,世界永恒的真理就是侵略扩张者必败:多少曾威名赫赫的扩张帝国毁于一旦;多少穷兵黩武的人物声名扫地;多少后起的弱国却骤然崛起……但令人遗憾的是,并不是所有的人都能认识20世纪留下的深沉的教训。世界大战的巨大灾难和冷战的两极俱伤,本应使人们理智地选择和平,但令人困惑的是地缘冲突的热战仍几乎席卷全球,人类所追求的和平与发展为主流的社会进程,似阻力重重。另外,1982年,第三世界独立国已达到126个,意味着以殖民压迫为特征的殖民主义体系退出了历史舞台,然而原以反殖民主义为标志的民族主义,现在却以分立主义的形式使战乱频起,原来的皮之不存,其毛将焉附?

冷战后此起彼伏的国际地缘冲突与战乱中,跨国民族问题是一个重要的类型,表现为一种值得关注的新生态民族问题。印巴的克什米尔争端、库尔德问题的国际化、卢旺达与布隆迪的种族仇杀、喀麦隆与尼日利亚的流血冲突、阿塞拜疆与亚美尼亚的纳-卡争夺、马其顿战争、科索沃危机……其结果是百姓、国家、地区均深受其害。如阿塞拜疆和亚美尼亚为了区区0.4平方公里的纳卡地区而争战多年,使纳卡周边成了一片废墟,50 万难民逃离家园[1];夹杂众多跨国民族问题的非洲战乱则已使数百万人口生灵涂炭;科索沃跨国民族引发的冲突使全国经济倒退约 10 年,经济损失高达 2000 多亿美元,近百万难民流离失所。这场战争还给周边国家造成巨大损失,多瑙河水运被迫停止一周,仅此一项给罗马尼亚造成 7.3 亿美元的损失[2]……跨国民族问题成了世界的现代灾难。据联合国难民事务署公布的 1997—1998 年度《世界难民年度报告》的数字,当时全世界已有难民达 2200 万人。[3]

不过,在中国则是另一番景象。直到现在,虽然中国西部多数省区地处边疆,为少数民族最多的民族聚居区,全国 55 个少数民族近 1 亿人口中,80% 以上在西部。全国有 30 多个跨国民族,特别是西部占 20 多个。各民族彼此间当然不可能没有任何矛盾,但基本保持着团结凝聚、谁也离不开谁的关系,各跨国民族则保持着与境外同族和平跨居的模式[4],这是中国外交政策的光辉成果和中华文明的主流底蕴和中华经济文化圈塑造的凝聚传统的体现。

我们认为,从国际关系角度看,中国西部跨国民族的和平跨居出现过消极防卫的封闭型、民间自发型与积极外交的开放型三种模式。如 20 世纪 60 年代以后近 30 年中,迫于冷战时期境外霸权主义压力,也由于西方为达到和平演变与民族分立的目的,推行所谓"大陆腹地"理论[5]、"超越遏制战略"[6],中国被迫在西北边疆陈兵百万,封闭边界。这种被迫采用的封闭模式使中国与境外国家的经济因失去互补优势均受到重大损失。但总算保证了中国人民的和平生活,聚居西部

〔1〕陈志良、黄明哲主编:《世界新纪元丛书·全球大视野》,中国人民大学出版社,1997 年版,169 页。

〔2〕参见樊勇明:《西方国际政治经济学》,上海人民出版社,2001 年版,384 - 385 页。

〔3〕引自郑言实:《1997 年世界民族关系热点综述》,载《世界民族》1998 年 2 期。

〔4〕详见马曼丽主编:《中亚研究——中亚与中国同源跨国民族卷》第 4 章,民族出版社,1995 年版,37 - 42 页。

〔5〕杰费里·帕克:《二十世纪西方地理政治思想》(中译本),解放军出版社,1992 年版,20 - 23 页。

〔6〕详见《纽约时报》1989 年 5 月 13 日或著名地缘政治学家麦金德把中亚称世界心脏地带,而亚欧大陆甚至包括非洲则为世界岛。谁控制这些地带,谁便能统治世界。

·欧·亚·历·史·文·化·文·库·

跨国民族也未被利用而像境外那样发生动乱。在中越关系出现风风雨雨的变动时,甚至国家关系一度紧张时,两国的跨国民族却似然冲破重重阻碍维系着和平交往。特别有趣的是,中国1958年开始的三年困难时期,上万壮族群众到越南投靠友;而20世纪七八十年代越南经济危机时,越南普拉族大批迁入中国云南,成为跨国民族所在国经济状况的晴雨表。甚至不顾两侧边境布满地雷,他们沿自己踩出的小道每逢贸易"圩日"照常交易,照常跨国通婚,越南有的民族则照常将亡人骨灰送回中国。中越跨国民族可以看作是民间自发型和平跨居,即其民间自发交往胜过国家主导力量。如冷战结束后,国际社会多数国家纷纷扭转冷战思维,提倡以经济手段代替军事手段的地缘经济战略。在这种形势下,仅仅几年,中国即与周边各国,包括新独立的中亚等国按和平共处五项原则协调了边界问题,建立了从"互信、互利、平等、协作为核心的新安全观"[1]出发的国际地缘关系。参加了上海合作组织与亚太经合组织。特别是其中共同反对"民族分立主义""宗教极端主义"和"恐怖主义"的上海合作组织,不能不说是一个在政治经济与综合安全保障各方面均有良好前景的地缘组织。它使中国跨国民族的和平跨居模式从基本开放型向具有新时代特征的综合安全保障型开放模式转变。

从国内族际分布状况划分,中国跨国民族基本分聚居为主型和散居为主型两类。如以乌孜别克族、回族及壮族、瑶族、苗族等西南众多杂居为主的大分散小聚居型,与境外同源民族多不毗邻;而以哈萨克、蒙古、柯尔克孜等族为代表的大聚居小分散型,则其自治州与境外同族毗连,不过这些民族现都有分支或散民因内徙而离开边境聚居区。聚居区内民族成分也并非单一的,各族和睦杂居现象普遍。总之,中国跨国民族无论聚居、散居,都与境外同族长期和平跨居,自由往来。我国各兄弟民族广大人民目前最关心的是如何只争朝夕地在"本世纪中

---

〔1〕江泽民:《在庆祝中国共产党成立八十周年大会上的讲话》,载《人民日报》2001年7月2日。

叶实现现代化"[1],特别是跨国边境贸易日益升温,不少人发财致富,走上了富裕之路。这与那些战乱流血事件不断、民不聊生的跨国民族地区相比,是一片多么可贵、多么值得珍惜的和平景象!

26.2　跨国民族取向与
国家传统文明底蕴的关系

如果对当代世界跨国民族地缘冲突和跨国民族和平跨居现象进行梳理与比较研究,可以发现,尽管产生这种截然不同的景况有其复杂原因,但其深层次的关键原因,莫过于国家传统文明底蕴的作用和国际势力属性对相关地区与民族的影响。传统文明底蕴应是指,在相当广阔的人文环境与精神世界的空间中,深层起作用的大小文化传统的综合体现[2]和基本价值取向。限于篇幅,远的不说,仅以中国西北跨国民族与其境外同族所在中亚地区的情况为例,比较简述之。

苏联的崩溃表现为中亚等民族加盟共和国的纷纷独立和包括跨国民族问题在内的民族问题的总爆发。1991 年利加乔夫在美国哥伦比亚大学演说中承认苏联的重大错误:"我们没有及时看清联盟国家所面临的主要危险。我们总以为,我们社会中的主要矛盾是保守者和改革者之间的矛盾。但是,国家的主要危险却是民族分立主义,还有民族主义运动,它们最终瓦解了苏联。"[3]更需深入反思的是,为什么这些民族分立主义势力能形成规模力量而最终瓦解苏联呢?冰冻三尺,非一日之寒。我们以为,这是与其传统文明底蕴有关的一系列民族政策、管理措施、制度文化等问题休戚相关的。

10 世纪前的古罗斯文化一般认为是蛮邦文化,西方对俄国人有

---

〔1〕江泽民:《在庆祝中国共产党成立八十周年大会上的讲话》,载《人民日报》2001 年 7 月 2 日。

〔2〕引自台湾学者李亦园:《人类的视野》,上海文艺出版社,1996 年版,143 页;美国人类学家芮菲德认为大传统多半指反省深思后产生的精英文化;而小传统则指社会大众代表的生活文化。

〔3〕黄明哲等著:《世界新纪元丛书·全球大视野》,中国人民大学出版社,1997 年版,47 页。

"鞑子"之称。俄罗斯真正具有现代文化价值意义的是其权威主义、集体意义的村社组织。著名作家陀思妥耶夫斯基称俄罗斯文化的根基是"土壤村精神",实质上即一种专制文化传统。虽然罗斯文化历史上经历了几次重大的"嫁接""交媾",特别是吸取了几个时代的欧洲先进文化,已经是一种屹立于世界的、被称为斯拉夫·东正教文明的现代文明,但是,在我们看来,它的专制文化的特质不仅没有消失,而且加入了西方文明的强权扩张属性,使其文明底蕴中打下了深深的扩张与霸权的烙印。为什么会这样?第一次"罗斯受洗"接受了以基督教正教为核心的拜占庭文化的洗礼,虽吸收了其政治、艺术、语言等发达的精神文明,但当时正值西罗马帝国亡后,拜占庭帝国俨然以后继罗马帝国姿态归化和征服一批蛮族的时期,这种扩张特性也被吸入了俄罗斯。俄国彼得大帝第二次文明大变革应属"彼得革新",这次俄罗斯一方面吸收西方文明的启蒙思想和现代科技文化,使俄罗斯在"彼得革新"后仅短短百年,一跃而为近代列强。但另一方面,当时又正值英、法、普鲁士新兴国家开始资本主义扩张时期,对沙俄成为封建帝国也不无影响。其第三次文明变革是"马克思主义移植"到俄国。俄罗斯受到了十月革命的洗面革新,可惜社会主义领导国与"指挥棒"的地位又使其专制主义为特征的文明底蕴未能脱胎换骨。这种传统底蕴正是沙俄吞并中亚各国,苏联凭战胜国地位强并波罗的海三国等侵略扩张和霸权主义的根源。也是 20 世纪 40 年代竟将苏联日耳曼人、卡尔梅克人、波兰人、爱沙尼亚人、库尔德人、立陶宛人、拉脱维亚人、车臣人等十多个民族举族流放西伯利亚、中亚等荒凉地区那种极端错误的、专制主义行径的深层次根源,致使被流放民族在心中留下深深的积怨,而要他们的子孙后代记住这"前所未有的悲剧"[1]。而且,苏联对联邦制共和国这种本不合适的制度文化,加上了相当专制与大俄罗斯沙文主义的管理;不合理的经济强行分工,又造成各共和国生活困难。

---

〔1〕〔俄〕乌布沙耶夫著、何俊芳译:《卡尔梅克 1943—1957:一个民族被驱逐与回归的真相·前言》,甘肃文化出版社,1998 年版。

于是矛盾交错如乱麻。应该承认,苏联时期的成就也是巨大的,在其帮助下苏联各民族的进步也是日新月异的,然而在西方千方百计的"和平演变"政策面前,潜伏的矛盾危机四伏。戈尔巴乔夫推行"民主化""多元化"和"新思维"政策,标志苏联改革进入转型期,而且是从原有的专制主义管理体制来了个 180 度的"民主"急转弯,各加盟共和国权利遽然扩大到无法控制。于是克里米亚鞑靼人、伏尔加河日耳曼人、波兰人和梅斯赫特土耳其人等跨国民族问题引起境外同族呼应,掀开了离心发展和民族动乱的序幕;原被强并的波罗的海三国则被境外北欧国家的富裕吸引,最先发难倡导独立,各加盟共和国纷纷响应。东欧巨变,震惊世界,强大了多少个世纪的庞大霸权国家令人惋惜地溃于一旦!虽然,俄罗斯还有其他优秀的文明底蕴与文化传统,俄罗斯不会倒下。但毕竟教训是惨痛而深刻的,值得我们细细研究吸取,借以反思。

当然上述苏联专制扩张的文明底蕴主要是内因,国际势力的呼应也加速了苏联解体。至少西方公开与不公开的"和平演变""超越遏制"战略起了激励民族分离情绪的不良作用。如果寻一下世界地缘冲突的"根",看来,归根结底,一是新老霸权政治的产物,如殖民主义留下的不合理疆域划分等毒瘤在新时期的恶性发作或是国际强权政治集团、利益集团的幕后支持;二是包括沙俄等封建帝国在内的历史扩张所埋伏的久远矛盾的爆发;三是民族分立主义和狭隘民族主义在全球化新形势下的膨胀。而这些也往往是某种文明底蕴的反映。

当然,苏联的例子只是一种类型。不同地区民族问题中的是非是十分复杂的,引发因素也纷繁难测,如种族、宗教、文化上的偏激心理,地区经济发展的不平衡,民族政策的失误,民族主义与分裂主义势力的非理性冲动,现实生活状况的不够满意或某些外界的影响等等,都可能引发民族问题。

而中国的文明传统底蕴、民族政策、疆域状况都与苏联和许多动乱地区截然不同。尽管我们承认中华文明中的儒家文明传统也有封建的糟粕与缺陷,它可能不如西方文明富有竞争性、进取性,不如伊斯兰文明那样具有文明输出的覆盖性传播手段,等等。但是,我们在自觉地改造它。而中华传统文明在和平性、凝聚性方面却很优秀。

我国的跨国民族能和平跨居,则表现在文化底蕴上与苏联有很大不同。如我国自古有重视民族问题与边疆问题的传统,从而逐渐形成了中华民族大一统观念这种传统文明底蕴。我国早在春秋时已揭开了"夷夏之辨"与"天下主义"之争的序幕,当时就有反对民族偏见的"天下主义"卓见。如《诗经·谷风》说:"溥天之下,莫非王臣。率土之滨,莫非王土。"[1]孔子作《春秋》虽强调"华夷之辨",但主张大一统:"管仲相桓公,霸诸侯,一匡天下,民到于今受其赐。"[2]以后中国历代统一王朝的圣明君主都是主张夷夏一家,反对"非我族类,其心必异"的,唐太宗说他成功五条经验之一即"自古贵中华,贱夷、狄,朕独爱之如一,故其种落皆依朕如父母"[3],唐朝盛世也确与此有关。至清代大一统思想已较深入人心。雍正帝认为分裂叛乱者必败:"如内地之三逆,外藩之察哈尔、噶尔丹、青海、西藏等,偶肆跳梁,即成灰烬。"[4]正是在这种文化观念下,连噶尔丹要与清廷南北分治时,也声明"并无自外于中华皇帝、达赖喇嘛礼法之意","与中国一道同轨"[5] 到了近现代,经过鸦片战争、抗日救亡等一系列家仇国难、丧权辱国的经历,原以封建王朝为中心的大一统思想上升为中华各族是一个同生死、共患难、不可分割整体的近现代民族意识。这种中华各族在血与火的考验中形成的大一统凝聚观念,是我国特有的宝贵文明财富和传统文明底蕴之一。在这种人文环境下,任何的分立主义者总是会像过街老鼠,遭到人人喊打的灭顶之灾。

而且,中国现存疆域的形成,也和苏联大不一样,尽管中国历史上个别帝王也有过侵略扩张,但饱受帝国主义欺凌和瓜分后现存的中国领土不是侵略来的,而是数千年来中华各族及其先民共同开拓和经营出来的。他们时而争斗,时而和平交往,时而分裂割据,时而又统一在

---

〔1〕阮元校刻:《十三经注疏》,中华书局,1980 年影印本,463 页。

〔2〕《论语·宪问》。

〔3〕《资治通鉴》第 13 卷,中华书局,1956 年版,6247 页。

〔4〕胤禛:《大义觉迷录》卷 1,见《清史资料》第 4 辑,中华书局 1983 年版,24 页。

〔5〕达温等撰:《亲征平定朔漠方略》第 5、7 卷。

同一王朝之中,最终各族互相吸收,互相融合,你中有我,我中有你地共生在今天中国的版图上,并在这几千年千丝万缕的交往中形成了凝聚的中华经济文化圈[1],这种文明底蕴使中国的分裂始终是支流,而统一始终是主流,这不仅是跨国民族和平跨居的基础,或许也是中华民族能始终屹立在东方的奥秘。

26.3　跨国民族和平跨居与文明共存

跨国民族是一个兼有文化与政治内涵的特殊族体或族群。跨国民族的和平跨居必须在政治上与各所在国保持政治文化的一致。而不同国家之间往往会存在国家体制、意识形态、文化传统、文明属性、政策取向、经济发展等各方面的差异,有差异就不免会有矛盾。因此跨国民族和平跨居必须遵循不同文明共存以及民族感情、同族观念与其爱国感情、国家观念共存的特殊性。这也正是跨国民族问题较一般民族问题更为复杂的原因。它要求除了协调国内族际关系,还要妥善处理与周边国家的地缘关系以及不同属性文明间的关系。

我们认为,21世纪爱好和平的主权国家对跨国民族的和平跨居还是可以有所作为的。最重要的似应发展以和平交往为特征的国际地缘关系与文明共存,抵制以文明扩张为新形式的威胁主权国家安全的新强权政治势力。

当代,全球化已成发展主流。许多全球性问题已不是仅凭武力或一国之力可以解决得了的。这种事实也使越来越多的国家和明智的政治家日益认识到,综合国力与经济实力不仅成为衡量主权国家在国际新格局中所占地位的筹码,并日益成为处理一切国际关系的主导因素。我们认为,新世纪,地缘政治经济组合风靡全球,成为新世纪的重要时代特征之一。世界各国因种种复杂原因都在受到地缘法则的制约,并开始推行各自的地缘政治经济战略。其中以欧盟为中心谋求东

---

〔1〕以上参见马曼丽主编:《中国西北边疆发展史研究》,黑龙江教育出版社,2001年版,17页、45页。

扩的欧洲共同体、以北美为中心逐步扩张的美洲自由贸易区和以东亚为中心步步发展的亚太经合组织,是随新世纪形成的三足鼎立的地缘板块。2001 年 6 月 15 日宣告成立的六国合作组织(上海合作组织)又成为对世界影响较大的第四极地缘组织。这些都是当代世界地缘政治经济政策的产物和多极世界亮丽的新景观。特别是上海合作组织对相关国家间的关系,包括中国西北跨国民族和平跨居的发展具有重要的综合安全保障意义。和平是多么美好!

但是沉浸在和平憧憬中的人们却被西方权威政治家亨廷顿的"文明冲突"新论惊醒。这篇 1996 年在新加坡等有关国际会议上争论得沸沸扬扬的文章中断言:"今后主要的全球性冲突将发生在具有不同文明背景的国家和集团之间""不按政治或经济制度,不按经济发展水平,而按文化背景来划分国家,这要具有大得多的意义",他把今天世界上的文明划分为西方文明、儒教文明、日本文明、伊斯兰文明、印度文明、斯拉夫·东正教文明、拉美文明、非洲文明,并说,文明的冲突就将发生在以上"不同文明之间的断层上"。[1] 一般认为亨廷顿先生学术功力不凡,所以这一论断更不可轻视。我们认为,新论似有合理内核,重视"文化力";重视世界不同事物的矛盾冲突。但如果细细琢磨,却令人充满困惑,人们不免会敏感地想到,中国西北跨国民族所涉及的中国西北和中亚一带这一地区在地理上处于西方的欧洲和东方的亚洲,北方的俄罗斯和南方的伊斯兰世界的交接部位,是东进西出和南上北下的必经之地,不正是所谓西方文明与连成一片的伊斯兰文明和另一片中国及所连南亚儒教文明,甚至斯拉夫·东正教文明交界的"断层"么? 由此,这一新论难免使人联想到当年西方著名地缘政治学家麦金德的大陆腹地论。特别令人困惑的是,亨廷顿甚至断定"儒教文明和伊斯兰文明是今后对西方的两种挑战"[2]。只是我们不清楚这两面树敌将是开展"断层上"的热战,还是"文明的冷战"? 我们只清楚

---

〔1〕哈佛大学约翰·奥林战略研究所所长塞缪尔·亨廷顿:《文明的冲突》,载美国《外交》季刊 1993 年夏季号,转引自 1993 年 8 月 24 日《参考资料》。

〔2〕载《时代》周刊,1993 年 10 月 25 日。

记得,据美国前总统尼克松计算,冷战期间美国国防开支累计高达 12.7 万亿美元。[1] 巨额军费支出虽换来了苏东各国的解体,但也使美国在 20 世纪 90 年代初的国债总额高达 4 亿万美元,高居世界榜首。而其国民生产总值在世界总产值中的比重则已由战后初期的 60% 下降至 23%。试想,如果再经历几大文明的"冲突"之后,世界又会是怎样的几败俱伤呢?

我们认为,人类不同文明发展的过程中,有共融,有冲突,有互补,有变迁……而且,其总体取向与时代人文环境、国际政治环境有重大关系。当然,共同的文明渊源、语言文化的相近或相同将是一些国家之间建立地域性经济共同体的有利条件,但是,共同经济空间的形成,国家之间的友好关系并不是以文化的共性为前提的,而是由和平共处条件下的共同利益决定的。当代,伴随冷战结束,世界各国开始摆脱旧的对抗格局,寻求各族和平跨居,各国和平共处。这样的形势下,如果不提倡和寻求文明共存,实在是令人惋惜万分。

实际上,现代社会中,文化通过不断的交流与整合,一种文明一般都是以自己传统的文化为基础,融合了大量其他文化,从而形成一种新的复合文明。许多现代民族也不是单一文明的载体,而现代国家中则更是一种不同文明融合共存的状况。世界上许多国家都是多种文明、多种文化相互重叠的地区,其民族文化也往往很难确定它究竟属于哪一种文明或文化。如中华现代文明,经过五四新文化运动、马列主义输入,特别是当代与世界文明接轨,早已不是单一的儒教文明。中国有不同文化特征的跨国民族,是文明共存的写照。而按文明冲突,这里似应发生大冲突、大动乱才合乎其逻辑。而事实上现代文明的发展规律,由于文化交流频繁,复合成分高,人类文明不至于因为一种因素而促使整个文明发生冲突或变迁。即当代文明冲突的发生一般不会是全面的,而是可能发生在不同的侧面,如文化的物质层、制度层等。这些碰撞不会影响不同文明共存。

---

〔1〕理查德·M.尼克松著:《超越和平》,世界知识出版社,1995 年版,26 页。

我们认为,亨廷顿先生所说"文明的冲突",其本质看来是有些势力集团从霸权扩张改变为文明扩张,或是因为霸权主义、强权政治、民族分立主义等等引发的冲突,在爱好和平的人民心目中都名声不佳,而"文明",则是多么文明而美好的形象!

中国不会妄想把他国文明踢出地球,而是将吸收世界不同的优秀文明,尊重不同文明,继续执行跨国民族和平跨居的方针:和平跨居,文明共存。江泽民同志的表态非常明确:"世界是丰富多彩的。各国文明的多样性,是人类社会的基本特征,也是人类文明进步的动力。应尊重各国的历史文化、社会制度和发展模式,承认世界多样性的现实。世界各种文明和社会制度,应长期共存,在竞争比较中取长补短,在求同存异中共同发展。我们将继续同各国人民一道,为建设一个持久和平与普遍繁荣的世界而努力。"[1]

(原载《新疆大学学报》2003 年第 4 期)

---

〔1〕江泽民:《在庆祝中国共产党成立八十周年大会上的讲话》。

27 论历史上的中华经济文化圈

27.1 农耕与游牧经济关系的
二元对立论与统一共生论

中国的北方,包括西北和东北,主要是以畜牧业为特征的游牧经济和游牧文化圈地区;而中国南部,包括中原内地,则是以农耕业为主的农业经济和商业经济文化圈地区。对于这两种经济文化体系相互关系的研究,实际上也就是对中国边疆与中原关系的研究。迄今,这方面的研究已经形成有影响的几大典型学派的看法,其中,日本学者中的南北对立论,影响较大。日本早期东方学家从百鸟库吉先生起,就有相当系统的两元对立论的论述,强调中国边疆与中原的关系是北方游牧民族、西疆游牧民族与南方农耕民族因游牧文化圈与农耕文化圈截然分离而形成的二元对立关系。昭和年间的松田寿男先生又进一步以干燥亚洲和湿润亚洲这两个对立的历史地理概念来解释二元与二元对立论。战后,江上波夫先生则提出了有关这方面论题的骑马民族征服王朝论。这些日本学者的研究,总体上是期望通过中国北方和南方边疆与中原、游牧文化与农耕文化的对立关系,通过国家与文化圈的关系来把握亚洲史的发展规律。

与这些研究相呼应并取得一定成果的德裔美国汉学家维特夫盖尔,也从文化人类学的角度提出了渗透王朝与征服王朝论。

不过,应当指出,维特夫盖尔在研究北方民族与南方民族二者之间存在着的对立斗争关系时,指出北方游牧民族与南方农耕民族之间还存在"共生"关系等种种社会历史现象,认为是文化形态不同的各民

·欧·亚·历·史·文·化·文·库·

族之间在文化方面的冲突或融合,并以此来分析历史事实。他在研究北方契丹族建立的辽王朝的过程中,把远在辽朝建立之前四五世纪就进入中原并在华北建立了北魏王朝的鲜卑族和契丹族做了对比,发现这两个民族虽然同样都是出身于北方的游牧民族,但所建立的两个王朝在与汉文化接触时,所持的态度却显著不同。北魏的鲜卑统治者在统治被征服的汉人社会的过程中,完全被优秀的汉族文化所吸引,终于陶醉其中。他认为,在他们的国家结构中,人们找不到游牧民族所特有的文化形态及社会体制,毋宁说他们正是在汉族文化理念的基础上建立起国家体制的。由于采取以汉族文化为基调的文化政策,不久,北魏政权借以立足的鲜卑族本身的社会基础就崩溃了,他们终于浸透并被同化在汉人的社会中。与北魏相反,契丹族所建立的辽朝虽然也同样被汉文化所吸引,但他们能够意识到游牧骑马文化所具有的独特的价值,把它纳入王朝的政治结构中,从而建立起自己独特的国家体制。在指出这两个王朝的显著不同之后,维特夫盖尔主张应把北魏这一类的王朝命名为渗透王朝(Dynasties of infiltration),把辽朝这一类的王朝命名为征服王朝(Dynasties of conquest)。并且,把辽朝以后的金、元、清诸王朝,与辽朝相同,都归属于征服王朝之类。[1] 他的这种理论在揭示南北对立的背后存在"共生"关系方面,显然是颇有建树的。

中国学术界多年来研究有关论题,则以边疆与中原的关系为重点,在于揭示边疆民族、边疆民族政权与中原内地、中原王朝的源远流长的经济文化交流关系和政治上的臣属关系。这一学派通过这方面的大量研究力求证明,中国南北关系的主流不是对立,而是统一和融合。这类文章不胜枚举,故不一一引用。笔者认为,上述中外研究从不同的视角涉及了中国边疆与中原王朝、游牧畜牧地区与中原农耕区的关系,涉及了游牧文化与农耕文化关系的特点以及游牧民族的"渗透王朝"和"征服王朝"这类不同的政权模式,功不可没。但是,也可以从中看出,上述各研究的认识差异是明显的,这正反映了对有关问题的

---

[1]《丝绸之路》(杂志)第 6 卷第 2 号,1980 年 2 月。

研究还很不够,所以远未对有关实质性问题达到大体趋同的看法。

27.2　中华南北矛盾统一的经济文化圈论

那么,笔者的看法是什么呢?我们的观点可以归结为中华南北经济文化圈论,即主张中国南北二元文化的矛盾统一论。我们主要认为,在中国特定的南北地理生态环境下,游牧经济与农耕经济有互补互利的经济基础,但又存在要求互补的程度的差异和前者对后者依赖性相对较大的矛盾。不过,双方克服二者之间的矛盾而共同生存发展下来了,而且最终统一共生在中华大地上的历史,证明了中华经济文化圈的存在与发展,即不认为二者有绝对的对立本质,但承认两种经济二元文化之间的矛盾是存在的,其实质则是对立中可以统一的。这主要由游牧经济与农业经济的特点所决定,因为两者关系的实质中存在可互补的本质因素。特别需要指出,中原实际是夹在真正的南北之间,南北的互补往往通过中原王朝推行的互市、朝贡和组织大型商队等手段来实现,即历史上中华经济文化圈一般是通过中原来运作的,而中原王朝操纵这种运作模式真正依靠的是拥有农业经济和开放性商业经济的先进的南方地区。中原文化的先进形象实际也主要靠南方形成,如茶、丝绸等享誉国际的先进文化都源于南方地区。当然,南北经济文化各有特点,各有需要互补的一面,也有矛盾的一面,但最终则在中华经济文化圈内共生共存。

游牧经济的特点,首先是它的单一性。这种经济,从本身讲,是一种相当完整和单一的自然经济。游牧民族从事牲畜的牧养,乳饮肉食,寝毡服皮,牲畜既是他们的生活资料,又是他们的生产资料。手工业虽然或多或少地已经产生,但是不发达,与之相应的是内部的商业交换也很不发达。牲畜乃是一种财富,一种货币,用自己的剩余产品换取定居地区的产品,乃是游牧业经济发展的主要动因。这就决定了它需要向农业区交换粮、茶、布帛、铜铁等生活与手工业必需品,决定了它对农业区的依赖性。其次是它的游动性。游牧民的迁移一般情况下是依照比较固定的路线,在传统确定的范围内往返进行或开辟新牧区,但是容易由于天灾或其他民族的干扰而受到破坏,因而迫使他们进行超乎平常的大规模与远距离的流动和转移,或者征服活动。再次,与上述两特点紧密相连的是这种经济表现出特殊的脆弱性。一次突发的暴风雪,就可能导致大范围内牲畜的大量死亡,使牧民的生活与再生产受到毁灭性的打击,甚至造成部众溃散和覆灭。游牧经济的这种脆弱性,更增强了它对外界邻近农耕经济区的交往要求与依赖性。中国疆域内南北两种地理环境恰恰适应了北方(含西北、东北)游牧经济与南方农耕经济,并形成依赖的统一体。

中国西北边疆的游牧民族,对中原的互市、朝贡、臣服和征战,都是这种经济依赖性与互补性在不同内外形势下、不同条件下的产物。而中原供给西北游牧民族的粮、茶、丝绸、布匹等日用品,则大都依靠富饶的南方地区提供,特以茶叶和丝绸为例说明之。茶是北方游牧食肉民族必不可少的生活必需品,而南方各省是茶叶的大批量供应地。据载,"自秦人取蜀而后,始有茗饮之事"[1]。秦汉时期茶已由南方传入中原。以后的茶马互市充分体现了中华文化的互补性,也是凝聚力的来源之一。《新唐书》载:"此后尚茶成风,时回纥入朝,始驱马市茶。"[2]唐文成公主进藏,藏民族自此离不开茶,茶叶始终是汉藏民族之间进行经济文化交流的重要产品和维系民族关系的纽带。茶叶还以其清心去火的作用,为佛教徒广泛饮用,而与佛教文化结下不解之缘。到了宋代,随着中华儿女大批漂洋过海,这些海外同胞多从海路把茶文化广泛传播到了世界各地,至今几乎风靡世界,成为中华文化的象征之一。南方的丝绸,则是通过中原,经草原丝路或绿洲丝路,运往西亚和欧洲的又一中华文化的代表产品,陆路丝绸古道上的中介运送人,往往多是游牧民族的商队,丝绸也就成了古代游牧民族致富的重要物资。所以丝绸也是使中华南北统一在同一文化圈中的维系纽带之一。

---

[1]顾炎武:《日知录》卷7。

[2]《新唐书·隐逸陆羽传》卷196。

农耕经济,特别是中国历史上的小农经济,虽然基本上自给自足,但也十分需要游牧经济提供生活常需的牛羊肉食、皮毛衣物,尤其是古代中原王朝要想强盛,就十分需要游牧民族提供战马、车马和骁勇的牧民士兵。这就形成两种经济本质上的互补基础,于是,其总趋势就不以人的意志为转移地共生下来了。这也就是历史上互市封不住、贸易割不断,近万年中国西北边疆与内地经济文化交流源远流长的最本质的根源。交流、臣服、争战等等都是表现形式,实质是两种经济文化形成的基本互补的经济文化圈所起的作用。

27.3　经贸关系决定论

苏联学者兹拉特金认为:"在严酷的干燥自然条件下,游牧业是最为有利的生产活动项目,它不但对畜牧业有利,而且也对邻近的定居农民和手工业者有利。一旦找到推销剩余产品的销售市场和定居农民及手工业者产品的供应来源之后,游牧业便在整个欧亚草原境内具备了稳定地、不断发展地进行生产的性质。中国历代史籍中首先谈到与游牧民进行贸易的时间是公元前 3 世纪至前 2 世纪左右。这些记载说明,由中国运往草原地区的商品种类,基本上是丝织品、布匹、缎子、成衣、大米、小米、酒和装饰品。黑海沿海的斯基泰人得到的希腊产品,大体上也是这些东西。在双方对贸易同样感兴趣的情况下,其相互关系基本上是和平睦邻关系。如果其中一方对贸易的经济兴趣低于另一方,贸易就会中断,睦邻关系就会变成武装冲突和战争。试让我们对斯基泰人和希腊、中央亚细亚游牧民和中国的相互关系史做一番比较。欧亚草原黑海沿岸地区同其邻近地区相比,连绵不断、洗劫一空的战争情况要少得多;而欧亚大陆的东方,则诚如我们所知,情况就完全不同了。这里重要原因之一,在于中国在与游牧草原进行贸易中,缺乏较大的经济兴趣,在这方面,中央亚细亚游牧民与罗斯和俄国在中世纪的相互关系史,也可作为一个旁证材料;这种关系史的基本特点是双方都对贸易感兴趣,以及俄国善于满足游牧民对于日常生活和补给方面的需求。他们之间没有发生长期的大规模武装冲突,就可说明这一点。"[1]

这里反映的游牧民与欧洲、俄国等地的频繁和平交往与睦邻关系史,恰恰证明了我们前述的基本原理,即游牧经济最本质的需要是交换贸易,而不是战争。也在一定程度上说明从世界范围看,游牧经济与农耕和工业地区的相互关系,本质上不是对立关系,而是以互补为基础的睦邻关系。至于侵略战争与游牧社会的客观经济需求,并无必然的共同之处。战争的发动者和组织者是游牧民族中对扩大权力或牧地范围和对直接掠夺别国财富感兴趣的统治阶级和当权人物。游牧劳动者如同农业劳动者一样,根本不需要侵略战争。某些著作中流行的理论——把游牧民的袭击和侵略活动,解释成为他们的生产独具的特征——实在是大谬的观点。中国历史上游牧方与农耕方两者间发生战争和对立,除了上述兹拉特金的解释外,即除农耕区的中国古代王朝,对与游牧民贸易"缺乏较大的经济兴趣"外,还需要对有关复杂原因做进一步研究。

首先,所谓中国缺乏较大经济兴趣,这只是表象,究其实质的原因,乃是中国小农经济本质上是可以自给自足的,它对游牧经济的需要只是适当补充,而游牧经济则是对农业经济有较大程度的依赖。这种差异造成的矛盾,才是中国中原王朝有时没有表现较大兴趣,而对游牧一方采取贸易限制的原因。这时游牧民一方的暴力和掠夺,就很自然地成为互市与交换的继续和补充。除这种最常见的原因外,其次,事物的复杂性也同样表现在两者的相互关系中,如代表农耕方的中原王朝,政策上的失误;中原王朝经济实力在某一时期的衰弱而无力满足游牧经济的需求;游牧经济大发展而大规模地要求交换,造成游牧地区出现主张穷兵黩武的人物;或者,中原处于政局混乱时期,割据政权切断了交换贸易渠道,也往往使有关地区战祸频繁;或者中原王朝强大时发动统一边疆的战争等原因,也可造成双方的对立。但历史证明

---

[1]〔苏〕兹拉特金:《游牧民族社会经济史的若干问题》,载《亚洲民族》1973年第1期。

这不是两者关系的必然性,中国也然。在中国两者关系的发展主流,也可以证明我们的观点。例如,秦汉统治者曾以筑长城这种错误的隔绝政策来防止游牧民族南下,由于威胁后者交换生活品的生路,其效果恰恰相反,匈奴南下掠夺战争连绵,这也说明匈奴的游牧经济因人众地广,对农耕区依赖性也特大。于是匈奴"连岁入边杀掠人畜"的记载,史不绝书,仅文帝后元二年那次入云中、辽东二郡,被杀者达"万余人之多"[1]。后来因西汉大规模出击,使匈奴处于"亡我祁连山,使我六畜不蕃息;失我焉支山,使我嫁妇无颜色"[2]。但汉匈数百年关系中,从和平时期看,匈奴以牲畜、皮货同中原交换粮食、手工业品,每次所交换牛马多达数万头。"匈奴好汉缯絮、食物",汉与匈奴"通关市,饶给之。匈奴自单于以下皆亲汉,往来长城下"[3]。从汉匈关系的结果看,经过几百年经济文化和战争的交往,在1世纪末,两种经济文化类型的人民,最后终于大都倾向共同生活,这正是中华经济文化圈形成过程中最初共生关系的体现。于是南匈奴南迁内蒙古、山西等内地降汉,而与汉人杂处,这种交融在中国历史长河中源源不断,也是南北关系典型的代表性结局。三国时,匈奴已弥漫北朔。晋时,其入塞居者,凡十九种,与"晋人杂居"[4],十六国时,以这些内迁匈奴为支柱,曾建立前赵、北凉、夏等国,争取与汉人一样有建立中原政权的权利。

　　两种经济交往、互补,南北方一般处于和平关系,否则,则重开战端的例子不胜枚举。鲜卑也是"数犯障塞,且无宁岁。唯至互市,乃来靡服"[5]。北周时突厥"始至塞上,市缯絮,愿通中国",周文帝遣使相通,"其国皆相庆曰:'今大国使至,我国将兴也。'"[6],足见游牧民族对与中原交往贸易何其重视。但当天灾人祸、生活资料和用以交换的牲畜缺乏时,游牧民族便多采取掠夺邻区的方式,而中原王朝在国势

〔1〕《通鉴纪事本末·匈奴和亲》。
〔2〕《史记·匈奴列传》卷110。
〔3〕《史记·匈奴列传》卷110。
〔4〕《晋书·四夷传》卷97。
〔5〕《后汉书·应劭传》卷78。
〔6〕《周书·异域下·突厥》。

和经济衰退时,无法满足游牧区广泛的交换要求,游牧经济的依赖性也往往以战争掠夺手段解决经济需要。明代中叶,蒙古地区射猎不足以供之,经济衰退,不得不掠夺。中期以后,达延、俺达等汗又极力争取互市,经济与和平关系得以恢复。这种经济上的要求仿佛是一个巨大的磁轴,有力地吸引着北方游牧民族。因此,西北游牧民族反复发生与内地的频繁网状交流交往的向心运动,是由其本身经济要求所决定的,同时又是由特定的地理环境所形成的客观规律运动。边疆游牧经济由于生产的流动性,其相关文化本质上是开放性的,对异族文化一般善于移植,有兼容并蓄的特性,而内地历史上的汉文化虽因自给自足的小农经济而具有一定的封闭性,但它毕竟起源早,较早发展到了农产品需要交换与加工的商业经济及手工业经济阶段,这些经济形态都较先进,尤其是由于相邻许多游牧民族善于吸收先进文化,而使汉文化在长期历史发展中变得辐射性极强,成为对边疆游牧民族影响极大的一种文化。另一方面又往往由于游牧民族的进入中原和南方,向内地输入了游牧文化及中介外来文化。两种经济、文化经数千年互补、吸收与辐射的结果,其交融是无时无处不在的,这就形成了历史上南北相互交融、密不可分的中华经济文化圈的格局。

人是生产力最基本、最活跃的因素。大批具有先进生产技术和先进文化的汉人流入草原,无可避免地给边疆游牧民族开放的社会经济和文化带来巨大的影响,这也是汉文化辐射的重要途径。战国末年的战乱和秦朝的暴政都曾造成大量汉人的北流,匈奴中就有所谓"秦人"。颜师古注云:"秦时有人亡入匈奴者,今其子孙尚号秦人。"[1]长期以来,汉人北流匈奴的现象一直不曾停止。而几乎所有北方游牧民族的勃兴和强大,没有一个不是与大批汉人流入有关的。卫律教匈奴穿井、筑城、建楼藏谷,中行说为匈奴充当谋主,匈奴的实力因之得到加强。突厥因"隋末乱离,中国人归之者无数,遂大强盛"。"邻藩燕人军

---

〔1〕《汉书·匈奴传上》注。

士多亡归契丹,契丹日益强大。"[1]《五代史记·契丹传》说:"中人士归之,文法由是渐盛。"汉人教契丹,契丹由是益强这类记载很多,反映了汉文化辐射和影响的事实。"幽州人韩延徽教阿保机树城郭,分市里,以居汉人之降者。又为定配偶,教垦艺以生养之。"[2]契丹统治者全面引入中原人才、经济文化及政治制度,从而加速了其本身社会的发展。再如元代,徐世隆也建议忽必烈:"陛下帝中国当行中国事。"[3]"中国事",乃是指适应于中原封建经济基础的汉文化传统。这说明以游牧文化为代表的少数民族,从历史的经验和实际的政治需要中,认识到学习治国的经验,才能使他们在中原的统治稳定下去,所以,他们中的一些人如阿保机、忽必烈、玄烨等之所以不同于冒顿单于、土门可汗等一代枭雄,就因为他们受过长期汉文化的教育与陶冶,是游牧民族接受汉文化的代表人物。包括成吉思汗之所以能南征北战,攻城势如破竹,与使用了汉人的攻城炮和招降了一批汉将不无关系,只不过成吉思汗接受汉文化的形式较隐蔽,更为理智而已。中国南北两种文化的交融,加速了中国边疆的历史进程。一般说来,从原始社会的后期,经过奴隶社会而进化到发达的封建制阶段,是一个千百年缓慢发展的过程。但是,因为有汉文化的辐射交融作用,各种生产技术、种子、制铁、织布养蚕、凿井开渠等等科技文化传播到西北边疆,使西北方民族能够在短短的百十年内完成这一漫长的历程。

另一方面,南方农业文化的代表——汉文化是比较平和且有一定辐射力的文化,但历史证明它与游牧文化相比,原是缺乏骁勇的游牧民族那种尚武精神的文化。因此,历代凡有雄心壮志的中原统治者,无不促使汉文化吸收游牧文化的尚武精神并依靠游牧民族。而当汉文化一旦融合了游牧文化的这类优良文化传统时,同样显示出强大的生命力。尤其是游牧民族广泛使用战马,历史上代表游牧民族优质文化的"马"文化,是保证他们在军事战术上优越于定居民族的一个最主要

---

[1]《契丹国志》卷1。
[2]《辽史·韩延徽传》卷74。
[3]《元史·徐世隆传》卷160。

的因素。贝申姆、科桑比等印度学家指出,印度雅利安人能够战胜当地的居民,不仅因为有精良的武器,而且因为有套上战车能惊破敌胆的、奔驰迅速的草原牲畜。[1] 第一批印欧人迅速迁移到旧大陆的广阔地区,是同驯马和制作新型单轴马车有关的。这种马车的轮子有配上辐条的毂,人们把马套上这种战车,有双套的、三驾的、四驾的。这是当时体现先进军事力量的军事方面的革命。如中国较强盛的唐王朝,就不仅因较开放的政策而成为中国文化荟萃的时期闻名于世,而且吸收了以"马"文化武装的所谓"胡人"及其尚武精神,才有鼎盛和强大。唐朝疆域在玄宗开元时期扩大到中亚,中亚来人可自由出入内地,唐朝并有意招收塞外各族迁居内地,以便一面种田,一面当兵,以后这些塞外迁入的各族同化于汉族。开元四年,并州长史王晙上书请将突厥人迁往内地,称"二十年外,渐变旧俗,皆成劲兵,虽一时暂劳,然永久安靖"。开元末年后,唐朝政治腐败,爆发安史之乱,是依靠用重酬招来回纥兵,才平息了安史之乱。保护唐廷的很多姓李的将官也非汉人,是赐姓改姓而成。如李光弼等大将就是契丹等少数民族。还有很多将官是突厥、回纥和沙陀等其他西域人,是被招募或归附唐廷的。这如同汉武帝发起养马,促进民间养马与学习尚武精神一样,是汉唐王朝得以成为较强大的大一统王朝的重要原因。即使早在 3 世纪的赵惠文王在位的分裂时期,中原对西北"代马""胡犬"的需求也已载于史册。[2]

当然,生产技术也并非只是中原和南方向边疆输入,边疆科技文化同样丰富与补充了中原和南方之不足。如宋代以前,棉花的种植只限于西域、闽广等边疆地区。到元代,由于政府的提倡,植棉技术传于内地。《农桑辑要》一书不仅详细介绍了植棉的技术,号召在全国范围推广,而且驳斥了那些"以风土不宜"[3]阻碍普及种棉的种种谬说。

比较上述一些论点,仍可证明中华经济文化圈的形成与作用,它是中华悠久文明发展的产物,是边疆与内地长期经济文化交流的结

---

〔1〕贝申姆等:《印度的奇迹》,莫斯科科学出版社,1977 年俄文版。
〔2〕《史记·赵世家》卷 43。
〔3〕《农桑辑要·论宁麻木棉条》卷 2。

果。中华文明史究竟有多悠久？从近年不断出土的文物证明，至少已不适宜说"今始岁五千"了，因为甘肃秦安大地湾文化距今约已8000年，而据1989年公布的考古发掘报告，河南贾湖遗址测定年代在7500—8500年间，据贾湖契刻符号测算汉文字起源已有约9000年历史。"文起羲炎"[1]，也当在万年左右。所以，我们同意中华民族近万年文明史的意见。考古发掘也已证明，西北边疆与内地的交流也在数千年至近万年，足以证明中华南北互补的经济文化圈的渊源。如新疆哈密七角井、吐鲁番阿斯塔那、罗布淖尔等地均发现过细石器遗址，它们与山西下川、河南许昌灵井、陕西大荔沙苑等内地的石器，表现了数千年前交往的共同特征。而北部大窑文化的大批石器，与内地河南、山西等地的旧石器时代出土物相同，则证明在一万年前后，西北边疆即与内地存在经济文化交流。至于殷商以后，玉器、货贝、丝绸、铜器等等的交流，在考古资料中更不胜枚举。[2]

也正是历史上中国境内这种长期的东西南北的交融，许多边疆地区的政权即使在割据时期，往往仍与中原在政治上密不可分，一直自认是中国的政权。例如，10世纪上半叶建立于西域西部的哈喇汗朝，就自认是中国人，其汗自称是"桃花石汗"，即中国汗。同一时期的于阗政权，其统治者自称姓李，是已亡的唐宗室之后。以中国契丹人耶律大石创建的西辽，也沿袭中原王朝的称谓、制度和官号，并一直以恢复辽朝政权为己任。就以所谓"准噶尔汗国"来说，其首领噶尔丹即使在搞叛乱活动的时候，也仍然承认"向在中华皇帝道法之中"，"与中华一道同轨"，[3]不敢"自外于中华皇帝"[4]。这些政权管辖的领土，有时虽然超出传统的中国疆域范围，但他们统治的中心地区，还是大统一

---

〔1〕刘尧汉：《中国史前神话传说时代》和朱琚元：《贾湖刻符与中华彝族万年文明史》，载史式、黄大受主编：《中华民族史研究》第2辑，海南国际新闻出版中心，1997年版。

〔2〕安志敏：《三十年来中国的新石器时代考古学》，载《考古》1979年第5期，王炳华：《西汉以前新疆和中原历史关系考述》以及《中国北方民族关系史》，中国社会科学出版社，1987年版，4-18页。

〔3〕温达等：《亲征平定朔漠方略》第7卷，"康熙二十九年七月"条。

〔4〕《清实录·圣祖实录》第137卷，"康熙二十七年十一月甲申"条。

·欧·亚·历·史·文·化·文·库·

时期中央王朝的基本疆域。因此对于不自外于中华、暂时分裂的这类政权及其首领,应与闹独立脱离中国的政权和首领区别对待,因为前者仍维护了中华经济文化圈的共生关系,与后者阻碍或破坏祖国的统一是有一定区别的。而且一度分裂与坚持分裂出中国也是有区别的,一度分裂往往是客观发展的因素,坚持分裂出去则是人为的因素。同时还应该指出,在分裂时期,以边疆少数民族为主而建立的地方政权,仍能维护中国的疆土和建设祖国边疆,使中国在以后新的大一统时期,能恢复汉代以来的固有疆域。这也是中华二元一体矛盾统一的经济文化圈生命力的表现,也正是中华经济文化圈所蕴藏的维系力、向心力的体现,使中国分裂又统一、再分裂还能再统一,也证明中国历史上的大一统王朝,与世界历史上经常出现的那种强行用军事行政办法联合成的帝国是不同的。这种军事帝国缺乏内在的经济、文化联系,主要靠军事力量作为维系帝国的纽带,其中有些存在的时间虽也不短,但是,当其统治者的武力一旦不足,帝国即刻土崩瓦解,烟消云散,无法再形成新的统一。中国则不然。中国的大统一是建立在内地与边疆少数民族地区源远流长的两种经济互补、文化交融这种经济、文化和政治联系基础之上的。因此,从西汉以后,不论是改朝换代,还是因社会矛盾尖锐而引起频繁争战、分裂割据,中国仍能一次、再次、多次形成新的统一局面。如果不是沙皇俄国恃强侵吞中国大片领土,中国基本上能保持从汉代就开始形成的原西北疆域,即比今天的西北边疆更为辽阔。这是和中国边疆与内地长期共生发展为中华经济文化圈的作用分不开的,是历史上两种经济基础和两种文化的本质所决定的。

(原载《中国西北边疆发展史研究》,黑龙江教育出版社,2001 年)

28　论当代跨国族体问题中凸显的非传统安全威胁

　　当代跨国族体问题,表现出后冷战时期相异文化冲突与经济利益纠葛在一起引发的世界性非传统安全问题的特质。

　　随着第二次世界大战后德、日、意等帝国主义国家的失败和削弱以及苏美争霸以苏联的解体而使其霸权退出历史舞台告终,世界的反帝反殖民主义运动进入了被殖民压迫的国家纷纷独立的新时代。厌恶战争、反对强权、振兴本民族的各种民族主义也随而成为后冷战时期以和平民主为主流的新时代的主要思潮。安全问题也从用传统的军事战争手段争夺领土和权益,转为更多地以非传统安全手段为主来分裂国家领土和争夺政治经济权益,而其中文化冲突问题和民族问题也成为最突出的新安全威胁手段,即当代新安全威胁多与全球化时代多元文化的交流碰撞与相异文化的矛盾冲突密切相关。跨国民族领域的问题,即使是仍用传统军事武力争夺跨界两侧领土的跨界民族问题,也越来越明显地夹杂着文化冲突等非传统安全威胁,更有一些是并不诉诸武力的跨国族体问题,却同样严重威胁国家领土主权。

　　民族是文化的载体,如果发展到相异文化民族性过于突出并被利用而发生冲突,尤其是一些国家和民族、一些宗教的代表人物,如果为了权力欲或各自民族及个人的利益,利用宗教煽动、语言偏爱、民族记忆、经济利益、强权政治等等人类特性,利用各种民族主义,如文化民族主义、语言民族主义、经济民族主义甚至宗教极端主义和民族分裂主义、文化霸权主义等等文化现象,并由于这些多维文化的较量冲突,有些人甚至不惜采用了最残酷的恐怖主义手段,挑战人类平民百姓的安全,挑战主权国家的领土主权或国家政治合法性,那就不管是不是毗邻而居,都会同样产生威胁国家领土主权安全的跨国民族范畴的各类族体问题,从而威胁多民族国家的主权和人民生命安全。而在当代各种跨国民族范畴的问题中,当代凸显的非传统安全威胁都有错综复杂的反映。本文特通过典型的实例来进行一些剖析,使我们能更深刻地认识当代跨国族体问题产生、发展的民族性和文化性特质的时代性,从而寻求更好的消解措施。

28.1 当代跨国族体问题中,非传统安全威胁的表现

如果错误固守民族为特征的相异的文化记忆、历史记忆,特别是对本民族所居领土(但已为主权国家领土)的民族记忆,最容易形成与国家的政治认同差异,而被各种势力利用而引发民族分裂主义,成为威胁主权国家领土完整的非传统安全因素。

如加拿大的魁北克问题。魁北克省作为加拿大的一个大省,居住着的法兰西人,即法裔加拿大人约占80%,英裔加拿大人仅为10%左右,也就是说魁北克是一个英、法跨国民族聚居区。魁北克虽不与法国毗邻,他们也并非当地土著,魁北克法兰西人是作为早期移民而跨居加拿大的法裔跨国族群,而且实际上早期法兰西移民人数很少:1700年,即到18世纪也不过2000人,到1763年也不过65000人[1],说明其移民现在达到80%,主要还是近现代的移民。如果按西方的理论,该地的土著民族,是印第安人、因纽特人,而法兰西人是跨国"移民族群"(ethnic group),不应该是与土地相连而争夺领土的"民族"(nation)。但由于以后法兰西移民逐渐增加成了魁北克的多数民族。魁北克法裔认为,1535年是法国探险家卡迪埃最早进入北美圣劳伦斯湾,并把附近这块土地称作加拿大,并建立了命名为魁北克的山城。17世纪他们以魁北克为中心建立的新法兰西土地比他的宗主国法国大17倍,而

---

〔1〕阮西湖:《加拿大民族志》,中国社会科学出版社,1986年版,123页。

且 1697 年根据《里斯维克和约》正式承认哈得孙湾和阿卡迪亚归法国,这就是本人所说的文化记忆、历史记忆形成了其强烈的民族领土观念。但英裔加拿大人认为,经过 18 世纪英法两国争夺北美殖民地的七年战争,法国战败,根据《巴黎条约》法国已将原魁北克这块领土割让给英国,而且现在这里是英裔人为主的加拿大国家的合法领土,这是英裔加拿大人的不同的现实文化记忆和主权观念。各自固守这种相异文化记忆就产生了政治文化认同的差异和越来越激烈的冲突。尤其是 1867 年加拿大成为英国自治领后,随着魁北克的法裔居民由统治地位降到被统治者的地位,到第二次世界大战前,加拿大作为主权国家推行要求所有非英裔民族"放弃自己的祖国语言和文化传统""强迫实现民族同化"的政策,这种文化政策更激起了法裔族群的反抗和民族主义浪潮,另外他们的法语和天主教信仰与英裔加拿大人的语言和新教信仰也存在文化差异,在加拿大自治领初期加深民族隔阂的民族政策下,还规定天主教信徒"不得执掌政权"[1],要求加拿大人统一讲英语等。加上魁北克人失业人数为加拿大最高,魁北克工业又多被英格兰人控制,老板强制工人讲英语,法裔工人工资都比英裔低,所有这些使原文化民族主义又增加了经济民族主义内容,更唤起了他们自主自治这块民族聚居领土的记忆回归,终使魁北克问题以争取语言、经济、政治权益的跨国民族问题,进而发展到追求独立、威胁加拿大领土主权的跨国民族问题。由上述文化、经济、政治利益原因可见,正如有的学者所说,在当代"文化和经济及带有经济倾向的政治利益的关系在今天是前所未有的清晰"[2]。

面对法裔魁北克人高涨的民族主义呼声,加拿大政府不得从同化政策转向执行多元文化政策。把英、法两种语言都定为国语,允许法裔参加国家领导人竞选,并采取措施改善魁北克的经济与民生。但是 19

---

〔1〕熊坤新主编:《21 世纪世界民族问题热点预警性研究》,民族出版社,2006 年版,182 – 183 页。

〔2〕王宁、薛晓源:《全球化与后殖民主义》,中央编译出版社,1998 年版,162 页,转引自余潇枫等:《非传统安全概论》,浙江出版社,211 页。

世纪60—80年代在主张分裂的魁北克党的推动下,魁北克还是进行了几次独立问题的全民公决,这是当代分裂主义者最常用的非传统安全威胁手段。虽然不是传统的军事和武装争夺领土,但显然实质和传统的军事安全威胁领土与主权完全是一样的。这种运用非军事传统手段为民族利益挑战国家领土主权的威胁,正是当代跨国族体问题的新特征,只不过加拿大魁北克民众公决的结果却因为分离势力达不到多数,并由于种种原因而最终未能分离出去。我们认为,其中最重要的原因,一是魁北克经济上已经形成了与加拿大各省和整个国家无法割裂的互依结构,其中对周边各省经济和物质生活用品的依赖,特别是加拿大联邦政府"每年补贴魁北克150亿和大量退休金",是魁北克人民最不愿失去的实际利益,周边居民组成的特殊和平部队纷纷来劝说魁北克邻居理智地考虑分裂的利弊,最后使多数魁北克居民选择了不分离。二是魁北克问题基本没有受到境外强国霸权文化的跨国干预,相反,西方各国都支持加拿大统一;作为跨国民族的母国法国,虽口头上支持魁北克独立,但也没有给予任何实际支持;美国则表示"如果魁北克独立,是不能得到美国与加拿大之间的互惠权益的"[1]。这些多种经济文化的非传统安全制约手段对约束魁北克民族分裂起了重要作用,也是其未能最终分裂的重要原因。所以我们认为,发达国家的强势文化依靠其强大的经济实力和舆论影响是比较有条件为维护国际社会的稳定做贡献的。另外,魁北克省的反对党——魁北克自由党和主张分裂的魁北克党针锋相对,坚持认为"在联邦体制内进行变革不仅是可能的,而且最终是能够实现的"[2]。魁北克人特鲁多曾任加拿大联邦总理,他也反对魁北克独立,并为魁北克融入加拿大社会做出了许多贡献。这类内外政策的文化力和舆论作用是制约当代跨国民族问题中非传统安全威胁的重要因素。可见解决当代越来越具有非传统安全特征的跨国民族问题,也越来越需要借助非传统手段和文化力

---

〔1〕王宁、薛晓源:《全球化与后殖民主义》,中央编译出版社,1998年版,184页。

〔2〕阮西湖:《加拿大民族志》,中国社会科学出版社,1986年版,145页。

的作用。如果解决得好,则未必都演变为传统的军事争夺领土问题,由魁北克问题也可见,长期聚居的跨国族群要求独立自治,也会涉及国家领土主权问题,即非传统安全的威胁性同样是严重的。这证实了事实并非像以前有的学者所说的"跨国民族由于其地域不相毗邻,不会涉及国家主权领土问题"[1],这种观点不够准确。而本人当时就指出,如果"跨国民族要求独立呢……不是同样威胁国家领土主权吗"[2],这种观点是正确的,经受了民族问题发展实践的考验。本人还认为,随着全球化的人口流动,跨界民族也可能流动成为不相邻的跨居多国的跨国民族,甚至流亡在外的跨国移民宗教集团,在当代国际国内复杂多维文化环境下,如果对其同源民族聚居领土有错误民族领土观念,或有其他复杂因素助长了民族分裂主义等三个主义,则都可能与跨界民族一样产生威胁国家领土主权安全的跨国族体问题,如果其民族权益没有得到保障或者民族性膨胀等复杂原因,也会引发与所在国发生严重冲突,造成威胁人民生命安全、挑战国家主权合法性的跨国民族范畴的问题。如近年中国西藏达赖集团和巴黎穆斯林移民集团动乱所警示的非传统安全威胁。所以笔者认为,世界范围的跨国族体问题引发的矛盾冲突在当代全球化发展趋势下,呈现的实际是各类族体的民族权益要求都日益强烈、民族性不减反增、民族矛盾冲突越来越复杂化、扩大化的趋势。

28.2 外国强权势力的干预是
跨国民族问题严重化的原因

发达国家的霸权文化和文化帝国主义势力或者宗教极端主义等三个主义的霸权式文化参与和干预都是当代跨国民族问题严重化和持久化的重要原因。

相比之下,如果有境外势力的支持,跨国民族问题就会比上述情

---

〔1〕曹兴:《跨界民族问题及其对地缘政治的影响》,载《民族研究》1999 年 6 期。

〔2〕马曼丽、张树青:《跨国民族理论问题综论》,民族出版社,2005 年版,4 页。

况尖锐得多,更容易发展为军事冲突。如巴以冲突。起初,也是因巴勒斯坦和以色列对耶路撒冷和今巴勒斯坦领土有完全不同的文化历史记忆,各自认为耶路撒冷是自己民族宗教的圣都,原巴勒斯坦最早是犹太人领土,但犹太民族因历史上受到迫害不断逃离本土以后,阿拉伯人逐渐进入,后已形成阿拉伯人聚居的巴勒斯坦国,阿拉伯人占80%以上,犹太人成为少数民族。早在1974年11月联合国大会已通过决议,肯定巴勒斯坦人民有权"取得国家独立和主权",承认巴勒斯坦立国的合法性。但是以色列态度强硬,坚持原属犹太人的领土观念,尤其是内塔尼亚胡执政时期明确宣布"三不政策",即不同意建立巴勒斯坦国,不谈判耶路撒冷问题,不归还以色列占有的戈兰高地。到沙龙时,更是把巴勒斯坦民族权力机构说成是"支持恐怖活动的实体",宣称其领导人阿拉法特是"本·拉登式人物"。而美国与以色列的这种口径完全一致,布什认为,巴勒斯坦阿拉伯人反对以色列所采取的暴力行动是"恐怖活动",而以色列对巴人的暗杀、报复、清剿等大规模侵略杀戮则是"可以理解"的"自卫"[1]。这明显表现为霸权文化支持和干预阿以跨国民族的领土之争,更引起作为跨国民族的阿拉伯人的母国——中东各国的愤愤不平,群起支援巴勒斯坦境内的阿拉伯同源跨国民族。阿以战争因而延续几十年难以解决。以色列使用了美国先进武器的强大军事力量也无法使巴勒斯坦人屈服,反而迫使他们要以一个人的生命换取5000以色列人生命的自杀性暴力手段进行反抗,双方越打,仇恨越深。这证明当代跨国民族问题只靠军事手段是无法解决的。只有当双方不固守文化、历史和领土的民族记忆,而面对现实,以现实的状况为基础坐下来谈判,都以珍惜本民族人的生命和安全为本,相互退让,才能和平解决。

美国对以色列的袒护是竭尽全力的,它表现在各个方面:在经济上,美国是以色列最慷慨的资助者。从1952至1983年,美国向以色列提供的经济援助达78.89亿美元,其中贷款为21.26亿,赠款为57.63

---

〔1〕熊坤新:《21世纪世界民族问题热点预警性研究》,41-42、48-49页。

亿。从 20 世纪 80 年代开始,美国政府减少了对外援助的总金额,但是对以色列的援助仍然维持了原状。在军事上,美国不仅对以色列予以技术上、武器上的支持,同时每年还给予数以亿计的军事资金补贴,这都不是秘密。比如,以色列幼狮战斗机的技术资料就是由美国提供的,以色列的核反应堆也是在美国的支持下建成的(这些支持在 1983 年签署的《美以战略合作协议》中都有具体规定)。而另据美国审计署的统计数字,从 1951 年以来,美国对以色列的军事援助达 202.023 亿美元,其中赠款就达 80.50 亿美元。[1]

就美、以的特殊政治关系来说,一方面,与美国在中东地区的战略利益和巨大石油利益有关,实际上美国把以色列当作它在中东地区的一个特殊的、无可替代的"置衡器"(冷战时期主要是置衡苏联在该地区的渗透和影响,现在则主要是置衡阿拉伯国家),另一方面也不可否认,与美国国内跨居有 600 万左右犹太人这个跨国族群的现实有关。而且,在美国各个族群中,犹太人的文化程度、社会地位、经济实力都是极为突出的,所以,作为跨国族群的美国犹太人的作用,是美国其他少数民族所无法比拟的。犹太人在教育、医务、工程技术、实业、金融和政府部门就业的比例很高,而且占据不少重要职位[2];不少犹太资本家在金融、石油、钢铁、房地产、娱乐、粮食加工等行业大企业中拥有大额股份,成为左右美国经济的财政寡头。据美国《福布斯》杂志 20 世纪 90 年代初的统计,当代美国最富有的 400 个富翁中,犹太人竟占到约 1/4。同时他们控制着许多新闻宣传机构,富有的犹太人主要集中在美国的大众传媒、体育、服装、房地产和贸易等领域。[3] 由于犹太人有着如此雄厚的人力、财力资本,因此他们对美国政治、经济生活和外交政策的影响也就格外深远而有力。另外,尽管不是所有的犹太人都是以色列政府的积极支持者(事实上如果从民意测验的结果来看,美国犹

〔1〕以上引自尼罗德·诺维克:《美国与以色列:改变美国义务的国内因素》,西方观念出版公司,1986 年版。

〔2〕据 1971 年的统计数字,在犹太就业人员中,企业管理人员和政府部门公务人员竟占到 40%。

〔3〕参见 Joe.R.Feagin, *Racial and Ethnic Relations*, Prentice Hall, 1989, pp. 157 – 159.

太人与以色列政界是有距离的,他们大多数人认为,内塔尼亚胡这种基调的以色列政策"损害了和平进程"[1],如果他们这种理智能唤起美国以色列人的人道主义而组成反战力量,阿以冲突和平就有希望)。但可惜,如同散居在世界其他各地的犹太人一样,历史上本民族被仇杀的记忆使多数犹太人有极强的非理智民族凝聚力,基于强烈的民族情感,美国犹太人对以色列这个母国蛮横的政策仍普遍地表现出了特殊的偏护。而这种"偏护"反映到现实政治生活中很自然地就表现为积极影响美国的中东霸权政策和确保对以色列的特殊政策倾斜。加之,美国犹太人素有从事政治活动的传统。著名的"美以公共事务委员会"[2](号称美国"第三院")具有亲以色列心理倾向和巨大的社会影响力,对于历届美国政府或者说每一位政客来说,当然会产生巨大的心理影响,在考虑对以政策时自然地会有所考虑和顾忌——为获得犹太人集团以及他们控制下的势力的支持,具体来说就是想获得选票和金钱,就必须顺应犹太人,对以色列这个犹太人国家表示出必要的亲近,必须倾听亲以"院外集团"(美国的"院外集团"对美国国会和政府的影响力是举世皆知的)的呼声而对以色列显出一副友好的面孔。事实上,几十年来,"美以公共事务委员会"一直"在美国对近东的外交政策方面称王称霸",甚至"白宫和国务院一样,难以找到一个人敢于批评该委员会"[3]。甚至美国国会议员(包括前总统克林顿)的任何一句不利于以色列的言论,都可能立即招致来自媒体、邮件和电话的猛烈攻击和尖锐质问,政府方面的任何一个不利于以色列的申明或计

---

〔1〕《亲以色列集团的影响》,载法国《费加罗报》1998 年 7 月 5 日。
〔2〕成立于 1954 年,是美国全权负责处理有关以色列问题的唯一注册组织。其前身就是 20 世纪 30 年代成立的美国犹太复国委员会。美国主要犹太人组织主席联合会主要起协调美以公共事务委员会总政策的作用。
〔3〕以上参《亲以色列集团的影响》,载法国《费加罗报》1998 年 7 月 5 日。

划,都可能引来大比例议员的警告和反对。[1]由此不难看出跨居美国的犹太跨国族群的民族性文化力在助长霸权文化方面的巨大作用。也十分清楚,在当代第一霸权国美国如此大规模经济军事和霸权舆论支持以色列对巴战争的政策下,造成"上百万巴勒斯坦人被逐出家园","靠联合国难民救济署救济,勉强维持生活,处境极为悲惨"[2]。他们本可安居祖国的人权实际是被谁剥夺的呢?

我们认为,当代全球化时代发达国家的强势文化正当地向全球范围传播,不能算是霸权文化;但不管是强国还是弱国,如果其文化违反了国际伦理,甚至国际法,特别是成为当代一种参与威胁国际社会"人的安全"和"他国主权领土安全"的势力,那就是霸权文化或霸权式文化。所以伊斯兰宗教极端主义与泛突厥主义、泛伊斯兰主义结合,并与恐怖主义勾结形成当代三个主义逆流,参与和干预他国的民族问题,可以称为是一种霸权式文化,也是造成从北非直到哈萨克草原的广大地带形成了新月形的穆斯林三个主义动荡带,[3]危害了许多国家的安定和这一广大地区人民安全的非传统安全威胁因素。以 2001 年 9 月 20 日被美国宣布为恐怖组织的"乌兹别克伊斯兰运动"(乌伊运动)为例。该组织就是通过中亚各国的跨国族群的活动与阿富汗的塔里班有着密切联系的。"它在阿富汗设有司令部,几千名乌兹别克和塔吉克宗教极端分子在阿富汗基地的营地中接受作战和实施恐怖、破坏行动等方面的训练。此外,他们也从塔里班那里得到资金援助、武器和军火。"[4]一位跟随乌伊运动领导人朱玛·纳曼干尼在山谷中度过一段

---

〔1〕以上转引自马曼丽、张树青:《跨国民族理论问题综论》,民族出版社,2005 年版,199 - 202 页:1998 年克林顿及其周围的人希望重新推动中东"和平进程",他们在年初放出一系列试探气氛,暗示对美国来说,公开要求内塔尼亚胡向阿拉法特做出具体姿态的时刻来到了。不料这一试探立即招来强烈的反应。150 余名议员(其中有 81 名参议员,占总数的4/5 强)群起反对这位很长时间以来被认为最得人心的总统。他们在一封公开信中要求克林顿不要犯这个"严重的错误"。

〔2〕熊坤新:《21 世纪世界民族问题热点预警性研究》,44 页。

〔3〕详见马曼丽、张树青:《跨国民族理论问题综论》第 3 章《民族分裂主义、宗教极端主义和恐怖主义与跨国民族(族群)问题》。

〔4〕Uzbek Radio First Programme, "Tashkent as guoted grom BBC Global Monitoring", *Central Asia*, December 29,2001.

时光的人也说:"每天一队又一队的人来到这里——哈萨克人、塔吉克人、乌兹别克人、吉尔吉斯人、阿拉伯人、车臣人、维吾尔人、巴基斯坦人、阿富汗人——他们都想跟随他从事中亚的圣战运动。"这证实了这些跨国民族族群与恐怖主义的关系。此人揭示了这背后的重要原因之一:"每天他要给几百人提供吃住,还要给他们钱花。"为此,朱玛·纳曼干尼大量贩毒,从事"海洛因运输生意"[1]。他们这些跨国民族族群与本国和跨居有关各国的同族结合起来活动,有各自的政治目标。除了泛突厥主义者梦想要"建立一个从博斯普鲁斯海峡一直延伸到中国的突厥语国家联邦"[2]外,各跨国民族分裂集团分别企图以民族公决或恐怖主义手段迫使主权国家妥协,以达到分裂自己的国家或改变自己国家的政治制度(包括变世俗国家为伊斯兰宗教国家)的目的。这类国际跨国族群分裂势力,在利用宗教极端主义、民族主义思潮这类非传统安全威胁为手段的同时,也往往采用恐怖主义军事暴力的传统军事武装手段,制造多民族国家的分裂动乱,实质上也是违反国际法的颠覆主权国家的活动,对现代多民族主权国家的合法性提出了挑战,形成了对世界各有关国家的领土主权威胁,此外他们还带来贩毒、走私武器、危害无辜百姓生命安全的其他严重威胁。[3]

28.3　消解以非传统安全威胁为特征的
跨国民族问题的途径

如果细细考察并研究跨国民族的当代特征,不难发现其中凸显的是被霸权主义和强权政治以及霸权式文化利用的民族、宗教矛盾以及文化记忆与领土认同差异等文化现象引发冲突的非传统安全因素,或者是这类非传统安全与传统军事安全结合的综合安全威胁性质的问题。

---

〔1〕杨恕译:《中亚和南亚的恐怖主义和宗教极端主义》,兰州大学出版社,2003年版,305页。
〔2〕潘志平:《中南亚的民族宗教冲突》,新疆人民出版社,2003年版,51页。
〔3〕详见马曼丽、张树青:《跨国民族理论问题综论》第3、4章。

当代,这类非传统安全威胁已经使跨界民族用传统军事暴力争夺领土的特征,向利用民族的、宗教的极端主义分裂多民族国家的跨国族体问题转变,苏联中亚各共和国的分裂,就是苏联跨界民族境外部分基于民族性,运用民族自决权这种非军事传统手段解体主权国家的典型;魁北克问题和巴黎穆斯林移民集团动乱表明当代跨国民族问题的范围已经从跨界民族向其他跨国族群和跨国移民集团延伸,它警示,随着全球化的发展,这种跨国移民问题对资本主义发达国家的威胁也在增长,由于发达国家需要的是低劳动技能的便宜移民劳动力,跨国移民与主体民族经济地位的差距和争取民族利益的政治运动、劳工运动很难调和,而使发达民族国家体系合法性的危机凸显,连美国的广大西班牙移民族群也开始提出民族性突出的整体民族政治权利问题;而在中国这样的发展中多民族国家,达赖分裂集团、东突恐怖主义集团,尽管在境外只是小小的跨国移民集团,但他们通过与霸权国家的某些政治势力和国际恐怖主义势力结合,也在挑战中国西藏、新疆等边疆地区的领土主权……凡此种种现实跨国族体问题的动向都能让我们已经能隐隐约约地感受到,当代跨国族体问题不仅已经威胁到世界上各种类型国家的稳定与安全,而且随着全球化的发展,跨国族体日益增多,而其挥之不去的、情系梦绕的民族权益追求和民族性记忆,必然会使跨国民族问题呈现向其他各种大小跨国族体延伸的趋势,也因此能否以“和平跨居”模式引导解放跨国族体问题,很可能会成为影响人类世界今后发展的举足轻重的因素,任何国家对跨国族体问题都不能掉以轻心,必须认真超前研究应对之策。

放眼世界,无数事实证明,如果不化解当代跨国民族问题中的种种非传统安全因素,像阿以冲突那样双方坚持武力,是根本不可能彻底解决问题的。由于引发当代跨国民族问题的主要原因为非传统安全因素,所以用单纯的、简单的军事手段是不可能彻底解决的,而是需要消除滋生非传统安全因素的土壤,否则即使暂时平定,也会野火烧不尽,春风吹又生。对当代这类问题必须消解认同差异,消解民族仇恨,一切以保障“人的安全”为出发点,寻求平等维护人权与主权的妥

·欧·亚·历·史·文·化·文·库·

善方式,以公正与和平观念消解狂热的民族性,使双方能认识同为人类,自相残杀,是最大的悲剧,应为了人道和无辜生命的安全坐下来谈判,相互退让,而且领土问题只有放弃历史领土记忆,以现实的实际情况为基础进行对话协商,争取"和平跨居"[1],才能合理解决。笔者认为主要应从三个方面消解:

根据本文前述实例,正如有的学者所见,当前世界各国的文化不安全因素主要呈现出超国家、国家和次国家三个层面的"文化霸权"彼此极易相互影响和联手行动,这类复杂互动的当代文化威胁已经不再是一个国家的政府和管理部门可以独自处理和应对的事务,各国政府和人民必须考虑如何比以往更紧密的协调和合作,共同维护新形势下的国家文化安全。[2] 可以设想,如果前述美国的以色列人能以阿以和平为重,影响美国政府放弃每年对以色列如此大量的全面援助,阿拉伯国家也出面对巴勒斯坦施加要求其停止暴力反抗的压力,那么阿以战争就可能展现和平局面。然后再依靠维和力量来逐步消解双方的民族仇恨,不固守已经成为历史的文化历史记忆。这也需要全世界人民共同努力,促使霸权文化这类文化帝国主义势力对自己的助战行径进行反思,退出历史舞台,推动人类建设一个和谐世界的积极性。的确,"现实迫使人们去反思以往人类在地球这个星球上的所作所为,去审视国际关系伦理这一全球性课题,去确立以人类整体为本位的新价值观,去考量人类是否具有足够理性能力真正告别与战争为伍的野蛮时代。事实上,在'认同危机'普遍出现的现时代,以'和合主义'为价值取向的'和合共建'国家安全模式,能很好地整合各种社会要素而使社会的安全性得到最大可能的保障"[3]。

文化霸权也可能表现为国内不同文化群体之间的文化关系,而不一定限于外国强权。所以也要反对国家内部一切形式的文化专制或文化强权,尤其是社会主流文化对少数民族文化的政策态度,要普遍

---

〔1〕详见前引马曼丽、张树青:《跨国民族理论问题综论》第9章。

〔2〕余潇枫等:《非传统安全概论》,浙江人民出版社,2006年版,209页。

〔3〕前引余潇枫等著:《非传统安全概论》,浙江人民出版社,2006年版。

培养包容性。国家要包容民族的文化记忆,理解其民族领土观念产生的种种民族性和民族感情的表现,取消一切可能伤害民族感情的政策措施。而少数民族则应包容国家的主权观念,理解其为了共同发展而行使主权的合理行为。跨国民族由于存在着境外族体,对这类问题会更加敏感,尤应谨慎。魁北克问题的一度激烈与缓和就跟加拿大政府一度执行强迫同化的强权文化政策,和然后改取多元文化政策这两种不同政策有关。这类例子不胜枚举。不过我们还是主张国家有文化领导权,只要正确使用,出于帮助国内相对落后的民族群体实现进步和开放,用引导自觉性和积极友善的方式推进自愿融合于主流社会,这也是同样重要的,是符合求同存异精神的,因为只有主流文化尽量地体现亲和力,而亚文化培养向心力,这种社会的民族冲突、文化冲突才能越来越少,非传统安全才能更有保障,跨国民族问题也会相对较少。所以,消解非传统安全问题也就成了当代社会需要研究的如何进行文化建设和执行怎样的民族政策的重要内容。

文化和政治这种上层建筑与经济从来是密不可分的,而且一般说来,民族群体的文化利益都是以经济利益为前提的。这也为各类民族问题所证实。大凡民族问题,一般都与有关民族争取经济地位有关,当代跨国民族问题和跨国移民问题也都无例外,都能证实这种现象。如,"车臣共和国是俄罗斯 89 个联邦主体中经济基础较弱,发展较慢的地区之一","2001 年车臣经济发展水平和人均收入水平都只有全国平均水平的约 1/3"[1]。再如,巴黎骚乱事件中,作为从中东、北非来的穆斯林,他们跨国迁居"巴黎郊区的移民青年的失业率高达 60% ~ 70%",而"整个法国青年的失业率是 20%"。这些跨国移民族群中"有些人往往以抢劫、偷盗或贩毒来维持其生活",他们"入了法国籍,但是他们却没有真正感觉到自己是法国人",终于"导致他们试图通过暴力行动来表达其不满"。可见,这种明显的经济原因和他们被不平等地隔离在"移民营"中生活,并"被排斥在平等的选举权之外","坚持

---

[1]熊坤新:《21 世纪世界民族问题热点预警性研究》,272、364 页。

伊斯兰教信仰"等文化因素一样,都是引发巴黎跨国移民族群动乱的原因。所以,多民族国家努力消除民族间实际上的经济不平等和贫富差距,是和消除国家的文化霸权、保障文化安全一样,都是应对最敏感的非传统安全威胁所必需的重要手段,因为它本身也是滋生当代非传统安全威胁的原因之一。而有的族群民众如果不满所在国,在当代全球化环境下可创造条件使之外迁作为"跨国族体",但应该"和平跨居",而不应挑战国际法保护的已经成为主权国家领土的其原民族聚居地的主权。

总之,本文的基本观点是,当代的跨国民族问题及其对国家领土主权的威胁,不应仍仅仅着眼于跨界民族军事冲突问题,而是更需要关注后冷战时代国际国内复杂的人文环境下经济文化冲突及非传统安全手段引发威胁国家领土主权或者挑战现代国家合法性的跨国民族(含族群、移民族群)问题的新特点及其发展趋势。消解这类问题,尤其需要构建"和合主义"的国际伦理观念;一切以"人的安全""人的发展"为本的和平博爱观念;而国家为解决民族问题需要建立非军事的和平特殊部队,决不能只单纯采用会加深仇恨的传统军事手段。素来爱好和平的中国,应该为维护人类世界的每一个生命,高举马克思所提倡的"人的发展"为第一的旗帜,促进人类反思以前与战争为伍、以欺压弱小民族而强的可耻历史,真正竖立起为建立一个和谐世界而奋斗的世界人民心中的里程碑。

(原载《云南师大学报》2009年6期,《中国高等学校学术文摘》2010年1期转载)

29 论中国西北长治久安跨越式发展急需推行的三大变革

中国西部面积占全国56.9%。从10年前起,即2000年,国家提出西部大开发,特别是新世纪初以来,中央新疆会议、西藏会议后,给新疆、西藏等西北边疆自治区各拨了几千亿计的投入,对大开发寄予极大期望,寄希望于最终形成与内地和谐、持续地并行发展局面。但中国边疆多为少数民族自治地区,要变革发展模式,实现创新跨越式发展有其特殊性。可以说,说难也难,说容易也容易。难在自古以来中国边疆地区就封闭滞后,造成人的素质和科技、生产管理水平等,都不可能达到很快实现跨越式发展的要求。加之,境外民族宗教分裂集团屡屡策划动乱事件,使边疆存在非传统安全因素引发的不稳定现象,为了"维稳","捆绑"了落实中央科学发展观和大开发的工作,可称之为"维稳约束作用"。不过,真要实现跨越式发展,说容易也容易。因为现在经过10年发展,西部封闭传统的观念已经得到很大改变;国家经济实力的增长、扩大内需的需要和东部的快速发展也迫切需要经济重点西移;特别是今年1月、5月、7月中央又连续召开边疆三会,及时做出了进行新一轮深入西部大开发,并研究改变开发模式的重大决策,中国边疆迎来了又一次鼓舞人心的发展机遇。本人就此发表三点意见。

29.1 变革土地固定的承包制为国家调控下的生产资料流动和自由组合后的大生产模式

马克思曾描述过人类最美好的未来发展:"生产力极大发展后",

"每个人都可以随自己的心愿……在任何部门内发展",生活可以"各取所需",让人类达到"全人类的解放",这是马克思主义者的奋斗目标。马克思在谈到这种人类发展的最高理想时,强调指出,人类的这种发展是需要"以生产力的普遍发展和与此有关的世界交往的普遍发展为前提",才能实现的。[1] 这不仅是我国"以人为本""持续发展"理念的基础,也与联合国1994年人类发展报告中所提的"人的安全"这种当代国际社会的理念不谋而合。[2] 笔者认为,从"发展人类学"的视角看,这种不谋而合的发展理念说明,不同制度国家可以"殊途同归"于"人的最大发展"这个人类共同的目标。而且可以用这种"殊途同归"发展理论[3],构建起有关和谐世界的"和合主义"的国际伦理与共同认知。

应该关注,马克思的上述发展观特别强调,只要社会还处在"不是出于自愿的分工阶段",人们就必须追求"生产力的高度发展",否则那就"只会有贫穷的普遍化"。同时,他充分肯定了:"资产阶级……在不到一百年统治中所创造的生产力,比过去一切时代创造的全部生产力还要多,还要大。"[4]他又特别指出,在这种发展阶段,"它迫使一切民族——如果他们不想灭亡的话——采用资产阶级的生产方式"[5],因为"资本主义的……生产方式和交换方式在破坏……一切封建的、宗法的和田园诗般的关系"方面,能起"非常革命的作用"[6]。所以发展中国家的经济发展模式中必须利用资本主义"生产力"和商品经济的"生产方式和交换方式"。但这绝不是拥抱资本主义。因为马克思

〔1〕参见《马克思恩格斯选集》第1卷,人民出版社,1995年版,86-87页。

〔2〕United Nations, *Human Development Report* 1994, New York: United Nations Development Programme,1994. "人的安全"包括经济安全、粮食安全、健康安全、环境安全、人身安全、共同体安全和政治安全7个方面。

〔3〕马曼丽、李国栋:《论构建中国发展民族学的理论框架与视角特色》,载《民族研究》2005年第3期;或参见转载于中国编译出版社《中国学术年鉴》2005年版的该文;以及中国人民大学资料中心《民族问题研究》2005年第8期的该文。

〔4〕《马克思恩格斯选集》第1卷,277页。

〔5〕《马克思恩格斯选集》第1卷,276页。

〔6〕《马克思恩格斯选集》第1卷,274页。

同时警告:"资产阶级除非对生产工具,从而对生产关系,从而对全部社会关系不断地进行革命,否则也就不能生存下去","进行革命"的对象,他提到了诸如"资本主义衍生的劣质文化现象"和"在世界交往中推行的没有良心的贸易自由"等[1]也就是说,资本主义不进行革命,则"不能生存下去"。结合我国实际,社会主义制度的优越却在于能抵制资本主义"没良心"的腐朽文化,同时,嫁接了资本主义的商品经济和资本运作方式,而取得了今日东南沿海地区经济发展的中国辉煌。但在边疆以前没有敢采用类似的开放模式,现在已经有了东南沿海、浦东新区、滨海新区以土地流动和资本运作为基础的现代化和城市化经验,具备了根据边疆特点,在国家调控下迅速推进边疆土地流动整合与自由买卖为中心的,变革土地承包模式,通过资本运作的公司型项目,推进规模性机械化生产和城乡一体化,从而走上跨越式现代化发展的道路。

29.2 发展模式变革与建构边疆长治久安的凝聚结构

我们不能因维稳而无所作为,应该结合实际探索较稳妥的跨越式发展模式。

国家如同大厦,其实都有其千百年来社会发展中形成的潜在稳定结构。边疆的稳定与国家是否有科学的社会稳定结构关系密切,而结构是可以构建的。系统理论和结构理论非常重视结构的作用,认为"在分析政治和政治系统的过程中,结构要比功能要件更重要",一般认为社会的基本结构由经济基础和上层建筑的各种结构组成[2]而西方在社会结构的研究方面则多从文化视角出发,旨在依靠文化建构

---

[1]《马克思恩格斯选集》第 1 卷,275 页。

[2]雷格斯:《系统理论:结构分析》,见哈瓦斯和卡列尔编:《政治科学的研究方法》,203 页,查得勒出版社,1970 年版。其中包括经济结构(如所有制结构、产业结构、分配结构等)、政治结构(如阶级结构、阶层结构、民族结构、安全结构等)以及意识形态结构等宏观结构;也包括家庭结构、群体结构等微观结构。

·欧·亚·历·史·文·化·文·库·

一种理想的文化社会结构。[1]当前,国际国内环境造成的中国面临的传统安全和非传统安全形势,都不能高枕无忧,我国建构国家稳定凝聚结构的任务十分迫切。为此要求各民族人民认识"中国多民族之间……和睦相处为基本属性和特点的民族关系格局是来之不易的","值得共同珍惜"[2],不要因跨居境外的分裂集团挑起个别突发事件而影响对构建稳定结构和凝聚力结构的信心。

历史上,我国边疆与内地分分合合,最终合而不分。我们认为,古代中国的凝聚力是以边疆牧业经济和农业经济的互补结构为基础的。又有丝绸之路、朝贡制度、羁縻制度等辅助,构成了互依互存、谁也离不开谁的"中华经济文化圈"凝聚结构。[3] 但我们必须正视,现在的边疆已经不是唯一的、必须依靠内地农业的那种牧业社会,古代那种经济基础已经解体,现代中国作为领土辽阔、边疆资源丰富的多民族国家,面对国外有人觊觎我们的边疆领土资源,国内边疆民族地区还有不够稳定的状况,这些国内外复杂情况反映到我国安全方面,既有传统安全也有非传统安全问题,不过反华势力和分裂势力也明白,对当代强大的中国,已不可能用军事手段夺走边疆领土资源,所以他们寄希望于利用境外跨国族群引发民族问题这类非传统安全威胁,来达到"分化"中国的目的。因此,我们在追求发展时,特别应关注构建符合本国实际的凝聚性的现代边疆安全稳定结构,它总体应该是千丝万缕互动关系形成的中华现代经济文化圈结构,而最重要的有几个结构:一是有深刻发展与维安内涵的中国特色的国家资本运作机制与资本调控结构,就是使银行和国家的财政补贴的资本直接服务于边疆开发项目,如支持大农场发展、大资源开发项目等,但要研究同时构建起新型社会资本控制机制;二是边疆与内地命脉类物资的产销关系等利益结构,即要构建以利益为纽带的互依互利的边疆资源开发结构,使资源

---

〔1〕萧俊明:《文化与社会结构》,载《国外社会科学》1999年5期。

〔2〕马戎、周星主编:《中华民族凝聚力的形成与发展》,1999年版,436-437页

〔3〕马曼丽等:《中国西北跨国民族文化变异研究》,民族出版社,2003年版,11-15页;或2009年版,10-14页。

开发与改善边疆民族的民生和保护世代生活环境完全结合,转国家的开发利润为富民补贴和优化环境的特色结构,以克服"资源诅咒""发展困境";三是构建现代边防综合安全结构,加强能打击和分化瓦解"三个主义"的国防特种部队的培养和配置,并铺开一个具有高科技、高信息监控分裂犯罪行为和保障群众安全并依靠群众路线的反恐、反分裂分子的天网,提高我国对边疆传统和非传统安全威胁的综合安全治理能力和水平。另外如果选择自治地区有战略地位的城市,赋予特区、边疆金融贸易中心、直辖市等名义,以内需经济带动其超越式发展,那么榜样力量可能带动形成整个西北边疆的超越式城镇化发展结构;还应构建商品经济为主导的嫁接内地成功企业和有计划近距离输出边疆劳动力、逐步改变封闭性聚居为开放性交往的社会结构,这的确需要防止有的学者预见的"民族地区失去青少年的空壳化""民族文化传承力降低"[1]等后果。似可规定给回流青年安家、创业补贴等,吸引在外地、外国的民族精英回流来建设故乡。

根据马克斯·韦伯的社会冲突理论,权利、财富和声望的差异是产生社会冲突的前提。人们需要充分认识"一个统治制度的合法性,是以被统治者对合法性的信任为尺度的"[2]。这和我国常说的"民心向背"是一样的道理。所以,尽管我们社会主义国家本身是主张公平公正、民族平等的,但在执行落实政策制度时,仍需提高干部的执政和治理能力,必须把社会主义优越性体现在克服一切事实上的不平等,以及协调好与边疆民族的利益关系上,落实在关注建构起依靠阶层结构、合理的利益分配结构等具体问题上。

我们认为,构建合理的阶层结构,一是指财富拥有状况的两头小、中间大的"橄榄型"结构,即能成为"不倒翁"的安全结构,包括要使中等富裕人群占国家的大多数,或拥有国家的大多数财富。二是也包括

〔1〕张海洋等:《中国移动:少数民族和民族地区人口双向移动的影响和管理需求研究报告》,载《共识》2010年第3期。
〔2〕〔德〕哈贝马斯著·郭官义译:《重建历史唯物主义》,社会科学文献出版社,2000年版,287页。

边疆民族中要有占大多数的忠于祖国的中等依靠阶层。我国自改革开放20多年来,中等收入阶层已经在逐渐崛起,目前据中国科学院测算,只占总人口的19%,绝大多数人还属温饱型人口。对于一个人口众多的发展中国家虽已属很不容易,但是,这种现状毕竟离开"不倒翁"式安全稳定结构的距离还很远。尤其是我国贫富差距相差达23倍[1],因此已经引起我国领导人的高度重视,提出了进一步深入西部大开发,保证西部人的生活质量尽快有大的提高。我们认为,中国近年来经济实力大增,完全有能力增加政府货币转移支出,更多地向低收入人群倾斜。[2] 联合国教科文组织早在1972年已经总结出宝贵经验:"现在,教育在全世界的发展正倾向于先于经济的发展"[3],即要发展需要教育先行。边疆可以用"送出去"培养,或将国内外农牧业专家"请进来"培养的办法,快速培养一批机械化生产的领头人。尤其需要尽快把长期以来安分守己建设边疆的人数很少的小民族的骨干培养成富裕的大农庄主、牧场主作为重要的边疆中等富裕的依靠阶级,并通过民族院校精心培养一支忠于祖国的西北边疆民族精英队伍。还可以有意识地用贷款、增地等方式把致富的机会留给边疆小民族和原来千里迢迢来边疆的支边人群的后代,优惠分给办学、办医院的公益人群,使他们成为维稳和发展的最可依靠的阶层。

29.3 边疆民族地区变革发展模式必须贯彻的几个原则问题

结合西北边疆地区的实际,依靠当地边民自觉自愿地推进发展变革,宜采用权力分立模式。一是应该以边民自愿自主为本,开发规划和

---

〔1〕我国中等阶层的年收入不过2.5万至3万元。而总体居民收入占GDP的比例从1992年的68.6%已下降到52.3%,一般工资收入不到企业运营成本的10%,远低于发达国家的50%。而且最高收入的群体10%的人和低收入群体的差距,从1988年的7.3倍已上升到23倍之大。

〔2〕余斌、陈昌盛(国务院发展研究中心):《国资部分收入应转为政府公共支出和居民可支配收入》,载《高等学校文科学术文摘》2010年第1期。

〔3〕联合国教科文组织:《学会生存》,中国人事出版社,1996年版,31页。

项目决策权可由各级自治机关咨询中央委派的专家智囊团规划确定，让当地公民以主人翁姿态运用他们享有的"变通权和拒绝权"，即自治法第 20 条规定的：国家机关的决议、决定、命令和指示，如有不适合民族自治地方实际情况的，自治机关可以报经该上级国家机关批准，变通执行或停止执行。[1] 这样可以发挥社会主义制度的优越性，边疆少数民族能处处保护自己的利益。二是财权基本由银行按照申请人的论证和经济效益视角决定支持力度，政府意见只供参考。三是法律监督权，由高一级的检察机关监督各级自治机关和银行财权有否违法。至少这三权要分立。首先土地流动整合要自觉自愿，原承包土地，可以入股，则有选举农牧场主权利。愿意出卖土地使用权从事其他工作的，执行先安置、后签约的政策。这就要让群众认识土地流动整合进行大规模生产开发模式的优越性，可以组织参观。如从成都蒲江县陈坝村姜维军的实例可知，土地整合前，他承包种谷子，只够自己吃。而整合后，他住进了村里统一规划、统一建设的新房子，而且收入不菲，从温饱到年均能拿到一万三四左右。另据成都市蒲江县副县长欧俊波介绍，2004 年，浦江县过去由于土地散乱，平均亩产就在 1000 块钱左右，实现土地流转整合为 14000 多亩以后，中新农业公司加盟，规模生产猕猴桃。公司运作下的产出每亩产值 6 万人民币左右。[2] 这也有力证明了，社会主义制度下，结合中国实际运用马克思提倡的公司运作方式，是有效的发展模式。

根据当代社会结构理论，文化传媒和教育是发展的基本动力。社会结构的建构和调适只有"依赖对原文化体系的核心层注入新观念"，深刻认识"文化与社会是两个不可分离的领域，二者……互为构成和相互作用"。[3] 认识文化是社会的第一动力，"现存社会的动力来自两方面：一方面是各种文化形式之间的互相关系；另一方面是个人和

<hr/>

〔1〕转引自田联刚：《中国民族政策的价值取向：全面保障少数民族人权》，载《西北民族研究》2009 年第 2 期。

〔2〕载《人民网》2010 年 8 月 30 日。

〔3〕萧俊明：《文化与社会结构》，载《国外社会科学》1999 年第 5 期。

社会之间的相互关系"[1]实际上,随着人类的发展,人类各民族的文化的交流与建构从来就没有停止过。而且在尊重多元文化的同时,任何个人和族群都无法回避先进的国家主流文化对相对落后的边缘文化的辐射和改造。而充分依靠先进技术手段和大众文化传播手段是文化建构最有效的捷径,人类从过去的步行、骑马到今天坐汽车、飞机,都能使人们较快接受,所以我们要利用先进科技和教育改变人们落后的、不合时宜的观念。曾任美国助理国务卿的威廉·本顿更一语道破天机,说培养外国留学生是一种最有前景的、一本万利的推销美国思想文化的有效方式[2] 可见发达国家为扩大其主流文化辐射影响而对利用大众传媒、科技文化教育手段的重视。我国应在支持多元文化发展的同时,为了提高边民生存发展能力而合理促进主流文化的辐射,并促进边民自愿融入主流社会,这是世界各国构建"国家认同"的普遍做法,这应该与强迫同化区别开来,与大汉族主义区别开来。中国十分重视多元民族文化的共同发展,但也不能忽视大力辐射中国主流文化底蕴——汉文化中的仁义礼智信等优秀文化精华,特别是塑建正确的"国家观",比如传播《诗经·小雅·北山》等书所说"溥天之下,莫非王土""国家兴亡,匹夫有责"等等中国大一统传统观念,对树立国家至上、民族利益服从国家利益这类公民必需的国家认同,克服错误的"民族领土观",会起到潜移默化的作用。试想,在古代的清王朝,康乾等帝王都精通汉文化,换来的是康乾盛世以及至今犹存的满汉一家的民族和谐。再看所谓"五胡十六国"时期,虽一度分裂割据,但由于其首领大都是崇尚汉文化的精英,所以他们办汉学,传播儒学,最终引导其胡人自愿融入了中华。现代的新加坡政府的《共同价值观白皮书》正式把儒家文化确定为"国家意识"。面对不同文化、不同宗教和种族矛盾冲突,新加坡运用儒学思想,采取全面培育"国家至上、社会

---

[1]F. Boas, *Race, Language and Culture*, The University of Chicago Press, Chicago, 1982, P.255.

[2]马曼丽:《中国西北跨国民族文化变异研究》,民族出版社,2003 年版,65 页;也可参看2009 年版。

为先"的国家观教育,人们公认,新加坡运用儒家文化有效促进了国家至上的"国家观"[1]认同意识的形成,促进了国家的稳定。我国有什么理由不大力辐射儒家文化的国学精华呢?另外我们建议,政治思想课除了马列主义教育,应该辅以汉文化的仁义礼智信等中国传统优秀文化组成的国学教育以及符合现代世界人的教育,如美国哈佛大学教授加德纳提出智力的新定义是,"智力是在某种社会或文化环境的价值标准下,个体用以解决自己遇到的真正难题或生产及创造出有效产品所需要的能力"[2],这对扭转我国脱离边疆开发实际的纯知识性现行教育,是很好的参考。

新一轮西部开发再利用资产阶级生产力的同时,必须坚决抵制资产阶级劣根性,并且不搞国内殖民。战略西移的重点是货币资本西移、技术西移、服务西移,而人口除了必需的高管和技术人员外,一般人员和劳动力原则上必须安置边疆当地各族群众(包括在外地、外国学习生活的少数民族回流人员),得依法规定安置少数民族人口的比例与减免税收同比例,才有望落实。国家的资本运作要有倾向性,既助发展,也重稳定。西北边疆人民的普遍生活水平,不可能有多少人具有私人投资能力,可以搞中国特色的增地运动和倾斜政策,以价格优惠和银行低息贷款等办法,赠地给需要培养的中产依靠阶层的对象,同时制裁分裂势力插手经济领域。国营比例不应过大,国家力量的重点应该放在宏观规划和组织培养各类公众力量,以促成法律监督、安全监督、廉政监督、政策监督,以便宏观上保证中央提出的新一轮西部大开发的"上三个大台阶"的总体目标,即一是西部地区综合经济实力上一个大台阶;二是人民生活水平和质量上一个大台阶;三是生态环境保护上一个大台阶。并保证中央提出的把西部建成"四个基地":一是国家重要的能源基地;二是国家重要的资源深加工基地;三是国家重要

〔1〕孙懿:《国家观教育与构建和谐社会》,载《云南师范大学学报》2009 年第 6 期;也可参看闫荣素、朱爱:《浅析新加坡的儒家文化》,载《承德职业学院学报》2006 年第 1 期。

〔2〕加德纳:*Frames of mind*,*The theory of multiple intelligences*,New York,Basic Books,1983;也可参见冯瑞、马曼丽:《对西部农牧区现代化与构建多元结构教育模式的思考》,载《民族教育研究》2002 年第 2 期。

的装备制造业基地;四是国家重要的战略性新兴产业基地。这些都表明,西部发展战略已发生深刻变化,只要我们坚持变革与创新,那么,未来的深入西部大开发的 10 年,将是西部地区,包括西北边疆地区经济跨越式展翅腾飞的 10 年。

（原载《边疆发展中国论坛文集》,中央民族大学出版社,2012 年）

30　从17世纪俄蒙关系档案
谈利益原则

　　《17世纪俄蒙关系档案》主要记录了俄国当局,特别是俄国西伯利亚等边境城市当时与我国卫拉特蒙古和喀尔喀东蒙古等边疆民族的交往事件,其中包括被卫拉特部落俘虏去后返回的各种俄国人的报告以及俄国边境当局盘问当时前来贸易的中国边境民族的记录和报告。所以,这类档案文献是当时最细致、最真实的关于中国西北边疆有关地区和有关民族的重要史料。其价值之珍贵不言而喻。这两部档案文献十几年前就受到我国学者和出版界的关注,但由于该藏本不容易找到,而且是古体俄文档案,国内能翻译古俄文的人较少,加之,这些档案多是出自文化程度不高的不同地方民众口述的记录,因此语法不规范,人名地名发音也往往各异,翻译更加困难,所以到现在才译出。这些珍贵档案一旦出版,能为我们学术界利用自然是难得的幸事。由于其丰富的新史料,相信这批档案资料的出版会掀起有关研究领域的研究新高潮。依据这些俄蒙关系新资料,本文将剖析利益原则在边疆治理中的重要地位。在此基础上进一步探讨中国西北边疆民族领土情结的民族特殊性和对其综合安全治理的几点内政外交方面的看法。

30.1　清代西北边疆民族关系中
体现的利益原则

　　中国的边疆民族,尤其是西北边疆的民族,包括蒙古族,古代大多都是游牧民族,在封建游牧制度下,其游牧地(兀鲁思)和游牧属民都是游牧领主们自己的个人财富,也是其最大利益的体现。因此,在17

世纪上半叶明末清初那个清王朝还没有统一西北边疆的分裂时期,牧地领主们各自为政,可以全权处理其兀鲁思牧地和属民,包括臣服谁,攻打谁,凭武力抢占谁的领土,或者跟谁联合对敌,都由各领主自定。马克思认为"在古代,每一个民族都由于物质关系和物质利益(如各部落的敌视等等)而团结在一起"[1]。而且马克思对人们相互关系的制约因素概括说"人们奋斗所争取的一切,都同他们的利益有关"[2],明确了利益原则的极其重要性。

在俄国这个时期的档案中,西北各民族的相互关系充分反映出马克思上述论断的正确性。很多档案记载了,边疆蒙古族、哈萨克族和吉尔吉斯各部当时以兀鲁思牧地为单位进行游牧,他们的团结或树敌对象都是为了他们的核心物质利益——争夺兀鲁思土地和缴纳实物税的属民。如档案比以前任何著作都更详细地记载了卫拉特各部卷入为争夺庆台吉的遗产——1000户属民及其牲畜的战争长达5年,并清楚地反映出与这些利益有关的卫拉特各部为这些遗产不惜从1625年流血争战到1630年,直到哈喇忽拉等大台吉联合追杀死首先抢夺遗产的楚库尔才告一段落[3],可见其利益追求的激烈性和迫切性。

另外,这一时期的档案也反映出,强者即为领土的宗主,因此土地所有权经常更迭。如东西蒙古之间,还加入哈萨克人,都相互长期为吉尔吉斯的土地和属民而征战,由于他们对吉尔吉斯地区的争夺,在16世纪30年代吉尔吉斯地区是属于喀尔喀蒙古的,即俄国所称的是阿勒坦汗的属地。所以沙俄曾多次要阿勒坦汗下令叫吉尔吉斯向俄国臣服并送人质给俄国,如1635年4月25日,俄国雅科夫·图哈切夫斯基使团向沙皇汇报说:

> 阿勒坦汗派了唐古特地方的达音·梅尔根·兰扎喇嘛作为其使节带雅科夫和德鲁仁·阿加尔科夫去了吉尔吉斯地方……

---

[1]马克思、恩格斯:《德意志意识形态》,见《马克思恩格斯全集》第3卷,169页。

[2]马克思:《第二届莱茵省议会的辩论》(第一篇论文),见《马克思恩格斯全集》第1卷,82页。

[3]《俄蒙关系史档案文献集(1607—1636年)》第70—77号,莫斯科东方文献出版社,1959年版。

要他们吉尔吉斯人当着皇上的大使雅科夫·图哈切夫斯基和德鲁仁·阿加尔科夫的面,进行宣誓。而且,陛下,阿勒坦汗还嘱咐喇嘛引导4名优秀的吉尔吉斯王公到托木斯克城来,在托木斯克向皇上您宣誓。但是,陛下,吉尔吉斯人不肯向皇上您宣誓,几位优秀王公也不肯到托木斯克来。关于吉尔吉斯人不顺从的情况,达音·梅尔根·兰扎喇嘛已写信告诉阿勒坦汗请他指示,他喇嘛本人并在吉尔吉斯等候阿勒坦汗的指示。但是陛下,吉尔吉斯属民、王公和兀鲁思的男人们都对那些跟随雅可夫·图哈切夫斯基在阿勒坦汗那里的军人们说,阿勒坦汗不可能命令他们吉尔吉斯人向您沙皇陛下宣誓,陛下……除非让总督从托木斯克派贵族子弟率兵征讨,不然,谁能相信他们吉尔吉斯人肯……接受庇护〔1〕

这里清楚地证明,当时吉尔吉斯是给阿勒坦汗交实物税的属民。不过,我们看到,10年以后,即到了40年代,很多吉尔吉斯领土已经逐渐属于东西蒙古争战中日益强大的卫拉特蒙古人了。在1644年的档案记载中说:

在珲台吉兀鲁思听诺盖人和吉尔吉斯人的俘虏们说,珲台吉攻打扬吉尔王子时,他珲台吉占领了阿拉特吉尔吉斯人的两块土地和大约1万托克马克人。〔2〕

而且1644年的档案也记载有卫拉特巴图尔珲台吉向沙俄的抗议,足以证明吉尔吉斯很多地方已经归属珲台吉了。如1642年珲台吉的抗议说:

以前,吉尔吉斯人和凯尔萨加尔人都是他珲台吉的属民。但是149年(1640年)沙皇的人攻打了吉尔吉斯人,抓走了他们的妇女儿童,俄国人又从库兹涅茨克堡出来攻打了凯尔萨加尔县,掳

---

〔1〕《俄蒙关系史档案文献集(1636—1654年)》第64号,莫斯科东方文献出版社,1974年版。

〔2〕《俄蒙关系史档案文献集(1636—1654年)》第69号,莫斯科东方文献出版社,1974年版。

·欧·亚·历·史·文·化·文·库·

走了妇女儿童,希望沙皇恩准查明那些被抓走的人还给他。[1]

显然这次抗议说明,至少在 1640 年前,部分吉尔吉斯地区已转入了准噶尔珲台吉之手。而且我们从这以后的档案中也可以看到从这一时期起,频频出现有准噶尔与沙俄为吉尔吉斯和有关临近地区收实物税问题的矛盾冲突和主权交涉。显然沙俄与准噶尔的矛盾也来自相互争夺兀鲁思游牧地的归属和实物税这种切身利益。

30.2　沙俄侵略中国边疆所运用的威逼与利诱相结合的利益原则

17 世纪的俄国档案还记载,当时沙俄有些边境地区的兵力其实是相当薄弱的,西伯利亚有的城市只有几百名军人驻守,不断有城市一了解到有卡尔梅克人游牧到附近,便向莫斯科告急求救。但是为什么最终沙俄却能不断蚕食掉中国的边疆领土呢?

我们看到,他们是使用了各种威逼加利诱的手段从边疆民族领主手中一步步蚕食的,如有记载说"陛下,10 月 21 日,我叫使节们来我那儿,这时我令贵族子弟、射击手等全部人员全副武装,于是那些卡尔梅克使节被我控制驾驭了。……并叩求恩准他们接受您伟大沙皇陛下的庇护"[2]。

除了这类当时比游牧民族的刀和矛远为先进的能射击的火枪威吓外,有时沙俄也利用情报掌握游牧民族心理进行虚假的威胁,如沙俄探到土尔扈特部大领主和鄂尔勒克及其部众被契尔沙克人引入一个狭小地带全军覆灭[3]。这事对各部影响很大,但大家都在打问,是谁能打败这么大的领主的全部兀鲁思?而沙俄到处宣扬和鄂尔尔勒

〔1〕《俄蒙关系史档案文献集(1636—1654 年)》第 69 号,莫斯科东方文献出版社,1974 年版。

〔2〕《俄蒙关系史档案文献集(1607—1636 年)》第 52 号,莫斯科东方文献出版社,1959 年版。

〔3〕《俄蒙关系史档案文献集(1636—1654 年)》第 66 号,莫斯科东方文献出版社,1974 年版。

克不臣服沙皇,俄军消灭了和鄂尔勒克整个兀鲁思,证明俄国有能力消灭任何不顺服沙皇的兀鲁思,以此为威胁,要"看看珲台吉是否害怕"[1]。可见沙俄并不是完全靠真正的军事实力。

其实,他们真正依靠的,主要还是靠利益原则引诱中国边疆民族,达到了其殖民主义拓疆占土的目的,扩大了沙俄收皮毛实物税的地区的。具体说,一般是先用物质利益引诱加上偶尔显示他们先进的枪炮武器进行威逼的手段使中国边疆少数民族宣誓臣服的,这类记载在档案中比比皆是,也是它分别与喀尔喀蒙古和卫拉特蒙古各部都直接交往,并派出仅几位军人组成的使团就能达到目的的最有效手段。而当时沙俄的所谓"宣誓臣服"之所以会被中国边境民族接受,则因为在他们看来,那可以是一种争取和平贸易与和平交往的协定,又可以拿到所谓的皇赏,即他们游牧民族是被需要卖牲畜和生活用品等核心利益所驱动。比如 1620 年 10 月 6 日,卡尔梅克台吉和鄂尔勒克、楚库尔和伊希姆王子派来了使节到俄国边城乌法来贸易时,乌法当局给沙皇汇报说:

> 陛下,他们卡尔梅克台吉们……来请您恩准时,您可要他们接受您的庇护,才让我们到乌法城跟他们贸易,台吉们和伊希姆王子叫我们对您说,如果您同意贸易,这样可以让其使节代表他们台吉们和兀鲁思属民宣誓。陛下,10 月 9 日您的臣仆我,让卡尔梅克使节来我处,并让其进行了宣誓仪式。

再看看这最初宣誓的内容:

> 陛下,他们代表其各自的台吉们和伊希姆王子宣了誓,保证他们不派人攻打乌法城镇和巴什基尔地区,不杀掠巴什基尔狩猎人,愿意接受您的庇护并向您全俄伟大的沙皇陛下米哈伊洛·费多罗维奇大公叩首,请求让他们赶 200 匹马来卖,让他们免关税卖这些马。并请陛下您赏赐他们皇赏。于是,您的臣仆我,吩咐当地

---

〔1〕《俄蒙关系史档案文献集(1636—1654 年)》第 72 号,莫斯科东方文献出版社,1974 年版。

· 欧 · 亚 · 历 · 史 · 文 · 化 · 文 · 库 ·

和外地来人买下了这些马,应付地换给了卡尔梅克人一些破旧东西。[1]

从这些领主跟俄国最初交往的记载看,只是把宣誓臣服看作是能够进行贸易的条件和双方遵守和平交往的协定,而在沙俄花言巧语下,没有能充分认识沙俄会借此逐步用各种手段完全占领和控制了他们的领土和属民。如档案中有关沙俄吞并亚梅舍夫盐湖和从车臣汗那里打听金银矿的记载完全是沙俄不断侵占我国民族地区资源的自我招供。而且狡猾的沙俄政府后来在所谓的"自愿臣服的"誓词中逐渐偷梁换柱地加入了"世代为奴"之类的词语,意欲世代控制中国边疆民族。不过,显然这类词语并未被阿勒坦汗等接受。如在 1634 年俄国自己的档案记载有阿勒坦汗对俄国使节雅科夫抗议的话:

> 我并未下令说过我自己亲自宣誓,我只令人向陛下呈请,恩准……派自己的人到托木斯克城代替我自己和自己的整个汗国宣誓。可是总督逼迫他们宣了誓,给他们的既是面包,也是刀子,是把马刀架在他们的脖子上逼迫按拟好的誓文宣誓,我们的信仰里没有这样的宣誓……在我们这里"奴仆"意味着不幸。[2]

但同时,也必须看到,这种在古代就被殖民主义国家使用利益原则进行的渗透手段,其后果也是严重的,特别是从这一时期开始沙俄引诱蒙古族群众所尊敬的喇嘛对沙皇宣誓臣服。其中如达音·梅尔根·兰扎喇嘛就不断求沙皇给他赐皇赏,而喇嘛又因已经宣誓就要对神诚信的心理被沙俄牢牢收买,最后当阿勒坦汗反抗沙皇,不愿再宣誓,更不愿称奴仆时,兰扎喇嘛却认为反悔会得罪神灵而向沙皇保证,他可以以阿勒坦汗教父的身份,劝说阿勒坦汗和吉尔吉斯人遵守誓言、臣服沙皇。后来阿勒坦汗果然听从了兰扎喇嘛的劝告,答应让喇嘛

---

[1]《俄蒙关系史档案文献集(1607—1636 年)》第 48 号,莫斯科东方文献出版社,1959 年版。

[2]《俄蒙关系史档案文献集(1607—1636 年)》第 102 号,莫斯科东方文献出版社,1959 年版。

和他的兄弟杜拉尔塔布囊代替他阿勒坦汗向沙皇的使节宣了誓。[1]众所周知,直到外蒙古独立事件中,哲布尊丹巴为代表的宗教势力仍然是分裂的重要主导因素。

30.3 利益原则在西北边疆安全治理中的地位及对现代的启迪

综上可见,清代西北边疆民族由于大多是游牧民族,他们民族传统的核心利益是兀鲁思游牧地和实物税,这些也是决定他们与谁可以和睦,与谁则征战不休以及决定各种民族关系的关键因素。换句话说,就是决定民族关系的主要因素是利益原则,是民族的核心利益。不过核心利益是随着时代变迁的,今天的边疆民族已经不是纯粹的游牧民族,已经不像过去有农耕经济互补就可以满足他们的核心利益,所以我们制定与贯彻民族政策时必须对他们不同时期、不同人群的不同核心利益要求有充分的了解,给予最大的满足,而决不能做损害他们切身利益的事,否则就会埋下民族矛盾的种子,甚至潜伏的仇恨。

第一,多民族国家能否保证边疆领土的安全,很大程度上取决于国家的民族政策和政府各级官员能否真正做到从经济、政治、文化等各个方面关心与保证边疆民族群众的核心利益得到满足,对之真正没有损害。这需要踏踏实实按中央"以民为本"公正廉洁地做许许多多深入细致的工作,改掉干部的官员形象而树立真正为人民服务的人民公仆形象,具有公仆品质,为人民利益而工作,时刻记得民族利益是民族地区干部的工作原则。这样才能换来边疆的和谐与安全,即最简单的"得民心者,得天下"的道理,也是在边疆安全治理方面的千古不变的原则。

这不仅因为我们有清代官员们把这一原则的实施让给了沙俄,而失去了大片领土的教训,更重要的是需要正视当今世界对中国来说,

---

〔1〕《俄蒙关系史档案文献集(1636—1654 年)》第 29 号,莫斯科东方文献出版社,1974 年版。

·欧·亚·历·史·文·化·文·库·

我们的军事实力强大,企图分裂中国的敌人对这点也很清楚,事实也证明他们现在主要的手段不是靠武力来分裂我国边疆的,因为他们明白武力的较量未必能胜过中国,而是用各种资金和所谓"道义""人权"等利益手段来支持分裂势力,恶化我们的民族关系,挑起民族仇恨,从内部攻破我们的堡垒。所以上自国家,下自各族人民群众要不被外来势力奴役,都需要从自身来思考如何对待利益,国家考虑如何满足民族群众的核心利益;群众要考虑应该以什么方式争取自身的和民族的利益。我们认为,以为通过分裂,建立单一民族国家就能有本民族的最大利益,这是被分裂主义蒙蔽的糊涂认识,这种分裂道路的追求不仅是不明智的,而且在现代是走不通的,它会使本民族付出巨大牺牲,甚至灭亡。

当代世界现实证明真正能从一个主权国家中分裂出民族国家的,只有三类情况:一类是苏联那样基本是主权国同意而未加阻拦的,如中亚各国等的独立,他们能独立实际是苏联自己想卸包袱,愿意轻装建设自己的俄罗斯,而且独立的地区原来基本上是殖民主义的遗产;另一类是外国势力支持,经过激烈的军事较量,付出大量人员伤亡的惨重代价,结果成为权力和资源实际被外国控制的附属国,像科索沃;再一类虽然是独立出来成了联合国的一员,如巴勒斯坦,但这主要是早在20世纪70年代国际社会就已经承认过巴勒斯坦为独立国的历史原因,只是以色列不承认,但他们仍然付出惨重代价才重新取得民族国家的独立地位,而且至今战火还时而发生。

但是在我们中国,这些情况都是不可能发生的,首先中国的边疆不同于苏联中亚那些地方是殖民主义的产物,中国西北边疆自古就是世界公认的汉代就统一了的中国领土,不是近代侵略来的殖民地。而且中国自古是一个以"大一统"为全民核心价值观的国家,不光是政府坚决不允许分裂,8年抗日说明,要拿走一寸领土,要分裂是不可能得到十多亿人民的认可的。何况当今中国比抗日时期更为强大,与世界各国的国际关系也处理得比较好,就连美国等西方明智的主导势力恐怕也不一定愿意真正牺牲中美国家关系给他们国家带来的巨大利益,来支持中国小小的分裂势力和换取一小块土地资源的微不足道的利益吧。所以,分裂势力如果一旦严重威胁到中国边疆的完整,最终或将会把边疆民族带入被毁灭的悲惨境地,这是全国爱好和平的各族同胞所绝不愿意看到的。

第二,虽然中国有的边疆民族,如维吾尔族的先民回鹘,本质上可以看作是古代迁徙到汉代便已经统一的西域地方的游牧移民,但他们几百年聚居新疆,这就与现代国家分散的移民有根本不同,何况中国边疆民族多数是原生的土著民族。由于他们上千年、几百年就世代聚居于某一边疆地区,所以这些民族自古具有把其聚居地看作是本民族领土的观念,它是根深蒂固的,中国边疆民族因而表现为一种与欧美发达国家现代移民不同的特殊的领土情结民族性。这也是我国边疆民族中滋生把国家领土看作是民族领土的错误民族领土观念的深刻根源。这些历史影响也造成中国西北边疆的传统文化中把自己生活的土地看作民族财产的心理因素根深蒂固,而很不容易接受现代国家的领土主权观念,更容易被分裂势力利用。加上中国西北边疆,虽然早在公元前就被中国汉朝统一,但如前所述,边疆民族却直到清代,即17世纪的近代还在按兀鲁思游牧,因而对他们生活的领土早就是汉代中央王朝统一管理的领土这种观念,也不像他们民族兀鲁思的记忆那么深刻。因此我们对西北边疆的治理,不能不充分考虑对西北边疆民族的错误民族领土观念,既要通过各种媒体和文化手段加以改造,同时也要理解历史传统文化心理的影响,在坚决打击分裂分子有意利用错误领土观念分裂国家的同时,对广大民族群众,则要区别对待,即对边疆民族群众的传统心理,要能够理解和相对宽容。也因此,特别需要在落实民族政策时,充分注意触及土地资源等方面的政策。在土地资源等开发方面需要切实执行保护生态的政策,要尽可能关注和照顾民族群众更多的物质利益。让他们多受益,不能单方面强调国家开发边疆的善意,不能简单地认为理所当然可以行使国家对自己边疆领土的主权,必须重视考察利益原则运用得如何,尤其是落实得如何,这是边疆民族关系能否和谐,安全治理能否有效,边疆能否和谐稳定的举足轻重的问题。

不过,与此同时我们也应该看到,历史上中国边疆民族他们也因特别热爱自己的故乡领土,而能够自觉捍卫居住的领土。17 世纪上半叶的档案中也不乏他们在强大的沙俄面前,为了生存与沙俄周旋的同时,为了不做奴隶而抗争和保卫领土顽强斗争的记载,尽管他们对俄国的金银珠宝等皇赏非常稀罕,十分羡慕,那些对他们的确有很大吸引力。而且俄蒙关系中,中国的边疆民族中给沙俄的"国书"几乎都是索要皇赏或请俄方派兵支持他们争夺领土的,有的头领的确为此而不惜表示宣誓臣服;但是准噶尔的巴图尔珲台吉一直以自己的强大与沙俄抗争[1];吉尔吉斯、土尔扈特等许多头人坚持了一个多世纪可歌可泣的斗争,最后,前者因为不愿做沙俄的奴隶,从当时临近沙俄的叶尼塞河一带举族迁往当时沙俄势力尚未达到的天山地区[2],后者则举族回归中国,尽管死伤过半,仍完成了震惊世界的万里回归中国的事件[3],而不肯臣服沙俄。所以必须指出,中国边疆民族的主流是爱国的,他们比后来清政府割地求荣的官员们,更有民族气节。

任何时代,在利益面前,人们都会有不同选择,正如现代有些少数民族权力欲膨胀的分裂分子,为拿到外国的施舍,或个人权益,受利益驱使而不惜向外国政治势力卑躬屈膝。但绝大多数民族群众和真正的民族精英却不愿用领土权益去换取个人的利益。自古至今在利益面前的不同的选择,昭显了人性的精英本色,还是人渣本质,而以国家利益做交易,就像历史上被称作汉奸的人一样,都像过街老鼠,人人得而除之,没有哪个是能有好结果的。所以错误走上分裂道路的人只有回头是岸。我们寄希望于各民族精英们和民族群众会万分珍惜边疆和谐发展的机遇,会在和谐稳定的西部大开发中争取以合法形式取得民族的最大利益和各民族的共同繁荣。保护好已经是现代民族国家

〔1〕马曼丽:《巴图尔珲台吉与俄国》,载《民族研究》1980 年第 4 期。
〔2〕马曼丽:《叶尼塞吉尔吉斯人的西迁与中亚吉尔吉斯族的形成》,载《西北史地》1984 年第 4 期。
〔3〕马曼丽:《我国蒙古族土尔扈特部的西迁及其重返祖国的斗争》,载《新疆历史论文集》,新疆出版社,1978 年版。

领土的、自己世代生活的美丽家园,不会被分裂分子利用而闹得生灵涂炭,家园毁灭。

第三,中国西北边疆领土曾经被分裂的历史,证明都是外国势力介入的结果,包括本档案提供的史实以及后来外蒙古的分裂独立都是。这启示我们迫切需要不断完善边疆治理的对外政策,以综合安全手段来应对复杂的边疆问题。既要有强大的特种边疆部队做后盾,也必须最有效地运用利益原则应对敌人对边疆各阶层人士的威逼利诱,正因为外部因素是当代分裂的重要原因,所以要制定正确的、卓有远见的外交政策。

我们以为,应该力求建立包括西方国家在内的、以周边邻国为伙伴国的团结一切可团结力量的大结盟政策,减少敌国,分化敌人一般势力,集中打击最顽固的少数顽敌。因此不仅要把群众与少数分裂分子区别开来,而且要把可以争取的敌对力量,尽可能化敌为友。在新世纪、新时期中国的核心利益已经不光是台湾问题,还应包括尊重中国边疆领土的主权与不参与支持中国境内外的恐怖分裂势力问题,所以,应该在国内外扩大不同形式的多边安全合作,尤其需要加强与亚太地区各大国包括美国的安全合作,争取各国以统一的标准共同打击和分化瓦解世界一切恐怖主义为主导的、危害不同国家安全的"三个主义"恶势力(包括东突恐怖主义与中国境内外分裂势力)为目标,努力团结这方面一切可团结的和平力量,组成全球和平联盟为世界新的一极,特别是需要协调与世界经济、政治大国的关系,建立国际统一战线,反对正在形成的恐怖主义为核心的国家与非国家组织组成的三个主义恶势力逆流的新一极。

我们的这种以世界新两极形势为基础的国际关系下的积极新外交,不仅是中国安全利益的需要,更是由于看到,对当今各大国的安全和发展来说,真正的威胁主要不是来自过去那种大国间的军事威胁,而是来自几乎各国无不受到其日益严重威胁的、以恐怖主义为核心的"三个主义"恶势力,包括核恐怖、网络恐怖、突发事件恐怖活动以及各种威胁人类安全的不可预测的恐怖行为和毒品等跨国犯罪行为。因

419

此,为了人类的安全与世界和谐发展,也为了消解中国与各国同样面临的新时期的这类人类最大安全威胁,我们主张联合各大国和一切可能团结的力量,认清世界新安全形势,推进以亚太大国为核心的世界和平力量为一极,"殊途同归"于共同反对三个主义逆流组成的新一极,来争取人类的和平发展。

在这种新两极目标指导下,要通过有理有节的和平努力,争取原民族宗教极端主义组织的转变,争取正直公正的跨国而居的民族人士和跨国移民族群不被恐怖势力利用,孤立和打击坚持恐怖主义和分裂主义的顽固分子及其组织的军事暴力行为与非传统安全的恐怖煽乱活动,为在新的两极世界中,既维护国际安全利益,也保障中国边疆的稳定与安全,而且我们专注于本国的核心利益,不会妨碍美国等西方国家的核心利益,更会体现不与他们争霸,而争取站在主张和谐世界的道义制高点,相信世界人民最终有力量战胜不合理的世界次序,当霸权伤害到越来越多的国家和世界人民时,世界人民自然就会强烈反对一切霸权,所以可以收缩反霸战线,把力量转向扩大维护我国自身的核心利益的外交战线。这样也可以有利于消除"中国威胁论",在减少敌对势力的前提下树立中国社会主义新经济大国为和谐世界而奋斗的公正和平的形象与威信,同样可以取得"得道多助"的效果而傲立于世界东方。

（原载《2012 年厄鲁特蒙古历史文化研讨会论文集》）

31 跨国民族发展道路三论

31.1 一论当代构建资本主义同质化、一体化民族国家的时代已经终结

民族共同体的社会形态,是与人类社会各个发展阶段相适应的。不同的社会发展阶段决定了民族共同体由氏族、部落、部落联盟、部族和民族这样一些不同的民族共同体形态及其相应的发展阶段,也即民族共同体的发展过程是由人类社会发展进程的状况决定的。正如早期的血缘部落由于社会交流扩大,进入地缘部落时代,而部落时代,由于社会的进一步发展到各部落混战时期,各部落为了战胜各自的敌人,按对敌的共同利益关系进行组合,便进入了部落联盟时代。这些都是民族社会属性的反映,即民族共同体形态的产生和发展是由社会的客观存在和不同社会的实际状况决定的。社会现象的人文背景决定着民族共同体的民族生态现象。

自从进入后殖民主义全球化时代后,由于各类跨国族体及其引发的各种跨国民族问题遍布全球,这种遍布全球的跨国族体及其相关民族问题席卷全球的人文背景就决定了人类进入了多元文化的跨国族体成为各国普遍民族生态现象的新时代。而世界形形色色众多相异文化跨国族体的存在和发展趋势也就宣告了民族国家构建"同质化、一体化"时代的终结。

众所周知,从资本主义上升时期以来,以欧洲为代表的资本主义现代民族国家在消灭封建割据的同时,追求以共享公民民主和国家政治共同体权利为基础来构建有同一国家认同的"同质化"现代民族。

·欧·亚·历·史·文·化·文·库·

而且到19世纪上半叶时,许多西方学者更断言,现代化和全球化的西方文化进一步传播一定可以把不同领地上具有不同历史传统的居民统统整合成文化均质的、一体化的现代民族。但是新兴资本主义两百年发展的事实却出乎意料地证明,世界上没有哪个资本主义现代民族国家达到了"一个国家、一个民族"的理想社会,说不同领地民族能成为同质化的西化现代民族那种断言更是天方夜谭式的幻想。

这一方面是因为殖民主义的后遗症。随着发达民族国家进入帝国主义并在全球各地推行殖民主义,由于殖民主义时代的诸多遗留问题,使得殖民时代的一个全球性现象,不仅仅是形成了殖民帝国到处侵占殖民地这样一个人类发展的历史阶段,而且同时伴随的典型现象是殖民时代由于一些殖民帝国按其各自的利益对被殖民国家任意划分国界,从而造成了各大洲普遍的跨界民族,这种跨界民族现象又在全球化跨国互动的人口进一步流动后,形成跨国族体遍布全球的民族生态现象及其民族问题丛生的现实。典型的如爱尔兰领土被划分为爱尔兰共和国和北爱尔兰后,形成相应的跨界民族,以后流动发展成现在跨居欧美多国的跨国族群。另如,中亚的跨国民族现象及其跨国民族问题也是沙俄早期的殖民主义侵略的后遗症,也与苏联时期他们又被快刀斩乱麻似地划分为一些所谓的民族自治共和国分不开,加上苏联解体为15个独立国家后,其国界又经历了大变动,造成居住在苏联和这些新独立国家中的许许多多非主体跨国民族,包括俄罗斯人都互相成了遍布多国的跨国民族族体。而且,不同殖民帝国的殖民人口在世界范围推行殖民主义,本身也会因全球殖民流动而成为跨国族群,从而造成世界范围更错综复杂的跨国民族和跨国民族问题丛生。上面说到的俄罗斯人到现代在新独立国家中都成了跨国民族就是一例。另外如英、法向加拿大殖民的遗留问题也是。法裔殖民者以魁北克为中心聚居,形成了居住于现在加拿大魁北克地区的法兰西裔跨国民族,值得注意的是,这些法兰西跨国族群的后裔,在遭受英裔加拿大主体民族在文化信仰和收入分配等方面不公正待遇后,他们对自己开发魁北克一带领土的历史记忆和民族性到一百多年后的现在便凸显起来,要求独立出加拿大,这成了当代加拿大法国殖民后裔的跨国族群与英裔加拿大闹分裂的典型案例。因为民族是"从文化视角来区分的人们共同体,同时又是具有凝聚力的利益集团"[1],他们便为利益而展开了有凝聚力的行动,直到要求进行全民公决来决定是否独立。

　　不同文化的跨国族体遍布世界也是全球人口自然流动的结果。以美国为例,2005 年 7 月至 2006 年 7 月美国少数族裔人口由 9830 万增加到 10070 万,即每三个美国人中有一个少数民族。而在加利福尼亚、德克萨斯、新墨西哥和夏威夷等州,以前的非拉美裔的主流美国人反倒变成了少数民族。5 岁以下的美国儿童中有一半是少数族裔,只有在 60 岁以上的老年人中,非拉美裔的人还占 80%。[2] 这表明了美国移民种族构成的越来越多元化的趋势以及熔炉政策的无能为力。而且移民的跨国族群化也伴随着其民族性的凸显。有的学者认为,外迁的移民与跨国族群有所不同,不会产生威胁国家的重大安全问题。的确,移民一般是崇拜某国才迁居某国的,因此应该比较容易融于所在国的主流民族中。但我们看到,在现代世界体系下,由于现代资本主义民族国家内部,也存在着"沃勒斯坦世界体系论"所说的中心—边缘结构,存在着中心与边缘之间在政治地位、经济发展与文化权利上的不平衡、不同步和不平等的关系,这就为亚族群提供了改变自己地位与形象的动力。也因此,"国家的'上层文化'和非主体民族的'下层文化'之间的张力,不是一朝一夕就可以解决的"[3]。于是也容易产生因民族利益矛盾和民族性凸显的事件。所以即使不是由于被恐怖主义等三个主义利用,移民也可能不愿意走同化于所在国的道路,尤其是处在被边缘化的地位时,民族的文化属性与利益认同感会凸显,从而会自动组合而逐渐形成跨国移民族群问题,这也是全球化时代正在产生的现象。他们使许多国家,包括一些西方发达国家改变着所谓"单

---

〔1〕何叔涛:《略论民族定义及民族共同体的性质》,载《民族研究》1993 年 6 期。

〔2〕http://news.xinhuanet.com,2007/05/17.

〔3〕王建娥:《全球化和地区民族主义:双向运动的内在联系》,载《民族研究》2003 年 4 期,12 – 20 页。

一民族国家"的社会"同质性",而且跨国移民族群的利益与生活保障问题也日益突出。如巴黎郊区地位低下、就业困难的非洲穆斯林移民,在面对其社区两个被警察追赶的穆斯林无业青年触电而死之时,发动了穆斯林族群从该聚居郊区到全国性的烧汽车、砸商店、与警察冲突的大骚乱事件。另如英国穆斯林社区提出"伊斯兰化"要求的事件,穆斯林为捍卫宗教尊严发动的世界范围的反美抗议,这类因移民不满其地位和权利以及文化差异引发的动乱问题,表明发达民族国家中的移民,有的正在逐步形成不满所在民族国家政策的跨国族群,其民族性突出和政治化趋势,正使民族国家面临着自身合法性的危机。按照哈贝马斯的话说,就是"政治系统无法在贯彻来自经济系统的控制命令时把大众忠诚维持在必要的水平"[1]。这样,移民与所在国政治认同逐渐分裂,正是多元文化属性的民族为维护集团性利益而演化为跨国族群的一种标志。而众所周知,无论美国的"熔炉论"还是西方的"同质化、一体化"政策,其实质都是一种同化(assimilation)政策,即认为外来民族必须通过全盘接受主体民族的文化,完全同化于主体民族而得以"融合"。但人类漫长的发展史证明,即使是专制时代和殖民时代采用强迫同化融合的手段,经历数千年漫长的过程,民族同化融合也收效极微,更不是现在后殖民主义时代民族主义思潮已经高涨的情况下,现代资本主义国家立国仅短短一百多年的时间内所能实现的。正如美国哲学家霍勒斯·卡伦所说:"可以或多或少变换他们的服装,改变他们的政治见解……但他们无法改换自己的祖父。"[2]所以,连美国这样的"熔炉"国家,现在面对日益多元的移民族群及跨国族群多元文化本性,也不得不放弃"熔炉"政策,而承认当代多元文化发展的现实。

这样,自进入后殖民主义时代以后,殖民时代的后遗症造成的民族主义等"三个主义"的兴起,再加上全球化人口流动交往的日益普遍,世界民族发展的实际生态现象是,"跨国族体"及其相关的跨国民

---

〔1〕〔德〕哈贝马斯著,刘北成、曹卫东译:《合法性危机》,上海人民出版社,2000年版,第65页。

〔2〕Horace Kallen,"Democracy versus the Melting Pot",*Nation*,February 18,1915,p.190.

族问题遍布全球,这些,按英国著名人类学家安东尼·史密斯的说法,是因为民族国家的同质化追求忽视了民族的历史和各民族传统文化差异的作用,"低估了地方文化与社会的背景意义",却说明了民族主义与现代化问题的"地方性量变"〔1〕。我们认为,正是全球化的各类族体交往流动,加上后殖民主义时代民族共同体的民族性凸显这种人文社会背景,决定了当代人类发展的实证性背景是跨国族体(含族群、移民集团)和多元文化现象成了全球化时代世界主流的民族生态现象;或者说,全球化后殖民主义时代,人类民族共同体已经从资本主义的"现代民族"发展阶段进入了"跨国民族"的发展阶段,而这种人文社会背景,终使西方民族国家的民族同质化的构建陷入困境,并宣告终结。

奥巴马总统在 2010 年开斋晚宴上的一个讲话也是证实同质化、一体化进程在当代美国已经终结的典型事例。他说,他们美国人民信奉多种宗教,有基督教徒和穆斯林,有犹太人和佛教徒,还有不信宗教的。他们是由多种语言和文化形成的民族,他们从世界每个角落吸取思想文明,多种文化的传统正是他们的力量所在〔2〕这表明美国"熔炉"政策的失败,它也证明了资本主义国家构建同质化一体化民族国家的时代已经终结。

31.2　二论全球化跨国民族时代多民族中国国家安全的核心问题

这里我们要概括地论述一下应对跨国民族时代的文化治疆与和谐世界外交这两个关系中国国家安全的核心问题。

记得当国际势力介入早期典型的跨国民族事件——科索沃危机事件时,江泽民同志就当即深刻阐述了新形势下民族问题的国际性。

---

〔1〕〔英〕安东尼·史密斯著、龚维斌等译:《全球化时代的民族与民族主义》,中央编译出版社,2002 年版,47 页。

〔2〕http:www. america. gov/mgck/index. htm/2010/08/16.

他指出,霸权主义和强权政治比起过去来,具有更大的进攻性、侵略性、扩张性和冒险性,指出我国一定要注意研究当今世界的民族和宗教问题,同时要做好我们自己的民族和宗教工作。江泽民同志把维护世界和平与安宁、促进人类共同发展与维护国家的主权统一、巩固国内各民族的团结这些方面,恰当、有机地结合和统一起来,旗帜鲜明地强调要处理好我国的民族问题,同时必须在国际上坚决反对霸权主义和暴力恐怖势力以及宗教极端势力。

我们认为,如果说科索沃事件时,江泽民同志已经特别强调要从国内和国际两方面加强民族问题研究并把握好内外政策,把新形势下反对霸权主义和暴力恐怖势力及处理中国民族问题的政策和主权统一结合起来,那么现在这种迫切性已经极为突出了。因为当时霸权主义和国际强权势力利用阿尔巴尼亚跨国民族公然干涉、颠覆主权国家的事件还是罕见的实例,而现在,当跨国族体已经遍布世界的时代,形形色色的政治势力利用跨国族体公开或暗中干涉或颠覆主权国家的事件则几乎已经成了发生利益争端的各种势力的一种普遍的国际游戏规则。我们如果深入调查研究当今世界的民族问题或国家动乱,不难发现其中往往都有跨国民族(或族体)及其代表人物的身影。或者说,一些跨国民族政治组织及跨国民族宗教集团在真真假假的外衣下换取一些政治势力的支持已成为常态,有的恐怖势力有时也可能混入所谓的"反对派",企望以遭受人权迫害的弱势群体的面貌和反对派的身份在国际势力支持下挑战主权国家政府的合法性。这样,以前受国际法保护的主权国家的内政,到现在全球化的跨国族体时代实际上几乎已经失去了国际法的保护,主权国家被分裂或被颠覆的威胁在增大。虽然对真正专制迫害平民的政权加以推翻是正义的,但如果有的带上假面具的"反对派"背后是由跨国族体的恐怖主义分子操纵的,那么他们一旦操纵或颠覆了一个国家的主权,或者恐怖主义的跨国族群通过这类手段介入国家权力而掌握了核武器、生化武器,那时对世界和平与人类的危害就可想而知了。

所以,在各种势力鱼龙混杂地伸向跨国族体的今天,坚持和谐外交的中国在利比亚、叙利亚这类问题上以及对待一切冲突,都主张停止战火,和平对话,外国势力不要轻易颠覆主权国家的政府的立场是维护世界和平的正确做法,这可以避免早年美国也被蒙蔽而一度支持过塔利班而祸及今天的这类错误的重演,而并不是中国一定要站在美国的对立面。因为明智的政治家都知道,中美互利互信的和谐关系是当代世界和平的重要保障。这也反映在中国对亚太、南海问题的处理上。中国对日本购买钓鱼岛、菲律宾觊觎黄岩岛,我们的态度是有底线的,但中国政府也一忍再忍,希望用对话解决问题。笔者认为,中国人民最终难以容忍对中国一寸领土、一片水域的侵占,而对于与日本有结盟关系的美国,我们始终愿意相信其在这些领土争端上"不持立场"的声明。我们对美国的重心向亚太转移,也如同中国崛起后加强海疆治理一样,也认为是可以理解的。笔者愿意相信,美国战略重心转向亚太不一定像一般舆论分析的那样,是为了针对中国,遏制中国。中美应该增信释疑,因为中美关系是和谐世界的保障,中美都清楚双方对世界和平负有特殊的责任。美国决策层不会愚蠢地牺牲中美战略伙伴关系的巨大利益和破坏世界和平的重大代价去支持南海争端中的一些跳梁小丑似的角色。不过笔者认为,虽然因为日本等国总认为中国主张和谐世界,必定不会动用武力,但是任何人如果忘掉了中国有"人不犯我,我不犯人,人若犯我,我必犯人"的信条,那是很危险的。希望日本右翼势力不要玩火烧身。笔者认为,中国的和谐世界主张是会努力争取搁置争端、共同合作开发海域的和平结局,但并不等于会纵容恶势力在世界上横行霸道,不管它是谁,一旦逼迫我们不得不反击,则玩火者必将遭到已经崛起的强大中国的严惩,遭到玩火自焚的后果。

在外交上,我们中国的和谐世界战略是众所周知的,这方面我们坚决拥护努力推行新型的互信互赢的大国关系的战略,在此基础上,我们建议与世界一切爱好和平的国家联合组成维护和谐世界的世界一极,来反对恐怖主义为另一极的"新两极"世界。因为对当今世界和人类的安全和发展来说,真正的威胁主要不是来自大国间的军事、经济争端,而是来自几乎各国无不受到其日益严重威胁的、以恐怖主义为核心的"三个主义"反人道的势力,包括核恐怖、网络恐怖、突发事件恐怖活动以及各种威胁人类安全的非人道的恐怖行为和毒品犯罪等行为。更突出的是恐怖主义、民族分裂主义和宗教极端主义思潮,渗透到跨国族群和跨国民族集团的活动中,形成遍布世界各地的极端主义跨国族群和跨国民族宗教集团非理性的安全威胁。俄罗斯学者亚历山大·科诺瓦洛夫也认为,"我们正在见证新的两极化的形成。每一极的组成结构都很复杂。一极主要包括这样的国家:他们认为内政和国家关系都应该遵循某种规则和规范,承认一些基础性的价值观和世界文明多样性。另一极既包括国家,也包括非国家的恐怖主义组织和跨国犯罪组织网,他们信奉激进的意识形态,不承认权利规则和道德限制,并以把这种意识形态扩散到全球为任务。传统的地缘政治逻辑不习惯将美国、欧盟、甚至中国划为一极。但是这种进程已经开始,中国和美国、韩国、日本共同参与解决朝核问题的事实已经见证了这种倾向"[1]。中美近年在韩朝问题上的合作成就、最近中美军事上层人士的协商合作难道不是很好地证明了两国都是愿意维护亚太地区和世界和平的吗?我们主张谨慎地推进这种倾向的发展,尤其是中美两国应该珍视这些年已经建立的良好的互利互赢互信的合作关系。处理好双方对某些问题的分歧,都不应以牺牲中美间来之不易的互信为代价,而应相互理解尊重对方的核心利益,不辜负世界赋予两个有威信大国的希望和责任而互谅互让,否则,那就是双方外交的重大失败和世界和平事业的不幸。

需要关注,许多发达国家都出现了众多的暴力武装和分裂组织,亚太地区和欧洲的大国无一例外。如俄罗斯的车臣民族分裂势力,英国的爱尔兰共和军,都被主权国认为制造了多次恐怖暴力事件;美国则需面对仇美的世界性恐怖势力,还有"黑豹"和"三 K 党";又如日本的"赤军"、中国的"东突"、德国的"红军派"、西班牙巴斯克的"埃塔"、

---

[1]更早些,俄罗斯政治学家阿列克赛·鲍伽图罗夫也提出了当代冲突必将导致"和平国家"和"跨国犯罪网"的冲突的观点。参见:www. ng. ru/ng-politics/ 2008-09-16/16-peace. html. 以上转引自郭新宁主编:《亚太地区多边安全合作研究》,时事出版社,2009 年版,16-17 页。

意大利的"红色旅"和"黑手党"、法国的"直接行动"等等。正由于国际恐怖主义势力和分裂势力的攻击目标几乎瞄准了世界上所有的国家。因此,我们的新两极理论是要团结一切反恐国家,通过有理有节的和平努力,争取民族宗教极端主义组织的分化转变,争取正直公正的跨国而居的民族人士不被恐怖势力利用,主要目标则在孤立打击坚持恐怖主义和分裂主义立场的少数头目及其组织的军事暴力行为,为在新的两极世界中,既维护国际安全利益,也保障中国边疆的稳定与安全,并逐步消除中国"威胁"论,树立中国社会主义新经济大国不谋求霸权,只维护自己的领土主权和国家统一,并为和谐世界奋斗的公正诚信的国际形象。

对中国内政来说,"东突"问题是症结,近年分布在 15 个国家中的 70 多个"东突"组织,除了不断策动在中国新疆地区进行恐怖活动外,还在国际社会中带着"人权受害者"的假面具进行"东突"独立宣传,谋求国际社会支持,企图促使"东突"问题国际化。"东突"势力在相互勾结的同时,近年来又在活动与其他民族分裂势力组成"民族统一总联盟"。我们在国外有大量爱国的华人华侨跨国群体,必须在国外动员和依靠他们这些民间跨国族群,特别是培养少数民族华人华侨组成可依靠阶层发挥积极作用,对分裂势力进行针锋相对的分化瓦解工作。为此,笔者提倡对内执行"文化治疆"政策。这首先要在反"东突"分裂势力的同时充分信任与理解处于其邻近边疆地区的维吾尔、哈萨克、蒙古等跨国民族广大群众,让他们在国际国内发挥分化其跨国同族的分裂势力的核心作用。理解他们在国内外往往为那极少数的同族败类而深受精神上的压力,不仅有时会受到分裂势力的威胁、恐吓,而且他们因热爱故土而坚守在中国边疆之内,但却往往要忍受国人怀疑的目光,甚至到内地住旅馆有时也被不明事理的人拒绝,但他们仍然忍辱负重,决不离开祖国,决不参与分裂活动,内地国人是否可以多给这些无辜的同胞一些信任呢? 我们表现自己爱国、反分裂的热情时,是不是应该反思我们的言行是否合乎一个爱国者或文明人的文化修养呢? 是否伤害了这些边疆民族的无辜同胞呢? 其实,实际生活之中真正的

·欧·亚·历·史·文·化·文·库·

边疆守卫者,就是他们这些边疆人。比如,在海疆,我们今天说钓鱼岛是中国的领土,最有力的证明之一,就是我们有那些按祖传习惯年年岁岁坚守去钓鱼岛海域打鱼营生的中国籍的海疆渔民,他们是真正的钓鱼岛的默默守卫者,是中国的守疆英雄。同样,在陆疆,比如在雪域高原西藏,历史上国家的军队并不是能够无时无刻坚守在那冰天雪地的西疆每个角落的,正是热爱自己世世代代故乡的藏民族无处不在的边民,他们不止一次地在各个荒凉角落赶走了当年突然入侵的英帝国等的入侵者,我们难道不应该充分宣传他们的功勋吗?但是这种例子我们一般国人知道得太少了。所以我们的民族政策,首先要让内地国人"了解边疆""走进边疆""面对边疆民族",与他们心相近,情相亲。要让异民族认同我们,首先我们广大国人要全面认同他们,如同信任自己一样信任广大的民族群众。现在国家的西部大开发已经使边疆各族的生活得到了极大改变,急需的是文化关怀,特别是时代已进入全球化多元文化时代,研究如何走进边疆去面对边疆民族,了解他们,提升边民素质,发扬边疆各民族文化的精华,使之丰富中华文化,文化治边,要使边疆不再与我们广大国人(包括青少年、下一代)生疏、遥远,这才是新的跨国民族多元文化时代中国各民族和谐共居,民心相爱相通,没有隔阂,更没有仇恨,得民心、得天下,安边治国的基本方向。

不过,外因总会要通过内因起作用的,所以在新时期,我们必须与时俱进地挖去国内可能被外国势力利用的跨国民族问题滋生的土壤。我们认为中国发生民族问题的根本原因,是好的民族宗教政策在有些地方没有完全得到落实贯彻,所以中央政府近年又针对第一轮西部大开发还没有解决的东西部差距增大的实际,与时俱进地接着启动了以改善民生为特色的第二轮西部大开发,以落实邓小平同志关于东部先富以后带动西部的承诺。在当代中国所处的社会主义初级阶段,民族问题的根源之一体现在:少数民族群众人口虽只占全国人口的9%左右,但少数民族地区的贫困人口却占全国贫困人口的大多数。贫困不是社会主义,贫困也实现不了民族平等,而且也是三个主义势力得以煽动人们跟他们走的主要根源,也是他们攻击中国人权状况的"依据"。所以,最近国务院又批准再次启动创新的"富民兴边"工程。我们在民族地区看到,他们的生活有了极大改善,这正是可以开展"文化治疆"的好时机。"文化治疆"的精神实质就是要加大向边疆民族送科技、送文化,走进边疆,为他们大力提供文化科技服务,让边远的边疆民族公平地享受内地人一样丰富多彩的文化生活和先进科技带给人类的成果,使他们跨越式过上美好富裕的生活,从而使国家和政府日益得民心,深深受爱戴,那样就会有长治久安、和谐稳定的边疆。

这样,才能体现我们民族政策与时俱进的优良传统,面对国际国内的跨国族体发展的现状和时代新形势,让我们与时俱进地进行文化治疆方面的理论与政策探索吧!

31.3 三论遍布世界的跨国族体
向"和谐共生""殊途同归"发展的道路

当代的跨国民族共同体今后将会怎样发展?虽然任何事物都有个别特殊情况,但是总体的发展仍然要受人类社会和时代的制约。所以要首先研究全球化的发展进程。自从苏联等一批社会主义国家分裂解体后,西方世界以为全球化将会是按西方资本主义文明的"世界系统"运作的"世界系统的一体化",断言"全球化无疑是西方现代文明扩张的伟大胜利"。[1] 但是近十多年世界的发展现实,尤其是世界文化与民族的发展状况使我们有根据认为,全球化正是马克思所说的人类必然会达到的"交往普遍扩大"的时代,是世界各国的政治、经济、文化以及各种文明的不同民族与人民不可避免地处在全球这个大地缘环境中进行运作的一种当代世界协调化系统,是其相互的协作与依存、相互的传播与影响空前增长、全球运作在协调与矛盾中追求"人类安全"发展的当代"世界系统"的情景,也就是说,只是这个多元多极世界追求安全协调化运作的一种机制,而不可能是资本主义或其他内涵

---

〔1〕飞利浦·英格哈德:《政治经济学批判原理》,1993 年巴黎版,转引自王列、杨雪冬编译:《全球化与世界》,中央编译出版社,4 页。

的一体化,即全球化的实质是矛盾的对话化、协调化,而非一体化。[1]对于民族共同体的进程来说,也是这样,只能是民族的多元文化差异冲突的协调化,而不可能是一体化。未来人类的民族融合是漫长的历史过程,而且从前述西方文化在资本主义国家都已经结束了同质化时代,加上目前世界各种优秀文化都在涌入共同文化行列的大趋势来看,很可能是以全球公认的优秀共同公共文化为基础进行融合,而不可能仅仅是西方文化一统天下的同质化融合。

一方面全球化时代经济一体化发展和区域性政治一体化的进程加速,另一方面也因此人们对保持自己民族文化权利,使各民族对自身文化特性是否会被泯灭在一体化过程中的关注意识更为敏感和强烈。因此全球化时代民族意识和民族性一般表现是增强,而不是减弱。所以,这种时代背景下的跨国民族的发展必然还是求同存异,和谐共生。既不可能形成大量同化融合于主流民族的现象,也很难从主权国家中分裂出单一的民族国家。因为历史已经证明,如果主权国家不同意,或者没有国际势力的支持,几乎没有哪个跨国民族所居住的领土能够成功地分裂独立,即使像科索沃问题那样,有践踏人权的把柄而得到了世界范围的支持,最终也是被国际势力控制,而且它也迟早不能阻止全球化时代的民族跨国交往,真正建立一个单一民族的独立民族国家。以中亚各国的独立来说,那是俄罗斯自己权衡利弊,同意各国独立为基础的,否则,即使像车臣这样有恐怖势力支持的军事武装或作为少数民族的跨国民族,其势力一般也无可能与现代主权国家对抗。即使有恐怖主义组织支持,也应该看到,恐怖主义势力正在削弱下去,其头面人物一个个被消灭,除了美国不惜倾全国之力打击外,它也是被各区域合作组织沉重打击的对象,而且近年各地域组织以反恐为主旨的联合体如雨后春笋般不断产生,反恐演习的水平也越来越高,而那种伤害平民百姓的恐怖暴乱和自杀性活动等,更达不到分裂独立的目的,更容易会被期望和平生活的人类社会所唾弃。

---

〔1〕马曼丽等著:《中国西北跨国民族文化变异研究》,民族出版社,2003年版,6页。

特别是地球对人类的各种安全威胁日益突出，理智的人们已经看到，人类的生存环境，危机重重，天灾人祸，环境污染，土地沙化，缺水，缺粮，气候变暖，地震海啸，飓风频繁，无限制地发展会使地球被挖空，或者毁灭。如何拯救地球，拯救可能会遭到全球灭亡的人类，急需人类放弃小集团、小地区的利益，采取全球合作，争取安全共生才是最大利益。所以1994年联合国发展计划署在《人类发展报告》中列出了包括经济安全、粮食安全、健康安全、环境安全、人身安全、共同体安全和政治安全7个方面[1]，呼吁全球关注这些不同于以往传统安全的"人类安全""非传统安全威胁"[2]。"人类安全"才是人类最急迫的全球利益，至于某个民族的利益，甚至某个国家的利益，在拯救我们共同家园——地球村的利益面前，何足轻重！所以，面对国际安全新形势和新认知，各民族精英人物必须有文化自觉，理智地深思一下，如果没有全球的安全，那么，本民族"人的安全"与"社会安全"都不能得到保障。因而必须建立与之相协调的"民族安全发展"战略。而且既然跨国民族(族群)已经是全球化时代民族共同体的普遍的、必然的现象，其存在已经是不可逆转的发展规律。明智的国家和主体民族只有宽容地包容相异跨国民族的不同文化，尊重他们，求同存异，共生共荣，促使他们选择和平跨居、和谐共存的发展之路。

马克思曾描述过人类最美好的未来前景："生产力极大发展后"，"每个人都可以随自己的心愿……在任何部门内发展"，生活可以"各取所需"。他把让人类达到这种"人类最大发展"，即"全人类的解放"定为马克思主义者的奋斗目标。马克思在谈到这种人类发展的最高理想时，同时指出，人类的这种发展是需要"以生产力的普遍发展和与此有关的世界交往的普遍发展为前提的"，否则就不可能实现[3]。这

〔1〕United Nations, *Human Development Report* 1994 , New York : United Nations Development Programme,1994.

〔2〕陆忠伟主编:《非传统安全论》,时事出版社,2003年版,46页；王逸舟:《重视非传统安全研究》,载《人民日报》2003年5月21日,第7版；以及《探求全球主义国际关系》,北京大学出版社,2005年版,127页。

〔3〕参见《马克思恩格斯选集》第1卷,人民出版社,1995年版,86－87页。

种认知与联合国"人类发展报告"的精神是一致的。因此这里我们就建构这种全球"共同认知",提出关于以"人的最大发展""人类安全"为共同目标的不同制度国家和不同民族的"殊途同归论"。即主张,世界上一切民族、一切国家,不管抱有什么不同信仰,主张什么不同制度,有什么不同利益……只有都同归于遵循"人的最大发展"和"人类安全"为行动准则,同归于拯救人类和共同的地球家园,才有自己民族和国家的最大利益。所以,全世界各民族应该携起手来,放弃各自狭小的利益,关注地球与人类安全的最大利益,"爱人类","反暴力","要和平",争取"和谐共生""殊途同归"于人类的共同和谐发展和共同享受人类和谐发展下的美好安全的幸福生活。

(原载《广西民族大学学报》2013 年第 1 期)

附 录

马曼丽教授学术生涯与学术成就掠影

一、致力于西北边疆研究的学术之路
——马曼丽教授访谈录

广西民族大学学报编辑部问(以下简称"问"):马老师,您好。很高兴能借人类学民族学 2011 年年会的机会在绿城南宁与您在这里座谈。我们都知道,马老师您是毕业于北京外国语学院俄语本科,先后从事俄语、德语等外语工作,后来却转到民族史、边疆史、跨国民族等方面的教学和研究,而且您是浙江宁波人,却留在了大西北,为我们西北的民族文化事业做出了卓越的贡献,那能不能给我们谈一下您的个人成长经历?

马曼丽:我生长在早年的海归家庭,我的父亲毕业于香港大学土木工程专业。1949 年新中国成立前夕,他作为一个爱国的工程师,破除万难从台湾回到大陆,而且新中国成立以后,他选择到艰苦的大西北参加建设,主张实业救国。曾经先后在西安、兰州工作。在兰州期间,他参加了当时兰州的第一条柏油马路和黄河铁桥的修建。

问:那当时你在哪里?

马曼丽:当时我正在念大学。我最初报考的第一志愿是中央戏剧学院;第二志愿是中国人民大学外交系,那年中央戏剧学院表演系只招一名学生,我还是去应考了,落选后就分配到中国人民大学,但不是外交专业,而是被统一分配到俄语专业,两年后又合并到外国语学院。念到 1957 年毕业,当时兰州大学来了两名苏联专家,急需翻译,是兰大的教务长陆润林亲自到北京外国语学院来急选翻译,就选了我,我就到兰州大学为苏联专家做口语翻译。1959 年,苏联专家回国,我就留在兰大当了俄语教师。

问:那您以后怎么又不搞俄语了呢?

·欧·亚·历·史·文·化·文·库·

马曼丽:不久,中苏关系破裂,俄语一下子成了冷门,俄语教师纷纷转学热门的英语。我因为父亲从小就教我学过英语,我大学里的第二外语也学的是英语,所以就选择转了德语。印象很深的是当时的夜校班,到冬天只剩我和当时兰大著名的江隆基校长两个人坚持学德语。一直学到"文化大革命"初期。我父亲因为是新中国成立前夕从台湾回来的,"文化大革命"一开始就被认为有特务嫌疑,被打成了反革命分子。我也被定为"黑五类子女"下放农村劳动改造。不过我改造的时间比一般"黑五类子女"都短。不到一年,因为航空机械部在陕西兴平的某单位急需德语教师,兰大就把我的老师汤镇东和我这仅有的两名会德语的教师借给了他们。我们教到他们能借助字典看书。之后,我本应再下农村去劳动。可这时,又因兰州军区接到紧急战备任务,需要会监听苏联军队动态的俄语听力人才,于是我又被选到这个战备俄语班任教。

问:马老师,那您之后又如何会转向研究民族学、历史学和跨国民族领域的呢?

马曼丽:那是1973年中苏关系紧张时期,北京外交部组织了西北五省共同编写《沙俄侵华史》中的《沙俄侵略西北边疆史》,由于编写这部著作需要查看很多的俄文资料,外交部就将我借调到《沙俄侵华史》的编写组,主要负责查、译俄文资料。于是我就开始接触俄国的有关史籍,为编写人员提供有关俄文史料的汉译文,我自己也利用这方面的史料开始写一些关于沙俄侵华的论文。其中我发掘到《准噶尔汗国史》和《秘而不宣的使命》两个珍本,是沙俄侵占我国新疆和乌梁海蒙古地区的真实写照,特别是前者的价值突出,加上其作者兹拉特金引用了不少古俄文的原始档案,翻译难度较大,商务印书馆就约我将全书翻译出版。在他们对译本满意的基础上,又约我翻译出版了《秘而不宣的使命——乌梁海纪行》。通过翻译这两本书和发表的沙俄侵华以及西蒙古(卫拉特蒙古)史方面的论文,我在学界有了一定影响,后来跟北京的马大正、马汝珩两位名家并被称为开拓卫拉特蒙古研究的"三马"。就这样,我与民族史研究结下了不解之缘,并逐步扩大到对西北各民族的研究。

问:马老师,那是什么原因让你后来选择了跨国民族这个方向的呢?

马曼丽:1993年我曾去俄罗斯和中亚考察,是因为苏联的解体使我十分震惊。当时我很想了解,这么大的一个社会主义霸权国家为什么会骤然解体?在考察中,我不仅看到刚解体几年的苏联计划经济所留下的经济弊病,如国有企业的"干好干坏都一样"的平均主义体制使人们没有生活的积极动力,广大人民缺钱,缺生活用品;而且看到原说"在苏联帮助下经济得到了很大发展,已经形成为统一的苏联人民"的中亚国家的一些民族,在有些场合却喊出了"俄罗斯人滚出去"的口号,而且我私下了解到他们不仅不感激俄罗斯人,反而认为是俄罗斯人夺走了他们的一切,潜伏的民族矛盾令我不寒而栗:我国与苏联会不会有同类的问题?是不是民族关系导致了苏联的分裂?是不是像中亚民族这样跨国而聚居的民族更容易闹独立?基于对这些问题的思考,回国后,我的学术思路就明确转向了关注国家统一、边疆安全和跨国而居的边疆聚居少数民族等现实问题的研究。我在1995年出版的《中亚研究——中亚与中国同源跨国民族研究》一书中提出了与当时学界的主流提法"跨界民族"不同的"跨国民族"这个概念,是因为我当时隐隐约约觉得,苏联闹独立的各民族并不都是传统的边界两侧争夺领土的跨界民族问题,而是跨居多国各民族的民族性问题。虽然我当时并不明确引发跨国民族问题的许多非传统安全因素,但总觉得应该引导跨居他国的民族在各自的所在国安分地、和平地生活,所以,提出了"和平跨居"论,不过,这个理论的完善和发扬其实是我的学生周建新博士出版了《和平跨居论》一书做出的贡献。在2001年,我曾尝试从经济文化视角来研究边疆跨国民族的稳定发展,在《中国西北边疆发展史研究》一书中提出了构建"中华经济文化圈"结构的主张,主要观点曾被《中国民族报》以《统一所依,振兴所托——中华经济文化圈漫谈》转发。又根据该书中建构现代中华文化的观点写了一篇论文《论西域文化的重大变迁及其对建设现代中华文化的启迪》,此文是探

439

讨阿拉伯文化对新疆跨国民族伊斯兰文化的变异和影响的,它 2001 年获得了世界华人交流协会在香港颁发的"国际优秀论文奖",该文主要思考了新疆民族历史上受跨国文化影响与突厥化、伊斯兰化和古西域领土丢失的深层关系,论证了我的主要观点:军事占领、政治管辖无非是一定时期起作用的因素……必须充分认识,文化却往往是久远地决定民族兴亡与国家权力能否千秋万代长存的内在因素。

转向研究跨国民族问题以后,我先后主编了《中国西北跨国民族研究丛书》5 本,出版了《中国西北跨国民族文化变异研究》《跨国民族理论问题综论》《中亚研究——中亚与中国同源跨国民族研究》等著作。1995 年退休以后,继续完成了"中国与中亚同源跨国民族综合研究""中国与中亚同源跨国民族文化发展与政策比较研究""中亚与中国同源跨国民族经济发展比较研究""新疆跨界民族外迁的历史与现状研究"等跨国民族方面的国家课题。

问:能否就跨国民族方面,谈谈您目前的学术关注主要是什么?以及今后的打算?

马曼丽:目前,我很关注世界各国的跨国民族问题的凸显,而且其民族性有明显向各种大小跨国族体延伸的趋势,因此,我开始思考跨国民族是不是已经发展成了后殖民主义全球化时代的一种不以人的意志为转移的新的民族生态现象。也就是说,多元文化为特征的跨国民族遍布世界,就可能意味着宣告了民族国家"同质化和一体化"追求的时代终结了。如果真是这样一种划时代的现象,那我国的民族政策就必须做出适应新时代的、与时俱进的调整。我认为,美国"熔炉"政策的失败印证了西方国家在全球化背景下追求文化一体化已经行不通了,多元文化和跨国民族的时代在全世界确立了跨国民族全球发展的必然地位。所以,我们应该认识到现代跨国民族已经成了一种民族生态现象,是全球化的一种自然发展现象,就是随着人类全球交往的扩大而成了社会发展的必然规律。因此,任何国家必须研究跨国民族及其有关问题。至于我个人今后的计划,一是想从跨国民族和多元文化时代的特征入手研究中国民族政策的与时俱进问题和边疆跨国民族的和谐稳定的发展途径，想在边疆安全与和谐发展方面再做点学问，特别想为边疆民族改善稳定幸福的生活做点实事；二是想从跨国民族视角扩大研究国际关系方面的有关问题，为我国的和谐世界主张及其实践提供一些智囊性的观点建议。具体地说，我先争取把已经写好的两本跨国民族的书出版：一本是与余潇枫、徐黎丽合写的"边疆治理"方面的专著，其中，我主要写的是"从跨国民族特点与非传统安全视角来治理边疆"这方面的内容；另一本是《新疆跨国民族外迁的历史与现状研究》。受约还拟写《欧亚跨国民族研究》，初步考虑在此广泛涉足欧亚跨国民族资料的基础上能写出《跨国民族的发展与中国民族政策研究》和《跨国民族与和谐世界》这类论著。如果不能出书，也会环绕这些问题写出论文。

问：最后，我们想知道，马老师在您的工作和学术生涯中，受谁的影响比较大呢？

马曼丽：每个人的成长都需要朋友、同志的帮助。借回答你们的这个问题，我要感谢几个影响和帮助过我的学者。一位是兰州大学西北少数民族研究基地主任杨建新先生，杨先生从我参加《沙俄侵华史》工作开始就是我的领导和学术指导人。我从外语转向历史学界，也和他的引导分不开，他建议我运用外语优势进行历史研究，形成自己的研究特色。我早期和杨先生合作写的作品《外国考察家在中国西北》，就是他指导我查了英语的斯文·赫定、斯坦因的资料，查了俄文的兹拉特金、普尔热瓦尔斯基和波塔宁的资料，以及日文的橘瑞超、大谷光瑞等这些考察家的资料；然后结合他积累的西北史地研究的资料，两人合写成书的。这本书当时是国内最早最全面介绍各国考察家即西北史地研究的著作，很快脱销，也使我有了转向历史的信心。后来我们都在兰州大学西北史地研究室工作，我协助杨建新教授创办了《西北史地》杂志，并担任了该杂志副主编。当时经费很困难，我们通过组织海外、国外学者考察丝绸之路，甚至自己办公司筹集经费，艰难地办了《西北史地》20年，并终于使它成为国内外公开发行的核心期刊及被美国、英国列入世界30种知名刊物之一，那些年是我人生中很坎坷，但却充满了活力的时期。我要感谢的另一位学者是北京边疆研究中心主任、国家清史编委会副主任马大正先生。马大正先生20世纪80年代是在翁独健先生指导下在全国开展卫拉特蒙古研究的组织者,也是在他的带动和促进下,我才能和他以及人民大学的马汝珩教授并称为开拓卫拉特研究的"三马"。我写《西北边疆发展史研究》也是在他主持边疆中心时支持我出版的,他在边疆学方面的建树也对我的边疆研究产生了一定影响。第三位要感谢的学者就是支持我深入研究跨国民族理论的当时中国社会科学院人类学与民族学研究所所长郝时远先生。我当年犹犹豫豫地写了本《跨国民族理论问题综论》,他当时已经是世界民族研究的名家,他帮我写序言,鼓励我勇于做这方面的学术尝试,给了我很大的学术研究动力。

问:我们注意到,在这次人类学民族学2011年年会"边疆民族与国家安全"专题会议上,您以《论跨国民族的发展道路三论》为题做了发言,主要观点除了前面说到的"跨国民族是后殖民主义时代以来民族共同体的普遍形态"和"跨国民族的遍布世界宣告了民族国家同质性、一体化追求的时代的终结",还谈到了"殊途同归论",可以再简单表述一下这个提法的主要内涵吗?

马曼丽:是的,我在这次会上是提出了三个主要观点。一是"跨国民族"已经是后殖民主义全球化时代民族共同体的普遍形态,这就意味着,民族国家追求不同亚文化的民族和族群融合为均质的、一体化的现代民族的进程实际已经终结,资本主义的"现代民族"历史发展阶段已经进入了"跨国民族"的发展阶段。二是这种划时代的变化下,我国的民族政策和内政外交需要有与时俱进的变化。三是关于"殊途同归论",这简单地说,即认为今后世界的发展只能是:无论什么制度的国家、无论什么文化的民族,其最终都应同归于追求"人的安全发展",同归于"人类的发展"以及"全球的和平发展"。当然,这还会经过很多曲折,但毕竟,以和平民主为主流的全球化时代是一个在矛盾冲突中寻求和谐发展的时代,所以,只有大家"殊途同归"于为追求"人的最大发展"而共同努力,世界各民族才能达到和谐共生,因此"殊途同归"是现实可行的发展道路。

问:已经结束的人类学民族学 2011 年年会,不仅为全国的人类学民族学研究领域的学者提供了一个学术交流的平台,也充分展示了我国人类学民族学的研究成果,您能不能就我校成功举办这次年会谈一下您的看法及意见呢?

马曼丽:就此次年会规模之大、与会专家人数之多及专题范围之广,我认为广西民族大学能成功举办此次年会是很了不起的,此次年会是一届开创性的会议。这不仅为国内学者搭建了学术交流平台,还就此得到了全国人类学民族学学者们的广泛关注和充分认可。此次年会的成功举办,对于明年即将举办人类学民族学 2012 年年会的我校兰州大学来说,将会有很多值我们借鉴的地方。借此,感谢广西民族大学全体工作人员为此次参会的学者们提供了一个轻松、舒适的学术交流环境,以及为筹备本次年会所做的努力。

(原载《广西民族大学学报》2013 年 1 期)

二、马大正先生为《俄蒙关系历史档案文献集》中文版所写序言

马大正[1]

《俄蒙关系历史档案文献集》的中文译作终于与中国读者见面了，欣喜与欣慰之情难以言表。本书是分别出版于 1959 年和 1974 年的《俄蒙关系历史档案文献集(1607—1636)》和《俄蒙关系历史档案文献集(1636—1654)》俄文版档案文献汇集的合译集。本文的译者马曼丽教授嘱我为之书序，我也确有很多与本书有关的话想说，其间既有学人间真诚的友情，亦有卫拉特蒙古研究史中某些值得一记的有意义的片断，当然也有对本书史料价值不可或缺的理性研判和对卫拉特蒙古档案文献收集和中译的期盼。

(一)

1975 年，中国科学院哲学社会科学部民族研究所，接受了一项外交部交办的研究任务：准噶尔问题。为此，民族所抽调民族史研究室研究西北边疆的部分研究人员组建了研究小组，我有幸在抽调之列。这是我 1964 年进入民族研究所后参加的第一个研究项目。在著名民族史学家翁独健教授指导下，研究小组确定撰写一部反映 17 至 18 世纪准噶尔历史的学术专著，定名为《准噶尔史略》[2]，研究小组严格按学

---

〔1〕马大正，国家清史编委会副主任、中国社科院边疆史地研究中心前主任。
〔2〕该书 1985 年由人民出版社出版，2007 年广西师范大学出版社又出版了新一版。

术研究规律有序开展工作,收集相关档案文献资料和了解中外学者研究成果是工作首选,且贯穿于研究工作始终。编制准噶尔历史研究书目是分给我的任务之一。1964 年出版的苏联学者兹拉特金《准噶尔汗国史》引起研究小组极大兴趣,调研中获悉该书已有中译稿,正在商务印书馆审阅之中,颇费周折得到了一册《准噶尔汗国史》中译稿的油印本。[1] 当年办公条件简陋,办公经费更是拮据,为了让研究小组能人手一份,想了一个"笨"办法,人人动手分工复写 5 份,经过几个月"苦干",一册《准噶尔汗国史》中译稿油印本,又添了 5 册手抄复写本。也就在这一过程中,我们得知《准噶尔汗国史》中译本的译者是兰州大学的马曼丽。随着对中译稿的研读,对译者历史知识积累的丰厚和译文水平的精湛钦佩之情可说是与时俱增!

1979 年 9 月我赴兰州,参加由中国社会科学院近代史研究所和兰州大学历史系共同主办的中俄关系史学术讨论会,在会上,得以结识既是专家又忙于会务的马曼丽。由于是研究上的同行,又都是祖籍浙江宁波的小同乡,由此开始了延续至今已近 40 载的学人情谊。其间,马曼丽的研究轨迹是:卫拉特蒙古史—西北边疆民族史—中国边疆史—中亚史—中国边疆安全与跨界民族研究;而我则是:卫拉特蒙古史—新疆史—中亚史—中国边疆史—中国边疆学。我有幸与马曼丽教授的研究均是由卫拉特蒙古史起步,20 世纪 80 年代,我们都以各自的研究成果为推动中国卫拉特蒙古史研究的开启与深化尽了心、出了力。"学术界把她(马曼丽)与马大正教授、马汝珩教授并称为国内开拓卫拉特研究领域的'三马'"。[2] 而且在之后的研究领域延伸中,马曼丽教授和我都离不开中国边疆这个大主题。

在学术生涯中,能得如马曼丽教授这样的学术知音,实乃人生之幸事。

---

〔1〕兹拉特金著、马曼丽译:《准噶尔汗国史》,商务印书馆,1981 年,2013 年兰州大学出版社出版修订版。

〔2〕徐黎丽:《封面学者:马曼丽教授》,载《广西民族大学学报》(哲学社会科学版)第 35 卷第 1 期,2013 年 1 月。

（二）

资料是研究工作的基础,没有坚实的资料支撑,研究工作如无源之水,广集资料是研究的基础性工作。我们在着手准噶尔历史,进而研究卫拉特蒙古历史时,清朝的档案文献,尤其是满文档案文献的收集、整理和有选择地汉译始终是收集资料中重中之重的工作。我们又基于 17—18 世纪准噶尔历史演进的区位特点,当时准噶尔,乃至卫拉特蒙古的土尔扈特、和硕特诸部,与俄国交往频繁,俄文档案应是又一个关注的资料收集重点,这一认识随着对《准噶尔汗国史》中译稿的深入研读,更是不断得以强化。苏联著名蒙古史学家兹拉特金利用了大量 17—18 世纪的各类俄文原档,成了这部学术专著最大的亮点,尽管兹拉特金的学术观点我们并不都认同,但作者大量利用的俄国档案为我们研究这一时期的历史开启了一个新的窗口,确是一大贡献。我在编制准噶尔历史研究书目过程中先后又发现了《俄蒙关系历史档案文献集（1607—1636）》和《俄蒙关系历史档案文献集（1636—1654）》两本俄国档案汇编,我们又从 B. Л. 科特维奇《有关十七至十八世纪与卫拉特人交往的俄国档案文献》,M. И. 戈尔曼、Г. И. 斯列萨尔丘克《十七世纪三十至五十年代俄国与蒙古相互关系的俄国档案资料概述》,Г. И. 斯列萨尔丘克《十七世纪中期俄罗斯与准噶尔往来关系中的档案文书》,奇米特多尔济耶夫《十七世纪末俄罗斯和卫拉特关系的历史资料》等论文中获悉了更多俄国档案的信息,从而得出了上述提及的两册《俄蒙关系历史档案文献集》档案汇编是最值得重视的,为此,我们将两册的绪论和档案文献目录进行了汉译。[1] 也即从此时开始,我萌生了组织力量选译或全译《俄蒙关系历史档案文献集》的设想,时间在 1985 年前后。

能承担此项重任的除了要有扎实的相关历史知识积累外,具备中

---

〔1〕中译稿和上述提及的四篇论文的中文译稿均刊印在由国家清史编纂委员会编译组主持"清史译文新编"第三辑《卫拉特蒙古历史译文汇集》第一册。

译古俄文功力是必不可少的条件。在当时国内有此能力的专家可谓少之又少,马曼丽教授实在是难得的合适人选。为此,我们曾多次商议,终因诸多条件尚不成熟,搁置了下来,一晃20余年过去了。

2007年夏秋,国家清史纂修工程有意促成此事,在我诚邀下,马曼丽教授虽已年过古稀,仍壮心不已,慨然承担此项工作,项目名称确定为《俄国与清廷、俄国与卫拉特蒙古交往的俄文档案(1607—1654)译文汇编》,并于2009年结项,共选译了《俄蒙关系历史档案文献集(1607—1636)》收录档案第33号至135号,《俄蒙关系历史档案文献集(1636—1654)》收录档案第1号至第136号,中译文总字数约34万字。由于项目设计所限,仍未能将这两书收录的档案全部中译,留下了遗憾。

时光又过去了几年,2014年两册全部档案,能以《俄蒙关系历史档案文献集》为题名作为余太山先生主编,施援平博士具体操作的"欧亚历史文化文库"选题正式出版,遂了我们30余年的心愿,中国学人得以一见珍贵档案之全貌,实是卫拉特蒙古历史研究史上值得记上一笔的美事。

(三)

这部《俄蒙关系历史档案文献集》所收俄文档案的史料价值以其唯一性将为中国学者所重视,深入利用这批档案定将填补17世纪前期和中期卫拉特蒙古历史的诸多空白,择其要者至少有以下四个方面:

一是,卫拉特蒙古诸部与明、清政府之间的政治、经济、文化各方面关系;

二是,卫拉特蒙古诸部与周边诸族的交往与纷争;

三是,卫拉特蒙古诸部,特别是准噶尔部、土尔扈特部与沙皇俄国,以及中亚诸部族的关系;

四是,卫拉特蒙古的社会结构、生产生活、风俗习惯。

上述内容在相关汉文档案和史籍中几乎近于空白,鲜有记述者,或也多语焉不详。通过认真研读,我们恢复这一段历史全貌的努力,有了资料的保障。

马曼丽教授完成了一件有利于研究深化、惠及后人的十分有意义的工作。

为了将卫拉特蒙古历史研究有可能持续推进,我曾多次呼吁我辈学人应静下心来为更多发掘、整理、中译、出版相关档案文献多做些工作,主要者我认为有二:

一是,认真梳理各类文种的档案材料,以备中译工作启动之用,其中如:

(1)收藏于中国第一历史档案馆的满文、蒙古文相关档案,以及内蒙古自治区档案馆、阿拉善盟档案馆的蒙古文档案,2011 年广西师范大学出版社出版的《清代新疆满文档案汇编》可优先作为中译备用材料;

(2)收藏于西藏自治区档案馆的藏文档案;

(3)收藏于俄罗斯联邦,特别是卡尔梅克共和国档案馆,以及蒙古国档案馆的档案,苏联出版的《18 世纪俄中关系》(档案汇编),特别是本译著的后续《俄蒙关系史档案文献(1654—1685)》(1996 年出版)、《俄蒙关系史档案文献(1685—1691)》(2000 年出版)可优先作为中译备用材料。

二是,尽最大努力阐述此项工作在深化研究和推动学科建设中的重大、深远意义,争取有关管理部门的理解和支持,为中译工作的有序展开提供更有利的保障。

当然,我也十分认同马曼丽教授在本书译者序中所提:"这些珍贵档案能够在中国出版,能为华人学术界所利用,应该是难得的幸事。由于其丰富的新史料,相信有机会钻研这些文献的学者们会受益匪浅,或会掀起有关研究领域研究的新高潮。我想,这还取决于我们能否超越 80 年代那个时期的研究视野,以新时代的新视野,结合新时代的要求发掘新的研究课题,那么,这类文献的作用就能够造成超越 80 年代那种效果。""能为学界继 80 年代一度掀起的中俄关系史和卫拉特蒙古史研究的高潮之后,再次开辟出内陆欧亚研究领域的一片新天地。"

果能如此,小言之卫拉特蒙古历史研究的深化,大言之中国边疆学的兴旺,又增添了一砖一瓦！愿中国学者共同努力。

是为序！

三、郝时远先生为马氏主编的《中国西北跨国民族研究丛书》所写序言

郝时远[1]

中国西北地区,不仅是一个地理概念,而且也是一个历史、文化、民族互动交汇的概念。因此相对于内地,西北是一个边地,相对于中原文化,西北是一个文化多样性的舞台。从历史的视野来看,西北这一人文地理区域,在中国历史上是种族、民族、文化、宗教等方面互动频繁且影响深远的地区,世界闻名的东西方古道"丝绸之路"和影响中国乃至世界的许多重大历史事件源自西北;从现实的视角观察,西北这一人文地理区域,关系到中国现代化发展的进程、欧亚大陆桥的贯通和国家外部安全环境的建构,可为西部大开发战略的重点。所以,加强西北地区的历史与现实研究具有重大的理论价值和实践意义。

由兰州大学两位副校长杨恕教授和吴福环教授牵头支持、马曼丽教授主编的《中国西北跨国民族研究丛书》,基于西北地区诸多历史民族的跨国而居现状,从生态地理、人口分布、民族渊源及其流变形成的跨国现象入手,以族别分卷对西北跨国各民族的社会经济文化进行了系统研究,堪称我国跨国民族研究方面的力作。

民族是一个历史形成的人类群体形式,其形成过程中受到自然条件和社会进程的双向影响,前者主要造就了民族的文化特征,即在不

---

[1]郝时远,中国社会科学院院长助理、中国社会科学院民族学与人类学研究所所长、中国民族学会会长。

同的自然地理、生态环境中所形成的认识自然、适应自然和改造自然的那种方法和价值观念;后者主要造就了民族的社会属性,即社会组织、阶级分化、社会分层、权力结构和国家归属等。民族如同国家一样,在历史的长河中不断演进发展,民族经历了从血缘氏族、部落、部落联盟到民族的发展过程。国家经历了城邦、帝国、民族君主国到现代民族国家的发展过程。在这一过程中,民族与国家交互影响,改变着民族的命运和面貌,演绎着国家兴衰和嬗替。很多古代民族已淹没在江河行地的历史波涛之中,很多国家也在存亡绝续的历史演进中成为现代考古学的发现对象。直到 18 世纪,西欧民族主义运动的兴起和伴随着民族国家模式的形成,世界国家的格局才展现出现代的面貌。民族这种人类共同体也进入了稳定发展的阶段并都有了国家的归属。

现代民族国家基于主权独立、领土完整基础上的边界划分,以边境线的方式确定了一个国家的领土,同时也确定了属于这一领土范围内的人民。对于绝大多数国家来说,他们的人民都是由多民族构成的。现代民族国家层面的民族(nation)是指享有该国公民身份的所有居民而无论其表现出何种肤色、讲哪种语言、信仰什么宗教、有怎样的习俗,等等。但是,这并不排除这一整体国民中存在的诸多历史延续下来的民族,即中国 56 个民族意义上的民族。因此,我们说现代民族国家绝大多数是多民族国家。虽然现代民族国家通过对领土边界的主权维护而确立了各自的独立地位和作为国际社会行为主体的基本角色,但是由于历史的原因,在确定国家边界的过程中也普遍存在某些历史上属于统一民族的群体分属于不同国家的现象,而造成这种现象的原因是多样的,如历史上的民族迁徙、移民和国家领土赢缩,等等。但是近现代的原因主要与西方殖民主义、帝国主义、霸权主义的侵略、扩张、兼并、肢解、分割他国领土等问题联系在一起。例如,非洲国家几何图形的边界,就是西方殖民主义势力分割非洲大陆的结果,它将许多属于同一部落、部族的人民划分在不同的国家之中;又如,第一次世界大战结束时,随着奥匈、奥斯曼等帝国的解体和中东欧地区在大国主导下的国家重组,使 1600 万人成为脱离其民族母体而置身于其他国家的少数民族;再如,20世纪90年代苏联解体和东欧剧变引起的国家重组,同样造成很多同一民族多国归属的现象,仅俄罗斯就有2500万居住在俄罗斯联邦以外的其他苏联加盟共和国而成为新的跨国民族,等等。

中国也是一个跨国民族众多的国家,除了移民海外的华人群体外,在中国陆路边疆及其毗邻的周边国家之间,存在30多个跨国(或跨界)民族,其中西北边疆地区即是跨国民族较多的一隅。20世纪90年代以来,中国民族学界对跨国民族现象的研究显著加强。中国世界民族学会也连续召开过以跨界民族为主题的学术会议,云南地区在这方面的研究十分活跃且成果显著。中国学界对跨界民族问题的研究,是同中国改革开放的形势密切联系在一起的。特别是1992年邓小平在南方视察的重要讲话发表以后,中国的陆地边疆地区成为对外开放的前沿,通过边民互市、边境贸易、文化交流和探亲访友等形式不断加强着中国同周边国家的联系,其中具有历史上亲缘关系的民族群体之间的国家交往也日益密切,因语言相通、文化习俗相似等便利条件为中国和周边国家关系的发展建立起民间交往的桥梁。但是,与此同时,在发展周边关系的过程中,也不可避免地出现了一些问题,如利用边贸的渠道贩运毒品、拐卖人口等违法犯罪问题也相继出现,尤其是在冷战后世界性的民族主义浪潮影响下,美国等西方势力也利用民族、宗教问题干涉包括中国在内的他国内政,使极端民族主义、极端宗教势力和国际恐怖主义问题也成为影响中国边疆稳定和改革开放的重要因素。例如,"东突"恐怖主义势力,以达赖为首的西藏分裂主义势力等,都在利用民族、宗教问题图谋分裂中国。而这些打着"统一民族""同一宗教"旗号的"三种势力"及其渗透性影响,也在中国边疆地区引起了不同程度的反应。因此加强跨界民族研究,对于中国来说不仅具有推动民族学等学科深入发展的学术价值,而且也具有很强的现实意义和理论意义。正是基于这样一种形势思考,兰州大学、新疆大学西北民族研究中心编写的《中国西北跨国民族研究丛书》,不仅开辟了系统研究西北地区跨国民族研究的先河,而且该丛书特辟一卷专门就跨国民族问题的理论进行了梳理与研究。事实上,近年来在跨国民族研究方面中国学界虽然已经取得了相当的成绩,但在跨国民族理论方面的研究仍处于滞后状态,因此马曼丽教授辟出专卷研究和探索跨国民族理论,应该说具有重要的创新意义和可敬的理论勇气。确实,对于中国陆地边疆与周边国家之间普遍存在跨国民族现象的现实而言,除了跨国民族形成的原因探究以外,对跨国民族的民族主义、跨国民族与国家关系、跨国民族的交互影响,跨国民族的社会经济和文化交往等一系列问题,不仅需要做出实证性研究,而且需要从理论上做出解读和阐释。这套丛书在这方面的用功是令人敬佩的,特别是编著者能够从中国西部大开发战略的实施和全球化进程的视野来研究中国跨国民族问题,并结合国际政治学等学科对跨国民族直接相关的地缘政治、国家安全和构建和平跨居模式等问题的探讨,不仅体现了立足本土、放眼世界的学术视野,而且体现了理论联系实际、学术服务于现实的应用特点。

我们面对的世界是一个已经进入了全球化时代的世界,西方国家的发展已经展现了诸如欧洲联盟这样的超国家形态,欧盟国界的弱化边界、统一货币、经济整合等方面,已经迈出了引人注目的步伐,由此也产生了"民族国家衰落""主权让渡"和构建"欧洲民族"等说法。然而欧盟现象虽然表现了全球化时代国家模式演变和民族整合走向的可能性,但是对于广大发展中国家来说主权独立、领土完整仍是实现现代化进程中一项安身立命、独立自主的基本原则,需要在至今仍以西方发达国家为主导的全球化进程中坚持和维护。因此包括跨国民族研究在内的涉及中国历史、周边关系、疆域领土、地缘战略、地区安全等方面的问题,必须引起学术界的重视。从这个意义上说,这套丛书的出版,不仅会推动民族学等相关学科对跨国民族现象、理论和实证的研究,而且会对我国边疆地区的改革开放、社会稳定和发展同周边国家的关系以及建立地区安全机制等方面提供有益的参考,故以为序。

四、论跨国民族理论研究范式体系的建构

——兼论马曼丽教授之跨国民族研究的理论建树[1]

武沐　张峰峰[2]

（一）问题的提出

1995 年，马曼丽教授正式提出了"跨国民族"的概念[3]，实际上，这也标志着跨国民族研究在我国的正式起步和发展，虽然学界在概念的使用上一度存在着争论，出现了"跨境民族""跨界民族"这样的概念，但我们应该看到马曼丽教授不仅仅只是提出了一个概念，更是着手创立了一套理论体系。自此之后的十多年中，学界逐步接受并发展了跨国民族研究，相关研究渐呈蔚然之势。

跨国民族的研究开展之后，诸多学者即认识到其对国家安全、社会稳定、国际关系发展方面所具有的影响，并对相关内容做出了定性的分析，郝时远先生曾指出，"包括跨国民族研究在内的涉及中国历史、周边关系、疆域领土、地域战略、地区安全等方面的问题，必须引起

---

〔1〕该文转载自《广西民族大学学报》（哲学社会科学版）2013 年第 1 期，有修订。

〔2〕作者简介：武沐（1958—），兰州大学西北少数民族研究中心教授、博士生导师；张峰峰（1987—），兰州大学西北少数民族研究中心博士研究生。

〔3〕马曼丽：《中亚研究——中亚与中国同源跨国民族卷》，民族出版社，1995 年版，32 – 41 页。

学术界的重视"[1]。另有多位学者也对跨国民族与国家安全体系的构建、西部大开发战略的实施以及我国的和平、安全之间的关系等进行了讨论,认识到了相关研究所具有的战略性意义。

诸多成果的涌现也正迎合了美国学者托马斯·库恩(Thomas Kuhn)的范式理论(paradigm),科学革命的过程即以新范式代替旧范式的过程,库恩虽然反对将此运用于人文社会科学,但范式理论在哲学社会科学领域的张力作用却是其始料未及的。[2] 在这里,笔者将结合我国近十多年来的跨国民族研究成果,讨论相关理论范式体系的建立过程。

马曼丽教授在《跨国民族理论问题综论》一书的开篇设有《跨国民族研究综述》一章,从民国时期的"边政学"开始讨论,对各种研究成果包括各种相关概念进行了梳理;周建新、黄超曾以1840年为起始点,就中国近百年来的跨国民族研究进行了总结,并将跨国民族研究进行了历史分期,即分为"资料积累期""萌动期""起步和发展期"这三个阶段,并对各阶段中的相关研究成果进行了介绍,对研究现状和趋势进行了分析。[3] 另有学者就改革开放以来的"跨界民族"研究成果进行了整理,跨界民族研究方面的学者也多次召开学术会议进行了相关的学术讨论。

类似的整理反映出学者们对跨国民族研究成果多样性的重视,但总体而言,这些总结尚需进行理论性架构,而范式理论则有助于我们在深化总结相关成果之时,认识和把握其中的理论线索,从更为深入的角度来理解跨国民族研究在我国兴起和发展的过程。

(二)围绕相关概念展开的讨论

20世纪90年代中期应该是跨国民族研究正式开始的时期,跨国

---

〔1〕马曼丽、张树青:《跨国民族理论问题综论·序言》,民族出版社,2005年版,4页。

〔2〕崔伟奇、史阿娜:《论库恩范式理论在社会科学领域中运用的张力》,载《学习与探索》2011年1期。

〔3〕周建新、黄超:《中国跨国民族研究综述》,载《广西民族大学学报》(哲学社会科学版)2007年5期。

民族概念提出之前的相关研究成果无疑为跨国民族理论体系的建构奠定了一定的基础,相关研究正式开始之后,既有核心概念和理论的提出,又有学界围绕相关概念展开的讨论,这一过程一直持续到新世纪初期。马曼丽教授在提出"跨国民族"这一概念的时候,认为该概念与跨界民族、跨境民族在性质上并没有重大原则区别,只是"取一种能尽量涵盖该范畴的各种现象的、较明确的术语,是必要的,可以补足'跨境民族'与'跨界民族'未能涵盖跨越数国,或漂洋过海,或不毗邻的跨国民族之缺陷"[1]。罗树杰则认为,"不管'跨界民族',还是'跨境民族'都比较模糊,不够明确,而采用跨国民族则非常准确、直接明了"[2]。

此后,仍有学者力图从多角度来就相关概念进行区分,朱伦从东西方学界翻译上存在差别的角度对"跨界民族"这一概念的提出产生了置疑,提出运用"跨界人民"。[3] 杨勉认为"跨界民族"改为"跨界人民"仍会造成新的歧义。[4] 周建新也坚持使用"跨国民族",因为"国"体现着民族的政治认同和国家归属。[5] 曹兴认为,"跨界民族是被动(被不同国家政治力量)分割的结果,跨境民族是主动临时性的'移民'或长期移民的产物"。同时,他也认为跨界民族问题比跨境民族问题要严重得多[6],如此的观点也引起了一定的争论。

马曼丽教授在提出"跨国民族"这一概念之后,又发展性地提出了"跨国族体"的概念,这一概念也是基于全球化背景下的全球人口跨国流动和迁移而产生的,"跨国族体"这一群体脱胎于"跨国民族",但在

---

〔1〕马曼丽:《中亚研究——中亚与中国同源跨国民族卷》,民族出版社,1995 年版,33 页。

〔2〕罗树杰:《还是使用"跨国民族"好》,载《广西民族学院学报》(哲学社会科学版)1997 年3 期。

〔3〕朱伦:《"跨界民族"辨析与"现代泛民族主义"问题》,载《世界民族》1999 年 1 期。

〔4〕杨勉:《"跨界民族"改为"跨界人民"仍会造成新的歧义——与朱伦先生商榷》,载《世界民族》2000 年 4 期。

〔5〕周建新:《跨国民族类型与和平跨居模式讨论》,载《广西民族学院学报》(哲学社会科学版)2002 年 4 期。

〔6〕曹兴:《论跨界民族与跨境民族问题的区别》,载《中南民族大学学报》(人文社会科学版)2004 年 2 期。

外延上又超越于"跨国民族",这理应引起学界的重视。[1] 近几年,她又根据跨国民族迅速发展扩大的趋势,将"跨国民族问题"改为"跨国族体问题",并结合非传统安全方面的理论探讨相关问题的产生和治理措施。[2]

及至今日,我们发现学界在使用相关概念时仍然不统一。事实上,各种概念的使用并不存在着绝对的正确与否,其运用可能要受到具体语境的限制,但"跨国民族"这一概念及相关理论已渐为越来越多的学者所接受。机械性地区分与辨析相关概念当非为明智之举,在全球化的今天,人口的频繁跨国流动已经超越了过往的时代,由此产生的问题也在逐渐发生着变迁,发展性地看待与运用相关概念也是时代之所需。

在这里,我们需要注意的是,"跨国民族"并非简简单单的一个名词,其复杂性就在于其蕴藏的学术内涵。马曼丽教授认为:"跨国民族是对跨居两国或两国以上(无论是相邻两侧的,还是远离边境的)、基本保持原民族认同的、相同渊源的人们群体的指称。"这也需要满足一定的条件,需要有相同的渊源关系,跨国民族迁居他国后基本保留着原民族的民族自我意识、共同特征和民族认同;同时,无论跨居几国,仍是同源同族,应有一定数量的人口和民族经济基础、一定的用于开展活动的中心地,并以民族认同感的消失作为跨国民族消亡的标志。这也就对跨国民族进行了一定的界定,跨国民族不同于分散的侨民和群体性的移民,它更加注重文化认同上的同源性。

跨国民族作为一种特殊的民族现象,这也深化了人们对"民族"基本内涵的认识和理解。周建新先生在此基础上提出了"族缘政治"这一概念,认为跨国民族作为一种特殊的民族形式,乃为一种重要的国际关系行为主体[3],这也可以解释一些传统的地缘政治所难以包纳的

〔1〕马曼丽、张树青:《跨国民族理论问题综论·序言》,民族出版社,2005年版,116–126页。
〔2〕马曼丽、马磊:《论跨国族体问题的发展及其对中国边疆安全的威胁与对策》,载《中南民族大学学报》(人文社会科学版)2010年1期。
〔3〕周建新:《跨国民族族缘政治分析》,载《烟台大学学报》(哲学社会科学版)2005年4期。

问题。邹吉忠对从边疆到边界、从国界到边域的历史变迁过程进行了梳理,分析了跨国民族研究的理论视角。[1] 汪金国、王志远分析了在西方学界日益频繁出现的 diaspora 一词的中文翻译方法,主张将其汉译为"散居族裔"散居族裔,跨国主义现象的普遍存在也需要引起学界的注意。[2]

跨国民族概念的提出为学界带来了一种新的思考方向,围绕着概念进行的一系列讨论堪为跨国民族理论体系的基础。核心概念的提出也促进了相关理论的探讨,包括跨国民族的起源、分类和特征及其所带来的认同上的思考。在起源上,多将其归因于现代民族国家的建立和国界线的划定,民族的迁徙也是跨国民族形成的重要原因。

在跨国民族的分类上,胡起望在其文章中通过图例的方式加以形象说明,根据所跨居的地域和距离将跨境民族分为四种类型。黄惠焜从民族历史流动性角度将跨境民族分为"回归型""迁徙型""流动型"等类型。[3] 周建新则认为可从多个角度对跨国民族这一复杂的客观存在进行分类,包括形成原因、存在形式、聚居状况等角度。[4] 马曼丽教授也曾对跨国民族问题的形式加以了阐释,并从跨国民族问题形成的不同历史背景将其分为三种类型。[5] 从多样的分类方式中,我们也可以看出跨国民族的产生和存在形式具有较为复杂的状况,这也可促使我们加深对跨国民族这一特殊民族形态的认识。核心概念的提出引起了诸多相关讨论,这为促进具体的研究提供了重要基础。

〔1〕邹吉忠:《边疆·边界·边域——关于跨国民族研究的视角问题》,载《中央民族大学学报》(哲学社会科学版)2010 年 1 期。

〔2〕汪金国,王志远:《"diaspora"的译法和界定探析》,载《世界民族》2011 年 2 期。

〔3〕分别见胡起望:《跨境民族探讨》,载《中南民族学院学报》(哲学社会科学版)1994 年第 4 期;黄惠焜:《跨境民族研究论——〈云南跨境民族研究〉序》,载《云南民族学院学报》(哲学社会科学版)1997 年第 1 期。

〔4〕周建新:《中越中老跨国民族及其族群关系研究》,民族出版社,2002 年版,278 - 282 页。

〔5〕马曼丽、冯瑞:《论发展中国西北跨国民族的和平跨居模式》,载《新疆大学学报》(社会科学版)2003 年 4 期。

（三）对世界和我国跨国民族的具体研究

1. 世界民族问题中的跨国民族问题分析

20 世纪 90 年代以来，根据国际形势的发展状况，国内多位学者具体分析了国外的跨国民族问题，相关理论的建构离不开对世界范围内有关问题的解析。马曼丽教授在提出和发展跨国民族研究的时候，就充分结合国际问题中的有关问题进行过多角度的分析，这在其多部论著中都有所体现。

在讨论欧洲的民族现象时，如葛宁、安俭就分别结合科索沃问题的起源和发展，分析了其中的跨国民族问题，胡健在探讨希腊与马其顿两国冲突时、周建新在考察爱尔兰民族问题时，也分别运用了跨国民族的分析视角；在南亚问题上，曹兴、刘艺均对斯里兰卡和印度的泰米尔人问题进行了分析，注意到斯里兰卡僧伽罗人和泰米尔人冲突的由来、猛虎组织的产生等都与泰米尔人跨境民族问题具有重要关联。[1]

在东南亚问题的分析上，范宏贵先生在《同根生的民族》、《华南与东南亚相关民族研究》等专著中对我国西南地区跨国民族做了一定的考察，指出了我国西南少数民族与东南亚的一些民族存在着同源关系。韦红在《东南亚五国民族问题研究》中，对东南亚缅甸、马来西亚、新加坡、泰国等国在处理民族问题中的经验、教训加以总结。黄兴球对老挝、泰国两国之间存在的 11 个跨国民族的跨国历史进行了叙述，对其跨国特点和动因进行了总结。[2]

跨国民族作为一种民族现象，这一概念的使用在世界范围内也是

---

[1]曹兴：《僧泰冲突与"猛虎"组织》，载《世界民族》2002 年第 6 期；刘艺：《从跨境民族的视角看斯里兰卡泰米尔人问题》，载《南亚研究》2007 年第 2 期。

[2]范宏贵：《同根生的民族》，光明日报出版社，2000 年版；范宏贵：《华南与东南亚相关民族研究》，民族出版社，2006 年版；韦红：《东南亚五国民族问题研究》，民族出版社，2003 年版；黄兴球：《老挝、泰国跨境民族形成模式及跨境特征》，载《广西民族大学学报》（哲学社会科学版）2008年 2 期。

·欧·亚·历·史·文·化·文·库·

具有普适性的,学者们所分析的诸多世界民族问题都可运用相关的思考角度来加以认识,如加拿大的魁北克问题、巴以冲突则。国际关系中的诸多问题均与跨国民族问题有着重要关联,跨国民族理论的提出也就为分析这些问题提供了新的视角。

2. 西北地区的跨国民族研究

历史上中亚地区与我国具有紧密的联系,随着近代以来国界线的划定,我国西北地区与中亚地区之间也就产生了诸多的跨国民族,自"跨国民族"概念正式提出之后,国内学者对这些跨国民族的历史和现状都进行了研究。苏联解体之后,中亚地区建立了多个新的政权和国家,马曼丽教授就是因有感于中亚地区的民族分布状况而提出跨国民族相关理论的,作为理论创新的兴起之地,她也充分挖掘了该地区的"学术资源"。在先后出版的多部相关著作中,从多个方面对中亚与我国西北之间的跨国民族的历史和现实进行了分析,对民族分裂主义、宗教极端主义、恐怖主义与我国西北跨国民族问题之间的联系加以了探讨,中亚国家处理跨国民族问题上的得失也可为我国处理民族问题提供借鉴。[1]

在已有的理论框架之下,其他学者也就我国与中亚的跨国民族对西部边疆安全与稳定所产生的影响进行了定性的分析,认为跨国民族的跨国交往及其产生的民族意识可能会带来多方面的影响。近年来,哈萨克族的人口外迁问题、中哈两国哈萨克人民间交流等引起了诸多学者的注意。在特定的跨国民族研究方面,学者们在哈萨克族、维吾尔族、柯尔克孜族(吉尔吉斯)、乌孜别克族、蒙古族、回族(东干人)等跨国民族的研究方面都已刊布了诸多相关的论著。在理论运用上,学者们也尝试着结合非传统安全的理论对西北地区的跨国民族问题进行了解析,这也增加了讨论的深度。

---

〔1〕相关著作可见马曼丽主编:《中亚研究——中亚与中国同源跨国民族卷》,民族出版社,1995年版;马曼丽、艾买提、安俭:《中国西北跨国民族文化变异研究》,民族出版社,2003年版;马曼丽、张树青:《跨国民族理论问题综论》,民族出版社,2005年版。

3.西南地区的跨国民族研究

西南地区是我国另一个多民族聚居的地区,由于西南地区各民族与东南亚地区的越南、缅甸、泰国等国的多个民族存在着天然的同生共源关系,故该地区的跨国民族也较为多元复杂,这也为讨论相关的理论和现实问题提供了较为理想的场域。

在近十多年的研究中,西南地区的学者如范宏贵、方铁、张公瑾、何正廷、周建新等对西南地区跨居中越、中缅、中老等国跨国民族的分布、来源、人口、文化等进行了专门性的研究,将各跨国民族的基本状况进行了介绍,使学界基本掌握了这些民族的历史和现状,从这些研究成果中更能看出西南地区各民族与越南、缅甸等国多个民族存在着族缘、亲缘关系。

需要注意的是,西南地区的跨国民族研究多立足于实际的田野调查,这也是该地区跨国民族研究的重要特点。尤其是近几年来,学者们通过田野点的建立和走访调查,积累了大量一手的田野材料,这就为分析具体的跨国民族问题创造了重要条件。在对京族人哈庆节的研究上、在对中越边境跨国婚姻问题的研究上都明显体现出了这样的研究特点,值得关注的是,西南边境地区的跨国婚姻问题是近年来兴起的研究热点,多篇论著均以此作为研究的主题,从多个层面上分析了跨国婚姻的产生、现状和影响。

无论是西北地区还是西南地区,它们都为跨国民族理论的发展提供了广阔的"田野点",跨国民族理论提出之后,诸多的学者皆以此为思考视角、对这两个地区的跨国民族进行了多方面的研究,这既可体现理论架构的指导性作用,又可促进相关理论体系在实践中获得发展。

4.其他地区的相关研究

早在"跨国民族"概念提出之前,金春子、王建民先生就已经出版了专著《中国跨界民族》(民族出版社,1994),这也是国内较早对相关民族进行综合性研究与介绍的一本著作。在该书中,作者除了对西北、西南各跨界民族进行系统介绍之外,还就西藏地区的跨界民族如藏族、夏尔巴人、门巴(主巴)族进行了介绍。在东北地区的跨国民族研究方面,金春子、王建民对东北、内蒙古跨界民族如朝鲜族、赫哲族、鄂温克族、蒙古族等跨居中俄、中蒙的跨界民族进行了简介,对各族的族源、历史、经济生活、宗教、习俗等方面予以了描述。近年来,我国内蒙古地区的跨国民族在地缘政治中的影响力引起了学者们的重视,对俄罗斯族、蒙古族在其中的作用都进行了专门的讨论,这也是跨国民族研究的新的关注点。

总的来说,跨国民族理论为我国的边疆研究提供了新思路,由于我国陆地国界线长达两万多公里,就陆疆安全与发展而言,跨国民族的研究视角可以适用于多个地区,时至今日,国内学者仍然在不断发掘相关理论的普适性价值,推动相关研究的发展。跨国民族的概念及相关理论提出以后,国内诸多学者皆投入到相关的研究中,在此期间对于具体问题的研究和分析也为充实跨国民族理论体系进行了铺垫。

(四)跨国民族理论体系的其他构成

跨国民族这一特殊的民族形态因跨居多国,可能会因此滋生出各类的问题,一些跨国民族甚至存在着领土和主权上的冀求,这将不利于国家和地区的和平。鉴于此,马曼丽教授最早根据马克思、恩格斯处理族际关系的原则,提出了"和平跨居论",这也就是要充分利用跨国民族的积极因素为双边和平与发展做出贡献,跨国民族和平跨居的实现需要满足一定的条件,需要有一定的军事力量和民心的支持,所跨居国家双边具有良好的发展环境等。[1]"和平跨居论"的提出无疑具有很强的理论和现实性意义,这也是促进跨国民族和谐生存和发展的一大创举。

随之,马曼丽教授也多次发展了和平跨居的理论,强调了主流文化底蕴以及跨国民族同源文化在和平跨居中的纽带作用,这也可为中国和平跨居模式的建立提供借鉴。同时,结合西北跨国民族的跨居特

---

〔1〕马曼丽:《中亚研究——中亚与中国同源跨国民族卷》,民族出版社,1995年版,36-41页。

点,她也提出建立跨越国家的民间主导型和平跨居模式,由此模式构建地缘综合安全保障结构、发展好国际关系和多元文化。[1]

就西北地区的跨国民族而言,哈萨克族堪为和平跨居之典型案例,艾买提就分析了阿克塞哈萨克族以"塞上侨乡"的身份与境外哈萨克族自由、和平往来的特点。[2] 任屹立、郭宁则以新疆伊犁哈萨克族与境外哈萨克族交流往来的过程为例,提倡将国家引导和民间互动进行结合,构建积极互动的和平跨居模式,同时要警惕"三个主义"和"大哈萨克主义"的影响。[3]

在西南地区跨国民族的研究方面,周建新先生对南方民族和平跨居模式进行了长期的研究,先是从中老、中越跨国民族的角度来讨论跨国民族和平跨居模式,提出了三个衡量指标,即国家的有效控制、为民族内部联合而不分裂国家、各相关民族互助共生互补自制。其后,又从西南地区若干同源跨国民族文化上混合、具有共生共母性的角度提出了和平跨居的文化模式。[4]

"和平跨居论"的提出顺应了和平与发展的时代主题,它是围绕跨国民族研究而产生的一种重要的理论,它为处理跨国民族问题乃至边疆安全问题都提供了新思路。该理论提出之后,学界多有发展和创新,这也是对理论建树加以完善的需要。

从具体研究的角度上说,跨国民族研究中所涉及的多元的方法和学科亦为该理论体系的一个方面。在方法的使用上,文献材料的使用、田野调查的运用、实证性的分析等皆可视为相关研究的方法体系。黄惠焜在探讨相关研究方法时,早已指出,"它擅长描述但不局限于描

---

〔1〕马曼丽、艾买提:《关于边疆跨国民族地缘冲突的动因与和平跨居条件的思索》,载《中国边疆史地研究》2003 年 2 期。

〔2〕艾买提:《哈萨克阿克塞分支社会变迁与和平跨居的特点及启迪》,载《西北民族学院学报》(哲学社会科学版)2002 年 1 期。

〔3〕任屹立、郭宁:《中哈两国哈萨克族"和平跨居"模式探究》,载《黑龙江民族丛刊》(双月刊)2008 年 3 期。

〔4〕周建新:《大陆东南亚跨国民族"和平跨居"文化模式分析》,载《社会科学战线》2008 年 8 期。

述""它运用文献但不局限于文献,田野仍然是它的生命之源"[1],如是的总结具有重要的启发性意义。

再从所涉及的学科来说,社会学、国际关系学等多学科知识已经渗透到跨国民族的研究中,跨国民族也成为多学科关注的热点性问题,跨国民族作为一种特殊的民族形式,既是文化的重要载体,也是国际关系的重要参与者,多学科知识的渗透更能扩展跨国民族的研究广度。马曼丽教授也曾指出,跨国民族研究"作为专门的研究方向日益凸显,研究的视角明显趋向多元,呈现出从'边政'向'国际政治(或者说国家间政治)'和'人类发展与民族过程'延伸、扩展的趋向"[2],这也就对跨国民族研究的独立性进行了展望。

金炳镐先生曾以专文探讨跨界民族研究与丰富马克思主义民族理论体系两者之间的关系,通过对民族理论学科研究范畴的考察,认为跨界民族问题当然属于民族问题的范畴,加强相关研究当为民族理论学科的应有之义。同时,也将马克思主义跨界民族理论体系的内容归纳为由跨界民族概念问题、跨界民族特殊性问题、世界其他国家处理相关问题的经验教训、我国处理相关问题的政策和原则等内容构成。[3]

我们知道,"马克思主义民族理论解释了民族之间关系的实质及其对民族发展的重要影响,揭示了民族发展的规律和基本条件,指明了民族发展的正确方向"[4]。跨国民族这一概念及其相关的理论,就是国内学者在马克思主义指导之下发现和观察到的一种客观存在,学者们在十多年的具体研究中也发展了相关的理论,辩证地、发展地促进了理论的创新,跨国民族理论体系的产生过程也渗透着马克思主义的方法论。在全球化的今天,这一套理论体系还将对于分析跨国移民

〔1〕黄惠焜:《跨境民族研究论——〈云南跨境民族研究〉·序》,载《云南民族学院学报》(哲学社会科学版)1997年1期。

〔2〕马曼丽、张树青:《跨国民族理论问题综论·序言》,民族出版社,2005年版,22页。

〔3〕金炳镐、张兴堂、王芸芳:《加强跨界民族研究丰富马克思主义民族理论体系》,载《黑龙江民族丛刊》(双月刊)2008年1期。

〔4〕吴仕民:《中国民族理论新编》,中央民族大学出版社,2008年版,8页。

问题和国际政治、国际关系等问题提供理论支撑。

（五）结果与讨论

人文社会科学的研究成果的评价指标虽然不同于自然科学,但是对真理性的评价却是两者所共通的。在美国,对人文社会科学研究成果进行评价的真理性标准主要有以下几点,即科学性、延续性、创新性、完备性,同时,对人文社会科学研究成果评价的真理性标准是历史地存在着并不断发展变化的。[1] 人文社会科学研究成果的评价是一个较为复杂的问题,需要多方面的协作,跨国民族理论体系是一个以核心概念为中心而不断发展的理论体系,它是国内学者集体探索的结果,理论上的创新应该兼具完备性和预见性,这一理论体系也正体现了这样的特点,而且还处于发展之中。

用信息理论来加以分析,社会科学知识创新是一个充分占有社会科学研究信息,并对其加以整理、研究和利用的过程,这就需要进行知识的整合并加以创造性的利用,在收集和管理社会科学研究资源的前提下,在对知识进行激活的过程中,实现社会科学研究的创新。[2] "跨国民族"并非一个简单的名词,要进行相关的研究也需要结合多方面的知识方能开展,与之相关的理论体系的建立正立足于我国与周边国家的实际,体现了一个知识整合和再发现的过程,其中融合了多个学科和多重方法。

20 世纪 90 年代,就有学者提出发展中国家在强调社会科学研究国际化的同时,更要加强社会科学研究的本土化,这也就需要坚持推行社会科学研究的本土化政策,积极扶持本土社会科学,切实建设具有本国特色的社会科学体系,而第三世界加强本土社会科学研究,将

---

〔1〕裴长洪:《美国人文社会科学现状与发展》,社会科学文献出版社,2001 年版,371 - 372 页。

〔2〕杨丹:《社会科学知识创新方法研究》,载《国外社会科学》2008 年 3 期。

更有助于世界社会科学的创新。[1] 跨国民族理论体系的构建过程当为我国社会科学本土化研究的重要表现,这一体系的建立有助于增强我国社会科学研究在国际上的影响力。

在关注我国国内跨国民族研究成果的同时,也应该注意到随着全球化的推进,国外在跨国主义(transnationalism)、散居族裔(diaspora)、跨国移民(transnational migration)等方面有着较多的研究。美国学者 K.卡尼较早地从地方性与全球性差异的角度,从多个维度探讨了全球化与跨国主义给人类学理论所带来的创新性,而全球化的产生也使得那种固有的认为人类学研究是从中心到边缘的观点显得不合时宜。[2] 翁爱华则以"弹性公民"(flexible citizenship)来定性全球化中那些为积累资本或积极改善自身政治经济状况等目的的跨国移民和流动群体,并探讨其中的文化逻辑。[3] 国内的学者丁月牙就对国外在近十多年来兴起的跨国主义理论及其理论贡献进行了一定的梳理,从中可以看出跨国主义渗透到经济、政治、文化等多个领域,并能在诸多理论视角和方法上做出贡献。[4] 跨国主义及移民研究已经成为国际关注的热点问题,我国跨国民族研究发展立足于国际和我国的实际,也正适应了这样一种潮流,也有助于学界在相关方面与国际对话。

库恩的范式理论虽然是针对"科学革命"提出来的,但范式理论在社会科学领域却也存在着广阔的适用空间,它"为纷繁复杂的社会科学提供了相对可靠的理论解释模式"。[5] 跨国民族理论的提出在学界产生了较大的轰动,诸多学者参与到相关的研究之中,逐步推动着跨国民族理论体系的建立和完善,这一理论体系就在学界形成了一种范式,吸引着更多学者在此理论体系之下进行具体探讨。它作为国内学

---

〔1〕王兴成:《社会科学研究的国际化与本土化》,载《国外社会科学》1991 年 6 期。

〔2〕M. Kearney. "The Local and the Global:The Anthropology of Globalization and Transnationalism". in *Annual Review of Anthropology*, vol. 24 (1995), pp. 547 – 565.

〔3〕Aihwa Ong. *Flexible Citizenship：The Cultural Logics of Transnationality*, Duke University Press,1999,p. 6.

〔4〕丁月牙:《论跨国主义及其理论贡献》,载《民族研究》2012 年 3 期。

〔5〕崔伟奇、史阿娜:《论库恩范式理论在社会科学领域中运用的张力》,载《学习与探索》2011 年 1 期。

界的集体成果,也丰富了马克思主义民族理论的内容,为我国与世界
其他地区研究和处理相关问题提供了参考,同时它也随着时代的变迁
而处在变化和发展的过程中,相关理论体系的进一步完善尚有待学界
同仁的共同努力。

(原载《广西民族大学学报》2013 年 1 期)

五、《学术年鉴》对马氏《论构建中国发展民族学的理论框架与视角特色》的评价

西方"发展人类学"的初步确立,是近 30 年的事。近年,联合国教科文组织对这门研讨"文化与发展"关系的学科十分关注,希望各国学者研讨能否有一种世界各民族较能接受的多元社会的"发展范式"。马曼丽该文首先介绍与评价了以"文化与发展"为研讨对象的西方发展人类学产生的背景及其三种典型"发展范式"的理论流派,即以西方发展范式为中心的"现代化理论",反对不平等地依附于核心国家的"衣服论",以及主张处于世界经济体系的核心、半边陲和边陲三个层次以相对稳定的世界体系论。然后探讨了构建中国发展民族学的理论框架,提出了吸收各国理论合理内核的理论综合取向、实证方法和学科性质等进行整合的基本框架。并提出了以马克思全球发展观、中国领导人科学发展观为指导的人类"殊途同归"宏观发展范式和联系中国民族社会实际的流动发展应用理论框架。最后,剖析了中国发展民族学在发展观、理论依据、全球政治视野等方面的视角特色。认为发展民族学反映一种新的指导思想和新的基本规范,主要是这一新学科认为"人类学者要达到成熟,便一定要寻求更多的途径",包括"进入它从不愿进入的预告领域"。

文中提出了一些重要的创新观点,如提出和论证了"殊途同归"发展范式。认为人类发展的"同归"是归于"每个人都可以在任何部门内发展","随自己的心愿"选择工作这种"人"的极大发展。按马克思主义,"同",既指共同"采用"资产阶级的生产方式:"它迫使一切民族——如果他们不想灭亡的话——采用资产阶级的生产方式。""同"

也指资本主义的"革命化"："资产阶级除非使全部社会关系不断地革命化，否则就不能生产下去。"[1]文章并认为，因为全球化结构日益是人类利益互联，多元"殊途同归"发展范式在全球化这个"世界协调化系统"的制约下，有可能在矛盾、冲突和协调的反复互动过程中，日益成为现实。又如，文章根据中国三大实际问题，主张首先构建流动发展机制与有关理论，认为人类发展的本质就是冲破封闭的"动"，流动是"发展"必不可少的因素。中国历史上因为还有一点可以通过科举制度"优则仕"的流动系统，成了千百年来人们追求"发展"的希望之星和光明大道，也培育了一代代传承中华历史文化的精英人物。"流动"的内涵极广，而根本问题是当代作为生产资料的土地既属固定，农业人口也就很少能流动。再如，文章针对当代各种极端主义思潮不平等差异、发展的时代特征，提出了塑建国家精神疆域观念及其理论构建。人类和不同层次国家的发展面临重重障碍，尤以利用民族性和宗教等传统文化将国家领土宣扬为民族领土，破坏国家精神疆域认同为突出，所以要实现全球宏观发展范式，仅用军事手段解决这类问题和保卫领土疆域，在当代是远远不够的。

（原载《2005 年学术年鉴》）

---

〔1〕《马克思恩格斯选集》第 1 卷，人民出版社，1995 年版，86－87、276、275 页。

六、马老师不倦求索的学术生涯

徐黎丽

当她还是风华正茂的上海姑娘时,曾幻想进入上海歌舞升平的戏剧界,但是命运却使她来到了茫茫黄土山、条条黄土路的大西北。一晃几十年过去了,这位上海姑娘爱上了西北的民族与文化,牵挂着西北的边疆。如今她虽已是古稀之年,人们仍看到她风尘仆仆地迈着矫健轻盈的步伐奔走在中越边境、中朝边境、中哈边境的田野上……她就是在跨国民族研究方面颇有建树的民族学、边疆学学者马曼丽教授。

马曼丽教授出生在浙江省宁波市一个海归家庭,接受了良好的家庭教育和圣约翰教会中学等的西方教育,这为她和蔼善良、气质优雅、勤于进取的人格魅力奠定了教育基础。但这种"出身"和"身份"也给她带来了一段艰苦的人生道路。她父亲于1949年新中国成立前夕凭借与伪交通部长俞良惠的远亲关系以及马教授外公董仲修曾担任过周恩来秘书的背景,得以从台湾回来并希望在新中国实现其实业救国的理想。但其父却因此在1957年的"左"倾运动中被误定为潜入大陆的敌特分子、反共嫌疑犯。受父亲政治问题的影响,马教授于1957年毕业于北京外国语学院俄语专业时,就被分配到了大西北。

马教授初到兰州大学任教时给兰州大学苏联专家当口语翻译。1959年,苏联专家回国,马教授转为俄语教师。"文化大革命"开始时,她作为"黑五类"子女,自然被批斗并下放农村接受劳动教养。60年代后期因为"反修"斗争需要,她凭借俄语口语特长被调回兰州为军区培养兰空俄语监听人员。但后来因我国与苏联关系断绝,俄语教师纷纷转学其他语种。马教授也不例外。她因从小学过英语,便在工作之余上德语夜大,转学德语、日语,结业后担任兰大英德法语教研室副主任,教德语。1970 年她被借调到陕西兴平航空机械部门的德语培训班教德语。此时她已年近 40,却一直是只干过各种短期工作的助教,没能像同龄老师那样取得讲师、教授等职称,因而成为有些人眼中的"半瓶醋"。

1974 年,外交部组织西北五省人员编写《沙俄侵略中国西北边疆史》时,她被外交部借调到该编写组发掘沙俄侵华的外文资料。为了找到有价值的历史资料,她不得不开始自学历史,从此与历史结下了不解之缘。用马教授自己的话语说:"四十岁才真正开始了她晚起而奋起直追的学术人生。"马教授从 70 年代末开始利用外文资料写作沙俄侵华的一些论文,并于 1980 年先后出版了《准噶尔汗国史》和《秘而不宣的使命——乌梁海纪行》两本译著。接着,她一边翻译史料,一边研究历史,发表了一系列准噶尔和厄鲁特蒙古的论文。如在《历史研究》上发表的《四卫拉特联盟初探》《巴图尔珲台吉与沙俄》等论文。这些论文因思考深入、资料准确而使马教授名声日震,很快日本学者找上门来与她进行学术交流。学术界把她与马大正教授、马汝珩教授并称为国内开拓卫拉特研究领域的"三马"。可以说,她终于凭借自己顽强的拼搏在史学界占有了一席之地。然后她马不停蹄地向西北史地研究领域进发。1983 年她凭借外语家底查到了英国斯坦因、日本橘瑞超、瑞典斯文·赫定等人物的资料,并与杨建新教授的丝绸之路研究结合,合作出版了《外国考察家在中国西北》一书。此书涉及西北史地研究领域,一出版,很快脱销并名震一时。此后她接连出版了《古代开拓家西行足迹》《成吉思汗评传》等有关西北史地和民族研究的著作以及相关一批论文。这些学术成果及相应的学术荣誉,是对马教授在四十不惑之年还冒着刺骨寒风夜雪,坚持去夜大学习各种外语,忍受"半瓶醋"称号却沉下心来做边疆民族与西北史地研究的回报。

马教授学术生涯最大的转折缘于苏联的解体。1992 年,她出访刚刚解体的俄罗斯和中亚,十分关注其解体中的民族问题。于是开始关注中国的边疆安全问题而于 1995 年写出了《中亚研究——中国西北与中亚跨国民族研究》,书中首先在国内提出"跨国民族"及其"和平跨居"的理论观点。以后又出版专门以边疆问题为背景的《西北跨国民族文化变异研究》《跨国民族理论问题综论》等专著,并主编了跨国民族方面的系列丛书,从而奠定了她开拓跨国民族研究领域的学者地位,成为民族学界知名的佼佼者之一,并因此领域的成果丰富了中国民族学学科的内容。她的成果多次获得省部级优秀奖。但她的学术目标仍是"无限风光在险峰"。最近她又提出了"全球化时代跨国民族已成为接替资本主义现代民族的划时代民族共同体"的新论点及相关论述。

马教授虽一路坎坷,但因天资聪慧,又有俄语优势,加之努力吸收中外新学科理论和不倦笔耕,终于成为中国民族学界的一面鲜红的旗帜。

(原载《广西民族大学学报》2013 年 1 期)

七、主要论著

著作

《准噶尔汗国史》（译著），商务印书馆，1980年1版，2013年重版（兰州大学出版社）。（获甘肃省社科优秀成果三等奖）

《一代天骄》，河南人民出版社，1981年1版，1982、1984重版。

《秘而不宣的使命》（译著），商务印书馆，1982年版。

《外国考察家在中国西北》，河南人民出版社，1983年版，杨建新、马曼丽。

《古代开拓家西行足迹》，陕西人民出版社，1987年版，马曼丽、樊保良。（获甘肃省社科优秀成果二等奖）

《古西行记选注》，宁夏出版社，1987年版。

《甘肃民族史入门》，青海出版社，1988年版。

《西北民族关系史》，民族出版社，1990年版，第二作者。（获甘肃省社科优秀成果一等奖）

《中亚研究——中亚与中国同源跨国民族研究》，民族出版社，1995年版。（获甘肃省社科优秀成果二等奖）

《中国西北边疆发展史研究》，黑龙江教育出版社，2001年版。（获甘肃省社科优秀成果二等奖）

《成吉思汗、忽必烈评传》（执笔《成吉思汗评传》），南京大学出版社，2003年1版，2009年重版，杨建新、马曼丽。

《中国西北跨国民族文化变异研究》，民族出版社，2003年1版，2011年重版，马曼丽、安俭、艾买提。

《跨国民族理论问题综论》，民族出版社，2005年1版，2011年版，马曼丽、张树青。

·欧·亚·历·史·文·化·文·库·

《中国西北少数民族通史——蒙、元卷》，民族出版社2009年1版，2011年重版，马曼丽、切排。

《俄蒙关系历史档案文献集》（译著），兰州大学出版社，2014年，马曼丽、胡尚哲。

《塞外文论——马曼丽内陆欧亚研究自选集》，兰州大学出版社，2014年。

《新疆跨国民族外迁的历史与现状研究》，社会科学出版社，待出版，马曼丽、艾买提。

论文

《我国蒙古族土尔扈特部的西迁及其重返祖国的斗争》，载《新疆历史论文集》，新疆出版社，1978年版。

《从乌梁海问题看沙俄对中国的侵略》，载《中俄关系史论文集》，甘肃人民出版社，1979年版。

《准噶尔边区居民考》（俄译文），载《新疆大学学报》1980年第3期。

《巴图尔珲吉台与俄国》，载《民族研究》1980年4期。

《浅议蒙古·拉卫特法典的性质与宗旨》，载《西北史地》1981年2期。

《评噶尔丹与俄国的关系》，载《内蒙古社会科学》1980年4期。

《巴尔喀什湖以东以南地区归属的变迁》，载《历史知识》1981年3期。

《沙俄派往帐米尔的侦察队》，载《西北史地》1982年1期。

《四卫拉特联盟初探》，载《民族研究》1982年2期，马曼丽、胡斯振。

《大谷探险队与敦煌、吐鲁番文化》，载《新疆大学学报》1983年4期。

《科兹洛夫与哈拉浩特文化》，载《西北史地》1983年1期。

《明代瓦剌与西域》，载《西北史地》1984年1期。

《蒙古人的萨满教》（英译文），载《蒙古学》1984年2期，马曼丽、马曼瑜。

《中亚考察家波塔宁坎坷而勤奋的一生》，载《历史知识》1984年3期。

《蒙古名将速不台》，载《文史知识》1984年4期。

《叶尼塞吉尔吉斯人的西迁与中亚吉尔吉斯族的形成》，载《西北史地》1984年4期。

《谈谈玄奘的成才之路》，载《兰州学刊》1985年5期。

《宋云丝路之行初探》，载《青海社会科学》1985年4期。

《成吉思汗暮年思想探幽》，载《西北史地》1986年4期。

《论吐谷浑与周邻的关系》，载《甘肃社会科学》1987年4期。

《魏晋时期鲜卑的西进》，载《新疆社会科学》1988年5期。

《关于吐谷浑游牧经济商业化的几个问题》，载《西北民族研究》1988年1期。

《关于乌孙西迁葱岭的几个问题》，载《西北史地》1990年2期。

《成吉思汗的政治观及对其事业的影响》，载《兰州学刊》1990年5期。

《蒙古族的西进及其与西北各族的关系》，载《西北史地》1990年3期，马曼丽、杨子民。

《试论卫拉特与东蒙古的分离》，载《西北民族研究》1990年2期。

《从成吉思汗的成功看蒙古族的优秀文化传统》，载《西北史地》1999年1期，马曼丽、安俭。

《关于继续开拓卫拉特蒙古史的研究领域问题》，载《西北民族研究》，1991年2期。

《试论魏晋南北朝时期民族关系的特点》，载《西北史地》1991年4期。

《从汉简看汉代西北边塞守卫制度》，载《中国边疆史地研究》1992年1期。

《论丝绸之路的形成与开发利用》，载《西北史地》，1993年2期。

《评外国考察家对中国的考察》,载《西域考察与研究》,新疆出版社 1994 年。

《论跨国民族的特征及其主要类型》,载《甘肃民族研究》1999 年 4 期。

《论西域文化的重大变异及其对建设中华文化的启迪》,载《民族研究》2000 年 1 期。(获国际优秀论文奖 – 第 5055 号)

《论成吉思汗的奖惩机制》,载《民族研究》2001 年 4 期。

《发扬西藏社会文化优秀传统》,载《人民日报》2001 年 5 月 19 日,马曼丽、赵小刚。

《全球化特征与中国影视人类学的发展趋势》,载《兰州 2002 国际影视人类学研讨会论文集》,2003 年。

《论成吉思汗时代蒙古社会的性质与特点》,载《内蒙古社会科学》2002 年 1 期。

《从地缘政治视看西部大开发》,载《中央民族大学学报》2003 年 4 期。

《论发展中国西北跨国民族的和平跨居模式》,载《新疆大学学报》2003 年 2 期。

《关于边疆跨国民族地缘冲突的动因与和平跨居条件思索》,载《中国边疆史地研究》2003 年 2 期。

《统一所依,振兴所托——中华经济文化圈漫谈》,载《中国民族报》,2003 年 1 月 22 日。

《从历史民族学视角论蒙古族历史发展的特点及其启示》,载《卫拉特研究》2004 年 3 期。

《从成吉思汗经略西北边疆的成败看文化力的作用》,载《中国边疆史地研究》2005 年 3 期。

《论构建中国发展民族学的理论框架与视角特色》,载《民族研究》2005 年 3 期。(获国家民委社会科学成果论文三等奖)

《论民族关系的实质与当代民族关系的核心问题》,载《烟台大学学报》2005 年 4 期。

《论当代跨国族体中凸显的非传统安全威胁》,载《云南师范大学学报》2009 年 6 期。

《论跨国族体问题的发展及其对中国边疆安全的威胁与对策》,载《中南民族大学学报》2010 年 1 期。

《论西北边疆长治久安跨越式发展急需推行的三大变革》,载《边疆发展中国论坛文集》(第一届论坛),2012 年中央民族大学出版社。

《关于库俄国民族发展道路的三论》,载《广西民族大学学报》2013 年 1 期。

《弘扬华夏文明,恢复民族自信力》,载《团结报》2013 年 8 月 1 日。

1995 年后完成的国家课题:

中亚与中国西北同源跨国民族综合研究(教育部国际问题课题)

中国西北与中亚同源跨国民族文化发展与政策比较研究(国家社科基金课题)

中亚与中国西北同源跨国民族经济发展比较研究(教育部人文社科重点课题)

中国民族学学科特点、学科体系及其主要内容研究(教育部重点基地博士点重点课题)

新疆跨界民族外迁历史与现状研究(国家社科基金新疆特别课题)

索　引

·欧·亚·历·史·文·化·文·库·

·欧·亚·历·史·文·化·文·库·

489

·欧·亚·历·史·文·化·文·库·

后　记

　　这本文集能够出版,首先庆幸早年认识的余太山先生是这套"欧亚历史文化文库"的主编,我们早年曾有同类研究的共同兴趣,并互相赏识,但后来由于各自忙于自己的工作领域,多年来联系很少。感谢他仍能赏识我在内陆欧亚、西北史地等方面所做的一点学问,支持出版本文集。而为这套丛书具体操作,可说是操碎了心的施援平博士,更是为赶印这本书,抱病奔忙,精神感人。

　　我70岁那年,就有学生让我整理一个文集出版,但未能如愿,这次80岁,自己仍犹豫不决,很感谢徐黎丽以她领导的中国边疆安全研究中心的名义,实际她自己出钱出力帮我组织八十寿庆暨文化戍边学术会议,促使我努力编出了这个文集,得以回顾总结自己几十年的治学人生。

　　马磊博士和我院博士生张峰峰同学,也在他们赶写博士论文的百忙之中,帮我收集、扫描、校对早年的、失散的文章,才整理出这个具有代表性的文章基本得以搜入其中的几十万字的文集。希望读者能够满意,就很欣慰了。

·欧·亚·历·史·文·化·文·库·

495

欧亚历史文化文库

已经出版

林悟殊著:《中古夷教华化丛考》	定价:66.00 元
赵俪生著:《弇兹集》	定价:69.00 元
华喆著:《阴山鸣镝——匈奴在北方草原上的兴衰》	定价:48.00 元
杨军编著:《走向陌生的地方——内陆欧亚移民史话》	定价:38.00 元
贺菊莲著:《天山家宴——西域饮食文化纵横谈》	定价:64.00 元
陈鹏著:《路途漫漫丝貂情——明清东北亚丝绸之路研究》	
	定价:62.00 元
王颋著:《内陆亚洲史地求索》	定价:83.00 元
〔日〕堀敏一著,韩昇、刘建英编译:《隋唐帝国与东亚》	定价:38.00 元
〔印度〕艾哈默得·辛哈著,周翔翼译,徐百永校:《入藏四年》	
	定价:35.00 元
〔意〕伯戴克著,张云译:《中部西藏与蒙古人	
——元代西藏历史》(增订本)	定价:38.00 元
陈高华著:《元朝史事新证》	定价:74.00 元
王永兴著:《唐代经营西北研究》	定价:94.00 元
王炳华著:《西域考古文存》	定价:108.00 元
李健才著:《东北亚史地论集》	定价:73.00 元
孟凡人著:《新疆考古论集》	定价:98.00 元
周伟洲著:《藏史论考》	定价:55.00 元
刘文锁著:《丝绸之路——内陆欧亚考古与历史》	定价:88.00 元
张博泉著:《甫白文存》	定价:62.00 元
孙玉良著:《史林遗痕》	定价:85.00 元
马健著:《匈奴葬仪的考古学探索》	定价:76.00 元
〔俄〕柯兹洛夫著,王希隆、丁淑琴译:	
《蒙古、安多和死城哈喇浩特》(完整版)	定价:82.00 元
乌云高娃著:《元朝与高丽关系研究》	定价:67.00 元
杨军著:《夫余史研究》	定价:40.00 元

梁俊艳著:《英国与中国西藏(1774—1904)》 定价:88.00 元

〔乌兹别克斯坦〕艾哈迈多夫著,陈远光译:

《16—18 世纪中亚历史地理文献》(修订版) 定价:85.00 元

成一农著:《空间与形态——三至七世纪中国历史城市地理研究》

定价:76.00 元

杨铭著:《唐代吐蕃与西北民族关系史研究》 定价:86.00 元

殷小平著:《元代也里可温考述》 定价:50.00 元

耿世民著:《西域文史论稿》 定价:100.00 元

殷晴著:《丝绸之路经济史研究》 定价:135.00 元(上、下册)

余大钧译:《北方民族史与蒙古史译文集》 定价:160.00 元(上、下册)

韩儒林著:《蒙元史与内陆亚洲史研究》 定价:58.00 元

〔美〕查尔斯·林霍尔姆著,张士东、杨军译:

《伊斯兰中东——传统与变迁》 定价:88.00 元

〔美〕J. G. 马勒著,王欣译:《唐代塑像中的西域人》 定价:58.00 元

顾世宝著:《蒙元时代的蒙古族文学家》 定价:42.00 元

杨铭编:《国外敦煌学、藏学研究——翻译与评述》 定价:78.00 元

牛汝极等著:《新疆文化的现代化转向》 定价:76.00 元

周伟洲著:《西域史地论集》 定价:82.00 元

周晶著:《纷扰的雪山——20 世纪前半叶西藏社会生活研究》

定价:75.00 元

蓝琪著:《16—19 世纪中亚各国与俄国关系论述》 定价:58.00 元

许序雅著:《唐朝与中亚九姓胡关系史研究》 定价:65.00 元

汪受宽著:《骊靬梦断——古罗马军团东归伪史辨识》 定价:96.00 元

刘雪飞著:《上古欧洲斯基泰文化巡礼》 定价:32.00 元

〔俄〕Т. Б. 巴尔采娃著,张良仁、李明华译:

《斯基泰时期的有色金属加工业——第聂伯河左岸森林草原带》

定价:44.00 元

叶德荣著:《汉晋胡汉佛教论稿》 定价:60.00 元

王颋著:《内陆亚洲史地求索(续)》 定价:86.00 元

尚永琪著:

《胡僧东来——汉唐时期的佛经翻译家和传播人》 定价:52.00 元

桂宝丽著:《可萨突厥》 定价:30.00 元

·欧·亚·历·史·文·化·文·库·

497

篠原典生著:《西天伽蓝记》　　　　　　　　　　　定价:48.00 元

〔德〕施林洛甫著,刘震、孟瑜译:

　《叙事和图画——欧洲和印度艺术中的情节展现》　定价:35.00 元

马小鹤著:《光明的使者——摩尼和摩尼教》　　　　定价:120.00 元

李鸣飞著:《蒙元时期的宗教变迁》　　　　　　　　定价:54.00 元

〔苏联〕伊·亚·兹拉特金著,马曼丽译:

　《准噶尔汗国史》(修订版)　　　　　　　　　　　定价:86.00 元

〔苏联〕巴托尔德著,张丽译:《中亚历史——巴托尔德文集

　第 2 卷第 1 册第 1 部分》　　　定价:200.00 元(上、下册)

〔俄〕格·尼·波塔宁著,〔苏联〕B.B.奥布鲁切夫编,吴吉康、吴立珺译:

　《蒙古纪行》　　　　　　　　　　　　　　　　　　定价:96.00 元

张文德著:《朝贡与入附——明代西域人来华研究》　定价:52.00 元

张小贵著:《祆教史考论与述评》　　　　　　　　　定价:55.00 元

〔苏联〕K.A.阿奇舍夫、Г.A.库沙耶夫著,孙危译:

　《伊犁河流域塞人和乌孙的古代文明》　　　　　　定价:60.00 元

陈明著:《文本与语言——出土文献与早期佛经词汇研究》

　　　　　　　　　　　　　　　　　　　　　　　　定价:78.00 元

李映洲著:《敦煌壁画艺术论》　　　　定价:148.00 元(上、下册)

杜斗城著:《杜撰集》　　　　　　　　　　　　　　定价:108.00 元

芮传明著:《内陆欧亚风云录》　　　　　　　　　　定价:48.00 元

徐文堪著:《欧亚大陆语言及其研究说略》　　　　　定价:54.00 元

刘迎胜著:《小儿锦研究》(一、二、三)　　　　　　定价:300.00 元

郑炳林著:《敦煌占卜文献叙录》　　　　　　　　　定价:60.00 元

许全胜著:《黑鞑事略校注》　　　　　　　　　　　定价:66.00 元

段海蓉著:《萨都剌传》　　　　　　　　　　　　　定价:35.00 元

马曼丽著:《塞外文论——马曼丽内陆欧亚研究自选集》　定价:98.00 元

敬请期待

贾丛江著:《汉代西域汉人和汉文化》

王永兴著:《敦煌吐鲁番出土唐代军事文书考释》

薛宗正著:《汉唐西域史汇考》

徐文堪编:《梅维恒内陆欧亚研究文选》

李锦绣编:《20 世纪内陆欧亚历史文化研究论文选粹》

李锦绣、余太山编:《古代内陆欧亚史纲》

李锦绣著:《裴矩〈西域图记〉辑考》

李艳玲著:《田作畜牧
　　——公元前2世纪至公元7世纪前期西域绿洲农业研究》

许全胜、刘震编:《内陆欧亚历史语言论集——徐文堪先生古稀纪念》

张小贵编:《三夷教论集——林悟殊先生古稀纪念》

李鸣飞著:《横跨欧亚——中世纪旅行者眼中的世界》

杨林坤著:《西风万里交河道——明代西域丝路上的使者与商旅》

林悟殊著:《华化摩尼教补说》

王媛媛著:《摩尼教艺术及其华化考述》

李花子著:《长白山踏查记》

芮传明著:《摩尼教敦煌吐鲁番文书校注与译释研究》

马小鹤著:《霞浦文书研究》

〔德〕梅塔著,刘震译:《从弃绝到解脱》

郭物著:《欧亚游牧社会的重器——鍑》

王邦维著:《华梵问学集》

李锦绣著:《北阿富汗的巴克特里亚文献》

孙昊著:《辽代女真社会研究》

赵现海著:《长城时代的开启
　　——长城社会史视野下明中期榆林长城修筑研究》

华喆著:《帝国的背影——公元14世纪以后的蒙古》

杨建新著:《民族边疆论集》

王永兴著:《唐代土地制度研究——以敦煌吐鲁番田制文书为中心》

〔苏联〕伊·亚·兹拉特金等著,马曼丽、胡尚哲译:
　　《俄蒙关系档案文献集(1607—1654)》

〔俄〕柯兹洛夫著,丁淑琴译:《蒙古与喀木》

韩中义著:《欧亚与西北研究辑》

刘迎胜著:《蒙元史考论》

尚永琪著:《古代欧亚草原上的马——在汉唐帝国视域内的考察》

石云涛著:《丝绸之路的起源》

青格力等著《内蒙古土默特金氏蒙古家族契约文书整理研究》

尚永琪著:《鸠摩罗什及其时代》

石云涛著:《魏晋南北朝时期的外来文明》

499

·欧·亚·历·史·文·化·文·库·